家天下的故事

——从三皇五帝到东汉开国

滕　晨　著

ZHEJIANG UNIVERSITY PRESS
浙江大学出版社

献给我的弟弟和妹妹

前　言

　　这本书最初是我为了帮助上小学的女儿学中文、知道做人做事的道理写的。我认为通过阅读简单而清楚的中文来了解中国的历史，是达到这个目的的最好方法。我们中国人有世界上保存得最好的历史。对于中国人，历史比哲学、宗教更重要。我们没有《圣经》和《古兰经》。我们的智慧和道德保存在历史里，保存在记述前人行动的故事里。前人的思想言行和成败得失为后人树立起形形色色的榜样。前人用自己的行动展示出的人间因果，为后人打开了心胸和眼界。古人把历史当作教材。他们也是为了这个目的写历史。孔夫子教《春秋》，是因为他觉得空讲道理不如让人去看古人的行事更能让他们明白事理。看古人怎样行动，看历史，也是理解古代经典的最佳途径。《老子》和《易经》中的深奥道理都是作者从前人的行事中体会出来的，反过来又被后人用于自己的行动中。通过阅读古人的故事，这些玄之又玄的道理会变成读者自己也参与其中的行动智慧。以上就是我写这本历史故事的思路。我希望让读者在了解历史的大致轮廓时，也看到创造了历史的古人的行动、这些行动的因果和其中的道理。

　　本书是我计划写的全书的上半部分，主要讲述春秋战国和秦汉时期的故事。这是中国古代家天下君主专制王朝形成的时期，此后延续了两千多年的中国古代社会形态，就是在这几百年间经过剧烈的冲突和反复建立起来的。新旧社会形态的转换是这个历史时期的基本过程。

讲古人的行动实际上就是在讲他们是怎样参与了这个过程,从他们的故事中也就可以看到这个社会形态是怎样建立的和它的问题。这本书写到后来已经不再是一本写给孩子的书了,一个原因是我的上小学的女儿已经上了大学,另外我的理解也在阅读和写作中加深了。我写出了自己对中国这段历史时期的理解,这实际上已经成为后来我写这本书的目的。如果对读者把握历史的脉络能有所帮助,这就是我的愿望。

目　录

第一章
三皇五帝的故事

按照古代传说，中国最古老的帝王是三皇和五帝。他们之后中国才有了朝代，第一个是夏朝，然后是商朝和周朝。古人对三皇有不同的说法，一般认为是燧人氏、伏羲氏和神农氏。燧人氏教人民钻木取火，人类从此不必和动物一样吃生食。伏羲教人民用绳子结网捕鱼打猎，所以他应该是人类靠采集和打猎生活时的领袖。伏羲还创造了八卦，人类从此开始用符号记事，文字由此发展起来。神农尝遍百草的果实，培植出了五谷，也就是古代的五种主要粮食作物，人类从此有了农业，吃上了粮食。因为中药是草药，所以遍尝百草的神农也被认为是中医的祖师。从传说中的这些事迹来看，三皇更像是远古时代最重要的人类文明成就的象征。另外上古时代也没有"皇"和"帝"这样的称呼。这些称呼都是到了战国时期由后人送给他们的。

古人对三皇之后的五帝也有不同的说法，一般认为是黄帝、颛顼、帝喾、尧帝和舜帝。黄帝姓公孙，名轩辕。他出生在神农氏末期。那时天下大乱，神农氏管不了。轩辕去征讨不服从的诸侯，后来又打败了最强大的炎帝和蚩尤，使天下太平。于是诸侯遵奉他为天子。黄帝的妻子叫嫘祖。据说是她发明了种桑养蚕和制作丝绸的方法。

黄帝和后世的帝王诸侯大都有亲缘关系。五帝中的其他四位，还有建立夏朝的大禹，都是黄帝的子孙后代。传说中商朝的祖先契和周朝的祖先弃都只有母亲，没有父亲。他们的母亲据说都是黄帝的重孙帝喾的妃子。秦朝的祖先大业也是只有母亲，没有父亲。他的母亲据说是黄帝的孙子颛顼的孙女。春秋战国时期不论是在中原的诸侯还是在偏僻地区的蛮族国家，比如楚国、蜀国和越国，大都有从黄帝那里发源的世系，当然这些世系很可能是这些部族在融入华夏文明时编造出来的。就是由于这个原因，黄帝被认为是中华民族的共同祖先。又因为中华民族是从炎帝和黄帝开始，由生活在这块土地上的各部族长期融合而形成的，所以中国人自称炎黄子孙。

黄帝以后的两个帝是颛顼和帝喾。颛顼是黄帝的孙子，帝喾是颛顼的侄子。史书中对他们的记载多是些泛泛而简略的颂扬之词。尧帝是帝喾的儿子。他在位的时候,天下发生洪水。他派颛顼的儿子鲧去治理。鲧治理了九年没有成效。尧帝在位七十年的时候,请天下推荐继承帝位的人,不管出身贵贱或者地位高低,都可以被推荐。大家都推荐民间一个叫舜的人,说这个人孝顺,有能力,为人正直。尧帝把两个女儿嫁给他,并从各方面来考察他,很满意,就先请他代理天子职务,向上天推荐他。尧的儿子叫丹朱,品行不好。尧认为把帝位传给丹朱对天下人不利,而传给舜对天下人有利,于是选舜做帝位的继承人。尧去世后,舜要把帝位让给丹朱,自己躲到别处去。可是诸侯都去朝拜他,而不朝拜丹朱;打官司的人都去找他,也不找丹朱;民谣也歌颂他,不歌颂丹朱。舜说:"看来是天意了。"这才即位。

　　天是中国人信仰的根本。中国人认为天是世间一切事物的主宰和最高权威。帝王们自称天子。他们不管是用什么办法得到天下,都要说是天意才算名正言顺,都要让老百姓也这样相信才能建立权威。天体的运行、自然的灾变、收成的丰歉、人生的祸福,都是天意。中国人也相信各种各样能给人带来祸福的鬼神,比如山鬼、河伯、灶神、阎王,等等。但是这个作为最高权威的天却和它们不一样,它没有拟人的形象,在人间也没有祭司或者教皇这一类的角色为它代言。它其实只是一个超自然的自然,所以它对人间事物的参与不像其他宗教中的神那样直接和具体。人要通过对自然和人间现象的观察去揣测它的意志,任何人都可以去观察和解读。

　　舜帝在位三十九年时在南巡的路上去世,他按同样方式选拔的禹继承帝位。尧和舜都有儿子,但是他们不把帝位传给自己的儿子,而是请天下人推荐人品和能力最优秀的人,经过考察后立为帝位的继承人。这种传位方式被称为禅让制。尧舜禅让的故事可能反映了远古时代氏族和部落推举首领的方式,但也可能它只是反映了古人对选拔领袖的理想和愿望,就是"天下为公,选贤与能"。

第二章

夏商周的故事

家天下

当年鲧治水失败,舜向尧帝建议杀了他,推荐他的儿子禹继续他的工作。鲧用堵的办法治水,失败了。禹接受教训,改用疏导的方法。他疏通河道,开挖沟渠,不但排除了水患,而且为农田建立了灌溉系统。他领导人民治水的时候,工作勤劳,生活俭朴,十三年没有回过家,即使路过家门口也不进去。他一边治水,一边考察各地的山川形势和物产,把天下划分为九个州,规定各州的贡赋。九州是中国最早的地域划分,所以也成了中国的代称。因为禹的品德这样高尚,立下了这样大的功劳,深受人民爱戴,所以舜帝向上天推荐他继承帝位。禹当天子以后,立国号为夏。他死后,他的儿子启继承帝位。有一个部落不服,启出兵消灭了它。启把帝位传给儿子太康,帝位世袭从此成为定制。中国进入家天下时代。夏成为中国的第一个朝代。这时大约是公元前二十一世纪。

太康被一个叫羿的部落首领赶走,他的弟弟中康被立为帝。羿是古代传说中有名的神射手。传说天上曾经同时出现十个太阳。土地被烤焦,庄稼都干枯死了,人民没法生活。羿射落九个太阳,解救了人民。羿向西王母要来长生不老的药,他的妻子嫦娥偷吃后身体变轻,飞到月亮里住下来。

从太康到中康和中康的儿子相,夏朝一直都在动乱中,直到相的儿子少康继位后才稳定下来。又传了十位国王以后,帝位传到桀。桀是中国历史上第一位亡国君主,亡国的原因和经过也是以后历代亡国的典型。他宠爱一个叫妹喜的美女,生活荒淫,不好好管理国家,也不听忠臣劝告,好用兵,大兴土木建造宫殿,不顾人民死活。人民和他离心离德,无法忍受他的统治,纷纷背叛他。有一个部族首领成汤趁机率领诸侯,出兵打败桀。桀死在逃亡的地方。成汤当了天子,建立了商朝。这件事大约发生在公元前十七世纪。

　　商朝的始祖是契,他的母亲叫简狄。传说简狄是在水边洗澡的时候,看见燕子掉下来的蛋,捡起来吞下而怀孕,生下契。秦朝的始祖大业也是一个叫女修的女孩吞了燕子遗落的蛋而怀孕生的。据说清朝的始祖布库里雍顺的母亲是吞了喜鹊叼来的红果生下他。这类传说反映了远古母系氏族社会的风俗,人只知道母亲,不知道父亲。而这些男性始祖的出现就是父系社会开端的标志。契因为帮助大禹治水有功,被舜帝封在商,在今天的河南,赐给他子姓。灭夏的成汤是契以后的第十三任首领。商朝经常搬迁,从契到成汤一共有八次,后来也经常搬迁,有时在黄河南,有时在黄河北。商朝的王位主要是兄弟相传,没有兄弟才传给儿子。成汤以后,王位传了十几任到盘庚。盘庚把国都迁到殷,所以商朝也叫殷朝。

　　夏朝和商朝的事迹都记载在古代的史书和其他文献中。夏朝立国的地方据说在今天的山西。它的存在至今还没有被出土的实物证实。虽然考古学家发掘出一些比商朝年代更久远的遗址,却无法确定它们就是夏朝的遗址。商朝的遗址在 20 世纪初在河南被发现。从那里出土的乌龟壳、兽骨和青铜器上面刻着大量文字,被称为甲骨文和金文。它们是中国已经发现的最早的文字。出土的甲骨文上记载的商朝国王的世系和司马迁在《史记》中记载的几乎完全一致。所以商朝的存在已经被实物证明。青铜器和甲骨文标志着商朝在文明上取得的显著成就。商朝时青铜冶炼已经非常发达。从殷墟出土的司母戊大鼎重八百多公斤,制造工艺也非常高超。商人崇拜天神,遇事都要占卜。占卜时先在龟甲或兽骨上钻眼,然后放在火上烤,根据它们被烤以后出现的裂纹来判断吉凶。甲骨文就是刻在龟甲和兽骨上的卜辞。这些卜辞涉及生活的所有方面,从衣食住行、婚丧嫁娶,到打猎、战争、祭祀。今天的汉字就是由这些刻在甲骨和青铜器上的文字发展而来的。

　　盘庚以后的第十一位国王是纣。商朝是在纣的手上灭亡的,灭亡的经过和夏桀如出一辙。纣非常聪明,也非常勇武,能够空手和猛兽格斗。他也是爱上了一个叫妲己的美女,什么都听她的,整天沉溺在酒色歌舞之中,搜刮老百姓来修建自己的宫殿,收集珍奇的玩物。老百姓有怨言,他就用非常残酷的刑罚镇压。他不但不听忠臣劝告,反而杀害和关押他们。而这时西方一个自称周的部族已经在崛起,并且一直在为消灭商朝做准备。

　　周人的始祖叫弃。弃没有父亲。他的母亲叫姜原。据说姜原在野外看见巨人的脚印,心里喜悦,就踩上去,于是怀孕,生下一个男孩。她把这个孩子扔了,后来后悔又捡回来,所以给他起名叫弃。弃长大后很会种庄稼,人民都学习他的耕作方法。尧帝听说了,提拔他做农师。后来他因为管理农业有功,被舜帝封在邰，姓姬。十几代以后，古公当首领的时候，这个部族迁到岐山下的周原，从此自称周人，臣属于商朝。他们放弃戎狄的生活习惯，开始筑城建屋，设立官职，有了国家的样子，逐渐强大起来。经过古公和他的儿子王季、孙子周文王三代人的经营，到了文王的儿子武王继位时，周已经拥有天下的三分之二。周武王在军师姜子牙和弟弟周公旦的辅佐下，会合天下的诸侯，自称奉承天意，去讨伐商朝。纣王带兵迎敌，两军在牧野大战。纣王的军队虽然很多，可是士兵们不愿意为他作战，很多人在阵前倒戈，所以纣王大败。他逃回宫殿里，放火烧死自己。周武王灭了商朝，建立了周朝。这一年是公元前1046年。

封建制度

周武王灭商后，把子弟和功臣分封到各地。武王的弟弟周公旦被封到山东曲阜建立了鲁国。此外还有好几十个子弟同姓被分封。大功臣姜子牙被封到山东营丘建立了齐国。武王封商纣王的儿子武庚统率商朝的遗民，派自己的两个弟弟管叔和蔡叔辅佐他；同时还封了神农、黄帝、尧帝、舜帝和大禹王的后代。君主把自己名下的土地和人民分封给亲属或者臣下，使他们的家成为那块土地上世袭的统治者。这个制度就叫封建制度。

周朝的分封制是它的嫡长继承制的补充。这两者结合起来就是周人创立的宗法制度。古时候男人可以有多个配偶。按照周礼的规定，天子结婚同时娶十二个妻子，诸侯娶九个，平民娶两个。这些配偶中只有一个是正妻，其他都是妾。正妻通常来自门当户对的人家，妾往往是陪嫁的人和买来或者俘虏的女奴。正妻生的儿子叫嫡子，妾生的儿子叫庶子。嫡长继承制规定只有嫡子中的长子才可以继承父亲。在继承顺序上，庶子即使年长也不能越过嫡子，其他嫡子即使更有才能也不能越过嫡长子。这就是立子以贵不以长，立嫡以长不以贤的原则。这个规定排除了通行于商朝的兄弟间的继承。不能继承父兄的子弟就被分封出去。天子的子弟被封为诸侯，他们的封地叫国。诸侯的子弟被封为大夫，封地叫采邑。大夫的子弟被封为士，封地叫禄田。士的子弟就是平民了，没有封地。这些封地的名字往往就成为这些被分封的家族的名称，叫作氏。今天中国人的姓大都是由此而来。嫡长子的宗族叫大宗，分出去的子弟建立的宗族叫小宗。小宗从属于大宗。整个国家就像一棵同根生的枝叶茂盛的大树，以血缘关系为基础，按照远近亲疏确定的身份和等级联合为一体。周朝建立的嫡长继承制、分封制和生活各方面的制度统称为周礼。它让人民做事情有了规矩，所以社会有秩序，安定。周礼保证了周朝的长治久安，而且被以后历朝历代学习和模仿,就像中国此后三千年家天下社会的蓝图,对中国社会的影响异常深远。古人认为周礼是周公旦制作的,把他当作圣人,尊称他周公。

周武王死后,他的儿子成王继位。因为成王还年幼,周公代理国王的职务。这时候武庚和管叔、蔡叔叛乱。他们指责周公要篡夺王位。周公平定了叛乱,杀了武庚和管叔,让纣王的哥哥微子启率领商朝的遗民建立宋国。周朝的首都是镐京,在今天西安附近,位置偏西。取得天下以后,为了控制东方,兴建洛邑,在今天的洛阳。建成后把大禹王铸造的、象征九州的九鼎安置在这里。成王和周公选这个地方建城是因为它位于天下的正中,四方诸侯来上贡距离都一样。

周朝东迁

成王长大以后,周公把权力交给他,以后王位代代父子相传。两百年以后,当王位传到厉王手里时,国家出现了危机。厉王很贪心。国王的职责应该是为老百姓谋福利,这样才能得到老百姓的拥护,政权才稳固。而厉王却想方设法为自己谋利,让好处都归自己,对老百姓很凶恶。老百姓有怨言。大臣召公提醒厉王说:"你这样行事,老百姓已经忍受不了啦!"厉王一听竟发怒了,找来一个巫师监视老百姓。巫师发现谁说厉王的坏话,厉王就杀掉他。老百姓很害怕,在路上碰面时互相目视,不敢交谈。厉王高兴了,告诉召公:"我把怨言都消除了,没人敢说我的坏话了。"召公说:"你不过是堵住别人的嘴而已。这就像堵塞江河流水一样,很危险。河水积多了会冲垮堤岸,伤人一定多。所以治理江河一定要疏导,让水流。治理国家一定要让老百姓讲话。大地上有山河,有高田洼地,所以才生产出各种衣食财用来。人有嘴,就像大地上有山河,有高田洼地一样。让人民讲话,国君就可以知道自己执政的好坏对错。好的就照办,不好的就避免,这也是在创造财富。人心里想到了,嘴上就要说出来。怎么能不让人讲话呢? 再说堵住人家的嘴又有什么用呢?"厉王不听,也不改,老百姓也不敢讲话。过了三年,老百姓终于被逼得暴动了。厉王逃跑,十四年后死在流亡的地方。这十四年由召公和周公两位大臣共同主政,所以年号叫"共和"。共和第一年是公元前841年。中国历史从这一年开始有了确切而且连续的纪年。

厉王死后,召公和周公立他的儿子继位,他就是周宣王。两位大臣辅佐宣王,国家有了点儿起色。宣王死后,他的儿子幽王继位。幽王是个荒唐的国王,他宠爱美女褒姒。褒姒是褒国人为了赎罪献给他的,异常美丽,可是从来不笑。幽王一心想看她笑,挖空心思逗她高兴,竟想出点烽火台的怪招。烽火台是国家为了报警建的高台,从四方边境一直到京城,隔不远就建一个。那时候周朝的诸侯国之间还夹杂居住着许多生活方式和周朝不同的蛮族。他们经常会到周朝的地界里来抢劫。在边境守卫的人一发现他们来了,就在烽火台上点起烽火,浓烟升上高高的天空,远处烽火台上的人看到,也跟着点火,警报很快就可以传到京城和全国各地。烽火台的烟是用狼粪烧的,所以叫狼烟。据说狼粪烧的烟升上天空时最直而且不散。

幽王点起烽火以后,各地的诸侯急急忙忙带兵赶来救援。幽王陪着褒姒在城头上看热闹。褒姒看到那乱纷纷的场面,大笑起来,可是诸侯们都气坏了。幽王一看这个办法这么灵,非常高兴,又接连点了几次。诸侯们一再受骗,以后看见狼烟也不来了。幽王这样胡闹还不够,他立褒姒当王后,立她生的儿子为太子,废掉原来的王后和太子。原来的王后是申侯的女儿。申侯非常气愤,勾结一个蛮族犬戎来攻打幽王。幽王点起烽火求救,可是诸侯们一个也不来。等到诸侯们知道这次是真有敌人入侵,赶来救援时,幽王已经被犬戎杀了,褒姒也被抢走了。犬戎在镐京烧杀抢掠后也逃走了。诸侯们和申侯一起立原来的太子为王,他就是周平王。可是镐京已经被毁了,又怕犬戎再来,平王就搬到洛邑。从此洛邑成为周朝的首都。这一年是公元前770年。史书上称此前的周朝为西周,因为镐京在西方;以后的周朝为东周,因为洛邑在东方。周王室从此衰落下去,诸侯渐渐强大起来,中国进入了春秋时期。

第三章

春秋的故事

郑庄公

郑国的祖先是周宣王的弟弟郑桓公。宣王死后，郑桓公看见幽王胡闹，觉得这样下去危险，就把郑国搬迁到一千多里以外、洛阳东边、黄河以南的地方。过了不久周王室也东迁，和郑国又成了近邻。

郑庄公是郑国的第三代国君。他是长子。母亲武姜生他的时候难产，所以不喜欢他。武姜偏爱小儿子段，极力请求丈夫郑武公立段为太子，被拒绝了。庄公继位后，按照制度应该分封弟弟。武姜为段选了一个城市作封地。庄公说那个地方是战略要地，其他地方可以任意挑选，于是选了京。段住在那里，被称为京城大叔。大臣祭仲对庄公说："按照先王的制度，大都市的城墙不能超过首都的三分之一。京的城墙超过了限度，会出问题的。"庄公说："姜氏要这样，有什么办法！"祭仲说："姜氏的欲望哪里会有止境？不合制度的事情，你得及早制止，不能任它发展，不然就不好收拾了。"庄公说："不合道义的事情做多了，一定会自取灭亡。你先等等看吧！"不久段命令郑国西部和北部地区服从自己。大臣公子吕对庄公说："一国不能有两个主子。你究竟想怎么办？要是想把国家让给大叔，我们就去给他当臣子。要是不想让，就马上除掉他，别让老百姓心里动摇不定。"庄公说："不用，他会自作自受的。"接着段把那两个地区变成自己的领地，又向其他地区扩张。公子吕说："该动手啦！大叔地广人多，势力就雄厚了。"庄公还是不肯行动，说："行事不合道义，不讲团结，势力雄厚会加速崩溃。"段把粮食、军队都准备好了，开始策划偷袭首都。母亲要给他做内应，为他打开城门。庄公探听到段出兵的日期，这才说："可以动手了。"他派公子吕率领二百辆战车去讨伐。当地人背叛了段，段就逃到别的国家去了。

史书上说段想篡夺哥哥的君位不对，不像弟弟的行事。而哥哥庄公不防微杜渐，好好教导弟弟，反而故意纵容，让他把坏事做大，然后一棍子打死，彻底赶出郑国，这样做也太阴险。不过庄公可能也没有选择，只能把弟弟赶走，不然郑国迟早会分裂，或者他自己这一支被取代。当初周公设计周礼，是要让哥哥率领弟弟，弟弟服从哥哥，兄弟分立又互相支持。可是到了庄公和段这里，兄弟成为敌人，互不相容，互相争夺杀害。这是春秋时期的典型乱象。这件事发生在公元前722年，是鲁国的史书《春秋》开始的那一年。《春秋》记载了此后两百四十间的中国历史。春秋时期就是由这部史书得名。

庄公把母亲放逐到外地，发誓说："不到黄泉，就不相见。"黄泉是在地下很深的地方挖出的地下水，古人用它做人死后居处的代称。庄公发完誓很快就后悔了。在边疆的大夫颍考叔听说了，来见庄公，送上贡献。庄公赐饭，颍考叔吃的时候把肉都留在一边。庄公问这是为什么。颍考叔说："我母亲没吃过国君的饭，我想留给她吃。"庄公说："你有母亲可以给留好吃的，偏偏我没有。"颍考叔问他为什么这样说。庄公讲了经过，说自己被誓言束缚住了。颍考叔说："这有什么可为难的？你把隧道挖到泉水那么深，和母亲在隧道里相见，谁能说你破坏誓言了？"庄公和母亲在隧道里相见时，高兴地作诗说："隧道里面，快乐融洽！"走出隧道后，母亲也作诗说："隧道外面，快乐舒畅！"母子俩和好如初。颍考叔用自己的孝心影响了庄公，被后人当作孝顺的榜样。

郑庄公在周王的朝廷里当执政。这是诸侯为国王服务的一种方式。周平王为了搞平衡，让虢国的国君和庄公一起执政，分他的权。庄公不高兴，平王只得安慰他。为了表示信任，平王和庄公互派儿子到对方当人质。平王去世后，周王室把执政权都交给虢公。郑庄公要报复，一个月后派兵割了周王田里的麦子，秋天又抢其他庄稼，也不去朝见天子了。周桓王召集和郑国相邻的蔡国、卫国和陈国的军队去讨伐他。郑国迎战，竟把周王的联军打得大败。周王的肩膀上也中了一箭。郑庄公不让追击，他说："君子不愿意凌驾于人上，何况是天子。能保住自己和国家已经够幸运了。"晚上他派大臣祭仲去慰问周王和大臣们。郑庄公对周王公然欺凌，用实力讲话，以兵戎相见，他们之间的君臣关系实际上已经不存在了，可还要维持着表面的名分和礼节。这样的做法看起来虚伪，但这样的虚伪正是那个名与实开始脱节的时代的真实。

七年后，郑庄公去世，他的长子郑昭公继位。郑庄公的二儿子是他在宋国娶的妾生的。宋国国君把郑国的执政大臣祭仲诱骗到宋国，逼他和宋国立盟约，立庄公的二儿子当国君。祭仲带着新国君郑厉公回国。郑昭公就逃到卫国去了。过了几年，郑厉公嫌祭仲专权，勾结祭仲的女婿雍纠，要杀祭仲。雍纠准备在郊外宴请祭仲时动手。他的妻子起了疑心，回家问母亲："父亲和丈夫谁更重要?"母亲说:"嫁给谁,谁就是丈夫,父亲可只有一个,这怎么能比呢?"于是她去对父亲说:"雍纠不在家里,而在郊外设宴,我觉得可疑。"祭仲把雍纠抓起来杀了。厉公奈何不了祭仲,只好逃亡。他把雍纠的尸体载到车上带走,为他坏了自己的事骂他:"密谋让妇人知道,岂不是该死。"

祭仲接昭公回来复位。第二年昭公就在打猎时被一位大臣射死。祭仲立他的下一个弟弟做国君。新国君当年又在齐国被齐襄公杀死。祭仲又立再下面的一个弟弟做国君。十二年后祭仲死了,这时厉公已经流亡十七年了。他勾结在国内的大夫甫瑕,杀了在位的国君和他的两个儿子,回来复位。他责怪伯父:"我逃亡在国外,伯父在朝中也不想着帮我回来。"伯父说:"做臣子的对国君怎么能有二心呢? 既然你认为这也有罪,那我知罪了。"于是自杀了。厉公又指责帮他搞政变复位的甫瑕说:"你为你的国君服务有二心。"把他也杀了。甫瑕临死时说:"重德不报,看来还真是如此。"意思是对别人的恩德太重,别人就不会报答了,反而要除掉你。

这时候春秋时期刚刚开始,但它已经是一个乱世了。周王室衰落,诸侯大夫犯上作乱,君臣父子兄弟互相争夺杀害,这些以后几百年间愈演愈烈的乱象都开始频繁出现。就在郑庄公赶走叔段以后的十来年间,卫国、鲁国、宋国和晋国都发生了国君家族中内斗、国君被杀的事件。郑庄公是一位很有能力,也很懂大道理的政治家。但是他对弟弟没有亲情,对周天子不尽臣节,和他们都是兵戎相见。他的为人行事清楚地体现了这个时代的特点。可以说他是史书上记载的第一位,也是最有代表性的春秋人物。郑庄公和他的儿子们连续两代人都发生了兄弟为君位互相争夺杀害的内乱。以后几乎每个诸侯国都经历过一段这样的内乱,然后父子相传的制度才相对稳定下来。

齐桓公和管仲

齐国的祖先是帮助周文王和周武王打败商朝,建立了周朝的姜子牙。姜子牙很有才能,但是一直没有施展的机会,一辈子穷困,到晚年常坐在渭河边上钓鱼。有一次周文王要出门打猎,占卜的结果说:"打来的不是虎,也不是熊,而是帮助你家争天下的能人。"周文王在渭水边看见姜子牙,就过去和他谈话。一谈非常高兴,说:"我太公在世的时候说过:'将来会有能人来周国,周国就会强盛兴起。'你就是这个能人。我们家从太公的时候就盼望你了。"于是称呼他"太公望",带他回朝,拜他为老师。那时候周国是商朝的诸侯。姜子牙帮助周文王和周武王阴谋策划,最后打败商朝,夺取了天下。周武王为了酬谢他的功劳,把他封在山东,建立了齐国。齐国所在的地方人民少,盐碱地多,不利于农业。有利之处是靠近大海,可以打鱼,晒盐。姜子牙顺应当地人民的习俗,因地制宜,发展渔业、盐业和服装业,商业也随着这些产业发展起来,齐国因此成为富强的大国。

三百多年后,君位传到齐襄公手里。齐襄公和他的妹妹文姜乱伦。后来文姜嫁到鲁国,成为鲁桓公的夫人。她陪鲁桓公来齐国访问的时候,又去和齐襄公幽会。鲁桓公发现了,对她大发脾气。她告诉了齐襄公。齐襄公请鲁桓公喝酒,把他灌醉,然后派大力士彭生抱他上车,在车上用蛮力杀了他。鲁国人一看他们的国君上车的时候是个活人,下车时却死了,不答应了。齐襄公就把罪名安到彭生头上,杀了他来遮掩。

齐襄公派两位将军驻防边疆。去的时候正是瓜熟的季节,说好明年瓜熟的时候派人去替换他们。第二年到了时候,齐襄公没派人。这两位将军请求他派人来换班,他不答应。两位将军很气愤,就想闹事。他们和襄公的一个堂兄弟公孙无知勾结,要拥立他做国君。其中一位将军的妹妹是齐襄公的妃子,因为不受宠,也对襄公不满。两位将军让她在宫中侦查襄公的行动,向他们报告,答应成功以后立她做新国君的夫人。襄公出去打猎遇到一头大野猪,随从说它是彭生的化身。襄公心里有鬼,以为彭生的冤魂来找他索命,慌忙用箭射。大野猪中箭后竟像人一样直立起来吼叫。襄公吓得从车上掉下来摔伤了,鞋子也丢了。那两位将军探听到襄公受伤了,带人打进宫来杀了襄公,立公孙无知做国君。

襄公有两个弟弟,一个是公子纠,另一个是公子小白。他们看见襄公胡作非为,担心国家会出乱子,都逃到母亲的国家去躲避。公子小白跑到吕国,公子纠跑到鲁国。公孙无知当国君不久就被杀了。这两位公子听说国内没有国君了,都赶回来继承君位。鲁国派军队送公子纠回国。公子纠的师傅管仲带兵去拦截公子小白。管仲追上小白,一箭射去,刚巧射到小白的铜衣带钩上。小白马上倒在车里装死。管仲看到小白中箭倒下,以为他死了,回去报告公子纠。公子纠就不着急了,走了六天才到齐国。这时候公子小白早已经赶到京城,当上国君了。他就是齐桓公。桓公派兵拦截鲁国军队,然后给鲁国国君写信说:"公子纠是我的兄弟,我不忍心自己杀他,请鲁国杀了他。管仲是我的仇人,我要亲自惩罚他才甘心,请你务必给我活着送来。不照我说的做,我就出兵攻打鲁国。"齐国和鲁国是邻国,齐国大,鲁国小,鲁国人不敢不听,就杀了公子纠。管仲心里有数,也不自杀,让鲁国人把自己抓起来,押送去齐国。

原来公子小白的师傅鲍叔牙和管仲是非常好的朋友。两个人年轻的时候一起做买卖,赚了钱,管仲多分,鲍叔牙知道他家里困难,不介意,也不认为他贪心。有时候管仲算计错了,把买卖做赔了,鲍叔牙认为不是他无能,而是时机不利。打仗的时候管仲经常逃跑,鲍叔牙也不认为他胆子小,知道这是因为他有个老母亲要照顾。所以管仲对人说:生自己的是父母,而最了解自己的是鲍叔牙。中国人因此把最深相知的友谊叫管鲍之交。鲍叔牙对桓公说:"你要是安于现状,那靠我这样平庸的人治国也可以。如果你想让国家富强,称霸天下,那就非得用管仲这样的天下奇才不可。"所以桓公假装说非要亲手杀了管仲,把他要回来。鲁国也有人猜到了齐桓公的真意,请鲁庄公不要把管仲这样的人才活着交给齐国。鲁国和齐国是近邻,齐国强大了,直接受害的就是鲁国。可是鲁庄公不敢得罪齐国,没答应。在被押送回国的路上,管仲坐在囚车里,担心鲁国随时会改变主意,派兵追杀他,就编歌教押送他的人唱。这些人唱着歌,觉得走路也轻快了,很快就到了齐国。鲍叔牙在边境迎接管仲,马上把他从囚车里放出来,带他去见桓公。

桓公问管仲:"我想使国家富强,应该怎么做呢?"管仲说:"那首先要得到人民的拥护。国君爱护老百姓,国家的政令顺应民心,老百姓才会拥护国君。国君对老百姓最大的爱护就是让他们生活幸福,这首先要让他们富足。如果老百姓没有足够的衣食以免于饥寒,他们就没有羞耻心,就不会愿意遵守礼义。如果老百姓没有羞耻心,不尊重礼义,国家就要灭亡。所以让人民生活富足了,国家才好治理。"桓公又问:"那怎么能建立起强大的军队来呢?"管仲说:"养军队需要钱,国家要有钱,就得发展工商业。可以设立官府去生产盐和铁,捕鱼,或者鼓励老百姓去生产,政府管理市场,征税。工商业发展了,国家的收入就会增加。国家有了钱,就可以建设强大的军队了。"桓公非常满意,封管仲当大夫,把国家交给他治理。

长勺之战

齐国要扩张,经常侵略邻国。齐桓公为鲁国帮助公子纠,也一直怀恨在心。鲁国也知道自己得罪了齐国。两个国家都知道难免有一场战争。至于战争什么时候发生,就看当政的人怎么算计了。齐桓公认为齐国比鲁国强大得多,可以轻易打败鲁国,所以当上国君一年后就派兵去攻打鲁国。鲁庄公一直在备战,听说齐国军队来了,要亲自带兵迎战。这时候有一个叫曹刿的乡下人求见。

曹刿来之前,乡里的人对他说:"国家大事都是吃肉的人在谋划,你去干什么?"曹刿说:"吃肉的人没用,目光短浅。"见到鲁庄公,曹刿问:"你靠什么去作战呢?"庄公说:"我有什么衣服食物都要分给别人,从来不敢自己独享。"曹刿说:"这都是小恩小惠,受惠的人有限,老百姓不会因此就拥护你。"庄公说:"我给神供献从来都守信用,绝不敢有假。"曹刿说:"这也是小信用,神也不会保佑你。"庄公又说:"老百姓来告状,不管案子大小,我虽然不一定能完全查清真相,但一定尽我的能力按照实情裁决。"曹刿说:"给老百姓公平正义是国君的职责。你能忠于自己的职责,老百姓就会拥护你,这样我们就有条件去作战了。"他请求和庄公一起上战场。

庄公让曹刿和自己同乘一辆战车。古时候打仗,击鼓是进攻的信号,鸣金是收兵的信号。两军布好阵,庄公要击鼓进攻。曹刿说:"还不到时候。"等到齐国人敲过三遍鼓,向鲁军的阵营冲击三次都被打退以后,曹刿说:"现在可以攻击了。"鲁军一冲锋就把齐军打得溃散奔逃。庄公要下令追击。曹刿说:"等一等。"他下车查看齐军逃跑留在地上的车辙印,又站到车前面的横木上瞭望,这才对庄公说:"可以追击。"

鲁国打了一个大胜仗。庄公不明白鲁国比齐国弱,这仗是怎么打胜的,就问曹刿。曹刿说:"打仗靠的是气势。敲第一遍鼓的时候,士气最旺盛,第二遍时就减弱了,到敲第三遍鼓时,士气已经衰竭了。敌人的士气衰竭了,我军正士气旺盛,所以一打敌人就垮了。齐国是大国,前面的军队打败了,后面可能还有伏兵。我看到齐军的车辙混乱,军旗东倒西歪,知道它真的是在溃逃,所以告诉你叫以追击。"

曹刿能够指挥鲁国军队以弱胜强,直接的原因是他在战场上造成了彼竭我盈的态势。他还说出了比这更根本、更重要的战争条件,那就是人民的支持。这要靠政府公正尽职获得。政府不给人民公平正义,人民就不会和政府同心同德。所以一个国家的内政,尤其是它的法制和吏治,才是它的战争能力的根本。鲁国和齐国的这场战争发生在公元前 684 年鲁国的长勺,所以叫长勺之战。它不是一场重要的战争,那个时代战争的规模也不大,但是它体现了深刻的战争智慧,所以成为战争史上的经典。

尊王攘夷

齐桓公打了败仗以后,知道了不能轻敌,也知道了在国家治理好之前,先不能考虑其他。几年以后,齐国在管仲的治理下很快富强起来,齐桓公这才有了大显身手的本钱。那时候周天子只剩下一个空名,已经没有权威了。诸侯们大国兼并小国,强国欺负弱国。诸侯国之间还杂居着许多蛮族国家,大多是些游牧部族。它们的经济和文化比周朝的诸侯国要落后很多,常常去劫掠诸侯国,把文明社会变成废墟。周天子不能保护诸侯,反而要靠诸侯保护。天下需要一个强有力的国家出来维护秩序。齐国、晋国、楚国和秦国是最大的几个国家。楚国和秦国地处偏僻,原来都是蛮族,后来受封才成为周朝的诸侯。秦国那时不大参与中原的事情。楚国后来又不给周朝当诸侯了,不停地攻打兼并周朝的诸侯。它自己就是周朝的最大威胁。晋国在闹内乱,也顾不上。于是齐桓公打出"尊王攘夷"的旗号,一方面拥戴周天子,一方面用武力保护诸侯的安全。

北方山戎侵略燕国。齐桓公带领军队深入北方的荒漠去攻打山戎。他们在沙漠里迷了路,差点儿困死在里面。管仲知道动物有认路的本领,就放出几匹老马,让它们自己在前面走,这才把全军带出沙漠。齐军打败了山戎,不但消除了燕国的边患,还给燕国增加了很大一片领土,燕国也因此成为大国。燕庄公非常感激,送齐桓公回国时,一直送进齐国境内。齐桓公说:"按照礼节,诸侯只有送天子才送出国境,诸侯相送不应该出国境。燕国对我这样尊重,我不能对燕国失礼。"他把燕庄公到达的地方都划给燕国。

卫国的祖先是周武王的弟弟封。周公平定武庚禄父和管蔡的叛乱以后,在殷朝的故地建立卫国,让封在那里统治殷朝的遗民。三百多年后,君位传到卫懿公手里。卫懿公爱仙鹤到了荒唐的地步。他给自己养的仙鹤都封官,发俸禄,地位最高的仙鹤出门要坐大夫一级的车子。有一天狄国来侵犯。卫懿公召集国人,准备迎战。他把武器和盔甲发下去,可是国人都不肯作战,说:"仙鹤们都有官位,有俸禄,你派它们去打仗吧!我们哪儿能打仗啊?"卫懿公只好带着不多的军队去作战,结果全部战死。留在城里的人知道了,连夜逃走,逃到黄河边被狄国人追上,又被打败。幸亏宋国的军队赶来救他们,连夜帮他们渡过黄河。到了黄河南岸,连男带女只剩下七百三十个人,什么财物都没有了。宋国国君从别的地方拨来一些人口,一共凑了五千人,在临时搭起的草房子里立了新国君,算是把卫国重建起来。齐桓公派儿子率领三百辆兵车和三千甲兵来保护卫国,带来送给卫君和夫人的车马,祭祀穿的服装,还有牛、羊、猪、鸡、狗,每样三百只,还送给卫国人做门用的木材,让他们能重建家园。因为狄国经常来骚扰,齐桓公又带领诸侯去攻打狄国,还给卫国建筑了一座新的都城。

这个事件在历史上留下一首著名的诗歌《载驰》。卫懿公的堂姐妹、嫁到许国的许穆公夫人听到故国被毁灭的消息,匆忙赶去看望,半路上被许国大夫劝止。因为按照礼制，父母在世时，嫁出去的女儿可以回国看望，父母不在了，只能派大夫代为问候。许穆夫人心中忧伤，就写下一首诗。诗里说："我匆匆赶路，回国吊唁，在半路上被劝止，眼看着大夫跋山涉水地去了，自己不能去，心里忧伤。虽然因为许国的君子大夫们有异议，我不能回国去看望你们，但我的心是和你们在一起的，也无法停止对你们的思念。女孩子更容易感怀思念，这也是人和人的不同。许国的君子大夫，请不要怪我冒失仓促。因为不管怎样思念，也不如我亲自回去一见。"这首诗被孔子收在中国最古老的诗集《诗经》里。许穆夫人因此成为中国第一位留下了名字的诗人。

齐桓公率领诸侯讨伐过楚国，迫使楚王答应给周天子上贡。周天子的弟弟作乱，勾结蛮族进攻京城，桓公派管仲带兵去平定叛乱。齐桓公能够完成这些事业是因为有能干的管仲辅佐。所以一百多年后孔子说：没有管仲，我们今天都要像野蛮人那样穿着打扮了。意思是华夏文明就没有了。

长勺之战三年后，齐国又去攻打鲁国。鲁国战败，割地求和。两国国君在坛上对神发誓，签订盟约的时候，鲁国打了败仗的将军曹沫突然跑上来劫持齐桓公，用匕首逼他退还侵占鲁国的土地。桓公没办法，只好答应。曹沫扔掉匕首回到自己的位置。桓公马上要反悔，要杀曹沫。管仲认为信用比什么都重要，国君要说话算话。他劝桓公说："这样做你固然心里痛快了。可是对天下人却失信了。"于是桓公把刚从鲁国夺来的土地还给鲁国。诸侯看到齐桓公这样讲信用，都信任他。齐国的地位反而提高了，影响力更大了。史书上称赞管仲说：懂得付出也是得到，这是为政的大智慧。管仲就有这样的大智慧，所以善于把危机变为转机，常常能够因祸为福，转败为功。

因为齐桓公做了许多济困扶危，保护华夏文明的好事，诸侯都拥护他，把齐国当作领袖，叫霸主，向齐国进贡。齐桓公召集诸侯开会。周天子派使者赐给他王室祭祀文王和武王的祭肉。他要按照礼节下阶拜谢。使者说："天子还有命令，伯舅已经七十多岁了，赐你不须下拜。"周王室和异姓诸侯通婚，所以双方是甥舅关系。桓公说："虽然天子有命令，我怎么敢不下拜。"还是下阶行了礼，才上阶来受赐。

管仲执政将近四十年，得了重病要死了。桓公去看他，问谁可以接替他当相国。管仲说："君最了解自己的臣。"桓公问："易牙可以吗？"易牙是靠着给桓公做美味的饭菜成为桓公的亲信。有一次桓公说："我什么美味都吃过了，只有蒸婴儿的肉没吃过。"易牙就把儿子蒸了献给桓公吃，桓公觉得易牙太爱自己了。管仲可不这样看，他说："一个人能杀死自己的儿子来讨国君喜欢，这太不近人情。这样的人不能用。"桓公又问："开方呢？"管仲说："也不行。这个人为了侍奉国君可以不管自己的父母,这也不近人情。"桓公又问:"竖刁呢?"竖刁把自己阉割了来给桓公当太监,伺候桓公,桓公也认为他爱自己。管仲说:"这个人残害自己的身体来为国君服务,这也不近人情。也不能用。"

桓公认为这三个人对自己最爱,最忠诚。管仲却看出他们都是骨子里凶残的小人,认为桓公不应该亲近他们。可是桓公爱慕虚荣,又贪图物质享受。这些性格里的弱点使他离不开这三个人,所以没听管仲的话。这三个人因为都在桓公身边,挖空心思讨桓公喜欢,很受桓公信任,所以虽然地位不高,可是实际权力很大。管仲去世两年后,桓公也死了。他一死,易牙和竖刁就利用自己在宫中的权力杀大臣,立他们想立的公子当国君。桓公后宫的宠妃很多,生了十几个儿子。其中五个想当国君,互相攻打,闹得国内大乱。太子逃到宋国,桓公的尸体停在床上六十七天没人管,尸体腐烂,生的虫子爬到户外。直到十个月后宋国军队护送太子回国继位才埋葬了桓公。齐国从此走上了下坡路。

唇亡齿寒

晋国的祖先是周武王的儿子,周成王的弟弟虞。据说虞和成王小时候在一起玩儿,成王把梧桐树叶削成珪的形状,交到虞手中,说:"我用它封你。"珪是授爵位用的玉器。在一边的大臣请成王选一个日子举行正式的封建仪式。成王说:"我们那是玩游戏!"大臣说:"天子说的话可不能当儿戏。"这时他们的叔叔周公刚刚平定了唐国的叛乱,成王就把虞封在唐地。这就是"桐叶封弟"的故事。

三百年后,大约和郑庄公封太叔段同时,晋国的国君晋昭侯把他的叔叔封到曲沃。这两支族人也发生了郑国那样的冲突,只是结果正相反。被分封到曲沃的这一支族人几次攻杀国君,到了第三代曲沃武公的时候,终于灭掉国君的正宗。曲沃武公把晋国的宝物都献给周天子,换来周天子的承认,正式成为晋国的主人。晋献公是晋武公的儿子。因为他这一支是以旁支夺了正宗的君位,他害怕同样的事情会发生在自己身上,于是和大臣们阴谋策划,突然把叔父和叔祖们的家族包围起来,全部屠杀。晋国国君身边从此没有了被称为公族的同姓近亲大家族,可是异姓大家族的政治地位和影响力却增强了。这是晋国的政治格局和其他国家明显不同之处,对晋国以后的历史有深远的影响。

晋献公一生攻灭了许多周边国家,使晋国成为一个大强国。假道伐虢是这些兼并战争中最著名的一个。晋国的南方有一个虢国，以前晋国内战时总和献公的父亲武公为敌，收留了许多晋国流亡的公子。献公要去打它，可是晋国和虢国中间隔着一个虞国。大臣荀息给献公出主意，要他把自己的乘马和玉璧送给虞国的国君做礼物，向虞国借道。献公说："它们是我的宝贝啊！"荀息说："这不过是把它们放在外面的府库里暂时保存一下罢了。"虞公得到礼物非常高兴，不但同意借道，还带头去打虢国。大臣宫之奇劝他也不听。虞国和晋国一起攻下虢国的下阳，灭掉了半个虢国。

　　三年后，晋国又要借道伐虢。宫之奇对虞公说："虞和虢就像一件衣服的里子和外表一样，谁也离不开谁。就像嘴唇要是没有了，牙齿就会感到寒冷。虢要是灭亡，虞一定跟着灭亡。晋国的野心是不能助长的，招引来敌国军队更不是儿戏。上一次借道就已经大错特错了，怎么能再借呢？"虞公说："晋君和我是同一个祖宗，他能害我吗？"宫之奇说："虢国和晋国也是同一个祖宗，论关系比虞国还近，晋国连它都要消灭，何况虞国。而且要论亲疏，虞国能和晋献公的祖父和父亲的那些兄弟们比吗？他们的家族有什么罪？不是被杀，就是被逼逃亡。不就是因为他们是太亲太近的同宗，所以被看成对君位的威胁吗？亲属太近都会被当作威胁消灭，更何况靠得太近的国家了！"虞公说："我供献给神的谷物既丰盛又洁净。神一定会保佑我。"宫之奇说："我听说鬼神和人没有实在的亲缘，他们只站在德行一边。所以《周书》上说：'皇天无亲，唯德是辅。'又说：'散发芳香的不是献祭的谷物，而是献祭者的德行。'如果祭品能够讨好鬼神，那晋国灭了虞国，献上同样丰盛洁净的祭品，神还能把闻到的香味吐出来吗？"虞公不听，宫之奇就带着族人逃到别的国家去了。他说："到不了年底虞国就要亡了，晋国这一次出兵就会动手的。"晋国灭了虢国，回来顺路把虞国也灭了，虞公也当了俘虏。荀息把马和玉璧还给献公。献公笑着说："马还是我的马，可是老了几岁。"

　　这件事发生在公元前 655 年，被记录在儒家编写的史书《左传》里。它留下了"唇亡齿寒"这个成语，也记录下了中国人对神的观念的改变。在原始信仰中，神往往与某一个族群或者邦域有特殊的亲近关系。它好恶不定，喜怒无常，就像人无法驾驭的自然力一样，而且有和人类相同的物欲，人要用供献去讨好它，以换取对自己的保佑。而在现代宗教中，神被道德化了，它是道德的化身，是一个惩恶扬善的力量。它的好恶完全以人的德行为依归，也不再只属于个别的邦域或者族群。人在神前能够奉献的只有虔敬的心灵。这样的心灵与任何带有交易意味的祭献都不相容。物质奉献的性质也随之改变。人用它表达爱心，而不是交换神佑。宗教组织用它济世，而不是自肥。这是各民族在进入文明时代的门槛时普遍发生的、从原始信仰向现代信仰的转变。与之相应的就是佛教、基督教和伊斯兰教这样的世界宗教的兴起。《左传》记录下了这个转变过程在中国的发端。

晋国的内乱

晋献公到了晚年,有一次攻打戎族,俘虏了非常漂亮的一对姐妹。姐姐叫骊姬。她给献公生了一个儿子,叫奚齐。妹妹也给献公生了一个儿子,叫卓子。献公的长子叫申生,已经立为太子多年了。献公很爱骊姬和她的孩子,想废掉申生,立奚齐当太子。骊姬哭着说:"诸侯都承认太子,老百姓也拥护太子。怎么能为了我废掉正妻生的长子,立妾生的庶子呢?你一定要这样做,我就自杀。"

申生的母亲是齐桓公的女儿,已经去世多年。有一天骊姬对申生说:"国君梦见你母亲了。你赶快去祭奠她。"申生祭奠了母亲,把祭肉送给父亲。献公正在外面打猎,祭肉被留在宫中。过了六天,献公回来,厨师送上申生送来的祭肉。献公正要吃,骊姬说:"这肉是从外面送进来的,吃以前要检验一下。"他们先把肉扔给狗吃,狗吃了就死了。又拿仆人试验,仆人吃了也死了。骊姬哭着说:"太子的心怎么这么狠呀?连父亲也要杀害。你都这么老了,早上都不知道晚上还在不在,他还等不及。他这样做不过是因为恨我和奚齐罢了。让我们母子躲到别的国家去吧!要不就自杀,免得将来被他害死。当初你要废了他,我心里还接受不了。我真是大错特错了。"

申生听说了这件事就逃跑了。献公发怒,把申生的老师抓起来杀了。有人对申生说:"那毒药是骊姬下的。你为什么不去说清楚?"申生说:"父亲老了,没有骊姬,吃饭不香,睡觉不安稳。我说出真相,父亲会受不了,所以我不能说。"给他出主意的人说:"那你就逃到别的国家去吧!"申生说:"背着个谋杀父亲的名声,谁会接受我呢?我还是自杀吧。"申生为了亲情和家庭中尊卑长幼的关系,不去申辩,情愿负屈含冤去死。这样的做法让他成为中国古代著名的大孝子。

申生的两个大弟弟,重耳和夷吾,这时正好从封地来京城。骊姬对献公说:"申生下毒的事,这两位公子也知道。"这两个人一听说,吓得马上逃回自己的封地。这让献公相信他们真的参与阴谋了,派兵去打他们。重耳对手下人说:"我不能跟父亲和国君作战。谁要抵抗,谁就是我的敌人。"奉命来杀他的宦官寺人披很快就赶到了。重耳跳墙逃跑,衣袖被追上来的寺人披砍掉,侥幸逃脱，跑到他母亲的狄国。夷吾的母亲和重耳的母亲是姐妹，夷吾本来也要往狄国逃。他的手下人说："重耳已经在那里了，你再去了，晋国军队一定会跟去。狄国害怕晋国，会把你们俩都交出去。你还是逃到梁地去吧。那里离秦国近，秦国是强国，等国君去世了，你可以依靠秦国的力量回国。"于是夷吾逃到梁地。

申生死了五年以后，献公也去世了。临死前他对荀息说："我要奚齐继承君位，可是他年龄太小，大臣们不服，恐怕会出乱子。你能辅佐他吗？"荀息说能。献公说："你用什么让我放心呢？"荀息说："有句古话说：'即使死去的人复生，活着的人面对他也不会有惭愧。'我就用这句话作为保证吧。"献公就让荀息主持国政。献公一死，大臣里克和邳郑对荀息说："那三位公子手下的人都要闹事，秦国和晋国都支持他们，你怎么办呢？"荀息说："我要信守对先君的承诺，做不到就去死。"里克说："你死又有什么用？"荀息说："就是没用，我也不能逃避。"里克在为献公守灵的地方杀了十五岁的奚齐。这时献公还没有下葬。荀息要自杀。有人劝他说："你可以立奚齐的弟弟，辅佐他，岂不是比自杀强吗？"荀息就立四岁的卓子为国君。刚给献公办完丧事，里克又在朝廷上杀了卓子，荀息就自杀了。

里克和大臣们派人去迎接重耳回来当国君。重耳说："违背父亲的命令逃亡在外，父亲死了又没能尽儿子的义务给他治丧。我怎么敢回去继位？你们立别人吧。"夷吾想回国继位。大臣郤芮向他建议用土地重贿秦国，请求秦国帮助。郤芮说："如果不能回国，国家是别人的，你有什么舍不得的？如果能回国，当上君主，割点儿土地又算什么？"于是夷吾和秦国约定，秦国出兵护送他回国继位，他把晋国在黄河以西的五座城和一部分河东的土地送给秦国。夷吾也给里克写信，告诉他自己当上国君以后，把汾阳封给他。夷吾回国当了国君，他就是晋惠公。他派人去秦国告诉秦穆公："我当初答应把土地送给您。可是大臣们不同意。他们说：'土地是先君的，你是一个流亡在外的人，有什么权利把国土送人？'我争不过他们，只好向您道歉了。"他也不给里克汾阳，还担心里克会搞政变，立别的公子取代自己。他派人去对里克说："没有你，我当不上国君。可是你杀了两位国君，一位大夫。给你当国君是不是太难了？"里克说："不杀掉他们，你怎么能上台？你想加罪于我，还能找不到借口吗？却找了这么个理由！我听到你的命令了。"于是自杀了。

三年后，晋国闹灾荒，向秦国请求买粮食。秦穆公和大臣们商量。百里奚说："哪个国家都会遇到天灾的。救灾和帮助邻居是合乎道义的事，应该同意。"有大臣建议趁这个机会去攻打晋国。秦穆公说："晋国的国君可恶，可是它的老百姓有什么罪过?"于是卖给晋国粮食。

下一年,秦国闹灾荒,要向晋国买粮食,晋惠公不答应。大臣庆郑说:"受了别人的恩惠不报答,不讲信用,又幸灾乐祸,惹邻国仇恨,这样国家就危险了。"另一位大臣说:"晋国和秦国已经结怨了,卖粮食并不能消减怨恨,徒然资助了敌人,不如不给。"庆郑说不能做这样不得人心、惹人憎恨的事情。惠公不听。

秦穆公非常气愤,要出兵教训晋惠公,占卜的结果也显示秦国将打败晋国。秦军攻入晋国后,接连打了三个胜仗。晋惠公问庆郑:"秦军深入国境了,怎么办呢?"庆郑说:"那还不是应该的吗?是你自找的。"惠公很生气,骂他放肆。准备作战时,按照占卜的结果,由庆郑给惠公驾车或者当护卫都吉利。但是惠公讨厌他,就是不用他。惠公的战车用的是郑国出产的四匹小马。庆郑劝他说:"古代遇到大事的时候,都用本国产的马。它们土生土长,适应本国的道路,了解主人的意图,怎么驱使都能随心所欲。外国产的马上阵一害怕行动就不正常了,紧张亢奋,外强中干,不听使唤。你会后悔的。"惠公也不听。交战的时候,惠公的战车陷住了,他呼喊庆郑来给他驾车。庆郑说:"你不听劝告,违背占卜,本来就是自找失败。"没去救他,惠公就被秦军抓去了。秦穆公带着晋惠公回国。晋国的大臣们披头散发,跟在秦军后面。秦穆公让人去对他们说:"大夫们为什么这样难过呢?我不会做过分的事情的。"晋国的大臣们跪下说:"天地都听到您的话了。我们等候您的命令。"

秦穆公的夫人是晋惠公的姐姐。听说惠公被抓来了,她带着太子、儿子和女儿登上高台,脚下堆放柴草,派使者穿丧服去见穆公,说:"上天降灾,让我们两国打仗。晋国的国君早上进都城,我晚上就烧死。你看着办吧。"穆公就把惠公留在城外。他和大臣们商量怎样处置惠公。按照惯例是把惠公送到祭坛上杀掉祭天,可是他们考虑到晋国是个很有潜力的大国,杀惠公只会加深两国的仇恨,激怒晋国人,对秦国没有好处,于是决定与晋国讲和,释放惠公,让他的太子来做人质,让晋国割让惠公当初答应过的土地。两国签订盟约后,秦国释放了晋惠公。

重耳流亡

晋惠公回国后,还没进都城就先杀了庆郑。他不听忠谏,打了败仗不自省,认错道歉,反而仇恨正直、有见识的大臣。这很能表明他的品格。他也知道自己不得人心,于是对能够取代自己的人格外担心起来。他知道许多诸侯愿意让重耳回国当国君,就派寺人披去狄国杀他。重耳得到消息,要逃到齐国去。他已经在狄国避难十二年了。当年狄国和其他部族打仗,俘虏了两个女子,送给他。他娶了一个,把另一个送给他的家臣赵衰。重耳对妻子说:"你等我二十五年,如果到那时我还不回来,你再改嫁。"妻子说:"我已经二十五岁了,等二十五年,就该进棺材了。我就等着你吧!"

去齐国要经过卫国,卫的国君不招待他们。管行李财物的人带着他们的全部家当逃跑了。重耳一行人走在路上没有饭吃,向田里干活的农夫要饭。农夫跟他们开玩笑,捡起个土块儿递过去。重耳发怒,抓起鞭子要打他。他的家臣狐偃却从这个恶作剧中看到了天意,要重耳感谢上天赐给自己土地。重耳郑重下跪,磕头感谢,接受土块儿,放到车上拉着,饿着肚子继续走路,直到后来掉队的赵衰赶上来他才吃上饭。赵衰身上还背着一点儿吃的,他自己也是又渴又饿,却连碰都不碰,都给了重耳。

他们到了齐国。这时管仲已经死了,齐桓公也老了,没有雄心壮志了。他不能帮重耳回国,但是待他很好,把宗族里的一个女孩送给他做妻子,还送给他二十辆马车。重耳在齐国过得很舒适,安心。可是他的几个助手认为这样可不行。他们在一棵桑树下密谋回国的事。重耳的妻子姜氏有一个女仆正在树上采桑叶,偷听到了,回去报告女主人。姜氏马上杀了她,然后对重耳说:"你有回国的计划,偷听到的人已经被我杀了。"重耳说:"没这回事。"姜氏说:"你走吧!怀恋妻子,贪图安逸,这会伤害名誉。"重耳不听。姜氏就去和狐偃商量。他们把重耳灌醉,抬到车上就拉走了。重耳酒醒后,一看自己已经在路上了,气得抓起戈去追狐偃,要跟他算账。狐偃一边逃,一边说:"能帮助你成功,我死了也愿意。"重耳说:"要是不成功,我就吃你的肉。"可是生气也没办法,只好继续走路。

他们一行人到了曹国。曹国国君听说重耳的肋骨长得和一般人不一样,并在一起像一块平板。他趁重耳洗澡的时候躲在帘子后面偷看。曹国大夫僖负羁的妻子对丈夫说:"跟随晋国公子的都是些能人,有他们辅佐,重耳一定能回国,晋国一定会成为诸侯的领袖。那时候他会报复对他无礼的国家。曹国就是第一个要受惩罚的。你为什么不及早对重耳表示善意呢?"僖负羁给重耳送去一盆饭,在饭里埋下一块玉璧。重耳接受饭,把玉璧退回。

重耳离开曹国到了宋国。宋国的祖先是商朝的王族。国君宋襄公以国宾的规格接待重耳,送给他八十匹马。宋襄公刚打了一个大败仗,自己也受了伤。这个败仗只能怨他自己,他不该先去攻打和楚国结盟的郑国,后来打仗时又瞎指挥。楚国出兵救郑国,和宋国军队在一条河边遭遇。宋军布好阵,楚军正在渡河。宋军指挥官大司马固对襄公说:"楚军人多,我军人少。应该趁敌人渡河的时候进攻。"襄公说:"不可以这样做。"等到楚军都过了河,还在乱哄哄地列队时,大司马又来请求进攻。襄公说:"现在还不可以。"等到楚军布好阵,宋军才去进攻,被打得大败。襄公的卫队都战死了,他自己的腿也受了重伤。

　　大家都埋怨襄公,可是他却不认为自己错了。他说:"古代君子作战,不去攻击已经受了伤的,或者头发花白的敌人,也不依靠险要的地形。我虽然是亡国的后代,也不能趁敌人还没布好阵就进攻。"大司马说:"您不懂打仗。作战就是要利用各种有利条件。敌人在险要的地方队形混乱,这是上天在帮助我们。为什么不应该进攻? 就是进攻还不一定有把握呢! 敌人就是敌人,受了伤还没死,为什么不继续攻击? 要是顾惜他已经受伤,那还不如从一开始就不去打伤他。要是可怜敌人头发花白,那就干脆投降吧!"襄公还是不以为然。也许他以为打仗和体育比赛一样,也应该讲体育精神。就是打不过,也得等对方上了场,都站好位置才能开始。怎么能人家还在场外就动手打人家呢?

　　宋襄公在历史上常被人当作笑柄和愚蠢的代名词。尤其是他在战争中讲仁义,更让人觉得迂腐。但他却是不能被轻易嘲笑的。战争是互相毁灭的行动。即便如此,它也是有规则的,比如不杀俘,不虐囚,不伤害无辜平民,不破坏历史文物,不使用化学武器,等等,即使可以让自己一方获得优势,或者减少伤亡,也不允许这样做。这些是已经被现代社会普遍接受的战争规则,违反它们就是战争犯罪。作为这些战争规则前提的是一个共识,就是在战争中也要有道德底线。这就是体现在宋襄公的行动中的原则。他要遵守的战争规则固然是过时的,他对古代君子作战方式的模仿也的确迂腐,可是如果鄙视他的原则,那就走到了反人类、反文明的方向上去了。嘲笑宋襄公愚蠢的人或者是不知道他们在嘲笑什么,或者他们信奉的是根本相反的哲学。

　　宋襄公的伤势很重,没过多久就死了。大司马固和狐偃是好朋友。他对狐偃说:"宋国小,现在又有困难,没法帮助公子。你们还是去找一个大国帮助吧!"于是重耳动身去楚国。去楚国要经过郑国。郑国这时在位的国君是郑厉公的儿子郑文公,他不愿意好好招待重耳。大臣劝他说:"重耳是贤公子,跟随他的人都是国家栋梁。郑国和晋国又是同姓,应该以礼相待。"郑文公说:"诸侯流亡来的公子多了,哪能都给礼遇?"大臣说:"您不肯礼遇,就杀了他。不要给国家留下祸患。"郑文公也不听。

　　重耳到了楚国。这时楚国的国王是楚成王。楚国人据传说是黄帝的孙子、帝颛顼的后代,但是到了周文王时才有世系的记录。周成王的时候楚国的首领熊绎被封为子爵。他率领族人，穿着褴褛的衣服，驾着简陋的柴车，在山林里开荒，艰苦创业。经过许多代人的努力，楚国逐渐强大起来。楚成王的爷爷不要周朝的封号，自立为武王。楚成王的父亲文王在郢建都。楚成王的名字叫熊恽。当初他的哥哥是楚王，要杀他。他逃到随国。随国出兵杀了他哥哥，帮他夺取了王位。他当上楚王以后，给周天子献礼。周天子赏赐给他祭肉，命令他"制止南方蛮族的骚乱，不要侵犯中国"。这还是把楚国当作野蛮民族的领袖。

重耳只是一个流亡公子，可是楚成王按照诸侯的规格接待他。在一次宴会上他问重耳："将来公子回到晋国，怎么报答我呢？"重耳说："楚国地大物博，无所不有，我真不知道拿什么来报答。"楚成王说："尽管是这样，我还是想知道你是怎么想的。"重耳说："如果托您的福，我能回到晋国，将来楚国和晋国的军队在中原相遇，我会让军队退避三天的路程。如果还是不得已，我就拿起马鞭和弓箭与您周旋一番。"楚国的将军子玉听了很生气，认为重耳傲慢，不知道感恩，请成王杀了他，免得他以后和楚国为敌。成王是个有见识的国君，他认为重耳只是说话坦诚而已。楚国是新兴的大国。中原国家把它看作是南方的蛮夷，它自己也这样认为。多少年来它一直在向中原扩张，兼并了长江和汉水流域许多周王室的同姓小国。到楚成王的时候，它已经成为南方的霸主，幅员辽阔，兵力强盛。中原的国家都感受到了它的威胁。许多靠近它的周朝诸侯因为害怕已经依附于它。晋国是中原的大国，又是周王室的同姓，要维护周朝的秩序，显然不能容忍楚国向中原扩张，两国在中原迟早会发生冲突。这个形势重耳和楚成王心里都很清楚。成王对子玉说："晋国现在的国君不得人心。重耳和他的助手们都有杰出的品格和能力，将来一定会入主晋国。上天要让一个人兴起，没有人能够阻挡。违背天意会给自己招来大麻烦的。"这时候在秦国做人质的晋国太子逃跑回国了。秦穆公很生气，听说重耳在楚国，就请他去秦国。楚成王说："楚国和晋国中间隔着好几个国家。秦国和晋国是邻国，国君也贤明，比楚国更有能力帮助公子。"于是送重耳去秦国。

当初晋惠公的太子在秦国做人质。秦穆公把女儿怀嬴嫁给他，还把晋国割让的黄河以东的土地还给晋国。过了几年，太子听说父亲惠公病重要死了，想逃回晋国继位。他要妻子怀嬴跟他一起走。怀嬴说："你是晋国的太子，屈居在这里，自然想回国。我的国君要我来服侍你，是为了让你在这里安心。我要是跟着你逃跑，就是背弃国君的命令，所以我不能跟你走。但是我也不会去报告。"一年后，惠公死了，太子继位，他就是晋怀公。因为重耳已经到了秦国，随时会回国来夺君位，怀公下令不准国人跟随流亡的公子，到规定的时限不回来就治罪。狐突的儿子狐偃和狐毛都在跟随重耳流亡。怀公把狐突抓起来,说:"你把儿子叫回来就放你。"狐突说:"儿子长大能为君主服务了,父亲要教育他们忠诚的道理。我的儿子跟随重耳很多年了,和重耳的君臣关系已经确定,我怎么能教孩子背叛和不忠呢?我希望你是个明白道理的君主。如果你只知道靠滥用刑罚来强迫人服从,那也只好随你的便了。"于是怀公杀了狐突。

重耳到了秦国,秦穆公也把一个女儿嫁给他,还把怀公的妻子怀嬴当陪嫁也给了重耳。重耳不想要怀嬴,因为她原来的丈夫是自己的侄子。但因为是穆公的意思,他也接受了。婚后有一次怀嬴捧着水瓢和脸盆伺候他洗手。他洗完随手一甩,水甩到怀嬴身上。怀嬴心里有自卑感,发怒了,说:"秦国和晋国地位对等,你为什么轻视我?"重耳生怕得罪秦国,赶紧谢罪。

许多晋国的大臣偷偷来和重耳联系,欢迎他回国,他们愿意在国内接应。第二年,秦穆公出兵送重耳回国。到了黄河边上,过了河就是晋国了,狐偃对重耳说:"我跟着你走遍天下,犯过很多错。我自己心里都知道,更何况你了。让我就在这里向你告别吧!"重耳发誓说:"回国以后我要是和你不一条心,有河伯做见证。"说完把玉璧扔到河里。狐偃这样做大概是想提醒重耳不要富贵了就忘记故人。这是中国人很在意的品德。但也有人认为他这样做是为了让重耳不要忘了他自己,是在向重耳邀功固宠,所以看不起他。

重耳回国后赏赐跟随他流亡的大臣。介之推不提自己的功劳,重耳也没想到他。他对母亲说:"献公有九个儿子,现在只剩下重耳一个人。惠公和怀公在国内外都不得人心。上天要是不想让晋国灭亡,一定会让它有国君的。这个国君不是重耳,还能是谁呢?重耳回国其实是上天的安排。可是狐偃他们以为是他们几个人的功劳。把别人的财物当成自己的还算偷盗呢,何况贪天之功!我不愿意跟这样的人共事了。"母亲说:"你也可以去邀功请赏啊!"介之推说:"我要是知道他们不对,还和他们一样,那比他们还不如了。而且既然我已经有了怨言,连俸禄也不应该接受了。"母亲说:"那也说出来让他们知道啊!"介之推说:"言语是人用来表达自己的。人要隐藏起来了,为什么还要说给别人知道?那还是要表现自己。"母亲说:"你能这样想吗?我和你一起去隐居。"于是母子俩逃进深山。介之推的手下报告重耳。重耳到处找他,后来听说他逃进大山里,就把这座山命名为介山,把那一带划为介之推的封地。

晋怀公派军队阻止重耳回国,可是军队倒向了重耳,所以重耳顺利地做了国君,他就是晋文公。这一年他已经六十二岁了,在国外流亡了十九年。重耳派人杀死怀公。郤芮和吕甥是惠公朝中的显贵,他们不愿意让重耳回国。重耳继位以后,他们担心被杀,密谋要放火烧宫殿,杀死重耳。寺人披知道了,来见重耳。重耳派人对他说:"蒲城那一次你来杀我,国君给你一天期限,你立时就赶到了。后来惠公派你来杀我,给你三天期限,你第二天就赶到了。虽说有国君的命令,可你来得也太快了。你砍掉的那只衣袖还在呢,请你走吧!"寺人披让传话的人回答重耳:"我以为你现在明白道理了,看来还没有,那你还是会遇到危险的。执行国君的命令当然要全力以赴。你希望你的臣下怎样执行命令呢?管仲射中过齐桓公的衣带钩,齐桓公却请他当宰相。你如果不是这样行事,那还用你让人走,要走的人多了,岂止我一个受过刑的人。"重耳马上召见他,从他那里知道了阴谋。那两位大臣党羽很多,重耳刚回国,没有可靠的力量,就偷偷逃回秦穆公那里。不久郤芮和吕甥果然造反了,烧了宫殿,但没抓到重耳。他们很快就被秦穆公抓起来杀了。秦穆公再送重耳回去执政,还派了三千个卫兵保护他。

重耳回国一年后,周襄王被弟弟赶走了,他向诸侯求救。狐偃对重耳说:"没有比救助天子更合乎道义,更能在诸侯中建立威信的事了。"占卜的结果也非常吉利,于是重耳出兵平定叛乱,送襄王回京城。襄王用甜酒招待重耳,赐给晋国土地。重耳辞谢了,但是请求襄王赐给自己天子规格的葬礼。襄王说:"先王得到天下以后,只给自己留下京城周围一千里方圆的土地,用这块土地上的收入供奉上帝和山川诸神,支付日常费用,防备意外事件。其他的土地都分给诸侯了。先王也不敢放纵物欲,王室的内宫和政府规模都有规定限制。天子与诸侯的区别只体现在生前死后服用的衣服器物上,标志身份而已。现在上天降灾给周朝,我也只是尽力维持。因为自己无能而让叔父辛苦,实在是很惭愧也很感激。但是丧葬的礼仪不是我自己舍得或者舍不得的事。先人说过:'改玉改行。'叔父如果能够发扬您的德行,让天下改姓,那时您再把这一套衣服器物都拿去,我就是一个人被流放到偏远的地方,也没有话说。但是如果天下还姓姬,您还是周朝的诸侯,我不敢为了报答您对我个人的恩惠就去改变先王的制度,那样我就没法面对先王和百姓,也没法执政了。"重耳听了,不敢再要求,就接受土地回国了。

城濮之战

重耳回国继位后的第四年,楚成王率领楚军攻打宋国。宋国向晋国求救。重耳已经把国家治理得上下协调,可以去遏制楚国向中原的扩张了。他和大臣们商量。先轸说:"我们报恩救难,建立霸权,就在此一举。"狐偃说:"曹国和卫国在我们逃难的时候对我们无礼。它们刚依附楚国,我们去打它们,楚国一定要救,这样就给宋国解围了。"决定出兵以后,晋国整编军队。当年晋武公以一军立国。一军的定制是一万两千五百人。晋献公扩充为上下二军,他和太子申生各率领一军。他们那时从事的只是兼并周边小国的地方局部战争。现在晋国要去和另一个巨人楚国争夺中国的霸权。重耳把晋军扩建为上中下三军,各设一名主将和一名副将。这六位将军也就成为以后晋国的主要大臣,叫作六卿。卿是为天子和诸侯服务的最高级官员的称呼。

攻打曹国的时候,重耳下令不许伤害僖负羁的家族。可是曾经跟着他流亡的两位大臣魏犨和颠颉生气了,说:"那么多有功劳的人不想着,送盆饭有什么可报答的?"就故意不服从命令,烧了僖负羁的家。魏犨的胸部也受了伤。魏犨是个大力士,作战勇猛。重耳想杀他,但又爱惜他的才能,就派人去探望,如果伤得很重就杀他。魏犨听说使者来了,他猜到重耳的用意,用布把胸紧紧束起来,忍着疼在使者面前又蹦又跳的。使者回去报告,重耳就放过魏犨,只杀了颠颉示众。

宋国被楚军围困攻打,派使者来告急。重耳说:"我们让楚国撤兵,楚国不会答应。要和楚国交战,秦国和齐国又不肯参战。怎么办呢?"先轸刚被重耳从下军副将破格提升为中军主将。他说:"让宋国送给齐国和秦国好处,求他们去要求楚国撤军。我们把曹国和卫国的土地分给宋国,补偿它的损失。这样楚国一定不会答应,一定会拒绝齐国和秦国的调解。齐国和秦国得了宋国的好处,又不满意被楚国拒绝,自然就会参战了。"

楚成王看到齐国和秦国站到晋国一边,楚国在战略上已经被动了,就撤军回国了。子玉这时已经是楚国的令尹,也就是丞相。他认为晋国忘恩负义,对楚王无礼,不同意撤军。楚成王说:"重耳在外流浪十九年,艰难困苦都尝遍了。人性民心也都看透了。晋的国势正在上升,这是天意。我们不能和上天支持的人作战。兵书上说:'适可而止。知难而退。不可以和有德的人交战。'这三句话说的就是晋国啊!"可是子玉坚持不肯撤军,成王不高兴,只留下少量兵力增援他。

子玉派宛春去和晋军谈判,说:"请你们恢复曹卫两国,我撤宋国的围。"虽然晋国当初攻打曹卫两国就是想和楚国做这样的交换,可是现在由楚国提出来,晋国却不愿意接受了。因为曹和卫是两个国家,而且已经被晋国灭了;而宋国是一个国家,还没有被楚国攻下来;晋国认为现在做这样的交换,楚国就占便宜了。狐偃说:"子玉是臣子,和国君谈条件,让国君拿少的一份,自己拿多的一份,这是无礼。应该用这个理由和楚国开战。"先轸说:"楚国的要求让这三个国家得到保全,我们拒绝是让这三个国家灭亡,失礼的是我们。我们是来救宋国的,楚国要撤围,我们反倒不答应,这在道理上说不过去。失去了道义立场,凭什么去作战?所以我们不能拒绝楚国的要求。但是我们可以在恢复曹国和卫国以后,要求他们和楚国绝交。我们表面上接受了子玉的条件,实际上却让他落个一场空。我们再扣留来谈判的楚国使者。这样子玉一定会被激怒,来找我们打仗。那时我们再想办法打败他。"

子玉果然被激怒了,率领军队向晋军开来。重耳命令军队连续向后退三天的路程,以报答当年楚成王对他的恩德。楚军看见晋军后撤,很多人想借这个机会也收兵。子玉不答应,步步进逼,大战终于无可避免了。晋军和楚军在城濮对峙。重耳心里还是有顾虑,因为楚国军队很厉害,多少年来没打过败仗。狐偃安慰他说:"打吧!打胜了,诸侯都会服从我们。打败了,我们的国家外面有大河,里面有高山,安全没有问题。"重耳说梦见自己和楚成王摔跤,楚成王压在自己身上,吸自己的脑浆。他认为这是晋国要打败仗的凶兆。狐偃恭喜他说:"这是吉兆啊!你的脸向上,这表示你得到上天的支持。楚王的脸向下,他是在向你低头服罪。"于是重耳有信心了。

交战前,子玉对部下说:"今天一定没有晋国了。"可是开战后,晋军不和子玉布置在中间阵地上的楚军精锐交战,而是攻打楚军薄弱的两翼。先是晋国的下军把老虎皮蒙在战马身上,把楚军右翼陈国和蔡国的盟军打跑了。接着晋国的上军又假装撤退,引诱楚军左翼进攻,然后和中军用夹击的办法打败了楚军左翼。子玉看到两翼失败了,及时收兵,所以他自己直接指挥的中军并没有打败。子玉带着败军撤退回国,派两个将军去向成王报告。成王说:"打败仗的将军不能活着进国门,楚国自古以来就是这个规矩。子玉要是回国,怎么去面对战死军人的家乡父老呢?"两位将军说:"子玉本来要自杀,是我们拦住他。我们对他说:'大王还要杀你呢!你应该等着大王的处罚。'"成王还是不肯原谅,让他们回去。等到他冷静下来,意识到这样做是在送给敌人更大的胜利,赶紧派使者去救免子玉。使者赶到时,子玉已经自杀了。他的副将子西也上吊了,因为绳子断了掉下来,被使者救了。

晋军打了胜仗,俘获很多,吃了三天楚军留下的粮食。重耳看起来却是一副发愁的样子。手下人说:"有了喜事还发愁,难道要有祸事才高兴吗?"重耳说:"子玉还在呀!困兽犹斗,何况大国的宰相。他不会善罢甘休的。"听到子玉自杀的消息,重耳才放下心来,高兴地说:"没有人能威胁我了。"

重耳把俘虏的一百辆四匹马的战车和一千个步兵献给周襄王。襄王设宴招待重耳,封他为侯伯,也就是诸侯的领袖,授予他征讨四方的权力,赐给他与这个地位相应的车服和仪仗。重耳个人的事业和晋国的地位都达到了辉煌的顶点。这一年是公元前632年。

殽之战

秦国是西方的部族,一直拥护周王室。秦国的祖先曾经为周孝王养马,后来被周宣王封为大夫。周幽王被戎族杀死的时候,秦襄公带兵来救,又出兵护送周平王东迁到洛邑,立了大功。周平王封秦襄公为诸侯,秦国从这时开始立国。周平王把原来周王室在岐山以西的土地赐给秦国。那些土地都已经被戎族占领了。周平王说:"秦国能把戎族赶走,那些土地就是秦国的。"经过两代人的努力,到了秦襄公的儿子秦文公的时候,秦国把这些土地从戎族手里都夺了回来。

一百多年后,秦穆公继承哥哥当了国君。秦国在经济和文化上比中原的诸侯落后很多。秦穆公很注意搜罗中原的人才来帮助自己治理国家。百里奚原来是虞国的大夫。虞国被晋献公用借道的计谋灭了,百里奚当了俘虏。晋献公嫁女儿给秦穆公的时候,把他当陪嫁的奴仆给了秦国。百里奚逃跑到楚国,被楚国乡下人抓住当奴隶。秦穆公听说百里奚是个有本事的人,派人去跟楚国人说:"我的奴隶百里奚逃到你那里,我想用五张羊皮赎他。"楚国人答应了,百里奚被送回秦国。秦穆公向他请教治理国家的事。两个人谈了三天,秦穆公非常满意,封他当大夫,把国家交给他治理。这时百里奚已经七十多岁了,因为他是用五张羊皮赎回来的,人们叫他五羊大夫。百里奚向秦穆公推荐自己的好朋友蹇叔,说他几次帮助自己做出人生道路上的正确选择,见识比自己高得多,但是世上没有人知道他。秦穆公派人带重金去聘请蹇叔,任命他做上大夫。

城濮之战两年后,秦国跟着晋国去攻打郑国。当初重耳流亡经过郑国的时候,郑文公不以礼相待,后来又在城濮之战中帮助楚国,所以晋国去打它。秦国和晋国是盟国,所以出兵帮助。郑国被两个大国包围,楚国也不能来救它,眼看要亡国了。有个大臣说,烛之武有办法让敌人退兵。郑文公就去请他。烛之武说:"我年轻的时候还不如人呢,现在老了,更无能为力了。"郑文公向他道歉,说:"我没能早用你,现在危急了才来找你,这是我的过错。可郑国要是亡了,对你也不利呀!"于是烛之武答应尽力。

烛之武夜里用绳子从城墙上坠下来,偷偷去见秦穆公,对他说:"秦国和晋国一起来打郑国,郑国知道自己要亡国了。如果郑国亡了对秦国有好处,那您率领部下长途跋涉,这样辛苦也值得。秦国和郑国不接壤。打下来郑国的土地,秦国没法守,都会便宜了晋国。您的邻居强了,您不就弱了吗?为什么要帮助邻国增加疆土呢?如果您赦免郑国,让它做您的东道主,供应往来的使者,对秦国不是更有利吗?再说晋国现在向东方扩张领土,将来就不会向西方扩张吗?那除了秦国,它还能从谁那里夺取土地呢?"秦穆公听完就撤军了,还留下三位将军帮助郑国防守。

从烛之武的说辞中,我们可以看到春秋时期国家关系的性质也在发生变化。秦国和晋国是亲戚、邻居。中国人把通婚叫作结秦晋之好。晋国有了内乱,秦穆公帮助它恢复安定。晋国要扩张,秦国给它当盟国。大家都是周朝的诸侯,有亲戚血缘关系和建立在它上面的义务,只想做守望相助的好邻居,谁也没想消灭谁,也不觉得谁是威胁。可是现在攻杀兼并的风气兴起,这些义务、好心和帮助都成了适得其反的东西。烛之武让秦穆公看清楚了国家之间就是你强我弱、你多我少的利害关系,帮助邻国就是削弱自己,使自己的处境更危险。秦穆公想明白了这个道理,就再也不干那些傻事了。秦国和晋国的同盟也就到此为止。

晋国知道秦国撤军了,狐偃请示重耳攻打秦军。重耳说:"没有秦国的帮助,我们没有今天。受人之恩,却去打人家,这是不仁。把盟国变成了敌国,这是不智。我看咱们也撤军吧!"他要求郑国立郑文公的儿子、住在晋国的公子兰当太子。郑文公答应了,晋国就撤军了。

又过了两年,重耳去世。这时驻在郑国的三位秦国将军给秦穆公报信说:"郑国人让我们防守国都的北门。如果秦国派军队来偷袭,我们接应,可以轻易占领郑国。"秦穆公和大臣们商量。蹇叔说:"隔着上千里地偷袭,这样的事我可从来没听说过。军队疲劳,敌人一定会有防备,不可能成功。"秦穆公不听,派百里奚的儿子孟明视等三位将军率军出征。蹇叔去送行,哭着对孟明视说:"我看见军队出去,看不见它回来了。"秦穆公听到他在军前说这样的丧气话很生气,说:"你老糊涂了,懂什么?你要是只活平常人的寿命,你坟地上种的树都有一抱粗了。"蹇叔的儿子也在军中。他对儿子说:"晋国人一定会在殽山阻击你们。你一定会死在那个地方。我就去那里收你的尸骨吧!"

秦军到了和郑国邻近的滑国,被郑国商人弦高碰到。弦高马上派人赶回郑国去报告,自己冒充郑国使者去慰劳秦军。他送上自己贩运的四张熟牛皮和十二头牛,对秦国的将军们说:"我的国君听说贵军路过我国,特派我来慰劳。"孟明视以为郑国已经有防备,不可能偷袭了,灭掉滑国就撤军了。

秦国军队回国要从晋国南边经过。先轸说:"这是上天赐给我们的机会。

放走敌人一定有后患,违背天意不祥,一定要打。"另一位将军栾枝说:"没有报秦国的恩,却攻打它,这是先君的意思吗?"先轸说:"我们有丧事,秦国不哀悼,却灭掉我们的同姓国,这是它无礼,还说什么报恩? 我听说,一天放过敌人,几代人会受其害。我们是为子孙后代打算,难道这样做不可以对先君交代吗?"于是动员军队和依附晋国的戎族部落。晋国的新君襄公穿着染黑的丧服随军出征。晋军在殽山设伏,全歼秦军,俘虏了秦军的三位主将。襄公回来穿着黑色的丧服给文公办丧礼,从此晋国开始穿黑色的丧服。

文公的夫人文嬴是秦穆公的女儿,她要襄公释放秦国的三位将军。她说:"这三个人破坏我们两国的关系,秦国国君恨不得吃他们的肉。放他们回去,让他们的国君杀他们出气,你看怎么样?"襄公就下令释放他们回国。先轸来见襄公,知道了非常气愤,说:"军人们在战场上拼着命抓住他们。让一个女人说几句谎话,你就把他们放了。这样晋国要亡国了,呸!"朝着襄公吐了一口唾沫。襄公也意识到自己不对,马上派大夫阳处父去追。阳处父追到黄河边,看见孟明视他们三个人已经在船上了。阳处父解下拉车的马,说是襄公赠送给他们的,骗他们上岸来接。孟明视说:"感谢贵国君让我们回国接受处罚。如果回国后得到国君赦免,三年后我们会回来报答贵国。"

不久狄国趁晋国国丧来侵犯,晋军迎战。先轸说:"臣子对国君无礼,国君不处罚,自己怎么能也不处罚自己?"他是主将,交战时脱掉头盔冲进敌阵。晋军战胜了,他自己战死了。

秦穆公对着三位逃回来的将军痛哭,说:"我不听蹇叔的话,让你们蒙受羞辱。"他让他们照样当将军,说:"是我不对,大夫们有什么错?"因为在东方受强大的晋国压制,秦穆公就专心向西发展。西部都是些戎族的国家。戎国的国王派由余出使秦国。由余的祖先是晋国人,逃到戎国。秦穆公和他谈话,发现他很有才能,就和手下人商量:"我听说邻国的能人就是我国的麻烦。由余这样有才能,我们怎么办呢?"手下人给他出主意说:"戎王住在偏僻的西方,从来没见过中原的好玩意儿。您送给他一班能歌善舞的美女,让他纵情享乐,他就会荒废正事。您再扣住由余,让他久留不归,戎王就会怀疑他。戎国内部出了问题,咱们的机会就来了。"秦穆公给戎王送夫十六个美女的歌舞班子,留下由余,经常请他来谈话,吃饭,问他戎国的地理和国情,把戎国的情况了解得清清楚楚,一年后才让他回国。戎王果然猜疑由余了,也不听他劝了。秦穆公派人去戎国散布谣言,由余在戎国待不下去了,只好逃到秦国。秦穆公让他帮助自己出谋划策,出兵攻打戎国,增加了上千里土地,成为西方的霸主。

赵氏孤儿

赵衰的祖上是古代最会养马的造父。周穆王为了奖励造父养马的功劳，把赵城赐给他，他的家族从此姓赵。赵家在周幽王的时候离开周王室，来到晋国，到赵衰是第七代。赵衰成年了，用占卜来决定为晋献公或者哪一位公子服务，结果除了重耳，都不吉利，于是就投到重耳门下。他是重耳最信任和依靠的助手，跟重耳回国后主持国政。他死了，他的儿子赵盾继承他的职位。赵盾的母亲是重耳送给赵衰的那个狄国女子。重耳回国以后，狄国人把重耳的妻子送到晋国。赵衰的正妻赵姬是晋国的公主，她要赵衰把在狄国娶的妻子也接来。赵衰本来担心赵姬不能容，所以没打算接。赵姬说："你如果富贵了就忘记故人，那将来还有谁愿意为你效力啊？一定要接。"接来以后，赵姬发现赵盾非常有才能，就要重耳同意让赵盾继承赵衰做赵家的家长，让自己的三个儿子位置在赵盾之下，还把正妻位置也让给赵盾的母亲。赵姬身份高贵，又这样有见识，为了家族的利益能这样忍让，所以成为中国历史上著名的贤明女子。

当年晋献公为了防止君权受到家族中的旁支威胁，屠杀叔父和叔祖们的家族。晋文公采用比较温和的办法，除了太子，其他的儿子都送到国外，不许留在本国。这个办法成为晋国的惯例。如果国君去世没有留下继承人，就要到国外去请一位公子或者公孙回国继位。赵盾在襄公去世前不久做了中军主将，也就是执政。襄公去世了，太子还很小。大臣们认为国家有 一位年长的君主才安稳，就想找襄公的一个弟弟来继位。赵盾认为应该迎接正在秦国做官的公子雍回来继位，因为他年长，品行好，又有秦国做后援。狐偃的儿子狐射姑认为应该接在陈国的公子乐，因为他的母亲怀嬴做过怀公和文公两位国君的妻子，国人会愿意接受他。赵盾反驳说："公子乐的母亲在文公的妻子里排在第九位，地位太低，而且嫁了侄子又嫁叔叔，名声也不好，公子乐当国君不会被人尊重。再加上陈国是小国，离得又远，有事也帮不上忙。公子雍的母亲两次让位，所以才排在第四。文公因此爱她生的孩子，送去秦国，现在已经做到亚卿。他的母亲有德，他自己受文公宠爱，又有秦国这样一个大邻国做后援，他做国君会有威信。"于是他派大臣士会去秦国接公子雍。狐射姑也派人去接公子乐。赵盾派人在半路上截杀了公子乐。狐射姑和赵盾争权失败，逃到狄国。赵盾派人把他的家属给他送去。

襄公的夫人天天抱着太子在朝廷上哭，说："先君有什么过错？这个孩子有什么过错？不立嫡子，到外面去找国君，这孩子将来怎么办呢？"出了朝廷，她就去赵盾家,给赵盾下跪磕头,说:"先君已经把这个孩子托付给你了。先君说过:这个孩子将来能成立,他感激你的恩惠。不能,他就怨你一个人。先君死了,可他的话还在耳边。你怎么就不当一回事了?"赵盾和大臣们被她逼得没办法,就立小太子当国君,他就是晋灵公。赵盾派兵去阻拦护送公子雍的秦国军队,把秦军打跑了。

灵公长大以后,成了一个荒唐残忍的人,一天只知道享乐,胡闹。他站在花园里的高台上用弹弓打路上的行人,看他们东躲西藏的觉得好玩儿。有一天赵盾和士会在朝廷上看见宫里的妇女抬着筐子经过,筐里露出死人的手。他们一问,原来是灵公嫌熊掌炖得不熟,把厨师杀了。赵盾和士会看到灵公这样拿人命不当一回事,非常担忧,想去规劝。士会说:"我们两个人最好分先后进去。我说他不听,你再进去接着说。"士会进去,灵公先装着没看见,直到士会走到跟前,才不得不看他,说:"我知道错了。我会改。"士会跪下把头贴在地上,说:"谁能没有过错呢?有了过错能改正,这是最大的好事,也是最难得的。您能改正错误,国家会更加稳固,您也尽到了国君的职责。"

可是灵公依然不改。赵盾不停规劝,惹得灵公很讨厌他,就派刺客去暗杀他。刺客天亮前去行刺,藏在槐树上,看见赵盾已经穿好朝服,等着上朝,正坐着打盹。刺客看到赵盾为国家服务这样忠勤,觉得杀害他就对不起国家和人民。可是不执行国君的命令又是不忠,怎么也是错,没法解脱,就头撞槐树自杀了。

灵公一计不成,又设宴请赵盾,埋伏下卫士,准备在宴席上杀他。赵盾的护卫发觉了,赶紧跑上堂去说:"臣子侍奉国君喝酒,超过三杯就是失礼。"急忙扶着赵盾退席往外走。灵公放出一只猛犬来追,被护卫打死。埋伏的卫士们接着冲出来,把赵盾的护卫杀了,眼看要追上赵盾了。这时其中的一个卫士把戟横过来,挡住其他人,保护赵盾逃跑。逃离险境后,赵盾问他为什么要救自己。他说:"我就是当年那个躺在桑树下挨饿的人。"原来赵盾有一次打猎,看见桑树荫里躺着一个人。赵盾问他怎么了,他说自己已经三天没吃饭了。赵盾给他饭吃,他吃了一半,把另一半留起来,说自己离家三年了,不知道母亲还在不在,现在离家不远了,想把饭留给母亲。赵盾让他把饭吃完,然后又送给他一筐饭和肉,让他带回家去。这个人后来给灵公当了卫士。赵盾问他姓名,住在哪儿。他都不肯说就走了,赵盾也逃跑了。

没出一个月,赵盾的族人赵穿杀了晋灵公。赵穿也是个将军,而且是晋灵公的姐夫。赵盾回来接着执政。太史董狐做记录:"赵盾弑君。"在朝廷上公布。赵盾说:"这不是事实。"董狐说:"你是执政,逃跑没出国境,回来又不惩治杀国君的人。不是你杀的是谁杀的？"赵盾只能叹气,说:"唉！我怀恋祖国,反倒让自己背上了恶名。"但他不肯处罚赵穿,只是给了赵穿一个立功的机会,派他去周王室迎接重耳的小儿子、晋灵公的叔叔回来当国君,他就是晋成公。晋成公没有追究赵家杀国君的责任。赵盾继续执政。

赵盾虽然能干,可是做事比较专断强势。狐射姑逃到狄国后,狄国的相国问他:"赵盾和他父亲赵衰谁更贤？"狐射姑说:"赵衰像冬天的太阳,赵盾像夏天的太阳。"冬天的太阳让人感到温暖,愿意亲近,夏天的太阳灼热烤人,让人想躲避。赵盾以夏天太阳的风格执政多年,得罪的人一定不少,和其他大臣的关系会紧张,国君心里也不会舒服。另外他的三个同父异母兄弟和他可能也不亲。他后来把家长大宗的地位让给他们。这是为了维护赵家的团结,但这也说明赵家可能不团结。赵盾在晋成公六年去世。他死后,郤缺接任中军主将。郤缺是个有能力的将军,继任后继续压制住楚国,也关照赵家,先让赵盾的儿子赵朔当下军副将,很快又提拔他做下军主将。可是郤缺在任四年就去世了,赵朔失去了保护。

晋成公在位七年,去世后,他的儿子景公继位。大夫屠岸贾曾经是灵公的宠臣,后来当了司寇,管司法。在景公三年,他把杀灵公的旧案翻出来,对将军们说:"杀灵公的事,赵盾虽然不知道,但责任是他的。做臣子的杀了国君,犯下这样的大罪,没受到任何惩罚,他的后代还在朝廷里当大官,那我们还怎么执行法律,其他人犯法还怎么治罪？一定得把他家灭掉。"将军们被他煽动起来,去围攻赵家,把赵朔的家族杀光。赵朔的妻子庄姬是晋国公主,正在怀孕。她逃到国君的宫中躲起来,不久生下一个男孩,起名叫赵武。这个孩子是赵盾家族的唯一后代。屠岸贾听到了风声,到宫里来搜查。庄姬把婴儿藏在裤子里,祷告说:"如果赵家不该灭绝,你就不要出声。"搜查的时候,孩子竟然没哭,就躲过去了。

赵朔家的门客公孙杵臼和赵朔的朋友程婴两个人商量:这一次虽然躲过去了,但是屠安贾不会甘心,以后还会来搜查。怎么办呢？一定要把赵家的孤儿从宫里偷偷运出来,在外面抚养才安全。公孙杵臼问:"死和把孤儿抚养大,这两件事哪一件更难？"程婴说:"当然是死容易啦！"公孙杵臼说:"那就难为你吧！我来做容易的事。"两个人从民间弄来一个婴儿,给他穿上赵家的华丽衣服,藏在山里。程婴去对将军们说:"赏给我千金,我就说出赵家孤儿的下落。"将军们高兴地答应了,派兵跟他去山里,抓住公孙杵臼,搜出婴儿,把他们都杀了。屠岸贾和将军们都以为赵盾家被斩尽杀绝了,就不再注意庄姬了。程婴偷偷把孤儿从宫中抱出来,带到山里抚养。

《左传》和《史记》对赵家被灭这件事的记载很有出入。这些出入的明显让一些研究历史的人以为司马迁对这件事的记述有不可思议的失误,并且怀疑赵氏孤儿的故事是否真实。首先《左传》没有记载赵朔被杀,也没有记载他的死。这是一切混乱的根源。根据《左传》的记载,赵盾的同父异母兄弟们在晋景公十七年,因为赵朔的妻子庄姬诬告被杀,这时赵武已经十五岁了。而《史记》记载赵朔和赵盾的同父异母兄弟的家族同时被杀灭,时间是晋景公三年。这时赵武还没有出生。两部史书记载的赵家被灭的时间刚好有十四年的出入。而且根据《左传》的记载,赵盾的同父异母兄弟们在景公三年后一直有活动,所以他们不可能在景公三年被杀。《左传》也没有记载程婴和公孙杵臼的故事。因为《左传》的记载是比较可靠的史实,也是《史记》的史料来源,而司马迁对赵盾的兄弟们被杀时间的说法尽管有误,但他不可能去编故事,所以对这两部史书上的这些出入的一个可能解释是赵家实际上经历了两次打击。第一次就是前面讲的赵朔被杀,赵盾的家族被灭,赵武被程婴和公孙杵臼救出。这件事发生在晋景公三年。赵盾的三个同父异母兄弟在这次事件中并没有受影响,他们看来也没有帮助赵盾的家族。十年后,这三兄弟中最小的赵婴齐因为和侄媳妇庄姬通奸,被两个哥哥流放到齐国。四年后,庄姬怨恨这些赵家的人,诬告他们谋反。晋景公与中军主将栾书、下军副将郤锜合谋,把赵家全灭了。这次打击发生在晋景公十七年。

晋景公在灭掉赵家的当年生病。他让人占卜,看是什么原因。占卜的人说:"是大业的后代因为受了冤屈在闹,让你得病。"大业是远古传说中一个女孩吃了燕子蛋生下的孩子。他的后代有两支,一支是秦国的王族嬴氏,另一支就是晋国的赵氏。韩厥是赵盾提拔起来的将军,与赵家关系很深,也参与了程婴和公孙杵臼的计谋。他趁机对景公说:"赵衰和赵盾为晋国立过大功,他们的家族在您的朝中被灭了,很冤枉。国人都同情赵家,所以在占卜中显示出来。请您为赵家做主吧!"景公问:"赵家还有人吗?"韩厥就告诉他赵朔家孤儿的情况。景公和韩厥策划,把赵武找来,藏在宫里,在宫中布置下韩厥家的士兵,趁将军们来探病的时候,要将军们与赵武相见。将军们一看这个阵势,只得接受赵武,说:"当初那件事都是屠岸贾干的。他骗我们说是国君的命令。要不然我们哪儿敢去灭赵家!就是您没生病,我们也想请求您立赵家的后人呢!您的命令正是我们的愿望啊!"景公让赵武和程婴挨着个儿拜见将军们。然后将军们就跟着赵武去攻打屠岸贾家,把他的家族灭了。景公把原来赵家的封地还给赵武,恢复了赵家。程婴自杀了。他说自己忍辱苟活下来只是为了完成使命。现在使命完成了,他要到地下给赵盾和公孙杵臼报信去了。

赵家的这段遭遇在史书上被写得像是一个道德色彩浓重的悲剧故事。悲剧冲突的双方是正直的大臣、忠义的门人和无道的昏君，还夹杂着奸臣的陷害和大家族中的私人怨恨。但是如果把这个事件放到历史过程中，我们就能看出它其实并不是一个简单的道德忠义故事。晋国在灭赵家以后的几十年间接连发生同样的国君和强势大臣之间互相攻杀的事件。后来国君逐渐沦为傀儡，大家族之间又不停地火并，直到大约两百年后晋国被三个大家族瓜分。这是春秋中后期晋国历史的基本过程。这个过程其实就是从赵盾和晋灵公的冲突开始的。

晋景公在两年后得病去世。这次得病还是和冤魂有关系。他梦见一个大恶鬼，披散着拖到地面的长发，捶胸跳脚地对他喊叫："杀我的子孙不义，我已经告到上帝那里。"恶鬼毁坏了大门和住房的门闯进来。景公躲入内室，恶鬼又把内室的门打破，就在这时景公吓醒了，由此得病。他把桑田巫找来说他的梦。巫师告诉他："活不到吃新粮的时候了。"景公请秦国派名医来。这位名医在路上的时候，景公又做了一个梦，梦见两个小人对话。一个说："来的是一位良医，会伤害咱们的，咱们逃跑吧！"另一个说："咱们躲在膏和肓之间，他就拿咱们没办法了。"按照中医的说法，膏和肓是心脏下面和横膈膜上边的部位。秦国医生看了景公的病，告诉他："这个病在膏肓之间，药力达不到，没治了。"景公感叹说："真是良医啊！"重重酬谢了他。中国从此有了"病入膏肓"这个成语。

这时正是六月，麦子熟了。景公让下面的人送新麦米，让厨师做好饭，然后把桑田巫找来，给他看过自己就要吃的新粮，杀了他。这样逞性使气，随意杀人，难怪景公经常梦见冤魂索命。吃饭前，他去上厕所，掉下去死了，终于没吃到新粮。伺候他的一个小太监把他背出来。这位小太监说早上刚梦见自己背着景公登天，没到中午就应验了。可是大臣们对他的梦却另有解读，杀了他给景公殉葬。

楚庄王的霸业

城濮之战以后，楚国向中原扩张的势头暂时受到压制。楚成王在十年后去世。他是一个很有作为的国王，在位四十六年，使楚国从一个地方强国成为有千里国土、称霸中原的超级大国，却因为没有处理好继承问题，被自己的太子逼死。

起初成王打算立儿子商臣为太子。令尹子上劝他说："你现在也不老，后宫里又有许多宠爱的妃子。以后说不定哪一位生的孩子会招你喜欢。楚国以往也常常立年龄小的儿子当继承人。你现在立商臣,将来要是想换掉他,岂不是要出乱子。而且商臣是个狠心的人。你不能立这样的人当太子。"成王不听,立了商臣,后来果然又想废掉他,换公子职当太子。商臣隐约听到了风声,但不知道是不是真的,就和师傅潘崇商量。潘崇教他宴请姑姑,在宴席上故意对她没礼貌。姑姑果然被气得骂起来:"难怪你父亲要杀你,立公子职!"商臣对潘崇说:"看来真有这回事。"潘崇问:"你能给公子职当臣子吗?"商臣说:"不能。"潘崇又问:"你能去外国流亡吗?"商臣说:"不能。"潘崇再问:"你能做大事吗?"商臣说:"能。"于是两个人开始阴谋策划。有一天商臣率领自己的卫队突然把成王包围在王宫里,逼他自杀。成王想等外面的军队来救自己,派人对商臣说自己最喜欢吃熊掌,请商臣让他最后吃一次熊掌再死。商臣知道这是缓兵之计,回答说:"熊掌难熟。"成王知道没希望了,只好上吊自杀。商臣主持给他定了个坏谥号"灵",意思是制造了混乱,但还没有造成损害。成王死不瞑目,大臣们只得再议,改为"成"。这是个正面但是一般的谥号,意思是治国安民有成就,成王的眼睛才闭上。

商臣把自己当太子时的家产都赠给师傅,封他当太师,让他掌管王宫的卫队。商臣当了十二年国王,为楚国又兼并了几个小国。他死后,儿子庄王继位。庄王在继位后的三年中,整天在王宫里吃喝玩乐,国家的事一件都没管过,给官员们下的唯一一道命令是:"谁敢劝我,我一定杀了他。"大臣伍举来劝他,看见他正坐在乐器旁边,左手搂着郑国的美女,右手搂着越国的美女,伍举说:"有一只鸟落在土山上三年了,既不飞也不叫,这是什么鸟?"庄王说:"三年不飞,会一飞冲天;三年不叫,会一鸣惊人。你下去吧。我知道了。"在以后的几个月里,他的行为更荒唐了。又有一位大夫苏从来劝他。庄王说:"你没听到我的命令吗?"苏从说:"用我的死让国君醒悟,这就是我的愿望。"庄王就从这一天起停止了荒淫的生活,开始好好治理国家。他杀掉几百人,提升了几百人的职务,让伍举和苏从主持国政。楚国走上了正路,开始了争霸中原的又一波浪潮。

郑国的位置在天下的正中,是晋国和楚国争霸的焦点。郑国和晋国同姓,都是周王室的分支。郑国的国君郑穆公是被晋文公重耳支持当上国君的,所以郑国和晋国关系密切。可是楚国是它的近邻,国力在上升,它也得应付楚国。晋国怀疑郑国和楚国勾结,对自己不忠。晋灵公在与诸侯会盟时不见郑穆公。郑国的执政子家给晋国的执政赵盾写信说:"我们的国君继位以来三次去朝见贵国君,大臣们也接二连三地去晋国朝见。陈国和蔡国紧挨着楚国,一直对晋国没有二心,这也是因为受我们郑国影响。我们侍奉晋国已经好到不能再好了,可你们还说我们没让你们称心。我们真是无能为力了。我们是小国,夹在两个大国中间,不得不屈从于大国的威势,这是我们的过错吗?你们不体谅我们的难处,那也只能随你们的便了。古人说:'畏首畏尾,身其余几?'又说:'鹿死不择音。'像这样两头受挤,我们还能剩下多少选择?鹿走投无路了,会铤而走险。大国以德对待我们小国,我们是人。不以德相待,我们就是鹿。你们的要求这样苛刻过分,我们也知道要亡国了。就以我们所有的军队,等着你们打过来吧!"晋国知道了对郑国态度强硬会把郑国推到楚国一边,于是派大夫去郑国会盟,重申友谊。这时候郑国还是争取让晋国理解,尽力维持同盟关系。可是晋国和楚国的势力此消彼长。楚国在楚庄王的领导下越来越强势,而晋国因为晋灵公和赵盾内斗,顾不上对付楚国的扩张。郑穆公终于看清楚晋国靠不住,于是倒向楚国。

郑国和楚国结盟以后,奉楚国的命令去攻打宋国。郑国和宋国都是中等国家,实力差不多。开战前夕,宋军杀羊会餐。元帅华元在分羊肉汤的时候,不知因为什么,没有分给自己的车夫羊斟。第二天到了战场上,羊斟说:"昨天分羊肉汤的事你做主,今天赶车的事该我做主了。"他把车赶到敌人堆里,把华元送给了敌人。宋军的元帅一开战就被活捉,所以大败,被敌人俘虏了四百六十辆兵车。史家评论说:"羊斟残害自己的国家和人民以发泄私愤。这样的人不能算人。"除了羊斟这样自私、狭隘到极点的人,宋国军队里还有像宋襄公那样把君子风度也发扬到极致的人。宋国大夫狂狡和一个郑国军人格斗。对方掉到井里,狂狡把戟倒过来伸到井下,把他拉上来。郑国军人拿着他的兵器,反而把他俘虏了。狂狡可能是想把敌人拉上来再公平地交战,授人以柄也是出于好心,怕对方受伤。可是对方却没有他那样的风度。宋国和鲁国一样,也是诸侯观摩和学习礼乐的地方,古礼的影响深厚。教育有能力穿越时空,把古代的观念传递下来,一代又一代地复制出宋襄公和狂狡这样的与时代完全脱节的人。教育的这个能力对中国社会的影响是怎样估计都不会过分的。宋国军队里会同时存在着狂狡和羊斟这样两种极端的人物,这恐怕也是道德教育严重脱离实际造成的。这样的脱节会造成社会的道德真空,所以相信的人做傻事,而不信的人则完全没有了道德底线。

一年后,楚庄王带兵攻打被秦国和晋国迁到中原的陆浑戎国,顺便在周王室的边境阅兵,向周天子示威。周王派大臣王孙满去慰问。谈话的时候,庄王向王孙满问起九鼎的大小和轻重。九鼎据说是大禹王建立夏朝以后,将天下划分为九个州,用各州进贡的青铜铸成的九个鼎,上面刻印着各州独特的地理风物和应该给天子上贡的物品数目,于是成为各州的象征。九鼎也因此成为象征王权和国家命运的宝器,安放在首都。商朝攻灭夏朝后,把九鼎搬到自己的都城。周朝灭商后,也照此办理。楚庄王问九鼎的轻重,明白表露出要取代周朝的意思。王孙满说:"鼎的轻重是由王朝的德行决定的,与它本身没有关系。当初成王安置九鼎的时候,占卜国运的结果是周朝会传世三十代,存在七百年。这是天意。周朝现在虽然衰落了,但是天命还没有改变呢,所以鼎的轻重是不可以问的。"

这个答复既得体又有尊严,是很好的外交辞令。不过阻止楚国的并不是周朝的天命,而是晋国的霸权。就在楚庄王问鼎的时候,晋国攻打郑国,郑国又和晋国结盟。楚国于是不停地攻打郑国。赵盾在世的时候,晋楚两国都避免直接交战,只是不停地攻打被迫和对方结盟的小国。

楚庄王问鼎八年后,陈国的国君陈灵公因为和夏姬淫乱被杀。夏姬是郑穆公的女儿,嫁给了陈国的大夫夏御叔。她给夏御叔生了一个儿子,叫夏徵舒。夏御叔死后,夏姬同时和国君陈灵公、大夫孔宁和仪行父通奸。这三个人都贴身穿着夏姬的内衣,在朝廷上乱开玩笑。有一天三个人在夏姬家里喝酒,陈灵公和仪行父开玩笑说:"夏徵舒长得像你。"仪行父说:"也像您。"夏徵舒听到了非常气愤。陈灵公出来的时候,他从马棚里发箭,射死了陈灵公。孔宁和仪行父逃到楚国去告状。楚国一直在打陈国的主意,就趁这个机会出兵占领陈国,杀了夏徵舒。

夏姬异常美丽,楚庄王想娶她。申县的县长巫臣用大道理劝他说:"大王来陈国,是讨伐夏徵舒弑君的罪过的。如果娶夏姬,出兵陈国的目的就容易让人误解了。而且您想娶夏姬是贪图她的美色。贪色是失德,失德会带来惩罚,所以一定要尽力避免。"于是庄王打消了这个念头。司马子反也想娶夏姬。巫臣吓唬他说:"夏姬是个不祥的女人。她的丈夫因为她早死,国君和儿子因为她被杀,陈国因为她灭亡。你要是娶了她,肯定不得好死。天下美丽的女人太多了,为什么非得要她?"子反听了也不敢要了。庄王就把夏姬给了连尹襄老。好像夏姬真的会给得到她的人带来灾祸,襄老第二年就在和晋国的战争中被射死,尸体也被晋国人俘获。他的儿子在家和夏姬通奸。不过巫臣自己并不相信娶夏姬不祥。他劝阻庄王和子反是因为他自己在打夏姬的主意。他私下对夏姬说:"你回郑国娘家去,我会去娶你。"他又安排让人从郑国来通知夏姬:"郑国可以找回你丈夫的尸体,要你亲自去迎接。"夏姬就用这个借口请求庄王让她回郑国。庄王征求巫臣的意见。巫臣说有这回事,晋国中军副将的儿子被楚国抓住了,晋国想用被他们俘虏的楚国王子和连尹襄老的尸体作交换,请郑国主持。庄王就让夏姬回郑国了。

　　楚庄王把陈国变成楚国的县，兼并了陈国。楚国大夫申叔时说："夏徵舒杀国君，您讨伐他，这是正义的。可是把陈国变成楚国的县就不对了。这就像有人牵着牛践踏别人的田地，田主人把牛没收。牛践踏田地固然不对，夺走别人的牛就处罚过分了。您说要讨伐杀国君的人，来了却要占人家的土地。这怎么说得过去？"庄王就恢复了陈国。第二年春天，他又去攻打郑国。这是十年间楚国第七次攻打郑国，打了三个多月，攻下郑国的都城。郑襄公脱光上身，牵着羊在路边迎接楚庄王，向他请罪，表示愿意接受任何处罚、流放或者当奴仆都听命。只希望庄王能念两国以前的友谊，不灭绝郑国的社稷，让郑国给庄王和楚国当仆从。楚庄王的手下都反对，说："得国无赦！"意思是得到手的国家不能放弃。可是庄王认为郑襄公能得到人民信任，楚国恐怕灭不掉郑国，于是退出郑国都城三十里，和郑国讲和结盟。楚庄王并不是不想兼并土地。史书上说他在位期间兼并了二十六个国家，为楚国增加了三千里国土。楚国就是靠兼并战争发展壮大的，兼并也不会有合乎道义的理由。如果他只是因为上面提到的那些理由就放弃战争成果，他就不能算是英主。《左传》记述历史事件时常把一些儒家的大道理加到人的动机里，所以它写出的人物行事往往彬彬有礼。这样的写法容易让人忽略历史人物的真实动机。楚庄王的决策应该是他审时度势的结果。楚国和晋国势均力敌，从历史上看，晋国还略占上风，在这种形势下，楚国兼并不了中原的这几个中小国家。用它们做缓冲，避免直接和晋国发生冲突，应该对楚国更有利。

　　征服郑国以后，楚庄王没有回国。他要把军队开到黄河边，打算祭祀河神以后再撤军。这时晋国军队正在赶来救郑国的路上。晋国军队到达黄河北岸时得到郑国陷落，已经和楚国结盟的消息。中军主将荀林父认为晋军不应该马上渡河，因为已经赶不上救郑国了，应该等到楚军撤退了再过河去打郑国，让它重新和晋国结盟。这是赵盾在世时晋国和楚国的策略。它们避免直接交战，只对小国用兵，而且是一国走了，另一国再去。下军副将栾书支持荀林父。他说楚国现在治理得很好，政治、经济、军事、外交，样样做得有条有理。按照兵法不应该和这样的敌人作战。可是中军副将先谷不同意。他说："失掉诸侯不去争，遇到敌人不去打，晋国的霸权就没有了。遇到强敌就退缩，这是懦夫行为。我宁愿死也不能让晋国的霸权在我手里丢掉。你们能做懦夫，我可不能。"然后独自率部过河。其他将军知道他孤军过河一定会被消灭，权衡利弊，只好也跟着过河。

　　楚庄王听说晋军过河了，想撤退。令尹孙叔敖也同意，让兵车都掉头向南,做好撤军的准备。可是庄王的近臣伍参反对,他说:"晋军的主将新上任,权威不足。他的副将又是一个逞强任性,不听命令的人。晋军指挥不灵,这次一定要打败仗。再者你是国王,在敌国臣子面前掉头逃跑,怎么对社稷交代?"这话让楚庄王听了很头疼,他只得让孙叔敖再把兵车掉头向北,前进到某个地方驻扎下等待晋军。晋楚两军多年来一直都很慎重,不愿意直接发生冲突。这一次因为个别军人的鲁莽和意气用事,终于在战场上相遇了。不过这只是表面现象。偶然因素就像压倒骆驼的那根稻草,只在宏观条件具备时才会发生作用。晋楚两国的实力此消彼长,这个过程会达到一个临界点,如果两国的政治家不能审时度势,对进退取舍做出恰当的选择,就需要通过一场战争来改变原有的国际格局。这才是战争的深层原因。

晋军和楚军隔着旷野遥相对峙。这时候郑国派使者来对晋国将军们说:"郑国是为了保存社稷才服从楚国。我们的心从来都是向着晋国的。楚军现在骄傲,疲劳,戒备松懈,你们打它,我们接应,楚军必败。"先谷听了更自以为是,宣布说:"打败楚国,臣服郑国,就在此一举。"这很像是在模仿城濮之战前他的曾祖先轸说的话。栾书说:"楚国既没有骄傲,也没有疲劳,也没有松懈戒备。郑国也不是真心向着我们。它就是想让晋国和楚国直接决出个胜负,免得轮番去打它。所以我们不能相信它的话。"其他将军有的支持先谷,有的支持栾书。这时候楚庄王的使者也来了。他说:"楚国军队是来教训郑国的,怎么敢开罪晋国?所以贵军不必在此久留。"上军主将士会代表晋军回答说:"当年平王命令晋国和郑国共同辅佐王室。如今郑国不顺从王命。我们的国君要我们来责问它。怎么敢烦扰贵军守望边境的官员?"这话的意思也是无意与楚国为敌。先谷认为这个答复太软弱,派人去更正,对楚国人说:"使者的言辞不恰当。我们的国君要我们把楚国的痕迹清除出郑国。他说:'遇到敌人不准逃避。'我们只能服从命令。"

楚庄王没有理会先谷的无礼回复,还是派使者来要求和平。晋军也同意了,双方约定了会盟的日期,战争的危机好像消除了。可是这时候个别军人的挑衅行动却引发了战争。先是楚国的三个军人乘一辆战车闯进晋国军营里杀人又抓俘虏后撤回。接着晋国的两个因为升迁受阻而心怀怨恨的军官也擅自去楚国军营挑衅。楚庄王带领十几辆兵车追出来。这时楚国人看到了晋国派来接应的战车扬起的灰尘,以为晋国大军出动了,怕庄王吃亏,全军出营布阵。排好队列以后,令尹孙叔敖说:"前进,我们要压住敌人,不要让敌人上来压制我们。"于是楚军的战车和步兵向晋军的阵营奔去。一场大战就这样被触发了。

当初晋军的两个去挑衅的军官刚走,上军副将郤克就想到他们可能会把楚军引来,建议晋军备战。先谷说:"郑国人劝我们作战,我们不敢。楚国人来讲和,我们也把握不住和平。命令反复无常,备战有什么用?"他埋怨荀林父没有主见,但这样说话完全是意气用事。上军主将士会说:"还是应该戒备。不然楚军突然攻来,我们就完了。即使楚国是来立盟约,戒备也没有坏处。按照惯例,诸侯会盟时都不撤武备。"史书上没有说这时候主将荀林父是怎么想的。先谷还是不愿采取任何行动。士会就下令让上军做好战斗准备。

看到楚军迅速逼近,荀林父没了主意,竟击鼓发令撤退,说谁先逃过黄河有赏。于是中军和下军全体溃逃,在河边争抢船只渡河。许多军人扒住船帮的手被砍,被砍掉在船舱里的断指多得可以用双手去捧。只有士会的上军没有溃逃,但他知道孤军坚持会被歼灭,所以也撤退了。他自己亲自殿后,军队没受损失。下军大夫荀首已经跑到河边,听说儿子被楚军俘虏了,他说:"不抓住别人的儿子,我的儿子怎么能回来?"于是带领族人回去找楚军作战。他射死了一年前刚娶了夏姬的连尹襄老,抢到尸体,又射伤并俘虏了楚庄王的儿子公子谷臣。他相信用他们足以换回儿子,也急忙撤退了。晋军整夜都在渡河,撤到黄河北岸。史书没有提到先谷这时有什么勇敢的表现,如果当初不是他擅自过河,这场战争本来不会发生。回国以后,晋国把战败归罪于他,狄国趁机来侵犯,也说是他勾结的,杀了他,灭了他的家族。晋国没有杀主将荀林父,因为不想像当年楚国杀子玉那样,送给敌人更大的胜利。

这是一场打得很难看的战争。双方自始至终都在犹豫,都想避战,但又都觉得无可逃避,所以越走越近。可是直到面对面布阵对垒了,双方统帅因为心虚,仍然在谈和平。既没有作战决心,也没有作战计划,战争的进程被个别不负责任的好战军人左右。触发大战的军令也是因为错误的情报在战场上临机下达的。不过这些偶然中还是有必然,战争的结果也早已被双方的明眼人预见到了。

打了胜仗以后,大臣潘党向楚庄王建议收集晋国军人的尸体建造一座高大的坟,叫作"京观",用来彰显楚国的武功,留给子孙后代瞻仰、纪念。庄王不同意,他说:"武是止和戈这两个字组合而成的。可见战争的本意是赢得和平,是禁暴止战,安定百姓,团结人民,增加财富。而耀武扬威让诸侯畏惧达不到这样的目的。"古人认为武是战争行动的德,体现在战争的目的和手段之中,是战争的最高境界。战胜并不就是武,带来对国家和人民有利的和平才是武。这样的目的不一定要通过战场上的胜利来实现,战场上的胜利也不等于实现了这个目的。楚庄王到黄河边祭祀了河神,修建先君的神庙,向神灵报告战争胜利，然后就回国了。

这场战争被称为邲之战，因为战场在邲地。它让楚国对晋国暂时占了上风。两年后楚庄王派使者去晋国和齐国。去晋国要经过郑国，去齐国要经过宋国。他故意要使者不向两国借道。去齐国的使者申舟说："郑国人明白，宋国人糊涂。去晋国的使者不会有事。我肯定会死。"庄王说："宋国杀你，我就去打它。"申舟经过宋国时被扣留。宋国人果然死板，执政华元这样思考问题，他说："不借道就通过，这是无视我国。让我们丧失国格就是灭亡我国。杀了楚国使者，楚国一定会出兵来打我们，那样也是亡国。反正都是亡国。"于是杀了申舟。楚庄王马上出兵攻打宋国，包围了宋国的都城。

宋国向晋国告急。晋君要救，大臣伯宗劝他说："鞭子虽然长，可也够不着马肚子。人总会有力所不能及的事情。现在上天站在楚国一边，不能和它争，该忍就得忍，国君要能忍辱。您还是等待时机吧！"于是晋国决定不救宋国，可是也不想让宋国投降，就派使者解扬去给宋国打气，让他告诉宋国："晋国全军出动，马上就要赶到了。"解扬在半路上被郑国抓住交给楚国。楚庄王用重贿劝解扬反着说，让宋国人死心，劝了三次解扬才答应。可是他登上楼车，面对守城的宋国人还是说了晋君让他说的话。庄王要杀他，对他说："这可不是我说话不算话，是你答应了我又不讲信用。你快去领受自己应得的刑罚吧！"解扬说："我答应你是为了完成国君交给我的使命。完成使命而死，是死得其所。此外我一无所求。"庄王赦免了他，放他回国。庄王这样做是出于对道德的尊重，即使它体现在违抗自己意志的敌人身上。这种做法比战争中的胜利更能体现他作为英主的品格。道德的底线就是人格的底线。迫使别人放弃人格来服从自己，这其实是在破坏自己的权力基础。如果为了让人服从就无所不用其极，肆意践踏道德人伦，这样的人即使坐在君主的位子上，也不过是个亡命徒而已。

楚军把宋国围困了八个月，自己也坚持不下去了，想撤军。有人给庄王出主意说："咱们盖房子，种地，做出要长期围城的样子，宋国人就会绝望了。"宋国人看见楚国人这样做，真的害怕了。宋国元帅华元夜里溜进楚庄王的弟弟、楚军主将子反的帐幕里，把他从床上叫起来，说："我的国君要我来告诉你们，我们城里现在没有粮食了，老百姓互相交换孩子吃，割尸体的肉做饭。即使这样，我们也不会在你们的威逼下屈服。你们如果后撤三十里，咱们就什么都可以谈。"子反答应了他，然后去报告庄王。庄王知道了宋国的底细，但是既然华元对楚国那样开诚布公，子反也答应了，他就要守信用，于是撤军三十里，和宋国会盟。盟约说"我无尔诈，尔无我虞"，意思是我不对你欺诈,你也不用对我存戒心。这样晋国在中原的几个盟国都服从楚国了。楚庄王召集十四国诸侯开大会,订立盟约,楚国成为霸主,国势达到了顶点。这一年是公元前 594 年。

鞌之战

晋国在邲之战打了败仗,这与它失去了秦国和齐国的援助也有关系。晋景公想联合齐国对付楚国,派郤克出使齐国。郤克是郤缺的儿子,这时已经升任中军副将。齐国自襄公以来,几乎每次换国君都要经历一场内乱,都是因为兄弟争位。齐桓公死后,他的五个儿子相继做国君。第一个是被易牙和竖刁立的公子,在位三个月就被杀。以后每一个都是杀掉或者废掉在位的兄弟或者侄子夺得君位。第五位做国君的惠公死后,君位传到他的儿子顷公手里。郤克就是在这时来到齐国,和他同时到达的还有鲁国、卫国和曹国的使者。齐顷公在接见时看到晋国的使者瞎了一只眼睛,鲁国的使者是秃子,卫国的使者是瘸子,曹国的使者是个驼背,觉得太可笑了。在请使者们来参加宴会之前,他先请母亲到路边的台上,躲在帘子后面,等着看热闹。他给晋国使者派瞎一只眼的车夫,给鲁国使者派秃头车夫,给卫国使者派瘸子车夫,给曹国使者派驼背车夫。这四位车夫为四位使者赶车从台下经过时,齐顷公的母亲看见了,乐得前仰后合。坐在车上的使者们听到女人的笑声,都气坏了。郤克受到这番羞辱,发誓要报复。他把使命交给副手,自己马上就离开齐国。回国后他请国君出兵讨伐齐国。景公不答应。郤克说不用国家出兵,他愿意只带着自己家的军队去,景公也不答应。

过了四年,齐国攻打鲁国。卫国的祖宗卫康叔是鲁国的祖宗周公旦的弟弟,卫国和鲁国是兄弟之国。卫国来救鲁国,两国都被齐国打败,一起跑到晋国求救。这时郤克已经是中军主将。鲁卫两国的使者都跑到他家求他。他去请求国君出兵。晋景公同意了,拨给他七百辆兵车。春秋的时候,兵车是主要的作战装备。一个国家的军力也是按它拥有的兵车数量来计算的。每辆兵车用四匹马拉,车上站三个披甲的军人,车后跟随七十二名步兵。七百辆兵车的兵力是五万两千五百人。郤克说:"七百辆兵车是城濮之战时晋国的兵力。先君那样英明,先大夫们那么能干,用这样的兵力才打了胜仗。我比先大夫们差远了,请给我八百辆兵车吧!"景公同意,于是郤克带着晋国和鲁国、卫国的军队去攻打齐国。

齐顷公率军迎战。他派使者去告诉晋国将军们:"你们率领贵国君的军队屈尊来到鄑国,我只得以自己寡陋的军队相迎。请和你们明天见!"晋国将军们回答说:"鲁国卫国和晋国是兄弟。他们来报告,说贵国动不动就去他们那里发泄不满。我们的国君不忍心,派我们来请求贵国放过他们。也命令我们不能在贵国的土地上久留。我们是受命而来,有进无退,所以只能接受您的意志。"齐顷公说:"诸位大夫同意明天会战,这就是我的愿望。即使你们不同意,我们也要明天见。"齐国将军高固当天就冲进晋军的营垒,举起石头投向晋军,捉了一个俘虏。他乘上缴获的兵车回到齐国的军营里,炫耀说:"谁要勇气,我这儿还有剩下的,可以卖给他。"

第二天早上,两军在鞌地对阵。齐顷公说:"冲!消灭了敌人再吃早饭。"也不等给马披上甲就冲锋。交战时,郤克被箭射伤了,血一直流到脚下。他坚持敲鼓,不让鼓声停下来。他对同车的人说:"我恐怕坚持不住了。"赶车的解张说:"刚一交战,我的胳膊就被箭射穿了。我折断箭杆,继续赶车。流的血把左边的车轮都染红了,可是我怕影响作战,忍着没说。你也忍着吧!"站在右边的护卫说:"从开始交战,遇到险阻,我就下去推车,我也没让你知道。可你真是伤得很重。"解张说:"全军的耳目都集中在我们这辆车的旗鼓上。我们坚持住,全军就不会涣散。怎么能因为自己受伤而让国君的大事受到挫败呢?身披铠甲,手执兵器,本来就是准备战死的。现在虽然受伤了,可是还没死呢,咱们坚持吧!"他把缰绳都并到左手上,腾出右手帮助郤克敲鼓。战马狂奔起来,全军紧跟上去,把齐国军队打得大败而逃。

兵车作战的时候,车上的三个甲兵,一个赶车,站在中间;一个是射手,站在左边;还有一个是护卫,手持短兵器站在右边。如果主将在车上,赶车的就要站在左边,让主将站在中间。韩厥在前一天夜里梦见他死去的父亲告诉他:"明天你不要站在车子的两边。"所以第二天交战的时候,韩厥站在车子中间赶车,紧追齐顷公。齐顷公一箭把站在韩厥左边的射手射到车下,又一箭射死了站在韩厥右边的护卫。韩厥弯下腰去把护卫的尸体放好,正在这时候齐顷公和他的护卫逢丑父交换了位置,所以韩厥后来一直把逢丑父当作齐顷公。又追了一段儿路,齐顷公的战车被树挂住,跑不了了。逢丑父头一天晚上睡觉时,有一条蛇从他身子下面爬出来。他用胳膊肘去砸,把肘部撞伤了,没法下去推车,所以他们被韩厥追上。

韩厥拿着绊马索,向齐顷公的车上跪拜两次,再献上酒杯和玉璧,说:"因为鲁国和卫国请求,国君派臣子们来。国君嘱咐我们不要深入您的国土。下臣我在军中服务,无法回避您。而且如果我害怕躲避,那对两位国君都是羞辱。我本人虽不称职,但也只好履行职责了。"韩厥彬彬有礼地表达了要俘虏齐顷公的意思。逢丑父冒充顷公,派真顷公下车去找水来喝。顷公就钻这个空子逃掉了。韩厥把逢丑父带回去才发觉上当了。郤克要杀逢丑父。逢丑父喊:"从来没有过替国君受难的人。现在有一个在这儿,还要杀了他吗?"郤克说:"这个人能以死来救他的国君,我杀了他不吉利。饶了他吧!可以鼓励为国君服务的人。"

齐顷公逃脱后,率领军队去救逢丑父。他杀入敌人阵地,三进三出都没找到,这才撤退。晋军在后面跟进。齐顷公派使者带礼物去求和,答应割让土地,并交代说:"如果晋国还不答应讲和,那就随他们的便。"齐国使者送上礼物求和,郤克不答应,说非得把萧同叔子送来当人质,还得把齐国的田垄都改成东西向,才能讲和。

齐国使者回答说:"萧同叔子不是别人,她是我们国君的母亲,也就相当于你们晋君的母亲。你们向诸侯发令,说一定要拿人家的母亲当人质,这符合先王的遗教吗?你们这是用不孝来号令天下。这样做合乎道德吗?先王根据地利来安排田亩的走向。所以诗经上说:'我的田地,我来治理,南向东向,因地制宜'。而你们要诸侯的田垄全部东向,就图你们的兵车开进来方便,不考虑对耕种是不是有利。这是不是违背了先王的原则?违背先王就是不义,你们怎么领导诸侯?这的确是你们不对。先王们得到天下拥戴,是因为他们树立德行,为天下人造福。今天你们对待诸侯,想的只是怎样满足你们自己无边的欲望。诗经上说:'执政宽大平和,各种好处都会汇聚来。'你们反其道而行之,自己丢掉自己的福祉,这对诸侯有什么害处?你们还是不同意讲和吗?那好,我的国君让我传达下面的话给你们:'你们率领贵国君的军队屈尊来到鄙国,我只好派自己寡陋的军队和你们周旋。因为担心让贵国君不安,我军战败了。如果你们肯赐福给齐国,不使它灭亡,让齐国和晋国像以前一样友好,我不敢吝惜先君留下来的宝物和土地。如果你们还是不肯,那我只好收集残余的军队,背城和你们决一死战。即使齐国幸运,没被打败,我也会服从贵国。更何况不幸战败,那还不是随你们怎么命令我都得听从吗?'"

这一番话也是历史上著名的外交辞令。晋国主政的将军们自己一家的实力比中等的诸侯国都强大,加上晋国是天下第一强国,接连打败了楚国、秦国和齐国,所以他们在和其他国家打交道的时候往往态度骄横。可是听了这一番话,知道自己没理,也明白了不能欺人太甚,就放弃无理要求,答复说:"臣子们率军来为鲁国和卫国求情,如果承蒙您的恩惠,让我们能有个说辞向我们的国君复命,臣子们敢不唯命是听?"

鄢陵之战

邲之战以后,晋国暂时不想去和楚国争锋,就对周围的戎狄国家用兵,扩大疆土。晋国在北方,处在戎狄的包围之中。它和秦国一样,也是靠兼并戎狄发展成为大国的。有一个狄人的部族潞氏曾经趁晋国邲之战失败的机会来侵犯,两年后它的执政大臣杀了王后。这位王后是晋景公的姐姐。景公派荀林父带兵灭了它,把潞变成晋国的一个县。接着景公又派士会灭了另外两个狄国。晋国的国力更强了。在鞌之战打败东边的齐国以后,它又重创了西边的秦国。郑国奉行唯强是从的外交政策。晋国国力上升,它就向晋国倾斜。楚共王割让土地收买郑国,郑国就又和楚国结盟,并且打败了和晋国结盟的宋国。晋国决定出兵惩罚郑国,郑国向楚国求救,于是晋国和楚国在邲之战二十二年后,又在战场上相遇了。

晋楚两国的军队在郑国境内的鄢陵对峙。两国的国君都在军中。楚国的国君是楚庄王的儿子楚共王,主将是他的叔叔,楚庄王的弟弟子反。晋国的国君是晋景公的儿子晋厉公,中军主将是栾书。楚军使用邲之战时主动压制晋军的策略,清晨出其不意地在晋国军营前布阵,把晋军压制在军营里。晋军将领们为怎样布阵迎战为难。中军副将士燮的儿子士匄出主意说:"我们可以把灶平掉,把井填平,在军营里布阵。"士燮拿起戈追着打他,说:"你小孩子懂什么!"士燮从一开始就反对和楚国交战。他认为一个国家没有外患就会有内忧,晋国已经打败了秦国、齐国和狄人,如今只剩下楚国一个强敌,不如留着它,让国人知道戒惧,可以抑制晋国的内斗。这也算是深谋远虑,但在两国交战时是不能考虑的。这时候晋国的盟军齐鲁卫三国的军队还没有赶到战场。中军主将栾书认为楚军轻率,不能持久,晋军只要在军营里坚守三天,楚军就会撤退,那时再打一定能获胜。新军副将郤至提出相反的意见。他认为楚军有很多弊病,两个主要将领子反和子重不团结,盟军阵形不整,没有斗志,楚军最精锐的王卒是从国王的亲旧家族中选拔的,战斗力并不强。晋军一定要抓住楚军的这些弱点和它作战,楚军必败。从郤至对敌情和战机的判断来看,他有可能成为先轸以后晋军最优秀的统帅。栾书老谋深算,但是将才不如他。晋厉公支持郤至的意见,于是晋军在军营里填井平灶,准备作战。栾书和士燮是晋军的正副统帅,郤至在八位将军中排位最低,大概也最年轻。晋厉公能这样做决定,可见他是个有勇气,也有决断的人。

楚共王站在瞭望车上,观看晋国军营中的动静。一年前晋国杀死了大臣伯宗,他的儿子伯州犁逃亡到楚国,现在站在楚王身后,为他一一解说晋军的部署。晋厉公也登高瞭望楚军,楚国令尹斗越椒的儿子苗贲皇站在他身边。三十年前楚庄王在中原问鼎的时候,斗越椒在国内叛乱,战败被杀。苗贲皇逃亡到晋国,做了晋国的大夫,现在他为晋厉公解说楚军的阵列。他说楚军的精锐是中军的王卒,建议晋军先攻击楚军的两翼,然后全力攻打楚军的中军。晋厉公接受了他的建议。

两军交战中,晋国将军魏锜射伤了楚共王的眼睛。楚共王给神射手养由基两支箭,让他去射魏锜。养由基一箭就射死了魏锜。郤至在战场上三次遭遇楚共王,每次都脱去头盔,赶紧站到下风,表示恭敬。楚共王觉得这个晋国将军知礼,派使者去问候,送给他一张弓。郤至脱下头盔,接受慰问。郤至后来又遇到逃跑中的郑成公。他的部下要抄近路去截击。他说伤害国君有罪,不让追击。在此之前,下军主将韩厥也遇到郑成公,也不让部下追赶,说不可以让国君再次受辱,意思是魏锜射伤楚共王已经让国君受辱了。

在晋厉公的战车上当护卫的栾鍼看到了楚军左翼统帅令尹子重的旗帜。他以前出使楚国的时候和子重谈话。子重问他晋国军队的勇武素质体现在什么地方。他回答说体现在既军容严整,又从容不迫。现在和子重在战场上遇到了,他向厉公建议派使者致意,先礼后兵,给楚国人一个见证。晋厉公同意,派使者去向子重敬酒。子重说:“栾鍼曾经对我说过晋国军队好整以暇。向我敬酒一定是因为这个缘故。”他喝了酒,请使者回去,然后击鼓交战。

这时正是夏天,两军从清晨开战,一直打到星星出来还没有停止。楚共王的眼睛受伤,一个王子被俘,楚军交战不利,但是两军还没有分出胜负。收兵以后,楚军主将子反整顿军队,让军队第二天鸡叫的时候吃饭,准备再战。晋军的苗贲皇也通告军队,做好各项第二天再战的准备,同时故意放松对俘虏的看管。楚军俘虏逃回去,向楚共王报告晋军备战的情况。楚共王请子反来商议。使者回来报告,说子反喝醉了,来不了。原来子反的仆人知道他爱喝酒,大战一天下来,准备了酒犒劳他。他贪杯,一喝就喝醉了。楚共王说:“这是上天要楚国失败。”就连夜撤军了。晋军占领了楚军的营地,成为胜利者。

楚共王在回军的路上派使者去告诉子反:“这次作战有国君在军中,战败不是你的责任,是我的责任。”子反回答说:“君赐臣死,死了也会不朽的。我的部队的确败逃了,战败是我有罪。”子重派人去对子反说:“以前打败仗的将军自己怎样处置,你也知道,何不考虑一下?”子反就自杀了。

杀三郤

鄢陵之战以后,从表面上看,晋国是天下无敌了。但楚军只是被击退,逃离了战场,并没有被打垮。晋国在战后也没有能征服郑国。郑国还是跟楚国结盟,不向晋国低头,尽管晋国接二连三去打它。晋国的盟国也有离心的倾向。鲁国一向要靠晋国保护自己免受齐国欺负,可是它的主政大夫们这时甚至议论说不能服从晋国,宁可服从楚国,至多也不过是亡国。这是因为他们都看到了晋国的内部危机在发展。晋国执政的大家族实力越来越强,国内已经开始出现政出多门的乱象。国君大权旁落,国君和主政大臣之间的冲突像间歇式火山一样隔一段时间就会喷发一次。邲之战的当年,晋景公和一些大臣联手灭掉了赵盾的家族。这一次鄢陵之战胜利后,晋厉公打算把执政的大臣们都杀掉,换成自己的亲信,夺回对国政的主导权。

赵氏被灭以后,郤氏成为最显赫的家族。郤氏是晋国国君的同族,晋献公时被封在郤地。郤氏家族一直是晋国政坛上的实力派。只是因为当年重耳流亡的时候,郤氏在国内是惠公的重臣,而赵衰是重耳的主要助手,所以重耳当了国君以后,郤氏的地位稍逊于赵氏。后来重耳建立三军时,赵衰推荐郤縠担任中军主将。晋军第一任中军主将和副将都出自郤氏。从那时起六十年间的十位中军主将中,赵家只有赵盾一位,而郤家出了三位。城濮之战后,晋国在上中下三军之外增设新军。在晋厉公的时候,郤克的儿子郤锜是上军主将,同族的郤犨是新军主将,郤至是新军副将,郤氏在八位将佐中占了三位,此外还有五位大夫。郤氏家族的财富和军力都相当于半个晋国,势力庞大。

晋厉公的亲信胥童说:"郤家势力最大,对国君威胁也最大。一定要先除掉它。另外郤家结怨多,先动它容易得手。"厉公自己也这样认为。中军主将栾书也想除掉郤氏。他让被俘虏的楚国王子去对厉公说:"这次作战,楚军是被郤至招来的。他告诉楚王,说齐鲁卫三个盟国的军队还没有赶到,晋军的八位将军有两位也不在军中,楚军马上进攻,一定能打败晋军。晋国战败后,他去周王室迎接襄公的重孙周回国做国君,让晋国服从楚国。"厉公问栾书。栾书说:"恐怕真有这样的事。不然郤至在战场上怎么会不担心安全,接待楚王的使者,接受礼物。您何不派他出使周王室,看他会有什么举动?"于是厉公派郤至去王城向周天子献鄢陵之战的楚国战俘。栾书暗中安排让公孙周见郤至,让厉公相信他们确实有勾结。其实这些诬陷并没有什么实质意义。厉公要铲除郤氏,他问栾书是试探他的态度。知道了栾书的态度,他就敢动手了。

郤家听到了厉公要杀他们的风声。郤锜提议攻打厉公。郤至不同意。他说："背叛国君，作乱，这样做违背做人的根本道理。吃国君的俸禄才有家族，却凭借家族的力量去对抗国君，这是最大的罪过。国君杀害自己的臣子，别人会怎样看待他？滥杀无辜会失去人心。这样做他能让自己安全吗？我们就等待命运的安排吧！"厉公派胥童带领八百甲兵去杀郤家。他的另一个亲信长鱼矫说不用兴师动众。他和一个助手假装打官司，进入郤家。郤锜、郤犨和郤至听诉讼的时候，长鱼矫自己一个人用一支戈把这三位郤氏将军都杀了。两个被杀死在座位上，一个逃跑时被追杀。他们的尸体被陈列在朝堂上。

胥童带领甲兵在朝廷上把栾书和下军副将荀偃也抓起来。长鱼矫说："这两个也得杀掉。不然一定有后患。"厉公说："一天杀了三个卿，我不忍心再多杀了。"长鱼矫说："你不忍心，别人会对你忍心的。"厉公不听，长鱼矫就逃到外国去了。厉公派人去安慰栾书和荀偃，说："我只是要讨伐郤氏。郤氏已经伏罪。你们不要介意，继续担任你们的职务。"栾书和荀偃下跪磕头，回答说："国君讨伐罪人，让我们二人免死，我们二人就是死也不会忘记国君的恩德。"厉公"不忍心"一天杀太多，大概是担心一次打击面过大，会使局面失控。三天以后，栾书和荀偃趁厉公在外游玩时把他抓起来，杀死他的主要亲信胥童。他们请其他将军来商议怎样处置厉公。那些将军们都不想参与。韩厥说："古人有言：'杀老牛没人敢做主。'更何况杀国君。你们不能侍奉国君，找我有什么用？"于是栾书和荀偃处死厉公，也不按国君的身份，草草把他埋葬了。

国君和执政大臣们的冲突是春秋时期各国政治动乱的主要原因。这个冲突的根源在于分封制度。周朝实行封建制度。天子把土地分封给诸侯，诸侯再分封给自己手下的大夫，所以虽然天子在名义上拥有天下，实际上自己并没有多大地盘。诸侯也是一样，土地，人民，甚至军队，都直接掌握在他下面的大夫手里。君主们只靠名分来统治。因为大夫们有实力，所以国政也被他们把持。就像诸侯架空了周天子一样，大夫们也架空了诸侯。大夫们各行其是，国君就只剩下一个空名。不改革分封制度，各国的君主都面临着最后被取代的命运。可是这样的改革超出了晋厉公的时代和他的眼界。

晋厉公看到家族势力大了会威胁君主的权力，所以要铲除它们。国君要处罚或者贬退大臣有正常的政治和法律程序。但是这样的程序对他可能完全没有用处，因为郤氏对国家有功无过，而且他已经大权旁落。他想到的办法就是硬杀。一百年前他的高祖晋献公就是这样做的。这是个毁灭的办法，既毁灭国家也毁灭他自己。家族势力是分封制度造成的。家族势力强大主要是因为家族的领袖有杰出的品格和才能,并且在为国君服务中功勋卓著。家族的领袖越有能力,对国家的贡献越大,自己的地位就越高,家族的势力就越强大。不改变分封制度,家族势力的发展是无法避免的。晋献公是大权在握的强势君主。他屠杀同姓家族的做法虽然凶残野蛮,却使晋国的政治跳出了家族和血缘的小圈子。此后晋国分封的是功臣,而不是子弟,所以晋国迅速强大起来。但是因为分封制度没有改变,晋献公灭掉同姓家族也只是让异姓家族发展了起来。这些异姓家族是靠着能力和功勋,和晋国的强大同步发展起来的。晋景公灭了赵家,到了他的儿子晋厉公的时候,郤家又被看作对君权的威胁。晋厉公杀掉了郤家,栾家也会成为出头的椽子。栾家果然是在二十年后被杀灭的。如果用杀的办法,那就要一茬接一茬地去杀。而这些被杀的人都是国家的栋梁,是对国家贡献最大的能臣和功臣,或者是他们的后代,杀害他们就是在残害国家。即使国君能够做到不断地杀,过若干年就杀一次,这也只能是把国家拖到恶性的自我毁灭道路上去。

厉公这样做也是在自我毁灭。郤氏家族的军力足以攻打齐国。如果采取主动,完全可以捕杀厉公。他们却既不反抗,也不设防,也不逃跑。他们这样做是出于对国君的忠诚,谨守为臣的本分。郤至在战场上对敌国的君主都恭敬地执臣礼。就是这种忠诚和臣节使他们像被麻痹了一样,在国君杀来的时候,想不出任何对策,甚至不想保护自己。他们轻易被杀也是因为他们不理解,不相信厉公会做这样的蠢事。厉公做的是一件多重悖理的事情。他能够杀郤氏,只是因为郤氏对国君忠诚。这种忠诚其实是国君最好的防护。所以他能杀的恰恰是他不应该杀的。他的屠刀一旦落下,这种忠诚和臣节就此不复存在。他像个打家劫舍的匪类一样去杀害大臣,这样做也使自己不成其为国君,使自己和大臣们进入了战争状态。以后他不但不再能去杀大臣,而且会被大臣们以其人之道反制。他在杀灭郤氏十天之后自己就被杀了。他要维护国君的权力,却只是加速了自己的灭亡和君权的衰落。这样的后果,郤至在事变之前都说得清清楚楚。晋厉公是一个目光短浅,鲁莽灭裂,因为站在历史潮流的反面,不甘心被淘汰而蛮干滥杀的君主。他的被杀是晋国国内政争的一个转折点。史书上说晋国国君在和卿大夫们的斗争中从此落入下风。

华夏和蛮夷

栾书和荀偃杀了厉公以后,派两位大臣去周王室迎接晋襄公的重孙姬周回国继位,他就是晋悼公。经过了一场宫廷内乱,鲁莽灭裂的国君和最强势的大家族同归于尽。栾书在担任中军主将期间阴谋灭掉了赵家和郤家,杀了厉公。他大概也是在这一年去世。为人行事比较厚道温和的韩厥继任中军主将。新国君和卿大夫之间、各大家族之间暂时进入平衡状态。晋国的内政稳定下来。

十几年后,楚共王去世。吴国趁着楚国国丧的机会攻打楚国,大败而归。它向晋国报告,请求晋国支持。晋国召集诸侯在吴国开大会。鄢陵之战以后,晋国虽然又夺回了霸权,但是因为内部在走向分裂,它对争夺霸权的战争开始感到力不从心了。它不想和楚国交战,也不想被吴国牵着鼻子走,于是晋国代表范宣子在会上指责吴国不该在楚国国丧的时候去打人家,说这样做不道德,拒绝了吴国的请求。这样的表态很伤害晋国的威信,也让盟国失望。执行这样的使命,范宣子心里不会愉快,又担心盟国离心,大概整天疑神疑鬼的,所以忽然对跟着他来开会的姜戎族首领驹支大发脾气。他说:"你过来,姜戎氏,从前秦国人驱赶你们戎族。你的祖父吾离披着草衣,蒙着荆棘,来投奔我们先君惠公。我们惠公也没有多少土地,但还是和你们分享。现在诸侯事奉我们的国君比以前怠慢了,就是因为你们对诸侯泄漏了什么话语。明早开会,你不要参加,你要是来就抓你。"

驹支回答说:"从前秦国人贪得我们的土地,依仗人多势众,把我们赶出家园。惠公看我们戎人是尧帝时四方诸侯的后代,不肯遗弃我们,赐给我们南部边境的土地。那里是狐狸居住,豺狼嗥叫的地方。我们戎人铲除荆棘,赶走狐狸豺狼,从此成为先君不侵犯也不背叛的臣民,至今没有过二心。殽之战的时候,晋军和戎军上下夹击,让秦军有来无回。就像捕鹿一样,晋军扳鹿角,戎军拽鹿腿,把鹿扳倒。以后我们戎族在每次战争中一如既往,配合晋军,为什么还要受指责?你们晋国军人的确有缺失,让诸侯疏远,却怪到我们头上。我们戎族衣服饮食都和你们华族不同,互不通往来,言语不能传达,怎么能破坏你们和诸侯的关系?不参加会,我也无所谓。"说完背诵了一首劝人不要相信谗言的诗《青蝇》,就退出了。范宣子向他道歉,请他参加诸侯的盟会。

这是春秋时期历史中的一个小小插曲,却非常珍贵。它让我们看到当时华夏族与四方蛮夷的关系,以及中华民族各族群融合发展过程的一个缩影。周朝和它的诸侯自称华夏,蛮夷戎狄是他们对四方民族的称呼:南方的称蛮,东方的称夷,西方的称戎,北方的称狄。蛮夷也是华夏民族对周边民族的统称。春秋刚开始的时候,蛮夷的力量很强大。周幽王被他们杀死,周朝被迫东迁,周朝的诸侯经常被蛮族侵犯,有的被灭亡。孔子形容当时的情况是野蛮民族南北夹击,"华夏之不绝如缕"。可是就在这以后的一百多年里,华夏族对除了楚国以外的蛮夷取得了压倒的优势。蛮夷建立的国家逐渐被消灭，它们的人民融入华夏。

姜戎族在两百多年前曾经大败周宣王的军队，应该是一支实力强大的戎族。到了驹支的时候，它是晋国"不侵不叛"的追随者，在晋国境内定居，其实已经成为晋国的属国。从剪除荆棘、驱逐野兽这些话来看，它可能已经在向农业生活方式转变。从驹支的言辞中我们可以看到原始部落人的纯朴、正直，也可以看到华夏族的良好教育。

春秋时期是族群大融合的时期。这个大融合的背景是农业生产的长足进步。铁器和牛耕的出现和普及带来了农业革命。这个革命可以和使工业从手工劳动进入机器生产的工业革命相比，它也为古代中国带来了一个和近代工业化一样的农业化浪潮。站在手持木制耒耜挖地翻土的农夫身边，拉着铁犁的耕牛大概就像刚问世时的拖拉机一样神气。我们可想而知它带来的生产上的进步和物质财富的增长有多么巨大，就可以理解为什么春秋战国时期的人谈到先王，往往会提到当年物质的匮乏，也就可以知道当时华夏文明对四方的蛮夷在经济上取得了多么巨大的优势，中原人的生活方式对蛮夷产生了多么强大的吸引力，和为什么孟子说"我只听说过华夏改变蛮夷，没听说过反过来改变的"。

中国大地上自远古以来生活着许多族群。到了周朝的时候，它们正处在从采集打猎、游牧，到农业的不同发展阶段上。周是比较早进入农业社会的族群。在周朝以后的中国，夷夏之别就是农业生活方式与其他生活方式的区别。随着农业文明的扩展，当基本生活方式的区别消失了，族群的区别就不再有意义，华夏和蛮夷的界限也就逐渐淡化和消失了。这实际上是一个进化的过程。当时的华夏正宗周人自己也是在周文王的爷爷古公的时候才开始放弃戎狄的生活习惯。秦国和楚国原来是戎和蛮，它们也是在向中原扩张争霸的过程中完成了从蛮夷向华夏的转变。华夏族是各族群逐渐融合而形成的。炎帝和黄帝，夏商周，都是不同的族群建立的朝代，但它们都被编入从炎帝和黄帝延续下来的世系中。这个世系就成为华夏族的世系。这些族群凭借自己创造的先进文化而成为华夏正宗，比如三皇五帝代表的那些远古时代的人类文明成就，商人的甲骨文和青铜冶炼，周人的农业和礼制。所以华夏族并不是血缘相同的种族，而是文化相同的人民。华夏和蛮夷的区别也不是种族的区别，而是"饮食衣服"的区别，也就是生活方式，或者说是文化的区别。华夏人最感到骄傲的是自己的礼义制度，这可以说是他们区别华夏和蛮夷的唯一标准。中原人看不起蛮夷，甚至说他们是禽兽，这是文化上的优越感造成的，又被社会进化造成的伦理上的差异强化。中国人其实没有种族观念，以种族形式表现出来的偏见其实是文化的偏见，或者说是生活方式的偏见。

崔杼和晏婴

齐顷公的儿子齐灵公在位的时候，齐国又一次被晋国打败。齐国虽然还是大国，但是在诸侯中地位大不如以前了。它的国内也越来越乱。齐灵公本来立了太子。后来他的宠妃请求立自己的儿子当太子。他答应了，把原来的太子打发得远远的。有大臣劝他说这样做恐怕不会有好结果。他不以为然，觉得这是自己可以随心所欲的事，说："在我而已。"到他病得要死的时候，大臣崔杼把原来的太子迎接回来继位。新国君庄公杀了灵公的宠妃和小太子。可是他当国君没过几年，自己也因为荒唐胡闹被崔杼杀了。

当初崔杼的家臣东郭偃的姐夫死了，崔杼去吊唁，看见东郭偃的姐姐、正在守寡服丧的棠姜很漂亮。崔杼的妻子已经去世，他和东郭偃商量，要娶他的姐姐。东郭偃说："这可不行，咱们是同姓。"古人很早就认识到了近亲通婚不利于繁衍后代。到了周朝，同姓不能结婚已经成为礼制的规定，甚至买妾也要考虑这个因素。《周礼》说："买妾不知其姓则卜之。"意思是买妾如果没法知道她姓什么，要用占卜来决定买还是不买。崔杼和东郭偃都是姜子牙的后代，都姓姜。东郭和崔是他们的氏。同一个祖先的人是同姓，但是时间久了后代会分出许多分支，分散在不同地方。这些分支往往用所在的地名，官名，或者职业名做自己分支的称号，这些就是氏。这些氏后来也变成了姓。最古老的姓不多，今天中国人的姓大都是由这些氏演变而来的。那个时代人们在决定大事时都要占卜，尤其是当有了疑虑的时候。崔杼占卜得到的结果是棠姜对丈夫不利。可是他执意要娶，就解释说："她是寡妇，凶兆已经应在她的亡夫身上了。"于是娶了棠姜。可是娶了以后，大祸真的接踵而来。

开始是齐庄公也迷恋上了姜氏，总去崔杼家和她通奸。崔杼很气愤，要杀庄公。有一天他说自己病了，没上朝。庄公来家探望，又趁机去缠姜氏。姜氏和崔杼从侧门躲出去。庄公没见到姜氏，心里感到失落，竟拍着堂屋前的柱子唱起情歌来。这时崔杼埋伏下的士兵冲出来。庄公逃到一个高台上，求士兵们不要杀自己，又说要见崔杼，要和他立盟约，发誓，许愿，士兵们都不答应。最后庄公只求他们让自己在宗庙里自杀，士兵们也不答应，说他们奉命来抓奸淫的人，别的都不知道。庄公只好爬墙逃跑，被箭射中大腿，掉在墙里被杀死。

崔杼杀了庄公以后，怕控制不住局面，一时杀气腾腾，要杀掉任何敢于反抗他的人。大臣晏婴就在这个时候赶到崔家门前。他的手下人问他:"你要去为国君死节吗?"他说:"我不去死。"手下人又问:"那你要逃亡吗?"他说:"我也不逃。"手下人说:"那就回家吧!"他说:"国君死在这里,怎么能回家? 大臣忠于的是社稷。君主为社稷而死,我就为他死。为社稷而逃亡,我就跟着他逃亡。如果他是为一己之私而死,我就没有这个义务了。"但是他认为自己有义务为死去的国君尽礼。等门开了,他进去趴在庄公的身上哭,表示哀悼以后就离开了。有人对崔杼说:"这个人一定得杀。"崔杼说:"老百姓敬重这个人,不杀他能得民心。"

崔杼立庄公的异母弟弟做国君,自己和庆封当相国。他让在国都的人都来宣誓效忠,誓词是:"谁不和崔氏庆氏一条心……"晏婴宣誓的时候说:"晏婴如果不和忠君利国的人一条心……"庆封要杀他,崔杼也没同意。

齐国的史官记录说:"崔杼弑君。"崔杼不想背这个恶名,让史官改写。史官不听,崔杼就杀了他,换一个史官来记录。那时候许多官职都是世袭家传,接任的是被杀史官的弟弟。他写的和哥哥一样,也被崔杼杀了。再来接任的史官是前两位史官的弟弟。他也这样写,也被杀了。最后来的是这三位史官的幼弟,他依然这样写,崔杼只好随他了。史书上说这时又有一位史家南史氏抱着竹简赶来。他是听说史官一家已被杀光了,准备来前仆后继的,听说如实记录了才回去。《左传》的作者记录这件事是想表明坚持真理、忠于职守的史官是杀不光的。这样的幼稚信心是那个时代的产物。春秋时期的政治文化和后世大不相同。崔杼和赵盾都是强势的执政者。赵盾对按照大道理让他蒙受恶名的史官只能兴叹。崔杼杀到三个就手软了。他也能保护晏婴那样的不依附自己的社稷之臣。能这样做,他自己也有社稷之臣的品格。有他们这样的执政,才会有前仆后继的史官。

崔杼接连立了两位国君,杀死一位国君,权势极大,可是他的毁灭就在这个时候降临了。姜氏嫁给崔杼以后,给他生了个儿子,叫崔明。崔杼立他当继承人,废掉自己和前妻的儿子崔成。姜氏过门时带来前夫的儿子棠无咎。崔杼让棠无咎和东郭偃一起掌管崔家的家务。崔成被废后要求去家里的封地退休。崔杼同意了,棠无咎和东郭偃却不同意,说那里是崔家宗庙所在地,只能归宗主,也就是崔家现在的继承人崔明。崔成和弟弟崔疆发怒,在家里造反,杀了棠无咎和东郭偃。崔杼跑去找庆封帮助。庆封表面上支持崔杼,心里却想取而代之。崔家的问题就是他的机会。当初他暗中鼓动崔杼的两个儿子杀棠无咎和东郭偃,说出了问题一定支持他们。现在他又对崔杼表示一定要帮他教训这两个儿子。他派亲信带兵去攻打崔家,杀了崔成和崔疆。姜氏上吊自杀，崔家的人口和财物被抢劫一空。庆封告诉崔杼他家的内乱已经被平定，派亲信驾车送他回家。崔杼到家一看，已经是家破人亡，只剩下孤零零自己，就上吊自杀了。

崔杼死后，庆封当了相国。两年后他就被几个大家族联手赶走，齐国的朝政稳定下来，晏婴当了相国。晏婴是管仲以后齐国最好的相国，曾经为灵公、庄公和景公三位国君服务。他生活节俭，工作努力。当相国以后，吃饭也不超过一个肉菜，夫人不穿丝绸。他在齐国内政混乱凶险的时期从政，能够正直地为人行事，靠的是出色的见识和很高的道德修养。国君的命令合理，他就照办，国君的命令不合理，他就权衡处理，在齐国和诸侯中很受敬重。

孔子称赞晏婴，说他善与人交，和人长久相处，能一直对人保持尊敬。有一次晏婴看见一个戴着破帽子背柴的人在路边休息。他觉得这个人气度不凡，就上前问他是谁，为什么在这里。那个人说自己叫越石父，在这里给人当奴仆。晏婴问他为什么要给人当奴仆，当多久了。他说因为饥寒所迫，当三年了。晏婴解下一匹拉车的马把他赎出来。到家后，他没跟越石父打招呼就自己进屋了。过了一会儿，越石父说要走，不想再见他了。晏婴很吃惊，整顿好衣帽出来见他，说："即便我有什么过错，到底也救了你。你为什么这么快就不想理我了？"越石父说："拿我当奴仆的人不了解我，所以我也不在意他们怎么待我。你为我赎身，我认为你了解我，却也像那些人一样待我，那你还不如他们呢！你还是把我卖了吧！"晏婴马上道歉，用对上客的礼节待他。一般人帮助了别人，难免对别人轻率，甚至傲慢。这是俗人的常态。像晏婴这样，对人有恩德，依然谦恭有礼，这才是君子的风度。

晏婴的谦恭也影响到他身边的人。他的车夫给他驾车出门的时候，坐在大顶盖的马车上，赶着四匹大马，洋洋得意。有一天车夫回家，他的妻子提出要回娘家，不跟他过了。他问为什么。妻子说："晏婴身高不满六尺，是齐国的宰相，天下知名。你给他赶车从门前经过，我从门缝里偷看，看见他是一副谦恭下人、行止若思的样子。再看你，身高八尺，给别人当仆人，却那样骄傲得意。我觉得太丢人了，不想跟你这样浅薄的人一起生活。"以后车夫再出门赶车时态度完全变了，再也不神气活现了。晏婴注意到了，觉得奇怪，问他。听他讲了原委，晏婴认为他能认识到自己的浅薄和虚荣，能改过，有为官的品质，就推荐他做了大夫。

晏婴善于辞令，经常为齐国办外交。有一次他出使楚国。楚王听说他要来，对手下人说："晏先生是齐国有名的会说话的人。咱们想个什么办法，让他碰碰钉子，让齐国丢丢面子？"楚国人知道晏婴个子矮，在正门旁边开了一个低矮的小门,晏婴来了,请他从小门进去。晏婴说:"出使狗国的人走狗门。我来楚国,不该走这个门吧?"楚国的官员只好让他走正门。见到楚王,楚王问:"齐国没人啦?怎么派你当使者?"晏婴说:"齐国人口多极了,仅首都就有七千五百户。老百姓都把袖子展开就像天阴了,一齐挥汗就像下雨了。怎么能说齐国没人?我国派使者有个规矩。对方的国君贤明,就派贤明的人当使者。对方的国君不怎么样,就派不怎么样的人当使者。我是最差的,所以被派来楚国。"

楚王设宴招待晏婴,正喝着酒,两位官员押着一个犯人来见楚王。楚王问:"绑来的是什么人?犯了什么罪?"官员说:"是齐国人,犯了偷盗罪。"楚王说:"原来齐国人喜欢偷东西啊!"晏婴离开席位——这是为了表示恭敬和郑重,回答说:"我听说淮南的橘子树在淮南结橘子,移植到淮北就结枳。看起来还一样,味道却由甜变苦。为什么呢?因为水土不一样了。齐国人在齐国不偷盗,到了楚国就偷盗,这是不是楚国水土的缘故?"楚王笑了,说:"戏弄聪明人是不行的。我这是自讨没趣。"

齐庄公的女儿少姜嫁到晋国才几个月就去世了。当初被崔杼立为国君的齐景公派晏婴去晋国提亲,请晋平公再娶齐庄公的其他女儿续弦。晋国派本国德高望重,最知书达理的官员叔向接待。他们代表国君说的话都典雅得体。订完婚约,叔向陪晏婴赴宴。两个人都是各自国家最优秀的人才,在席上亲切深谈起来。叔向问:"齐国怎么样?"晏婴说:"进入末世了,齐国恐怕要变成田家的了。国君不爱护老百姓,把老百姓三分之二的收入拿走,自己仓库里的东西堆积腐烂,老百姓受冻挨饿。官府刑罚过度,市场上给受了刑,腿脚残废的人穿的鞋,价钱卖得比正常人穿的鞋还贵。田家用各种实惠收买人心。人民都拥护田家,人心已经不可逆转了。"叔向说:"晋国的公室也到末世了。老百姓贫困,上层越来越奢侈,路上到处可以看见有人饿死。权力掌握在各家大夫手里,国君地位衰落,也没办法振作起来,靠享乐逃避现实。这样还能维持到什么时候呢?"晏婴问:"那你打算怎么办呢?"叔向说:"公室就像大树的主干,它要灭亡,我们这些枝叶会先凋零。我的宗族原来有十一个分支。现在就剩下我们羊舌家这一支了。我能得善终已经要算幸运。哪敢指望死后还有人祭祀!"他们两个人对自己的家和国的前景都看得很清楚。叔向十二年后去世,不久他的家族被灭。一百多年后,晋国被三家大夫瓜分,姜姓的齐国也变成了田姓的齐国。

子产和邓析

在城濮之战以后的一个世纪里，最痛苦的国家就是郑国。它是小国，位置在中原，夹在晋国和楚国中间，是这两个大国争霸的焦点。郑国人必须把两边都应付好才能生存，可是这两个大国都要求它只能服从自己，只承认自己是霸主。它被迫和一个结盟，另一个就来打它。而且晋国和楚国为了避免直接交战，通常是一个走了，另一个再来，让郑国兵连祸结。谁来打它，它就得向谁屈服。两个大国已经让他们穷于应付，而更让他们为难的是怎么对神交代。结盟时要杀牲口，把血涂在嘴唇上，对神说出忠于对方的誓词。有时候郑国一年之内轮番被这两个大国攻打，刚发完一个誓，又要发相反的誓。对神这样不守信用，这比得罪晋国和楚国问题还严重。郑国再委曲求全，在这件事上也得抗争。

有一次郑国和晋国会盟。晋国大夫先说誓词："从今天订立盟约以后，郑国如果不是只服从晋国的命令，而有二心，神一定惩罚它。"接着郑国执政大臣宣誓："从今天订立盟约以后，郑国如果不服从那个有礼的，强大的，能保护郑国百姓的国家的命令，神一定惩罚它。"晋国大夫一听马上喊："不行，这个誓词得改。"郑国的执政大臣说："誓词已经对神说出了，要是刚说了就能改，那我们对大国也就可以随意背叛了。"晋国人听了无话可说，只得接受。可是又不甘心，过了一个月又来打郑国。接着楚国人打来，郑国人又要和楚国人会盟。有的大夫担心说："这样做怎么行啊？我们和晋国盟誓的时候涂在嘴上的血还没干呢！"执政大臣说："我们当初的誓词是服从强者。现在楚国军队打来了，晋国人不来救，那楚国人就是强者。所以我们并没有违背誓言。"郑国人就是用这样的办法建立起"唯强是从"的外交原则。

郑国的外交难办，内政也很棘手。国君没有权威，朝政被郑穆公的七个儿子的家族把持着。这七个家族被称为"七穆"。它们是兄弟关系，可是互相也不团结。每家管着政府的一个部门，互相也不协调，甚至为了一点儿无谓的小事也会争斗攻杀，有时把国君和执政大臣也杀了。

郑穆公的儿子郑灵公在位的时候，有一次大臣子家和子公一起上朝，子公说："今天上朝有好东西吃。"子家问："你怎么知道的？"子公说："我的食指在动。以前每次它动，都吃到美味，很灵。"到了灵公那里，他们看见厨师正在切楚国送来的甲鱼，两个人笑起来。灵公问他们为什么发笑，子家说了缘故。甲鱼做好了，灵公分发给大臣们，也叫子公来，却偏不给他。子公发怒了，跑过去把食指伸在鼎里一沾,尝过就走了。郑灵公也发怒了,要杀子公。子公和子家先下手把他杀了。

几十年后郑简公在位的时候,大臣伯有要公子黑出使楚国。公子黑说:"楚国正恨郑国,派我去岂不是等于杀我!"伯有逼他去,说:"你家世代管外交,你不去派谁去?"公子黑就带家兵攻打伯有,其他家族也参加进来。两边打来打去,最后伯有被杀。伯有死后,执政的子皮让位给子产,请他担任执政。子产也是郑国国君的后代,出身于"七穆"之一。他很有见识和学问,年轻的时候就被国内外公认为郑国的希望,这时已经担任卿的职务十多年了。他推辞说:"国家小,夹在大国中间。家族大,又都有势力。我怕治理不好。"子皮说:"我率领所有人服从你,谁敢不听话? 你只管好好发挥自己的才能吧!"

子产执政的时候,郑国的国际环境已经好转。晋国和楚国内部的问题越来越严重。晋国主政大臣们的内斗由宫廷政争和家族火并向内战发展,国君控制不了他们,反而被他们控制,国家在走向分裂。它原来的盟国齐国已经不愿意服从,需要经常敲打。秦国站在楚国一边,牵制了晋国。楚国受到吴国的严重威胁,陷入两面受敌的困境。两个大国都对争霸力不从心了。这时由宋国撮合,两个大国和服从它们的小国一起开和平大会,规定晋楚两国都是霸主,小国向两国都进贡。秦国和齐国与两位霸主地位相等,不用向谁进贡。这样战争就大大地减少了。但是郑国在大国之间周旋仍然是很困难的事。

子产执政后,改革制度,为国家兴利除弊,引起一些人不满。他们编歌谣说:"算我的家产税,收我的田地税,谁要杀子产? 我助力一臂。"乡校是郑国人休闲聚会的地方,人们在那里免不了议论时政,大概有不少非议子产的声音。大臣然明对子产说:"毁掉乡校吧?"子产说:"为什么? 人们工作后去那里休息交游,议论对时政的看法。他们认为好的,我就实行。他们不喜欢的,我就改正,像我的老师一样,怎么能毁掉? 我只听说用诚恳和善意来化解怨恨,没听说过用威势来防范压制怨恨。威压当然能马上让人住口。但这就像堵塞江河一样。大水决口,不但伤人多,而且没法挽救。不如让水自然地流动,不如我听到了意见随时改正。"然明说:"今天我算知道你是国家可以仰赖的人了。是我没见识。如果你照这样做,整个国家都有依靠了,岂止我们几位大臣。"子产开始执政的时候,孔子还不到十岁。后来他听到了这件事,说:"有人说子产不仁,我不相信。"

子产在执政的第七年铸造刑鼎,就是把法律条文刻印在大鼎上公之于众。这是中国历史上的一个划时代的重大创举,标志着中国法律的诞生。这一年是公元前 536 年。中国以前也有刑律,但都藏在官府里,不公开,所以还不能叫法律。子产在中国历史上第一个公布了成文法。这件事对传统观念冲击很大。晋国的叔向给子产写信说："开始我对你执政很放心，现在彻底失望了。先王判案都是就事论事，酌情办理。不制定刑法，就是怕老百姓争。老百姓知道了法律，就不把尊长当回事了，就不顾礼义，只用刑书作依据，争来辩去，那就没法治理国家了。夏商周都是到了末世才制定刑法。我听说国家将要灭亡的时候，一定制度繁多。说的就是你的郑国吧！看来郑国在你这辈子就要完了。"子产回信说："我无能，只能救当世，考虑不了那么长远了。没法按你的意见去做，但不会忘记你赐教的恩惠。"

过了二十几年，晋国执政的赵简子和中行家的荀寅向晋国老百姓征收四百八十斤铁，也铸了一个刑鼎，上面刻着范宣子制定的刑法。孔子也像叔向一样批评说："晋国要亡国了吧！遵守祖宗传下来的制度，老百姓才能尊敬在上的人。公布了刑法，老百姓都拿它当依据，还怎么尊敬贵人。贵贱没有次序，还怎么治国？"

《左传》记载了某个史官对这件事的评论，他说：范家、中行家恐怕要灭亡了吧！赵家也参与了，是不得已，如果修德或许可以避免灭亡。从后来这三家的结局看，这是非常准确的预言。《左传》是儒家根据鲁国的国史《春秋》编写的史书。其中有许多这样的预言，讲有德和失德，守礼和非礼的因果。但它们更像是事后的附会。《左传》记录下不少中国历史上的里程碑事件，而它对这些事件的评语通常都是负面的。比如它记录了公元前594年鲁国"初税亩"。这是中国古代政府征收土地税最早的记录。因为征收上地税的前提是土地私有化，所以这个记录对研究中国古代私有财产和土地制度，乃至整个社会发展有非常重要的意义。这件事是历史的重大进步，而《左传》在记录它时评论说："非礼也。"

叔向说的先王判案方式是家长治家的方式，一切由家长说了算。家长做决定不需要依据什么客观规定，也不需要向谁负责，解释。他说谁有罪没罪全凭自己的判断，想怎么惩罚全凭自己的心情。贵族们要维护的就是这样的权威。这就像企业录用人只能由负责人任意决定一样，即使有录取条件，也不能作为规定公之于众，不然他们做的决定就可能引起争议，他们的权威就受到限制。事实是随着时代的进步，社会利益的分化、社会关系的复杂化，家长的权威已经降低，这种治国方式行不通了，社会和政府才需要制定出人们都同意遵守的规则，作为行使权力的依据，一方面防止滥用权力；另一方面防止因为无章可循，发生分歧争执无法解决而使国家陷入混乱和瘫痪状态。这个争论和近代关于专制与立宪的争论实质上是一回事。正是因为先王的制度失效,社会和政府才出现乱象,才需要改革,才需要法治。可是儒家不这样看。有了问题,它只知道怪人不遵守制度,说每个人都遵守制度就不会出问题。这是儒家思想方法的最大缺陷,所以它看不到制度本身的问题,所以喜欢守旧。

其实子产的脑袋里装的也是孔子、叔向他们说的那一套东西。他对礼制、古代掌故的知识非常渊博,在诸侯间有"博物君子"的令名。他自己也是贵族,但他是执政的人,在执政中能看到问题,能直接感觉到社会和时代的需要。而且他是一位优秀的政治家,他说过"天道远,人道迩""众怒难犯,专欲难成"。这些都是中国古代政治文化中最著名的格言。他能说出这样的话表明他知道民意的重要,知道执政的人不能被迷信或者狭隘集团的利益和价值观念左右,要对整个社会负责任,所以能够认识到并且勇于去从事社会和时代需要的改革。抱残守缺的叔向和孔子在这点上远远不能和他相比。铸刑鼎是为了满足社会对法治的需要。以法治国需要让所有人都知道法律,以规范老百姓和官员的行为。但这样就限制了贵族的家长式权威。我们从叔向和孔子的话里可以看到这正是他们反对铸刑鼎的主要原因。他们认为公布了法律,老百姓就可以据理和任何有身份的人力争,这样尊卑贵贱的区别就被破坏了。礼的作用就是区分尊卑贵贱。它和法的平等精神冲突。叔向和子产的通信就是法和礼、新旧制度冲突的体现。这个冲突是此后延续了五百多年的社会制度和意识形态冲突的主线。

子产是中国历史上第一个把法律铸在鼎上公之于众的人。郑国还有比他更激进的人物。这个人叫邓析,是郑国的大夫。他认为子产制定的刑法还不够好,也不请示国君,自己写出一套刑法,教给老百姓用。因为他的法是刻在竹简上,所以叫《竹刑》。邓析非常聪明,专做让子产为难的事。郑国许多老百姓喜欢写了意见张挂出来,子产下令禁止张挂,邓析就教人传阅。子产下令不许传阅,他又想出别的办法传播。子产下什么禁令,他都能钻空子。史书上说他没有是非,可以把对的说成错的,也可以把错的说成对的,既可以正着说,也可以反着说,立场说变就变,怎么说怎么有理,谁也驳不倒。他收费帮老百姓打官司,大案子收一件长衣,小案子收一条短裤。老百姓送衣服跟他学辩护的不计其数。和邓析同时的孔子也收学费,也是有教无类,不管是谁,只要交十条干肉就教他。可是邓析的做法却引起极大争议,因为他的"无类"是没有是非和立场。有个富人在河里淹死了,尸体被某人捞起来,要很多钱才让赎。死者的家人去找邓析当法律顾问。邓析说:"别担心,不卖给你,他能卖给谁?你不买看他怎么办!"要卖死尸的人为难了,也去找邓析,邓析也不管他的做法对不对,照样给他当顾问,说:"别担心,不跟你买,他上哪儿买去?"《吕氏春秋》说他的这些做法弄得"郑国大乱,民口讙哗"。这时子产已经去世二十多年了,执政的子然杀了邓析,却把他写的《竹刑》当正式法律施行了。

邓析的遭遇有普遍性。之所以会发生这样的悲剧,一个很重要的原因是古人不了解自己思想的有限性。真理、原则都有限度、范围。越过限度,超出范围,就变成谬误。但一般人生活在常识的世界里,有固定的信念,看不到自己的观念的限度、范围,也没有这个需要。辩证的方法会全面检验他们的观念,特别是他们的定义和前提,揭示其局限。比如人相信偷窃是错的。但是为了防止绝望中的朋友自杀,把他的武器偷走,这是对还是错呢?这样的提问会让人发现自己相信和坚持的原则里竟包含着自己不能接受的结论,他不得不承认偷窃不一定是坏事,或者被迫重新给偷窃下定义,但很可能怎样定义也不能满意了。用同样的方法也可以让人承认诚实和许多被人肯定的品质不一定是好事。这是非常令人沮丧的。他会感到本来简单的道理被弄复杂了,本来明白的事被弄糊涂了,本来正确的被说成错误了,或者不那样确定了。他会感到茫然,会产生挫折感,甚至气愤,尤其是当他想到该怎样去教育孩子,想到社会没有了明确是非的后果。

破坏了别人的信念,混淆了是非,这已经够可恶了。邓析还"操两可之说,"也就是怎么说都行,愿意说谁对就说谁对,把是非根本不当一回事。这种两边讲理的做法在古人眼中就和两边下注一样,是没有原则和立场,是投机,是骗子的行径。更可恶的是邓析这样做是为了赚两边的钱,原告被告通吃。古人不懂得两边讲理其实是弄清真相的方法。辩论中出真理,也出真相。就像下棋,最佳的着法是双方都动脑子计算的结果。好的棋手要能站在对方的立场上计算。让双方把自己的理都充分讲出来才有利于弄清真相,也使法律更严谨,判决更得当。站在哪一方就帮助哪一方找到并讲清楚他的理,这样做是律师的职责。邓析其实是中国的第一位律师。当然这样做会增加定罪的难度,也使官员们难以不顾真相,糊涂办案,但受益的是法律和正义。

"操两可之说"还不算,邓析还"设无穷之辞",也就是怎么说怎么有理,谁也驳不倒。这实在是因为他太聪明了,遇不到对手。但在世人的想象中这是很可怕的,他们会觉得真理的末日到了。因为如果似是而非的歪理横行,谁都拿它没办法,社会上就没有是非,也没有诚实了。老百姓都站出来讲歪理,不说实话,吵吵嚷嚷的,官员们也不知道应该根据什么做决定,社会就乱了。这就是在执政者眼里当时郑国发生的情况,所以他们认为邓析是扰乱社会的祸害,非杀不可。

邓析的做法在法治社会里是很普通,很正常的。但当时的中国离法治社会太遥远了。他在公元前501年被杀。一百五十年后才有商鞅变法。比商鞅更晚的荀子,先秦时代最有科学头脑的思想家,仍然谴责邓析"不法先王,不是礼义"。中国人还要在有限的世界里,或者说在不需要看到自己的观念的有限性的世界里生活很多世纪。就像每天过着日出而作,日入而息,凿井而饮,耕田而食的生活,不需要去考虑日心说的可能性一样。太阳东升西落的现象足够他们安排生活了。他们不能理解也不能容忍已经对此感到好奇的人,不能让自己的头脑中存在对真理的怀疑。虽然如此,邓析被杀主要还是因为执政者的个人品质有问题。即使代表正统观念的《左传》也认为杀他是不应该的,是执政者对国家不负责任。《左传》说:如果邓析的法律对国家有益,就可以不去计较他的"邪"。

楚国的内乱

楚庄王在位二十三年,这是楚国最强盛的时期。他在邲之战六年后去世,他的儿子楚共王继位。楚国的国势开始下降。后来楚国在鄢陵战败,十几年后楚共王临死时,为自己打了败仗内疚,要求大臣们给他定一个坏谥号,比如叫灵王或者厉王。大臣们不同意,给他定为共王。楚共王死后,楚国也发生了郑庄公和齐桓公死后郑国和齐国那样的内乱,从此走上衰落的不归路。

楚国没有周朝那样的嫡长继承制度。楚共王有五个儿子,每个都喜欢,不知道立谁好,于是请神帮助。他把一块玉璧给神庙里供奉的山川诸神看过,说:"请神在这五个儿子里选择主持社稷的人。谁参拜时正对着这块玉璧,他就是神指定的人。"他把玉璧埋在神庙里,然后让五个儿子依次进去参拜。先进去的四个儿子或者完全不着边,或者是位置偏了一些。年龄最小的公子弃疾是被人抱进去的,两次下拜都正好压在玉璧的位置上。可是楚共王后来并没有遵照神意,还是立了长子当继承人。这可能是楚国的继承制度在中原文化影响下演变的一个标志。楚共王死后,长子继位,他就是楚康王。楚康王死后,他的儿子继位。楚康王的弟弟公子围是令尹。他杀了哥哥康王的儿子和孙子,自己当了国王,他就是楚灵王。后来他的三个弟弟又趁他在外的时候,杀了他的太子,老三当国王,老四当令尹,老五当司马。

楚灵王不得人心,再加上他的弟弟们通告他的部下,说楚国已经有新国王了,离开他就可以保住地位和家产,于是他的手下一哄而散。楚灵王走投无路,一个人在山里逃亡,几乎饿死。后来一位忠于他的大臣找到他,接他到家里。没过多久他就自杀了。这位大臣埋葬了他,用两个女儿为他殉葬。可是外面没有人知道楚灵王死了,仍然害怕他回来争王位。五个兄弟里最小的公子弃疾心眼最多。他故意在京城里制造恐慌,派手下人夜里到处喊:"国王回来了!"引起城里骚动。他又派人去告诉两个哥哥:"国王回来了,要杀你们。乱民已经杀了司马,马上就要到这里了,你们自己了断吧,没有活路了。"两个哥哥就自杀了,公子弃疾当了国王,他就是楚平王。他杀了一个囚犯,给他穿上国王的衣服,冒充楚灵王,漂在汉水里,然后捞上来埋掉,让国人安心。

楚平王继位的第二年,派大臣费无忌去秦国为太子建迎娶新娘。费无忌看到新娘非常漂亮,想讨好平王,就先跑回去告诉平王这个新娘绝美。平王就自己娶了她,给太子另娶一个。五年后,太子二十岁了,平王派他去城父镇守楚国的北疆。太子有两个师傅,一个是伍奢,是伍举的后代,另一个就是费无忌。费无忌本来在太子那里就不受信任,这次又得罪了太子,于是离开太子去给平王工作。他怕将来太子继位后会和自己算账,就总在平王跟前说太子的坏话。他说:"自从我把秦国新娘推荐给大王,太子就怨恨上我了。他也不可能不怨恨大王,大王应该留心。太子在外面带兵,结交诸侯,很快就要来抢您的王位了。"平王把伍奢叫来责问。伍奢知道是费无忌在挑拨,对平王说:"大王为什么要让小人离间自己的骨肉呢?"费无忌说:"大王不马上行动,一定会后悔的。"平王就把伍奢关起来,派守城父的将军去杀太子。这位将军偷偷派人先去通知太子,太子就逃到了宋国。

费无忌对平王说:"伍奢有两个儿子,不杀掉一定会成为楚国的祸患。让伍奢叫他们,他们一定会回来。"平王对伍奢说:"你把两个儿子叫回来就让你活命,不然就杀了你。"伍奢说:"我的大儿子伍尚心地善良,爱惜名誉,听说回来能救父亲的命,会不顾一切地回来。二儿子伍子胥有智谋,性格坚忍,知道是骗局,一定不会回来。"平王派使者去告诉这兄弟俩:"回来就不杀你们的父亲。"伍尚对弟弟说:"我知道回去是死路一条,可是做儿子的知道能救父亲的命,不去救反而逃跑,这会让天下人笑话。所以我一定要回去。你逃走吧,将来靠你为父亲和我报仇。"伍尚让使者把自己抓起来。伍子胥张弓搭箭,瞄准使者。使者不敢接近,伍子胥就逃掉了。伍尚被抓回去,马上就和父亲一起被杀了。

伍子胥听说太子建在宋国,也去了宋国。宋国发生内乱,他跟太子建逃到郑国,然后又去晋国。晋顷公对太子建说:"郑国信任你。你要是能回郑国给我当内应,我攻下郑国就立你当国君。"于是太子建回到郑国。郑定公和子产发现了这个阴谋,杀了太子建。伍子胥带着太子建的儿子往吴国逃跑。到了楚国和吴国交界的昭关,他们被发现了。楚国守关的士兵在后面追,伍子胥带着孩子在前面跑。跑到一条江边,眼看要被追上了,一个渔夫看见了,马上让他们上船,渡他们过江。伍子胥把身上佩戴的宝剑解下来,说:"这口剑价值百金,送给你吧!"渔夫不接受,说:"楚国悬赏五万石粮食和大夫爵位抓你,值百金的剑算什么!"伍子胥继续往吴国走,在路上病了,走不动了,也没有钱,只好要饭,好不容易到了吴国。

吴国的崛起

吴国也是南方的国家,在楚国的东面,今天的江浙一带。吴国的祖先是周文王的大伯父。周文王的父亲季历是小儿子。他的父亲古公认为季历的品德和能力最出色,而且有一个非常了不起的儿子,想把王位传给季历,再通过他传给他的儿子,就是后来的周文王。季历的大哥和二哥知道了父亲的心思,主动让贤,跑到南方蛮荒的地方,放弃了中原人的服装打扮,学当地人剪短头发,在皮肤上刺花纹,让父亲知道他们再也不回去的决心。当地有上千家老百姓依附他们,于是建立了吴国,老大被称为吴太伯。儒家最推崇让,最鄙视争。吴太伯把国都让了,所以被儒家奉为道德的最高典范。吴太伯死后老二继位,以后就一代一代地传下去。到了第五代的时候,周武王消灭了商朝。他把建立了吴国的这一支族人封在两个地方,一支在中原,就是后来被晋献公用借道计谋消灭的虞国。另一支在原地,就是吴国。从吴太伯算起的第十九代国君叫寿梦,他在位时吴国强大起来,开始称王,他就是吴王寿梦。吴国没有谥号制度,所以它的国王都称名。

吴国和楚国一样,最初被中原国家看作南方的野蛮人。它的经济和文化都比中原国家落后。后来因为几个有才能的楚国人跑到吴国来,带来先进的文化,它才迅速地发展起来。这几个楚国人跑到吴国来是出于同一个原因,那就是对楚国的恨。最早跑来帮助吴国发展的是原来楚国的大夫巫臣。他对楚国的仇恨要从他的妻子夏姬说起。

当初楚庄王占领陈国时,巫臣劝他不要娶夏姬,后来又劝他让夏姬回郑国。不久庄王去世,他的儿子楚共王继位。楚共王想联合齐国对抗晋国,派巫臣出使齐国。巫臣走的时候把家产都带上。办完事,回来的路上先到郑国,让副手把齐国回赠的礼物带回楚国,向楚共王复命。自己留下,向郑国国君请求,娶了夏姬。他本来打算带着夏姬逃到齐国。可是齐国刚在鞌之战中被晋国打败。巫臣说:"我不去打败仗的国家。"就去了晋国。晋国封他做大夫。

消息传到楚国,楚共王认为巫臣为了得到夏姬而叛逃固然不对,但他在楚庄王手下工作时对国家还是忠心尽力的,所以不打算和他为难。可是令尹子重和司马子反恨透了巫臣。子反是为上了巫臣的当,没娶到夏姬,反倒让巫臣娶走了。子重则是为了巫臣曾经阻止他得到封地。楚庄王在世的时候,有一次楚国和宋国打仗。子重觉得自己功劳大,向庄王请求把申和吕两个县的土地赏给他。庄王本来同意了,可是巫臣对庄王说:"国家设这两个县是为了让它们给国家提供人力、物力和财力,支撑北部的边防。要是把这两个县的土地赏给子重,成了子重的私产,土地上的收入就不归国家了,这两个县就等于不存在了,那样晋国和郑国的势力就要到达汉水一线了。"于是庄王反悔了。子重和子反是楚共王的叔叔,掌握着楚国的军政大权。他们为泄私愤,用巫臣叛国当借口,杀光了巫臣的族人和夏姬前夫的家,瓜分了他们的家产。

巫臣给子重和子反写信说:"你们邪恶贪婪,滥用权力,杀害无辜,我一定要让你们得到报应。"他想出的打击楚国的办法是去扶持楚国东南方的邻国吴国,让楚国腹背受敌。这的确是打中了楚国要害的计谋。巫臣向晋景公请求出使吴国。吴国的国君寿梦很欢迎他,愿意和晋国交往。巫臣带去三十辆兵车,把十五辆兵车连同射手和车夫一起留给吴国,教吴国人使用兵车和战阵。他还留下自己的儿子,让他负责吴国和中原各国的联络。吴国军队现代化以后,征服了周围依附于楚国的部落,成为强国,开始和楚国发生冲突。楚国从此陷入两面作战的困境。

伍子胥来到吴国的时候,吴王寿梦去世已经四十年了,执政的是他的孙子吴王僚。寿梦有四个儿子。他死后,王位传给长子,以后兄弟相传。可是老三死后,老四季札不肯继承王位。于是国人立老三的儿子当国王,他就是吴王僚。公子光是老大的儿子。他认为如果最小的叔叔不肯当国王,王位应该转回长子家,他才是正宗的继承人。伍子胥对吴王僚说攻打楚国的好处。公子光对吴王僚说:"伍子胥为了给他的父兄报仇,所以这样劝我们。其实没有好处。"伍子胥看出公子光在国内另有企图,顾不上国外的事,就把一位勇士专诸介绍给他。自己带着太子建的儿子到边境乡间去种地,耐心等待。

六年后,楚平王死了,他和当年那个秦国新娘生的孩子继承了王位。吴王僚趁这个机会派两个弟弟带兵进攻楚国。可是吴军被楚军切断了后路,退不回来了。公子光认为动手的时机到了。他和专诸商量说:"王位本来应该是我的。我想把它夺回来。现在就是时机。这样做当然很危险,可天下的事就是这样,如果不追求,能得到什么呢?"专诸说:"军队困在楚国回不来,国王在国内没有可以依靠的人,现在动手可以成功。我只担心母亲年老,儿子还小。"公子光说:"我和你是一个人。你的家就是我的家。"两个人商量好暗杀计划。公子光在自己家的地洞里埋伏下武士,然后请吴王僚来家里赴宴。吴王僚也是戒备森严,在从王宫到公子光家的道路两旁,公子光家的门里门外,阶下台上,屋子里,座席旁,都布满卫士,还有手持利剑的卫士贴身站立。上菜的人到了屋门口要先换衣服,然后被两个卫士夹着,剑锋抵在身上,跪着把菜送进去。公子光陪吴王僚喝了一会儿酒,说脚有病离席,躲进地洞里。这时专诸假扮仆人,端着一盘烤鱼送进来。他跪在案前上菜时,猛然拔出藏在鱼肚子里的匕首刺向吴王僚。几乎就在他的匕首刺进吴王僚胸膛的同时,他的胸膛也被两旁卫士的利剑刺穿了。吴王僚一死,他的部下就乱了,被公子光埋伏下的武士消灭。公子光自立为国王,他就是吴王阖庐。

吴王阖庐封专诸的儿子做大官,又请伍子胥来,和他一起商量国家大事。这时楚国又杀了大臣伯郤宛一家,他的儿子伯嚭逃到吴国,吴王封他当大夫。伯嚭的祖父伯州犁原来是晋国人,他在父亲伯宗被杀后逃到楚国。楚康王的时候,楚国攻打郑国。县长穿封戌俘虏了一个郑国将军。公子围,就是后来的楚灵王,硬说是他抓的。这个争执由伯州犁裁决,他说那就问问俘虏自己吧!他把手指向上指着公子围说:"这一位是我们国君的尊贵的弟弟。"又把手指向下指着穿封戌说:"这个人是方城外县长。你说究竟是谁抓住你的?"于是俘虏说是公子围。史书上称伯州犁的动作是"上下其手"。从伯嚭后来的表现看,他有祖父之风。

这时有一个名叫孙武的齐国人也来到吴国。他写了一本兵法书,就是后来著名的《孙子兵法》,来献给吴王阖庐。吴王对他说:"你写的十三篇兵法我都看了。你能示范给我看吗?用一支小部队?"孙武说:"可以。"吴王又问:"用妇人呢?"孙武说:"可以。"于是吴王从后宫选出一百八十名宫女,让孙武在校场训练,自己坐在旁边的高台上看热闹。孙武把这些女孩子分为两队,任命吴王最宠爱的两个妃子作队长,发给她们兵器,然后给她们讲解命令,示范动作。讲了好几遍,讲清楚后,击鼓发令。女孩子们一听到鼓声都笑得东倒西歪。孙武说:"要求不清楚,命令不熟悉,这是将军的过错。"他又三番五次地讲解示范。然后再次击鼓发令,女孩子们又大笑起来。孙武说:"命令解释清楚了,不照着执行,这是下面军官的过错。"他下令把两个队长斩首。吴王在台上看见要杀他最宠爱的两个妃子,急坏了,忙派人去对孙武说:"我已经知道将军会用兵了。没有这两个妃子,我吃饭都不香。请你饶了她们吧!"孙武说:"大王已经任命我为将军,把军队交给我。兵法说:将在军中,可以选择不接受国君的命令。"他把两个当队长的妃子杀了,又任命了两个队长。再击鼓发令时,女孩子们个个严肃认真,动作准确。孙武派人报告吴王说:"军队已经训练好了,请大王下来检阅吧!大王要这支军队赴汤蹈火,它都可以做到。"吴王说:"请将军去住处休息吧!我不想看了。"

吴王阖闾在位三年后开始进攻楚国,先取得了一些边境战争的胜利,夺占了楚国的一些土地。到了第九年,他和伍子胥,孙武率领全国的军队大举进攻,五战五胜,攻下了楚国的都城。伍子胥要报仇,可是楚平王早已经死了。他一死,楚国人就把费无忌杀了,因为他们也恨费无忌,恨他害了太子建,害得伍奢父子和伯郤宛被杀,逼得伍子胥和伯嚭逃到吴国去和楚国为敌,让楚国内忧外患不断。楚昭王逃到随国。吴国军队追去,要求随国人交出楚王。随国人占卜的结果是交出去不吉利,拒绝了。伍子胥实在是恨极了,没处报仇,就挖开楚平王的坟,把他的尸体拖出来,打了三百皮鞭才住手。他的老朋友申包胥派人来谴责他:"你这样报仇太过分了吧?你原来也是他的臣子,现在他是死人了,你还要打,真是伤天害理到家了。"伍子胥对来人说:"请你代我向申包胥道歉,告诉他,我就像一个旅途上的行人,天要黑了,道路还遥远,所以倒行逆施了。"申包胥跑到秦国去求救。秦国不肯出兵。申包胥站在秦国的朝廷上,一连哭了七天七夜,哭得秦国国君心软了,说:"楚国虽然无道,但是有这样忠心的大臣,怎么能不救呢?"于是派五百辆兵车去楚国,打败了吴军。这时吴王阖庐的弟弟趁他在楚国打仗的时候在国内自立为王,吴王急忙从楚国撤军,回去平定内乱。楚昭王回国后,怕吴国再打来,就把首都迁走了。

卧薪尝胆

就像在楚国的背后有一个吴国一样,在吴国的背后也有一个越国。越国在吴国的南方。两国都在长江东南,与其他国家相对隔绝。吴王阖庐打败楚国几年以后,听说越国国王死了,就趁机去攻打越国。越国新国王勾践看见吴国军队布阵严整,很难攻击。他想出一个奇异的战法,派罪犯在两军阵前站成三行集体自杀,趁吴国士兵光顾了看热闹的时候突然袭击,打败了吴军。阖庐也中箭受伤,很快就死了。他的儿子夫差继位以后,派人站在院子里,每次出来进去时都让他问自己:"你忘记勾践杀死你父亲了吗?"然后回答:"不敢忘记。"勾践听说了,心想不能坐等夫差准备好了来打自己,就出兵攻打吴国。夫差集结全国的精兵迎战,把越国打得大败。勾践逃回都城会稽,被吴国军队围困起来。

勾践手下有两个很能干的大臣,一个叫范蠡,长于谋略;另一个叫文种,长于治理。勾践和他们商量对策。范蠡说:"按照现在这个形势,咱们只能说好话,送厚礼,什么屈辱的条件都得接受。只要能求和就行。"勾践派文种去见夫差。文种跪着爬进营帐,磕头,说:"大王的还没有归顺的臣子勾践派部下文种谦卑地向您的手下报告,勾践请求自己做您的臣子,把妻子送给您做仆人。"伍子胥不同意讲和,夫差就没答应。文种回去一报告,勾践就要杀掉妻子和孩子,烧光宫殿里的珍宝,然后冲到吴军中战死。文种说:"咱们还有希望。吴国的太宰伯嚭是个贪婪的人,可以用利益引诱,让他在吴王跟前帮咱们说话。"勾践准备了一批美女和珍宝,让文种偷偷献给伯嚭。伯嚭接受了礼物,带文种去见吴王。

文种趴在地上给吴王磕头,说:"求大王饶恕勾践的罪过。勾践愿意把越国的珍宝都献给大王。如果不幸得不到饶恕,勾践要杀掉全家,烧光珍宝,带领剩下的五千残兵战斗到死。"伯嚭对夫差说:"自古以来讨伐别的国家,要它顺服而已。勾践已经臣服了,我们还要求什么?而且宽待他对吴国也更有利。逼得他来拼命,恶战一场下来,即便杀了他,我们也什么都得不到,还会有很大损失。"夫差被说服了,但是伍子胥不同意,他说:"吴国和越国共处在三江环绕的同一个地域里,是天然的敌国。有吴国就不能有越国,有越国就不能有吴国。我们打下中原的国家,对我们没有用处,因为我们不能住在旱地上,不能乘他们的车子。而消灭了越国,我们能住它的水乡,乘它的船,这是吴国真正能得到的利益。另外勾践能吃苦,文种和范蠡很能干,将来一定会成为吴国的祸患。今天放过他们,将来会后悔都来不及的。"夫差一继位就任命伯嚭当太宰,显然更信任他,于是决定跟越国讲和。伍子胥对手下人说:"越国用十年生育积聚,十年训练教育,二十年后,吴国的宫殿就要变为荒沼了。"

勾践到吴国给夫差当了三年奴仆才被放回来。他对国人说:"我不自量力,给老百姓带来灾难,这是我的过错。今后我要改正。"他把苦胆放在座席上,不时去尝它的苦味,一边问自己:"你忘记自己蒙受的耻辱了吗?"要报仇首先要让国家有力量,为此首先要增加人口。他制定法令,禁止年老的人和年轻的人结婚。女子到十七岁,男子到二十岁还没结婚,他们的父母有罪。妇女生产时,政府派医生帮助。生男孩政府奖励两壶酒,一条狗;生女孩奖励两壶酒,一头猪。生三胞胎,政府提供奶妈,生双胞胎,政府供给食物。家里的嫡子死了,免除三年的徭役,庶子死了,免除三个月的徭役。勾践亲自耕作,妻子纺织,只吃自己种出的粮食,只穿妻子做的衣服,不吃肉,不穿彩色的衣服,睡在柴草上。政府帮助贫困的家庭,不向人民征税。十年下来,老百姓家里都有了够吃三年的余粮,都愿意为国王效力。勾践觉得报仇的时机到了。大夫逢同劝他说:"国家刚从战败中恢复过来。现在富裕了,一搞军备,吴国马上会警惕,就会来找麻烦。我们应该像鹰一样,在攻击猎物之前先隐藏好自己的身体。现在吴国和齐国晋国争当诸侯的领袖,又和楚国越国有深仇,表面上威震天下,实际上处境很危险。我们的策略应该是结交齐国、晋国和楚国,谦卑地讨好吴国,支持它和三个大国争霸。夫差既得意又好高骛远,会轻于向中原用兵。我们等到吴国力量耗尽了再动手,就一定能消灭它。"勾践就继续忍耐,同时把国家治理得更好。

楚国的一些大臣看到夫差到处打胜仗,以为他比他父亲还厉害,担心他会来攻打楚国。令尹子西说:"你们还是关心自己的团结吧!不用担心吴国了。阖庐在位的时候,吃饭只有一个菜,坐卧只铺一张席。房子不建在高台上,用具不装饰花纹,处处节省。有了天灾,亲自查看照顾。有了食物和士兵共享,让士兵先吃了自己才吃。因为他和人民同甘共苦,所以人民跟着他不怕牺牲,也不怕劳苦。楚国当年执政的大夫和阖庐的做法正相反,所以被打败了。现在夫差住的是楼台园林,外出哪怕只有一天也要把玩乐的东西都带着。喜欢聚敛奇珍异宝,心思都在享乐上,不知道爱惜人民,反而日益加重他们的负担。这样的人自己先把自己打败了,哪儿还能威胁到咱们?"

两年后,夫差要去攻打齐国。勾践来朝见,给吴王和大臣们送上厚礼,还送来支援战争的物资。吴国人都很高兴,只有伍子胥说:"这是在培养吴国的骄狂。"他劝夫差说:"我听说勾践和老百姓同甘共苦。这个人不死,一定会成为吴国的祸患。越国对于吴国,就像是一个人内脏里的疾病。齐国只是皮肤上的疮和癣。希望大王先对付越国,再考虑齐国。"夫差不听,出兵攻打齐国,打了个大胜仗,俘虏了好几个将军,八百辆兵车,砍了三千甲兵的头。回国后他问伍子胥怎么样。伍子胥说:"请大王不要得意。"夫差听了更生气。这时候越国来借粮食,伍子胥不同意借,夫差又没听他的话。他派伍子胥去齐国办事。伍子胥对儿子说:"大王总不听劝告,我已经看到吴国的灭亡了。你没必要跟着它灭亡。"他带儿子去齐国,把他委托给齐国的一位大臣,自己一个人回吴国。

伯嚭总为了越国的事和伍子胥争论。他探听到这件事,就去对夫差说:"伍子胥看着忠厚,实际上是个残忍的人。他连父亲和哥哥死都可以不顾,怎么能忠于大王?上次大王要打齐国,他反对。大王打了大胜仗回来,他不向大王认错,反而更怨恨大王了。大王得防备这个人。我派人暗中监视他,发现这次他去齐国办事,把儿子委托给齐国人了。他心怀怨恨,又里通外国,大王应该及早采取措施。"夫差派人拿着宝剑去见伍子胥,告诉他:"你就用它死吧!"伍子胥仰天长叹,说:"明明是伯嚭在误国,却要杀我。"他告诉手下人:"我死后,你们把我的眼睛挖出来悬挂在城门上,让我亲眼看着越国军队进城。"说完就自杀了。夫差听到伍子胥临死时说的这番话,大怒,把他的尸体装进皮口袋,扔到江里。

勾践问范蠡:"夫差已经杀了伍子胥。现在他手下尽是些只会巴结讨好的人。咱们可以动手了吗?"范蠡说:"还不行,条件还没有完全具备。我们现在需要做的还是增强自己,等待时机。"又过了四年,夫差率领精兵北上去和诸侯会盟,谋求霸主地位,留下太子看家。勾践趁机攻打吴国,俘虏了吴国太子。夫差正在和诸侯开会,他杀了报信的人,封锁消息,开完会派人送厚礼给越国,要求讲和。越国估计自己还没有能力消灭吴国,就讲和撤兵了。

四年后,越国又来攻打吴国。吴国的精锐都死在和晋国与齐国的争霸战争中,国库空虚,人民疲困,所以被越国打得大败。越国军队把吴国围困了三年,吴军溃败了。夫差带着一些身边的人和宝物逃到他当年为了娱乐修建的姑苏台上,派大夫公孙雄去求和。公孙雄脱光上衣,跪着爬到勾践面前,说:"大王的孤臣夫差当年得罪过大王,但是他不敢违背天命,所以跟大王讲和。今天大王来讨伐他,他愿意服从您的任何命令,请大王饶恕他的罪过,赐给吴国和平。"勾践有点儿犹豫。范蠡说:"当年上天把越国赐给吴国,吴国不拿去。如今上天把吴国赐给越国,越国能违背天意吗? 大王起早贪黑地工作,不就是为了消灭吴国吗? 怎么能把二十二年辛苦经营出来的事业一个早上就放弃掉呢? 再说天道循环,好运气不会总在你这一边,机会是不会再来的。上天赐给的机会,如果不抓住,就会反过来受到惩罚。吴国不就是眼前的榜样吗?"勾践说:"那我怎么面对使者呢?"范蠡就去对公孙雄说:"大王已经把权力交给我了。你回去吧! 不然就要得罪你了。"说完击鼓进兵。公孙雄哭着回去了。勾践还想给夫差一条出路。他派人去对夫差说:"我可以把你安置在一个海岛上当国王,给你一百户臣民。"夫差辞谢说:"我已经老了,不能为大王服务了。"自杀前他把脸蒙上,说:"我没脸去地下见伍子胥。"勾践埋葬了夫差,杀了投降的伯嚭,因为他对吴国不忠,然后率军北上,在徐州和齐国,晋国等诸侯会盟,向周天子进贡,接受周天子的册封,正式成为诸侯。各国都来祝贺,把越国当作南方的霸主。

范蠡在回师的路上溜了,没有回越国。他给勾践留下一封告辞的信,说:"我听说:君担忧,臣就应该辛劳;君受辱,臣就应该死节;这是为臣的义务。当初大王受辱的时候我没有去死,那是为了复仇。现在成功了,我应该领受当年的处罚了。"他也给文种写了一封信,说:"飞得高的鸟被射光了,良弓就要被收藏起来;狡猾的兔子被捉光了,猎狗就要被猎人煮了吃掉。勾践这个人可以和人共患难,但是不能跟人共享成功。你怎么不走呢?"范蠡说出的不仅是他对勾践个人品格的认识,也是对君主的认识。成功以后,君主就把人才和功臣看作威胁了。文种看了信也有同感,就推说有病不上朝了。这时有人说他要作乱,勾践派人赐给他宝剑,说:"你教给我七条打败吴国的计策,我只用了三条就成功了。剩下的四条,请你带到地下教先王们用吧!"文种只得自杀。范蠡把自己用兵的智慧用到经商上面,成为一个成功的商人。

三家分晋

晋国在重耳死后不到一百年间,狐家、先家、赵家、郤家和栾家都陆续被灭。赵家的一支后来死灰复燃。栾家是在栾书的孙子那一代被灭的,距离郤家被灭也是二十来年。接着被灭的是祁家和羊舌家。这两个家族都是国君家族的分支,势力都不大,家长也不是三军的将佐。这时家族被灭已经和国君要维护君权没有关系了,就是大家族之间赤裸裸的火并。各大家族抓到机会就互相攻杀,扩大自己的地盘。祁家的两个家臣淫乱,家长祁盈要抓他们治罪。有人劝他,说现在国内坏人当道,形势险恶,最好别生事。祁盈认为这是祁家内部的事情,和别人没有关系,把他们抓起来。被抓的家臣向大家族智家求救。智家是荀家的一个分支,这时的家长是智文子。他报告国君,把祁盈抓起来杀了。羊舌家的家长杨食我和祁盈是朋友,帮助祁家,于是作为同党一起被杀。

杨食我是叔向的儿子。当年叔向要娶亲的时候,母亲要他娶自己娘家的女孩。叔向说:"当初我父亲就是从他的舅舅家娶妾,结果我的庶母多,而庶兄弟却稀少。可见和表姐妹结婚不利于生育后代。我们是不是应该接受教训?"他要娶的是巫臣和夏姬的女儿。母亲说:"夏姬死了三个丈夫,让一位国君和一个儿子被杀,让一个国家覆灭,两位卿大夫流亡。和这样的人结亲,你难道不应该小心一点儿吗?她是郑穆公的女儿,郑灵公的妹妹。郑灵公早死,没有留下后代。上天把美丽都集中到她一个人身上。我听说异常的美丽一定会带来异常的厄运。夏桀、商纣和周幽这三位国王,都是遇到了这种绝美的女人,自己被杀,国家也灭亡了。还有献公娶了骊姬,害得太子申生自杀,国家陷入内乱。这样的女人能够让男人神魂颠倒。一个男人如果不是非常有德,娶了她们一定会给自己和家族带来灾难。"叔向听了很害怕,不想娶夏姬的女儿了。可是国君一定要他娶,只得娶了。夏姬的女儿给叔向生了一个儿子,就是杨食我。杨食我刚生下来的时候,叔向的嫂子跑去向婆婆报告说:"叔叔家生了个男孩。"叔向的母亲过去看,走到堂前听到婴儿的哭声,掉头就往回走,说:"这是豺狼的声音。让羊舌家灭亡的人不是他,就没有别人了。"后来羊舌家果然在杨食我的手里灭亡了。古人把绝美的女子叫尤物,认为她们不祥,会带来国破家亡的灾难。这是古人的偏见,但他们有太多的理由相信它。

祁家和羊舌家被灭以后,晋国还剩下赵家、魏家、韩家、智家、中行家和范家这六个大家族。祁家和羊舌家的封地被划分成十个县,名义上归了国君。可是六大家族派他们的人到这十个县当大夫,所以实际上它们还是成为六大家族的势力。大臣们的势力因此更强了,国君也就更弱了。十几年后,剩下的这六个大家族又打起来。这一次是赵家内部出问题引起的。赵家这时的家长是赵武的孙子赵鞅,史书上称他赵简子。三年前他攻打卫国的时候,卫国贡献给他五百户人家。他把它们寄存在邯郸的一个本家赵午那里。现在他兴建的晋阳城完工了,要把这五百户人家迁去。赵午答应了,可是他的家族不同意给。赵简子就把赵午抓起来杀了,于是赵午的儿子造反了。国君晋定公派军队包围邯郸。赵午是中行家的外甥,中行家和范家是亲家。这两家都站在赵午家一边,暗中准备要攻打赵简子。赵简子的家臣董安于知道了,劝赵简子先动手。赵简子说:"国君有命令,谁先作乱就杀谁。我们不能先动手。"过了不久,范家和中行家果然出兵攻打赵家。赵简子逃到自己的根据地晋阳。晋定公认为赵简子也有罪,因为他不请示国君就杀了赵午,引起这场动乱,所以也派军队去攻打晋阳。

赵家和范家、中行家打起来了。另外三家大夫,智家、韩家和魏家在一起密谋,想趁这个机会消灭范家和中行家。他们对晋定公说:"当初您和大臣们立下盟约,规定谁先作乱就杀谁。那份盟约被沉到黄河里,已经请河伯做了见证。如今三家作乱,只讨伐赵家,这不公平,应该连那两家也一起讨伐。"晋定公同意了,这三家就打着国君的旗号去攻打范家和中行家。范家和中行家看到国君派人来打自己,就要去攻打国君。从齐国逃来的大夫高疆劝他们说:"俗话说,一个人要是骨折过三次,自己也就能当医生了。所以请你们听我的话,我就是因为当初攻打我的国君才逃亡到晋国来的。你们不要学我,因为那样做不得人心。那三家大夫并不团结,都可以消灭掉。把他们消灭了,国君还能听谁的?要是先去攻打国君,反而让他们占住理,抱成团了。"这两家不听劝,果然被打败,只好逃亡。

韩家和魏家为赵简子求情,晋定公赦免赵简子,让他回来。智家不甘心就这样放过赵家。智文子问赵简子:"范家和中行家谋反的事是董安于挑起来的。那两家受惩罚了,董安于怎么没事?"董安于是赵简子手下最有本事的家臣。智家要借除掉董安于来削弱赵家。赵简子知道,但是他没法和智家对抗,因为他的主要敌人范家和中行家还没被消灭。董安于为了让赵家渡过这个难关自杀了,这样智家就无话可说了。赵简子安顿好了内部,就出兵去攻打范家和中行家。打了几年仗,把他们据守的几个城市一个接一个都打下来,最后把他们赶出了晋国。

赵简子有许多儿子。有一天郑国的一位名叫姑布子卿的相士来拜访他。这个人看相非常有名,曾经给孔子看过相。孔子以后的儒家大师荀子在书里也提到过他,说世上的人相信,姑布子卿看一个人的长相就可以知道这个人的祸福吉凶。赵简子把儿子们都叫出来,请姑布子卿给他们相面。姑布子卿看完了说:"没有一个是当将军的料。"赵简子很失望,说:"那赵家岂不是要亡了吗?"姑布子卿说:"我进来的时候看见路边有个小男孩在玩耍,那也是你的儿子吧?"赵简子就把那个叫无恤、长得很丑的儿子找来。姑布子卿一看见他就站起身来,说:"这孩子真是个将军。"赵简子说:"怎么可能呢? 他的母亲只是个低贱的狄国奴隶。"姑布子卿说:"上天属意的人,虽然贱也会贵的。"于是赵简子就把无恤和其他儿子放在一起考察,发现他确实比其他儿子都强,就废了太子,立他当太子。后来赵简子死了,无恤继位,他就是赵襄子。他当了赵家家长以后,的确表现出有主见,又能忍耐,能识大体,也能不择手段的品质。

无恤当太子的时候,有一次跟着主将——智家的家长智伯出兵攻打郑国。在一起吃饭的时候,智伯喝醉了,逼他喝酒,拿酒往他身上倒。他的家臣气得要和智伯拼命。他不让,说:"父亲立我当太子就是因为我能忍辱。"还有 次他跟着智伯去打郑国。攻打城门的时候,智伯对他说:"你攻进去。"他说:"主将在这儿呢。"意思是让智伯自己打头阵。智伯气坏了,骂他:"你长得丑,胆子又小,赵家为什么挑你当太子?"他说:"因为我能忍辱,这对赵家并没有坏处啊!"就这样软中有硬地对付智伯,智伯也拿他没办法。

赵家领地的北边有一个狄人建立的代国,兼并它能够大大增强赵家的实力。赵简子活着的时候就打它的主意。无恤的姐姐是代国的王后。无恤给父亲办完丧事不久,邀请姐夫代王赴宴。为了消除代王的戒心,他把宴会地点设在靠近代国的夏屋山上,说好大家上山赴宴都不带兵器。在宴席上他指使斟酒的侍者们用长柄铜勺当兵器袭击代王,把代王和随从们都打死,然后出兵占领了代国。赵家得到一大片土地。他的姐姐哭天喊地地自杀了。

自周朝以后,中国的继承制度最重视嫡庶之别。只有正妻生的嫡子才是名正言顺的继承人。妾生的庶子在没有嫡子的情况下才能被考虑。赵家的正妻往往是大国的公主。而赵襄子的母亲只是个狄国的女奴,可能连妾的身份都没有。所以赵襄子虽然当了家长,却不让自己的儿子,而让被父亲赵简子废掉的、原来太子的儿子继承自己,当赵家的家长。这是顾全大局的做法,有利于赵家的内部团结。他这样做也是明智。他能当赵家的家长完全是靠自己的杰出才能和晋国的险恶形势。儿子没有这样的才能和机遇,让他坐在这个位子上反而害了他。

晋国一直是几个势力最大的家族轮流担任执政。这时最强的家族是赵家和智家。赵简子死后,执政权轮到智家。智家的首领智伯领着另外三家大夫把原来范家和中行家的土地都私分了。国君晋出公气坏了,要请齐国和鲁国来帮他打这四家大夫。四家大夫知道了马上出兵攻打出公。出公只好往齐国逃跑,死在路上。虽然智伯又立了一个国君,但是晋国从此名存实亡了。

智家在瓜分范家和中行家的土地时得到最大的一份,成为四家大夫中势力最强的。智伯又开始打剩下的三家大夫的主意。他说为了晋国恢复霸业,每家要交出一百里土地,用这些土地上的收入来供给战争。实际上这些土地都被交到他手上,这是他蚕食其他三家的办法。韩家和魏家不敢得罪智家,交出了土地。赵襄子不给,智伯就带领韩家和魏家攻打赵家。因为寡不敌众,赵襄子也像父亲当年那样,退到晋阳固守。

晋阳城是赵简子派董安于修建的,目的就是要让赵家在内战中有一个可靠的根据地。它的城墙修筑得高大坚固。城里宫殿和官署的建筑用铜做柱子,墙里塞满适宜做箭杆的材料。危急的时候,这些建房材料都可以拆下来制造守城的兵器。接替董安于治理晋阳的是尹铎。他去上任前问赵简子:"你希望晋阳给你提供的是租税,还是安全呢?"赵简子说:"是安全。"尹铎因此知道赵简子要他把晋阳建成一个牢不可破的要塞。他认为要建设这样的要塞,老百姓的支持比高大坚固的城墙、充足的武器和粮食储备还重要,所以他把争取人心当作工作重点。他用少算户口的办法减轻晋阳的赋税,使晋阳的老百姓都死心塌地地拥护赵家。晋阳就是这样被董安于和尹铎建设成赵家的坚固堡垒。所以赵简子在世的时候嘱咐过赵襄子,将来赵家有难,一定要去晋阳,不要嫌它远,也不要看尹铎年轻。

智伯带着三家的军队在晋阳城下围攻了三个月,打不下来。他想出一个好办法:把附近的晋河水引过来灌晋阳城。河水越涨越高,城里的房子都被水淹了,人住在房顶上,做饭时要把锅吊起来,粮食也没有了,人心开始动摇。智伯站在高处观看,心里很高兴,说:"我才知道原来水是攻城的利器。"可是站在他身边的韩魏两家的家长却笑不出来,因为他们的都城也建在大河旁边。他们只是因为害怕智家才跟着来打赵家,知道如果赵家被灭掉,接着就该轮到他们了。而他们两家就更对付不了智家了。智伯的一位谋士也看出了他们的心思,对智伯说:"晋阳马上就要攻下来了,可是这两个人看起来却没有一点儿高兴的样子。他们一定是在为自己的将来担心,咱们得提防他们叛变。"智伯觉得晋阳城眼看就要陷落,大局已定,就没在意。

晋阳城里,赵襄子也知道自己要守不住了,而且看到部下中有的人对他已经不像以前那样恭敬了,心里也很紧张。他和谋士张孟谈想出最后一招。张孟谈夜里偷偷出城去见韩家和魏家的家长,劝他们和赵家联合攻打智家。这两个人早就有这个心了,三家一拍即合。趁智伯没有防备,三家军队突然攻击,杀了智伯。三家瓜分了智家的土地。赵襄子太恨智伯了,把他的头颅漆成喝酒的容器。后来这三家大夫又把国君剩下的那点儿土地也给分了。他们给周天子送礼,请求周天子授予他们诸侯的身份。周天子也识时务,同意了。只要国君们还在意诸侯的名分,周朝就没有亡,周天子也能感觉到自己存在的价值。晋国从此正式分为赵国、韩国和魏国三个国家。这一年是公元前403年。

三家分晋在中国历史上标志着春秋时期结束和战国时期开始。春秋时期天下大乱,但是这乱中有清楚的规律和走向。经过频繁纷乱的政变和战争,分封制建立的空头统治者几乎都被消灭,通过官僚组织实际控制着土地和人民的实力派统治者胜出。这些实力派统治者又经过大吃小,强并弱,最后归于一统。这就是战国时期历史的内容了。

第四章

战国的故事

魏文侯和吴起

三家分晋以后,中国虽然还有十几个国家,但是强大的只有齐、楚、秦、韩、赵、魏、燕这七个。它们被称为战国七雄。周天子还在,可是他的地盘很小,也没人听他的。这七个大国都是靠兼并发展起来的,现在他们开始互相兼并了。因为国家大了,战争的规模也就大了。为了应付这样的战争,每个国家都想方设法要使自己强大。使国家强大有两个主要办法:一个是吸引人才;另一个是改革没有效率的制度,那时候叫变法。开始在这方面做得最成功的是魏国的魏文侯。魏文侯的祖父是和赵襄子一起灭掉智家的魏桓子。魏文侯继承了祖父的君位,魏国是他在位的时候正式成为诸侯的。如果说郑庄公是第一个春秋人物,那么魏文侯就是第一个战国人物,因为他的作为最早、最鲜明地体现了这个时代的主题,那就是变法和兼并扩张。

春秋时期,各国执政和带兵的几乎都是本国的贵族,往往就是国君的兄弟叔伯。这样的制度很容易引起内乱,而且不利于吸引人才。魏文侯打破这个用人的局限,他选拔重用的人几乎都是平民出身,有的还是别的国家的人。这些人中,丞相李悝和将军吴起对魏国的富强贡献最大。李悝制定出一套方法提高农业生产效率。他首创平籴法,让国家在丰年买进粮食,灾荒年时卖出。用这样的方法来控制粮食价格的波动,使它在丰收时不会暴跌,歉收时也不会飞涨,既保护了生产粮食的农民,也保护了买粮食的消费者。这成为以后历朝历代的重要制度。李悝对中国法律的发展也有重大贡献。他综合当时各国的法律编写了一部《法经》,对各种罪行和处置的程序与办法都做出明文规定。这部《法经》对当时各国的法律影响很大,后来商鞅就是带着它去秦国变法。

国家要强大不仅需要治理好内部,还需要扩张领土。魏国的北面是赵国,南面是韩国,西面和秦国隔着一条黄河,东面和齐国接壤。魏文侯决定与赵国和韩国和平相处,向西面扩张领土。他的丞相李悝把吴起介绍给他。吴起是卫国人,家里很有钱。他到处求官做没成功,把千金的家产都败光了。乡里的人都笑话他。他发怒杀了三十多个讥笑他的人,离开卫国。和母亲告别时,他咬着胳膊发誓说:"我要是当不上卿相就不回卫国。"他去跟孔子的学生曾子学习。不久母亲去世,他也不回家奔丧。这是最不孝的行为。儒家认为对父母的孝顺是一切道德的根本,不孝顺父母的人在世人眼里都不如禽兽,于是曾子和他断绝师生关系。吴起去鲁国,学习兵法为鲁国工作。齐国派兵来打鲁国,鲁国国君要任命吴起当将军迎战。有人对国君说吴起的妻子是齐国人,不可靠。吴起听说后杀了妻子,表明自己和齐国没有关系,于是当上了将军。他率领军队打了个大胜仗,可是又有人对国君说:吴起这个人心太狠,就想当官,什么残忍的事都干得出来,用这样的人太危险。而且鲁国是小国,打了胜仗有什么好处?只会招惹大国派更多的军队来,那鲁国就要亡国了。再说鲁国和卫国是兄弟之国,也不该用一个卫国的罪人。鲁国国君就辞退了吴起。

吴起听说魏文侯是个有见识和进取心的君主,就去魏国求职。魏文侯问李悝:"吴起是个什么样的人?"李悝说:"吴起贪财好色,可是用兵打仗,古代最好的将军也比不过他。"于是魏文侯用吴起当将军。吴起在军队中,和最下级的士兵吃一样的饭,穿一样的衣服,睡觉不铺席子,行军不骑马,像士兵一样亲自背粮食,和士兵分担劳苦。有一个士兵身上长了疮,吴起用嘴把脓吸出来。这个士兵的母亲听说后哭了。别人说:"你的儿子是个士兵,将军这样爱护他,你为什么哭?"这位母亲说:"当年吴将军也是这样待我丈夫,我丈夫打起仗来连命都不顾,战死了。现在他又这样待我儿子,我担心儿子也要战死了,所以哭。"吴起这样带兵,他的军队自然很团结而且有斗志,加上他又有无与伦比的指挥才能,所以打起仗来所向无敌。他为魏国夺取了黄河西岸秦国的一大片土地,建立了西河郡。魏文侯就派他在那里镇守,压制秦国。

魏文侯向东方扩张的目标是中山国。他派乐羊当将军去攻打。乐羊可能就是中山国人,他的儿子乐舒这时正在中山国做官。他率领魏军围困中山国的都城三年。中山国王把乐舒抓起来,威胁乐羊,要他退兵。乐羊不退兵,中山国王就杀了乐舒,用他的肉做成肉汤,给乐羊送去。乐羊把肉汤喝了,继续围攻,终于把中山国打了下来。他回国后,魏文侯欢迎他,赏赐他,额外还送给他两个箱子。他带回家打开一看,都是他在中山国打仗的这三年里,大臣们给魏文侯写的报告,说他对魏国不忠,为了保护儿子不肯进攻,要求撤换他,等等。乐羊看了非常感动,第二天去见魏文侯,说:"我能攻下中山国,全靠您的信任。所以那不是我的功劳,而是您的功劳。"

　　魏国在东方设立邺县。这个地方很穷,有一条漳河,年年发水灾。魏文侯派西门豹去治理。西门豹到了邺县,找当地父老谈话,问他们老百姓有什么困难和问题。父老们说:"我们老百姓最苦恼的事情就是每年要给漳河的河伯娶媳妇,求他不要发水灾。地方上的官员们用这件事当借口,每年向老百姓征收几百万钱,花掉二三十万办娶亲的事,其余的都被他们和巫婆们装进腰包。巫婆们挨家查看,看见哪个姑娘长得好,就说:'这个女孩应该嫁给河伯。'就把人带走,给她梳洗打扮,换上漂亮衣服。他们在河上造一座木房子,装饰得漂漂亮亮的,放上酒食贡品,把新娘关在里面,然后把木房子推到河里漂走。房子漂上几十里路就沉了,巫婆就说新娘被河伯娶回家去了。有女孩的人家因为害怕都带着女儿逃跑了。城里的居民越来越少,老百姓也越来越穷。"西门豹说:"下一次给河伯娶亲,你们告诉我,我要亲自去送亲。"

　　到了那一天,西门豹来到河边。当地的官吏、巫婆,还有地方上的头面人物三老都在场,围观的老百姓也有两三千人。巫婆是一个七十来岁的老太太,她身后站着十几个女徒弟。西门豹说:"带新娘过来,我看看漂亮不漂亮。"下边的人把那个女孩子带过来。西门豹说:"这个姑娘不够漂亮。麻烦老巫师到河伯那里去报告一下,等我另找一个漂亮的新娘,改日给他送去。"说完命令手下人把老巫婆抱起来扔进河里,然后就恭恭敬敬地站在河边等候。等了一会儿,西门豹说:"巫师怎么去了这么久还不回来?让她的徒弟去催催吧!"手下人把老巫婆的一个徒弟也扔进河里。又恭候了一会儿,西门豹说:"怎么年轻人也这么慢?再派一个去催催!"这样一连把三个女徒弟扔进河里。又等了一阵儿,西门豹说:"女人家不会办事,请三位先生去催催吧!"让手下人把三老也扔进河里。西门豹继续恭敬地站在河边等候。在场的官吏和巫婆们都吓坏了。又过了一会儿,西门豹看着他们,说:"巫师、三老都一去不回,那就再请两位官员去催催吧!"这些主办亲事的人都跪下使劲磕头,磕得头流血了也不敢停下来。西门豹说:"看样子河伯留客人的时间不会短,你们都回家吧!"这些人又惊慌,又害怕,从此再也没有人敢说为河伯娶亲的事了。西门豹征发当地老百姓挖了十二条水渠,引漳河水灌溉农田,把水患变成了水利。这个地方从此粮食年年丰收,老百姓的生活也富足起来。

　　依靠变法和重用人才,魏文侯把国土并不大的魏国变成了天下第一强国。他死后,他的儿子魏武侯继承他。魏武侯也很能干,可是在见识上不如父亲。有一次他去视察西河郡,吴起陪他乘船在黄河里顺流而下。魏武侯在河中看着周围壮丽而险要的河山,对吴起说:"这样的山河是魏国的国宝。"吴起说:"在德不在险。"意思是国家安全靠的是君主的德行,而不是河山的险要。他说:"如果国君失德,同船里的人都是敌人。"魏武侯称赞说:"讲得好。"

魏武侯的相国公叔担心吴起的功劳和本事都比自己大,会夺走自己的官位。他的仆人给他出了个鬼主意,让他去对魏武侯说:"魏国小,又紧挨着大强国秦国。吴起很有本事,恐怕不会安心待在魏国。"魏武侯问:"那怎么办呢?"公叔说:"您把公主嫁给他。他要是接受,那就是愿意留在魏国。如果不接受,可能就是有二心了。那样您就得多加小心。"

公叔先请吴起来家里做客。他的妻子是魏国公主。他让妻子当着吴起的面对自己发脾气大闹。吴起看到公主对当相国的丈夫都这样没礼貌,他哪儿还敢娶,就谢绝了提亲。于是魏武侯怀疑吴起对魏国不够忠诚。吴起知道国君不信任自己了,担心君主的猜疑会给自己带来灾祸,就去了楚国。

楚悼王早就听说吴起的大名,他一来就请他当相国,请他为楚国变法。变法的一个重要内容是改革用人制度。那时候国家和军队的重要职位都被贵族把持着。贵族们只凭着出身门第,没有才能,没有功劳,也可以当大官,世世代代被国家供养。吴起的改革是把贵族靠世袭得到的职位和俸禄夺过来,用于提拔和供养真正作战有功的人。这样一改革,楚国马上就有了生气,在南方平定了百越,向北兼并了陈国和蔡国,制止了韩国、赵国和魏国的攻势,攻打西方的秦国。可是就在这时候,楚悼王死了。那些受到吴起变法伤害的贵族们一窝蜂地拿起武器去杀吴起。吴起知道逃不掉了,就跑去趴在楚悼王的尸体下面。贵族们用箭射、枪刺,杀死了吴起,可是楚悼王的尸体也被他们的兵器击中。按照楚国的法律,伤害国王尸体的人要被灭族。太子继位后,卜令把这些人都治罪,杀了七十多家人。吴起在走投无路的时候还能设计惩罚杀害自己的人,可见他是多么机智。吴起死后,楚国的变法半途而废,国家越来越弱,受尽了外国的欺负。

魏武侯在位时,魏国开始走下坡路。他没有立太子。他死后,他的儿子公子䓨与公子缓争当国君,发生了内战。韩国和赵国看到这是个机会,联合出兵,打败了魏国,把公子䓨包围在都城里。赵国想杀了公子䓨,立公子缓当国君,从魏国割些土地就退兵。韩国认为不如立公子䓨和公子缓两个人都当国君,把魏国一分为二。这样魏国就变成两个和宋国、卫国一样的小国,就再也不能威胁它们了。赵国不同意,韩国就撤军了。赵国一看只剩下自己了,也撤了。公子䓨消灭了公子缓,当了国君。他就是魏惠王,因为后来他把国都从西边的安邑迁到东边的大梁,所以也被称为梁惠王。魏国侥幸没有亡国,可是国力大不如前。后人从中得出教训:国君去世前如果没有确立继承人,国家会发生内乱,有亡国的危险。所以历朝历代都把立太子当作对国家安全第一重要的大事。

吴起镇守西河郡的时候,秦国对魏国取守势,生怕吴起继续进攻,占领更多的秦国领土,甚至消灭秦国。吴起走后,攻守之势逆转,秦国开始不停地进攻,把黄河西岸的土地又夺了回去。这时魏国在东方也遇到麻烦。东方的大国齐国看到了变法的好处,也加入变法的行列,国力也强大起来。

齐威王和齐宣王

齐国本来是姜太公的封国。齐桓公的时候,陈国国君的儿子陈完避难跑到齐国来。齐桓公收留了他,给他官做。陈完到齐国以后改姓田。六七代以后,田家的势力越来越大,斗败了齐国原来的几个大家族,把持了朝政,把国君变成了傀儡。又过了几代,田家的家长田和当相国。他把国君齐康公迁到海岛上去,请魏文侯帮他向周天子请求,也受封当了诸侯,把姓姜的齐国正式变成了姓田的齐国。后来到了田和的孙子在位时,他连周朝的诸侯也不当了,自己称王。他就是齐威王。

齐威王刚继位的时候,把国事都交给大臣,自己什么都不管。国家因此衰弱下去。不但韩国、赵国、魏国,甚至连鲁国和卫国都来进攻,抢齐国的土地。这样过了九年,有一天,齐威王把即墨大夫叫来,说:"自从你去了即墨,每天有人对我说你的坏话。可是我派人去即墨视察,看见田地都开垦了,老百姓生活富足,官府里也没有拖拉不办的事情。地方上很平安。可见你不但工作好,品德也好,不巴结讨好我身边的人,让他们替你说好话。"他又把阿大夫叫过来,说:"自从你去了阿,每天有人对我说你的好话。可是我派人去阿视察,田地没有开垦,人民生活贫困,赵国和卫国来侵略,你不去救,还隐瞒不报告。可见你的功夫都用在买通我身边的人,让他们替你说好话,骗取虚假的名誉上了。"他下令封即墨大夫一万家,把阿大夫和曾经帮他说好话的人都扔到锅里煮了。这一下齐国上下震动,人人都努力工作,没有人敢弄虚作假了。

齐威王任命邹忌当相国。邹忌是美男子。可是他觉得自己不如住在北门的一位徐先生。他问妻子:"我和北门徐公谁更漂亮?"妻子说:"当然是你更漂亮,北门徐公怎么比得上你?"北门徐公是齐国有名的美男子,邹忌不敢相信,又去问妾。妾和妻子说的一样。邹忌听了,半信半疑。这时候有一位朋友到家里来,想跟他借钱。他又问这个朋友。朋友说:"那还用说,您比北门徐公漂亮多了。"过了没几天,北门徐公来拜访。他看着北门徐公,又偷着去照了几次镜子,怎么看怎么觉得自己不如。客人走后,他就沉思起来:这是怎么回事?

明明北门徐公比我漂亮。那为什么妻、妾，朋友都说我比他漂亮呢？想着想着他就想明白了。

　　第二天他去见齐威王，给他讲这个故事。齐威王觉得很好玩儿。邹忌说："我的妻子说我比北门徐公漂亮，因为她向着我。我的妾也这样说，因为她怕我。我的朋友呢，他有求于我。所以他们对我说的都不是真话。您想想您周围的人，是不是也都或者向着您，或者怕您，或者希望从您这里得到好处？所以您太容易受蒙蔽啦！"齐威王觉得太对了，就下了一道命令："无论是官员还是老百姓，谁能当面指出我的过失，给上赏；写报告提意见，给中赏；在朝廷或街市上议论我的过失，让我听到的，给下赏。"命令一出，提意见的人来来往往，朝廷每天像市场上一样热闹，几个月以后才冷清下来，因为人们发现再找政府的缺点和问题已经不太容易了。齐国也因为政府不断按照人民的意见改进工作而强大起来。

　　这时各国的君主都看清楚了得士者强，失士者亡的道理。士原来是贵族最低一级成员的称呼，他们用自己的才能为各级封君服务。春秋时期学术在民间发展起来以后，士变成了对掌握文化知识，用才智为君主服务的人的通称，不再与贵族身份有关。魏文侯重用的李悝和吴起等人都是这样的士。为了招揽天下的人才，齐威王的父亲在齐国都城的一座城门稷门旁边兴建了一个学术中心，被称为稷下学宫。齐威王封来齐国游学的著名学者们为大夫，建造高门大屋的馆舍赐给他们。他的儿子齐宣王喜欢有学问的人，在吸引学者上更下功夫。他封了七十六个学者为上大夫，发给他们俸禄，但是不让他们做事务性的工作，就让他们发议论。这个学宫虽然是官办的，却由学者们自己管理。学者们定期选举最德高望重的学者担任祭酒，就是学宫的校长。因为齐威王和齐宣王为学者们提供了这样优越的条件，天下的学者在稷下云集，据说达到六千人，包括了所有学术流派和最优秀的学者。学者们在这里著书立说，治学教授，各学派之间互相讨论辩难，促成了学术的发展和繁荣。这就是中国历史上著名的百家争鸣。

　　士学好了本领通常要去游说君主，求得从政的机会以施展抱负，不管这抱负是实现个人的富贵还是济世的理想。君主们求贤若渴，士对权力趋之若鹜，双方相得益彰。不过齐宣王也遇到过士里的另类。有一次他请来一个叫颜斶的人。召见的时候，宣王说："颜斶，你上前来。"颜斶却说："大王，请你到我跟前来。"宣王不高兴了。左右的侍臣们问颜斶："王是君，你是臣。王要你上前，你却要王上前，这样做可以吗？"颜斶说："我上前是趋炎附势，王上前是谦恭下士。与其让我趋炎附势，不如请王谦恭下士。"宣王生气地问："王尊贵还是士尊贵?"颜斶说:"士尊贵,王不尊贵。"宣王问:"你这样说有什么道理吗?"颜斶说:"有,以前秦国进攻齐国的时候,军中下令:'谁敢去柳下惠的墓地五十步以内打柴,一定处死。'又下令:'谁能得到齐王的人头,封万户侯,赏黄金两万两。'这样看来,活国王的头还不如死士的墓地尊贵。"

宣王说:"哎呀,君子怎么可以轻侮呢!我这是自讨没趣。请颜先生接受我做学生吧!颜先生和我交往,吃饭一定有肉,出门一定乘车,妻子穿华丽的衣服。"颜斶说:"玉生在山里,被开采雕琢以后就残破了,并不是不宝贵,但失去了它的天然。士生长在乡野民间,被推选而做官,虽然富贵得意,却失去了形神的完整。我情愿回到乡间,晚一点儿吃饭,感觉就像吃肉一样香,从容安闲地走路,感觉就像坐车一样舒适,把无罪当作尊贵,以淡泊正直的操守使自己恬然快乐。"说完拜谢了宣王就告辞了。

士中有一些人隐居在民间或者远离人境的地方,被称为隐士。这些人中有的是在等待时机或者可以寄托的君主,有的是因为与君主政见不合躲藏起来。还有的人根本就不想做官,他们有自己的追求,甚至认为做官违背自然,伤害天性。颜斶就是这样的人。他珍视自己独立的人格,对功名利禄、身份等级完全不感兴趣,专心修身治学,以精进自己的学问、完善自己的人格为人生理想。像他这样的人,因为精神境界高尚而被古人称为高士。

孙膑和庞涓

齐国在威王和宣王时得到的最优秀的军事人才是孙膑。孙膑是孙武的后人,年轻时拜鬼谷子为师学习兵法。他的同学庞涓学成以后,去魏国给梁惠王当将军,受到重用。庞涓是个非常优秀的将军,但是他知道自己的才能不及孙膑。他写信请孙膑来魏国,说要两个人一起在魏国做事业。孙膑来了,庞涓设计陷害他,把他抓进监狱治罪,用膑刑把他的膝盖骨挖掉,给他脸上刺字,然后发配去做苦役。庞涓以为把孙膑弄残废,埋没在苦役犯中,自己就天下无敌了。后来齐国使者来魏国,孙膑逃出来偷偷去见他。齐国使者和孙膑谈话,发现他是个了不起的人才,又是齐国人,就把他藏在车里,带回齐国。

齐国的将军田忌非常敬重孙膑,把他当作上客招待。田忌常和齐威王还有其他公子们赛马,下很大的赌注,可是总输。孙膑看到他们是把马分为上中下三等来比赛,田忌的马虽然比国王的马跑得慢一点儿,但也差不多。他对田忌说:"下一次比赛你下大赌注,我能让你赢。"田忌信任孙膑,就下了千金赌注。到比赛的时候,孙膑告诉田忌:"你用你的下等马去比国王的上等马,用上等马去比国王的中等马,用中等马去比国王的下等马。"三场比赛下来,田忌输了一场,赢了两场,赢了齐威王的千金。齐威王奇怪自己的马比田忌的马跑得快,怎么会输了,找田忌来问。田忌就把孙膑推荐给齐威王。齐威王和孙膑谈话后,请他给自己当老师。

过了不久,庞涓带兵去攻打赵国,包围了赵国的都城邯郸。赵国向齐国求救。齐威王请孙膑当将军,带兵去救赵国。孙膑说:"用一个受过刑的残疾人当将军会让别的国家轻视齐国。"于是齐威王派田忌当将军,请孙膑当军师,坐在辎车,就是用篷布罩起来,有门窗的房车里,给田忌出谋划策。田忌要带兵去救赵国。孙膑对他说:"要阻止人打架,自己也参加进去一块儿打并不是好办法。最好的办法是打击敌人的弱点,迫使他不得不放手。魏国的精锐军队都在赵国。留在国内的是老弱残兵。作战应该避实击虚。你不如带着军队去攻打魏国的大梁。庞涓势必要放下赵国,赶回来救援。这样我们不但为赵国解了围,而且能够以逸待劳,在我们选择的阵地上和魏军交战。"于是田忌进军魏国。庞涓果然放下邯郸,急忙赶回来。魏军在桂陵遭遇齐军,被打得大败。这场战争被称为桂陵之战,它因为孙膑提出的策略而成为战争史上的经典。这个策略被后人叫作围魏救赵。

十三年后,魏国又出兵攻打韩国。韩国派使者来齐国求救。这时齐威王已经死了,他的儿子齐宣王请大臣们来商议。邹忌认为不救对齐国更有利。田忌说:"如果不救,韩国会被魏国消灭。魏国更强大了,怎么会对齐国有利?"孙膑说:"魏国和韩国刚交战,如果马上去救,等于我们替韩国挨打。不如先不去救。这样做的好处一是可以让韩国消耗魏国,二是韩国越危险,送给我们的好处就会越多。那时再出兵,齐国可以收获最大利益。"于是齐宣王让韩国使者回去报告,说齐国同意出兵。韩国知道齐国要来救它,就拼命抵抗。可是接连打了五仗都败了,急得对齐国许愿,说要做齐国的属国。齐国这时才出兵,还是由田忌当将军,孙膑当军师;还是用上一次的策略,直接去攻打大梁。庞涓马上从韩国撤兵,回来找齐军作战。

孙膑对田忌说:"三晋的军队一向勇猛,认为齐国人胆小,看不起齐军。我们可以利用他们的这种心理误导他们。我军进入魏国后,第一天挖给十万人做饭的灶,第二天挖五万人的灶,第三天只挖三万人的。"庞涓在齐军后面追赶,发现齐军的灶这样快地减少了,非常高兴,说:"我就知道齐国人胆小,你们看齐国军队进入魏国才三天,士兵逃跑了一多半。"于是撤下步兵,只带领骑兵猛追。孙膑算好庞涓当晚会赶到马陵。这个地方道路狭窄,路旁阻隘很多,利于设伏。他让人砍掉路边一棵大树的皮,在上面写:"庞涓死在这棵树下。"派出上万射手埋伏在道路两旁,告诉他们:"看见火光就放箭。"庞涓果然在半夜时分赶到这棵大树下。在黑暗中他看见发白的树干上有字迹,让人点火来照。还没看完上面写的字,箭像急雨一样飞来,魏军大乱。庞涓知道自己中了埋伏,彻底失败了,恨恨地说:"倒让这小子成名了。"说完自杀了。齐军打败了魏军,俘虏了魏国太子。魏国从此衰落下去,成为二流国家。齐国一时间成为天下第一强国。

商　鞅　变　法

就在东方的齐国打败魏国的同时,西方的秦国也开始了变法。秦国虽然在平王东迁时成为周朝的诸侯,在西方也是个强国,可是和中原各国比起来,它还是个经济和文化落后的国家。在秦穆公以后的两百多年里,因为东边是晋国,东南是楚国,都是很大的强国,秦国一直被压制在偏僻的西方,不能向中原发展。中原国家也拿秦国当野蛮民族看待。晋国和秦国本来以陕西和山西之间的黄河为界。魏国变法强大以后,夺取了黄河西岸秦国的土地,威胁到秦国的生存。秦孝公继位后,为秦国的这种状况非常痛心。他发布命令说:"宾客或者群臣谁有办法让秦国强大起来,我就封他做大官,分给他土地。"于是一个叫公孙鞅的外国人来到秦国。

公孙鞅是卫国国君的后代,因为后来被秦国封在商地,所以在历史上被称作商鞅。商鞅年轻的时候爱好法家的学说,在魏国的相国公叔痤那里做侍从官。这位公叔痤可能就是当年设计赶走吴起的公叔。他知道公孙鞅有才能,但还没有找到机会推荐他做官。公叔痤年老病重,梁惠王去看望,问他:"你要是有个万一,国家可怎么办呢?"公叔痤说:"我的侍从公孙鞅虽然年轻,但他是个奇才。希望大王把国家交给他治理。"梁惠王听了没说话。告别时,公叔痤让周围人回避,然后对梁惠王说:"大王既然不用公孙鞅,就请杀了他。不要让他跑到别的国家去。"梁惠王答应了就走了。公叔痤又把公孙鞅叫来,告诉他:"今天大王来问我谁可以接任相国。我推荐了你。我看大王没当回事。作为臣子,我必须对国君忠诚,所以又告诉他,如果不用你,就杀了你,不要让你跑到外国去。他答应了,你赶紧逃走吧!"公孙鞅说:"他要是不听你的话用我,怎么会听你的话杀我呢?"梁惠王回到王宫,对身边的人说:"公叔痤病得太重了。他竟让我把整个国家交给公孙鞅治理,真是病糊涂了。"果然没当回事。不久公叔痤去世了,公孙鞅听到秦孝公的招贤令,就去了秦国。

商鞅到了秦国,请人介绍,见到秦孝公。他对秦孝公谈使国家富强的方

法，秦孝公非常爱听，谈了好几天还听不够。商鞅认为秦国要富强，必须全面
改革现行的制度。秦孝公同意他的看法，授予他权力，让他主持变法。商鞅认
为农业是国家的根本，所以要鼓励人民耕田织布，抑制他们经商。农业有效
率，国家才能强大。而要促进农业发展，首先要改革土地制度。当时各国实行
的是井田制。根据孟子的说法，一里见方的土地叫一井，划分成九块，每块一
百亩。当中的一块是公田，收成归公。周围的八块是私田，由八户农夫各自耕
种。公田由这八户农夫代耕，这是他们要为公家尽的义务。这些土地都是不
能买卖的。由此看来，井田制应该不是古代圣王制定的古老制度，因为在其中
农夫从事以家庭为单位的个体耕作。这是春秋时期生产力的进步造成的耕作
方式。根据孟子的说法，耕种百亩土地的农户是标准的五口之家的小农。在
井田制下，小农家庭是实际的生产单位，但还不是财产权单位，对所耕种的土
地还没有财产权。所以它更像是先进的生产力与落后的生产关系结合而形成
的，带有过渡性质的土地制度。

　　商鞅制定法律废除了井田制，允许土地自由买卖。因为史料缺乏，我们今
天不能确切地知道井田制究竟是什么样的制度，但是我们确切地知道，土地自
由买卖的前提是建立耕者对土地的私有财产权。所以废除村社乃至国家的土
地公有制度，使耕者有其田，应该就是废除井田制的实质。所以商鞅变法其实
是中国的第一次土地改革运动。但是它与以后任何一次土地改革都不同。它
的改革焦点不是"田"而是"有"。它给耕者的不是土地，而是对土地的私有财
产权。给耕者土地的改革改变的是对土地的分配和占有，它从社会发展进化
的意义上来说不能算是革命。而给耕者财产权的改革改变的是耕者的地位和
身份。商鞅变法把在宗法关系下对土地拥有使用权却没有所有权的村社成员
改造为拥有私有财产权的自由农民，所以它和近代建立了个人绝对财产权的
资产阶级革命一样，也是创造了新财产关系和新阶级，建立起了新社会的改
革，是划分经济和社会时代的改革，是使社会进步的改革，是真正的革命。商
鞅的土地改革为农民提供了生产的动力。它也创造了秦国的土地市场，这对
国民财富的增长发生了巨大的杠杆作用，造成了秦国的国富。商鞅对社会风
俗和家庭形态也加以相应的改革。他用税收政策促使农民分家，规定老百姓
家里有两个成年男人而不分家，赋税加倍。后来又进一步禁止父子兄弟同室
生息。这些改革措施的目的都是要促进小农家庭的发展以提高农民的生产
效率。

　　商鞅变法的另一个重点是军事。他建立起一个有二十阶爵位的等级制
度，规定不同级别应该享有的房屋、土地和奴仆的数量。爵位只授给有军功的

人。没有军功,即使出身贵族也没份。这个新等级制度打破了传统的贵族世袭制度。它的衡量标准是表现,而不是出身,使任何人都不能无功受禄。这样军人作战就有了积极性。这个制度造成了秦国的兵强。

在政治方面,商鞅也有划时代的建树。他合并小乡镇,在全国建立了三十一个县,由中央政府直接派官员治理,官职不能世袭。这项改革废除了周朝的封建制度,建立起郡县制的国家。这个新制度加强了国君的权力,消除了大臣割据、分裂国家或者篡夺君权的危险,也使国家管理更有效率。商鞅把民众组织起来,以五家为最基本的单位,叫作伍,哪家人犯了法,其他几家一起被治罪。伍以上的单位叫什,再往上是乡和里。这个什伍和连坐制度让老百姓互相监督,也把官僚组织的控制直接伸展到最基层的民众身上。中国社会此后两千多年实行的政治和经济制度,基本上就是由商鞅的变法建立起来的。

春秋战国时期,社会剧烈动荡。家庭之内,国家之间,从经济、政治,到意识形态和社会的一切方面都在发生激烈的冲突。旧的社会形态在冲突中解体,新的社会形态在变革中形成。这一切冲突和变革的源头是私有财产的发展。私有财产发展的实质是财产权单位的分化,财产权被建立在越来越小的单位上,从部落和氏族到父权制的大家庭,再到一夫一妻的小家庭。春秋时期的乱象往往发生在家庭成员、君臣父子兄弟之间。同属一个财产权单位的人互相排斥,争夺杀害。这是财产权单位分化的明显标志,它意味着宗族和父权制大家庭这样的财产权单位已经失效,其成员已经不再能共有财产,过同产生活。财产权单位失效的直接后果是工作者不再关心工作成果,于是怠惰和浪费失控,经济失去效率。它迫使社会去改革,通过改造财产权来改变利害关系,使它能推动人,约束人。

史书上只记载了王侯将相家庭中的动乱。民间应该有与之相应的,小家庭从大家庭和宗族中分离,成为独立的生产和生活单位的普遍过程。商鞅变法中促使农民分家的法令可以作为它的佐证。这个没有被史书记载的民间过程却被神话记录了下来。中国古代民间有牛郎织女的神话故事。父母去世后,牛郎被自私的兄嫂排斥,带着老黄牛分家,与织女结合,建立起男耕女织、一夫一妻的小家庭。春秋战国时期铁器和牛耕出现并开始普及。它使牛郎和织女这样的小农家庭成为最有经济效率的生产单位,由此引发了社会财产权单位由宗族和父权制大家庭向以夫妻亲子为核心的小家庭转移的过程。就像近代欧洲工商业的发展造成了财产权单位由家庭向个人转移,个人主义思潮兴起,使社会进入了革命和动荡的年代一样,春秋战国时期社会剧烈变革的实质也是财产权单位的转移带来的整个社会形态的改造。商鞅的变法就是这样的改造。

　　商鞅制定了新法,在公布之前,他让人把一根三丈长的木杆立在都城的南门,宣布谁能把它送到北门就赏十金。围观的老百姓都不相信世上有这样的便宜事,谁都不肯上前,但也不肯走开,围在一边等着看谁是那个傻瓜。商鞅把赏钱提高到五十金,围观的人更难以置信,也更兴奋了。最后终于有一个人站出来把木杆扛到北门,他真的领到了五十金的赏钱。围观的老百姓轰动了,新闻很快传遍全国。商鞅是要用这个办法让人民看到政府说话算话,接着他公布了新法。这一年是公元前 350 年。

　　新法实行才一年,有上千的老百姓来京城抱怨。正好这时太子犯了法。商鞅说:"法律不能执行,都是因为在上面的人违犯它。"于是要依法处罚太子。但太子是君位的继承人,不可以受刑,于是让太子的两位师傅替太子受刑,老百姓看见了,都不敢反对新法了。司马迁在《史记》里说新法实行十年后,"秦民大悦","乡邑大治"。有些原来抱怨新法的人又来京城说新法的好话。商鞅说:"这都是些干扰政府行动的人。老百姓不许对政府说三道四。"他把这些人发配到边远的地方。从此以后老百姓都不敢议论政府了。

　　魏国在马陵被齐国打败后,商鞅对秦孝公说:"魏国挡住了秦国向东方的出路。秦国必须消灭魏国才能发展。应该趁这个机会进攻魏国。"秦孝公派他带兵去攻打魏国。商鞅给魏军主将公子昂写信说:"我和公子当年关系很好,不忍心互相攻打。咱们见个面,订立盟约,欢宴一场,然后撤军。"公子昂高高兴兴地来了。商鞅却把他抓起来,然后偷袭魏军,用这样不光彩的办法打败魏军。梁惠王被迫割让黄河以西的土地给秦国,把首都也从靠近秦国的安邑迁到东方的大梁。他说:"我后悔没听公叔痤的话。"梁惠王亲手丢掉了他那个时代,也是整个中国历史上两个最优秀的人才,一个是孙膑,另一个是商鞅。他很快就得到了报应,眼睁睁地看着这两个人毁灭了魏国。假如当初他用了这两个人,让他们继续李悝和吴起的改革事业呢?那一百多年后统一中国的恐怕就不是秦国,而是魏国了。

　　商鞅用十几年的时间把秦国从一个野蛮落后的国家变成天下第一强国。但是和吴起在楚国遇到的情况一样,他的变法得罪了秦国的贵族。只是因为有国君支持他,没人敢把他怎么样。可是秦孝公就在这时去世了,太子继位当了国王。太子的老师马上诬告商鞅要造反,派人抓他。商鞅只好逃跑;逃到边境,天黑了,要住旅店。旅店主人不知道他就是商鞅,对他说:"按照商君的法律,没有官府的证明不能住店。我们让你住是犯法,会吃官司的。"史书记载这件事是讽刺商鞅自作自受,而我们由此可以看出商鞅的法律使政府对人民的行动控制到了什么程度。法家主张强化君权,建立强有力的中央集权政府。可是他们把君权强化到使人民处于被奴役的状态,把对君主的服从抬高到破坏人伦和道德的程度,又用严刑酷法来迫使人民服从,这就走向了极端,令人憎恶。商鞅逃到魏国,魏国人也恨他,不接受他。他要借道去别的国家。魏国人说:"那也不行,秦国抓你,我们放你去别处,秦国会找我们的麻烦。你只能回秦国。"商鞅只好又回到秦国,跑回自己的封地。秦国派兵杀了他。秦惠王恨他,用车裂的刑法把他的尸体肢解了,把他的家人全杀了,但是却不能改变他的法律,因为它们已经行之有效,深入人心了。

商鞅是中国历史上无与伦比的、最伟大的政治家。他是秦统一中国的最大功臣。但这还不是他最伟大的成就。他最伟大的成就是创立了以后延续了两千多年的中国古代社会的基本制度。这是和儒家所谓的周公制作周礼相等的圣人的功业。但是因为儒家的偏见,也因为法家自己在改革中走向了极端,他在古代社会的舆论中却是一个负面人物。司马迁如实记录了商鞅变法使秦国大治的事实,但也指责商鞅天性刻薄。他对吴起也有类似的评语。他这样说是出于对法家的反感。这种反感影响了他对商鞅的事业的评价。

苏秦和张仪

商鞅死的时候,天下的形势已经比较清楚了。秦国是第一强国,它要向东方扩张,首当其冲的是它东面的魏国和韩国,其次是东南方的楚国。其他国家也想扩张领土,但是他们越来越需要先考虑怎么对付秦国的扩张。这时候,一些为各国的君主出谋划策的人应运而生。这些人被称作辩士,因为他们特别能言善辩,推销自己的主张。这些人大致分为两派,一派主张六国联合起来对抗秦国,另一派主张讨好秦国,和秦国联合以自保。苏秦和张仪是这两派的代表人物和最成功的辩士。

苏秦是洛阳人,家住在周王室的领地上。他年轻的时候去齐国游学,拜鬼谷子为师。学成后出来找官做,到各国游说了几年,一无所获,把钱都花光了。回到家里大概样子狼狈极了,他的哥哥、嫂子、弟弟、弟妹,还有妻子,都看不起他,说:"咱们这地方的人都靠经商生活,每年用本钱赚个十分之二的利润。你不务正业,去学耍嘴皮子,现在弄成这副倒霉样子,真是自作自受。"苏秦听了很惭愧,把自己关在家里,把家里的书都翻出来查看,觉得它们都没用,不能帮助自己从君主们那里获取富贵。后来他找到一本周书《阴符》,没日没夜地用心钻研。他把头发系在房梁上,困了头一垂就被拽起来,再困极了就用锥子扎自己的大腿。就这样"头悬梁，锥刺股"地苦读了一年，他觉得有把握说动各国的君主了。他想先拿就在家门口的周显王试试。可是周显王手下的人都知道他的底细，认为他就是个不务正业的穷小子，不管他说什么，他们就是不信，于是苏秦就去了秦国。

秦惠王刚杀了商鞅，很讨厌像商鞅一样想来秦国求官的辩士。苏秦说了他为秦国设计的并吞天下的战略。秦惠王说："羽毛还没丰满，不能高飞呀！"就不理他了。苏秦只好又去赵国。赵国的相国是国君赵肃侯的弟弟，讨厌苏秦。苏秦就又去了燕国。他在燕国等了一年多才见到燕文公。他对燕文公说："燕国之所以能像现在这样平平安安的，这是因为赵国和秦国打得不可开交。秦国隔着赵国，不可能来打燕国。赵国要是来打燕国，不出十天军队就能进入国境，再用四五天就能打到首都。所以燕国要想安全，就应该和赵国交好。"燕文公说："我的国家小，西边挨着赵国，南边挨着齐国，都是强国。你要是能帮我和他们联合，让燕国安全，我愿意一切都听你的。"他为苏秦提供车马、金钱，请苏秦去赵国办外交。

苏秦到了赵国，那个讨厌他的相国已经死了。苏秦见到了赵肃侯，对他说："赵国幅员两千里，有几十万甲兵，上千辆兵车，上万名骑兵，是秦国最忌惮的国家。赵国要是和秦国友好，韩国和魏国就遭殃了。秦国可以放心去攻打它们，它们一定会被征服。可到那时候就该轮到赵国挨打了。赵国要是想维持和平，就得不停地割地给秦国。割了，只能维持上几年和平。一次不割，以前割的就都白送了。这就像割自己身上的肉喂狼一样，一不喂它，它就扑上来撕咬。赵国的土地有限，秦国的欲望无边。这样割下去只能是死路一条，所以靠讨好秦国自保是行不通的。诸侯的土地加起来是秦国的五倍，军队是秦国的十倍。六国要是联合起来，一定能打败秦国。如果诸侯建立同盟，规定秦国进攻哪一个国家，其他各国都出兵，同时从各个方向攻打秦国，那秦国军队就一定不敢出函谷关了。您看赵国究竟是应该和秦国联合，还是应该和诸侯联合呢？"赵肃侯说："我年轻，今天才听到这样有远见的谋略。我愿意照你说的做。"他送给苏秦一百辆车、两万两黄金、一百对玉璧和上千匹锦绣，请他去办外交，联合诸侯。苏秦去韩国、魏国和齐国游说。这些国家都同意联合抗秦。最后苏秦到了楚国。楚威王听了他讲的道理，说："我知道秦国是虎狼一样的国家，不能亲近。但是韩国和魏国怕秦国，我也不敢跟它们联合，怕联合不成反倒给自己找来麻烦。我知道秦国一直想抢夺楚国的土地，也知道楚国打不过秦国，手下又没有可以依靠的人，心里着急，吃饭没味道，睡觉不安稳。先生你要是能把诸侯联合起来，我愿意率领楚国听你调遣。"

苏秦的外交大获成功,六个国家都任命他当相国,请他当抗秦联盟的秘书长。因为各国都送他贵重礼物,派使者跟随护送,他的车队非常庞大,排场像个国王。他回赵国去报告外交成果,路过家乡洛阳。周天子听说他来了,派人打扫道路,派使者远远地去迎接慰问。苏秦回到家里,哥哥、嫂子、弟弟和弟妹,还有妻子,都跪在地上迎候,不敢抬眼看他。苏秦笑着问嫂子:"为什么上一次你对我那样傲慢,今天却又这样恭敬?"嫂子跪着,低着头说:"因为看见您地位尊贵,钱多。"这句话说尽了俗世的真谛,俗人敬畏的就是这富贵二字。苏秦长叹一声,说:"一个人富贵了,连亲戚都敬他怕他;贫贱了,连亲戚都看不起他,何况世人了! 要是当年我在洛阳城边有两顷地,待在家里安分守己,今天能佩戴六国的相印吗?"

史书上说,苏秦帮助六国建立起同盟以后,秦军有十五年不敢窥视函谷关外。可是这个联盟最后还是因为诸侯自己互相攻击和秦国的分化拉拢而失败了。帮助秦国出主意打破诸侯联盟的,是苏秦的同学张仪。

张仪是魏国人,也是鬼谷子的学生。他学成以后,也到各国去找官做。有一次他参加楚国相国家里的宴会。相国的一块玉璧丢了。相国的手下人说:"张仪穷,品行不好。一定是他偷的。"他们把张仪抓起来审问,打了几百皮鞭,张仪硬是不承认,就放了他。张仪回到家里,卧床养伤。妻子埋怨说:"你要不是读了书到处去耍嘴皮子,不是就不会受这样的羞辱了吗?"张仪说:"你看看我的舌头还在不在。"妻子笑了,说:"在。"张仪说:"这就够了。"辩士们靠的就是这根三寸长的舌头。

当初苏秦得到赵国支持,为建立联盟去各国游说时,也考虑到在秦国布局。他派人隐蔽身份去诱说张仪,说你当年和苏先生交情很好,现在他在赵国富贵了,你为什么不去找他帮助呢? 张仪正要找出路,就来赵国投奔苏秦。可是他来了,苏秦故意怠慢,几天不见他,见了面又摆架子,吃饭时让他坐在堂下,给他吃仆人的饭,还不停地数落:"你怎么混成这副穷样子。我也不是不能帮你在国君跟前说句话。可是你自己这么不争气,让我怎么帮你?"然后就再也不见他了。张仪本来指望老同学帮助,结果不但没得到帮助,反而受了一通羞辱,气坏了,发誓要报复苏秦。他心想只有秦国可以打败赵国,就动身去秦国。苏秦派一个手下人装扮成旅客,带着车马财物在路上接近张仪,和他住在一个旅店里,和他交朋友。一路上张仪有什么需要,遇到什么困难,这个人就拿出钱来帮他解决。到了秦国,又帮他打通关系,让他顺利地见到秦惠王。大概秦惠王正在后悔因为没用苏秦,让他跑到诸侯那儿,给秦国制造出了那样大的麻烦,于是封张仪做客卿,和他商量对付诸侯的事。这时候那个一路上帮助他的人来告别。张仪说："靠你帮助我才有今天，正要报答你呢！怎么要走啊?"那个人说："我是苏先生派来的。他才是真正帮助你的人。他在赵国故意怠慢你，是为了激励你来秦国。他怕秦国攻打赵国，破坏他建立的联盟。他知道你的才能，认为只有你能够执掌秦国的国政。"张仪这才明白，说："这种计谋我也学过，竟然落在其中也没觉悟。我真是不如苏先生聪明。你替我向苏先生道谢。告诉他，有苏先生在，我怎么敢想去打赵国?"他同时给楚国的相国去信说："当年我没偷你的玉璧，你打我。现在我要去偷你的城了，你好好守着吧!"

还有一位辩士叫陈轸，也非常聪明有见识，这时也在秦国。他为秦国出使齐国。正好这时候楚国将军昭阳刚打败了魏国，又来打齐国。齐王请教陈轸。陈轸说："大王不要担心，我让他退兵。"陈轸去见昭阳，问他："按照楚国的法律，打胜仗最高的奖赏是什么?"昭阳说："是当令尹。"陈轸说："我给您讲个故事。有几个人得到一壶酒。他们商量说：'这壶酒要是几个人分着喝，谁都不够。咱们比赛在地上画蛇，谁先画好，这壶酒就归他一个人。'一个人先画好了，把酒壶拿在手里，得意地说：'我还能给蛇画脚。'又给蛇添上脚。这时候另一个人也画完了。他把酒壶夺过去，说：'蛇没有脚，你给蛇画上脚，它就不是蛇了。所以这酒应该是我的。'那个画蛇添足的人反倒没有酒喝了。将军您在楚国已经是令尹，刚打败魏国，功劳已经很大了。现在又来打齐国，打胜了，升不了更大的官，打败了，反而会降级。这不是跟画蛇添足一样吗?"昭阳就撤军了。

张仪对秦惠王说陈轸的坏话："陈轸为秦国去楚国办外交，结果楚王对秦国不好，却对他好，请他去楚国做官。可见他不忠，办事的时候不是为大王打算，而是为自己找出路。听说他马上就要离开秦国去楚国了。"秦惠王问陈轸："听说你要去楚国，这是真的吗?"陈轸说："是真的。"秦惠王说："这样看来张仪说的话可信啦!"陈轸说："还用张仪说吗? 这是路人皆知的事。我给您打个比方。某人有两个妻子。一个男人去勾引她们。一个妻子骂他，另一个妻子跟他私通。不久她们的丈夫死了，那个勾引她们的男人娶了那个骂他的做妻子。别人问他为什么不娶那个跟他好的。他说：'她们是别人妻子的时候，我找那个不忠于丈夫的。现在要给我当妻子了，我当然要找那个忠于丈夫的。'当年伍子胥忠于吴王，天下的国君争着要他当臣子。曾参孝顺父母，天下的父母都愿意要他当儿子。所以没出街坊就被买走的仆人一定是个好仆人，没出村子就被娶走的改嫁妇人一定是个好妻子。如果我对大王不忠，楚王怎么会愿意要我去为他工作呢? 我对您忠诚却得不到您的信任，不去楚国怎么办?"秦惠王觉得他说的有道理,就仍然好好待他。可是后来秦惠王让张仪当相国,陈轸就真的去了楚国。

陈轸到了楚国以后,楚怀王派他出使秦国。那时韩国跟魏国正打得不可开交。秦惠王的大臣们有的建议秦国出兵,有的反对。秦惠王问陈轸:"先生离开我去了楚国,还想念我吗?"陈轸说:"怎么能不想呢?"秦惠王说:"很好,现在韩国和魏国打仗。有人劝我出兵,有人劝我不要出兵。我拿不定主意。先生能不能用替楚王工作剩余的精力,也帮我筹划一下?"陈轸说:"我不知道是不是有人给您讲过卞庄子打虎的故事。卞庄子看见两只老虎在吃一头牛,他要过去杀它们。有人拦住他,说:'这两只虎吃到最后一定会争,一争就会打起来。打到最后一定是小的死,大的受伤,那时你再去杀那只受伤的,岂不是没费杀一只虎的力气就有了杀两只虎的功效吗? 现在的韩国和魏国不就像那两只老虎吗? 您为什么不用卞庄子的办法对付它们呢?"秦惠王说:"好主意。"于是先不出兵,等到两国打到最后打不动了,一出兵,果然事半功倍。

秦国的战略是把关东六国各个击破。它最不希望看到的局面就是它们抱成一团。张仪设计的连横策略就是要拆散六国的联盟,最主要的就是两个最大的强国齐国和楚国的联盟。张仪去楚国,对楚怀王说:"我们秦王最想结交的就是大王,最恨的就是齐王。就是因为大王和齐王友好,所以秦王没法跟大王交好。楚国要是肯和齐国绝交,我让秦王送给大王商於地方的六百里土地,还请他把公主嫁给您。秦国和楚国结亲,两国像兄弟一样。大王这样做,即交好了秦国,又削弱了齐国,还白得六百里土地,一举三得。楚国不可能找到比这更合算的外交策略了。"怀王非常高兴,告诉群臣,大家都祝贺,只有陈轸不祝贺。怀王说:"我不用一兵一卒就得到六百里土地。我觉得自己的外交太成功了。别人都祝贺我,为什么偏你不祝贺?"陈轸说:"我认为您不但得不到土地,还会招来更大的灾祸,不敢祝贺。"怀王问他为什么这样说。陈轸说:"楚国和齐国是盟国,所以秦国才重视楚国。楚国和齐国绝交,楚国就孤立了,秦国就不会拿楚国当一回事了。怎么还会白给楚国六百里土地呢? 您看秦国不先给土地,而是先让楚国和齐国断交,就可以知道秦国没有诚意。"怀王说:"你给我闭嘴,等着看我的成功吧!"他授给张仪楚国相印,送给他厚重的礼物,然后派一个将军跟他去秦国接收土地。

张仪回到秦国,假装从车上掉下来受了伤,三个月不露面。楚怀王听到报告,说:"张仪还嫌我和齐国绝交不彻底吗?"就派人去骂齐王。齐王非常气愤,就来讨好秦国,要和秦国联合。这时张仪才出来对楚国使者说:"我有六里封地,我要把它献给楚王。"使者说:"大王让我来接收商於地方的六百里土地,怎么变成你自己的六里封地了呢?"急忙回去报告。楚怀王气坏了,要出兵攻打秦国。陈轸说:"现在可以让我说话了吗?我认为大王不应该攻打秦国。秦国拆散楚国和齐国的联盟,本来是为了打击齐国。大王不如献给秦国土地,讨好秦国,跟秦国一起去打齐国。这样在秦国那里失去的,可以从齐国那里得到补偿。楚国也不至灭亡。您已经跟齐国绝交了,再去打秦国,这是在帮着这两个大强国联合起来对付楚国。楚国一定会吃大亏的。"怀王不听他的话,结果被秦国打得大败,主将被俘,八万士兵被杀,还被夺去了汉中六百里土地。怀王不甘心,征发全国的兵力去打秦国,又打了一个大败仗,只好再割两座城给秦国讲和。韩国和魏国也乘机来打楚国。楚国深陷困境。

秦国对楚国是又打又拉,这时又提议归还楚国汉中的一半土地,两国讲和。怀王说:"我不要土地,我就要张仪。"张仪知道了,向秦惠王请求去楚国。秦惠王说:"楚王恨你欺骗他,想杀了你才解恨,你怎么能去呢?"张仪说:"我和楚国大臣靳尚关系很好。他是楚怀王的夫人郑袖的亲信。郑袖说什么楚怀王都听。我可以通过这两个人想办法。再说我是秦王的使者,他怎么敢杀?就是到楚国被杀了,只要对秦国有利,我也愿意。"于是秦惠王派他出使楚国。

张仪到了楚国,楚怀王也不见他,直接把他关起来,准备杀他。楚怀王的夫人郑袖是个爱嫉妒又狡猾的女人。她最在意的就是怀王对她的宠爱。以前魏王送给楚怀王一个美女,怀王很爱。郑袖就假装和魏国美人很亲爱,做出一点儿也不嫉妒她的样子给怀王看。私下里郑袖对魏国美人说:"大王很爱你的美貌,只是觉得你的鼻子长得不够完美。你以后见大王时把鼻子稍微遮掩遮掩就好了。"以后魏国美人见到怀王就用手捂着鼻子。怀王奇怪了,问郑袖。郑袖说:"她是嫌你身上有臭味。"怀王大怒,下令把魏国美人的鼻子削掉。靳尚知道郑袖的这个心理,对她说:"你知道现在你的地位危险了吗?听说秦王为了救张仪,要送给楚国六个县的土地,还要送给大王秦国的美女,把唱歌最好听的宫人当陪嫁。秦国美女一来,你就要被冷落了,你最好想办法让大王放了张仪。"郑袖就去对怀王说:"你不应该恨张仪。为臣的谁不是为自己的主子服务?他当秦国的相国,自然要为秦国算计楚国。你杀了他,秦王一定会发怒,会来打楚国。你让我和儿子先搬到江南去住吧,免得当俘虏。"怀王让她一闹,就放了张仪,还好好招待他。

张仪对怀王说:"秦国拥有天下一半的土地,上百万战士,上千辆战车,上万骑兵,存粮堆积如山,法令严明,将军智勇兼备,士兵不畏艰险。秦国就像猛虎,诸侯就像群羊。羊群去打老虎,再多也不是对手。楚国不和猛虎交好,却和羊群联盟,这不能说是明智的选择。秦国现在已经占领了巴蜀,可以乘大船顺长江而下。一艘船载五十个士兵,三个月的粮食,一天进军三百里毫不费力,十天就可以攻进楚国。楚国对秦国屡战屡败,肯定打不过。等诸侯派兵来救,怎么也得半年,根本就指望不上。所以楚国选择和秦国为敌是非常危险的。楚国要是和秦国交好呢,就可以放心去东方扩张领土,几个月就可以占领宋国。您要是肯听我的话,我让秦国的太子来楚国做人质,楚国也派太子去秦国。我请秦王把公主嫁给您,送给您有万户人家的城市做汤沐邑(个人私房性质的采邑)。秦国和楚国永远做兄弟,互相永远不打仗。我想实在没有比这对楚国更有利的策略了。"怀王又糊涂了,答应和秦国联合,送张仪回秦国。

这时屈原刚从齐国办外交回来。他是楚国的王族,极有才华,在怀王手下担任左徒。怀王开始很信任和依靠他,和他商量国家大事,让他起草文告和政令。可是这引起了一些官员的嫉妒。他们对怀王说他的坏话,说他总爱炫耀自己,对人夸口哪些政府文告是他的手笔,哪些事情离开他就不行,等等。怀王听了很反感,就疏远他了,派他去齐国办外交。屈原主张联合齐国对抗秦国。他对怀王说:"大王上次被张仪骗了。这次张仪来,我还以为大王要煮了他呢。现在就是不想杀他了,也不能再相信他的鬼话呀!"怀王犹豫了,可最后他还是认为听张仪的话对楚国更有利。其实和秦国联合,楚国能得到的好处只是让秦国先去消灭别的国家,自己可以晚一点儿亡国。怀王不会不明白这个道理。只是秦国的压力太大,六国又不齐心,有时候互相还要兼并,所以他会被秦国的威胁利诱打动。没过多久齐王也来信要求和楚国联盟。怀王又决定和齐国结盟。在以后的十几年间,楚国就是这样摇摆不定,一会儿和西边的秦国联盟,一会儿和东边的齐国联盟。

秦惠王死后,他的儿子秦武王继位。秦武王当太子的时候就不喜欢张仪。群臣也都说张仪的坏话,说他不讲信义,卖国,等等。张仪怕秦武王杀他,想离开秦国。他对秦武王说:"东方越乱,秦国就越有机会。齐王痛恨我,说我到哪里,他就派兵去打哪里。所以我想去魏国,让齐国去打魏国。齐国和魏国一交战,秦国就可以乘机进攻韩国,控制周王室。韩国和周王室的位置在天下的正中。占领了那块地方,天下就尽在秦国的掌握之中了。"秦武王觉得有道理,就给他三十辆车,让他去了。张仪到了魏国,魏王请他当丞相。齐国果然马上来打魏国。张仪已经安排好了连环计,他派人去对齐王说:"您打魏国就中了张仪的计了。他去魏国是他和秦王商量好的计谋,就是要让齐国和魏国打仗,让秦国有机会去打韩国。如果秦国攻占了韩国,秦军就离齐国边境不远了。齐国和魏国是盟国,打得两败俱伤,却帮助了秦国和张仪。这样做对您有什么好处呢?"齐王一听就撤军了。

张仪到魏国一年后就去世了。苏秦在七年前去世。他设计的合纵战略曾经成功一时。可是后来秦国诱骗齐国和魏国一起攻打赵国,赵国对他不满,他就去了燕国。他一走,抗秦联盟就瓦解了。燕国这时的国君是燕文公的儿子燕易王。他的母亲和苏秦私通。他知道了,却更优待苏秦。可是苏秦觉得待在燕国也不安全,就对燕易王说自己去齐国才能更好地帮助燕国,于是去了齐国。齐宣王任命他当客卿,可是不久他就遭到暗杀。临死时他请齐王指控他是燕国间谍,在市场上车裂他的尸体,说这样就能抓到暗杀他的人了。齐王用这个办法果然抓到了自我暴露的凶手,为苏秦报了仇。

苏秦和张仪都是没有任何根基和背景的平民,全凭着自己的聪明和辩才,靠操纵各国的利害关系来猎取个人的富贵。他们和君主们只是互相利用的关系,对所服务的国家没有忠诚,一会儿帮这个国家出谋划策,一会儿又帮助与它敌对的国家。甚至他们为君主们筹划的谋略也往往夹带着他们自己的私利和交易。他们走的是一条危险的道路,最后往往被所有国家痛恨。但是在战国时期,群雄并立,各国之间的利害关系非常复杂和凶险。这种形势给辩士们提供了用武之地,他们也发挥出了巨大的能量。

张仪离开秦国以后,秦武王派左丞相甘茂率军出函谷关,经过半年苦战,攻克了韩国的重镇宜阳。这是秦国向东方扩张的重大胜利,秦国由此控制了天下的中心洛阳,在函谷关外获得了攻打东方的前进基地。这时的秦国就像是一只出了山的猛虎,让东方的诸侯都感到了震恐。秦武王进入周天子的王城参观游玩。他的力气很大,一向喜欢摔跤举重一类的竞技。在王城里他看见了九鼎,其中有代表秦国所在的雍州的大鼎,于是和大力士孟说比赛举鼎,把腿砸断死了。他在位四年,没有儿子。他的异母弟弟秦昭王继承了王位。

秦昭王极力拉拢楚怀王,送厚礼,联姻,归还楚国土地。怀王就又背叛齐国,和秦国结盟。可是不久在秦国当人质的楚国太子和一位秦国大夫私斗,杀了秦国大夫后逃回楚国。于是秦国接连三年,年年攻打楚国。楚国接连打败仗,丧失土地。楚怀王又派太子到齐国做人质,要和齐国联盟。秦昭王给楚怀王写信,请他来秦国边境武关见面,恢复友谊。屈原说:"秦国是个不讲信义的国家,不能去。"楚怀王也不敢去。他的小儿子子兰劝他去,说秦国是好意,不要因此得罪秦国,他就去了。没想到秦昭王派一个将军冒充秦王,带着军队在武关等他。他一到就被抓起来,押送到咸阳。到了咸阳,秦昭王也不按平等的礼节接待,把他当作臣下,要他把黔中等地方献给秦国才放他回国。楚怀王气坏了,坚决不答应,秦国就扣留他。

楚国没有国王了,大臣们有的要去齐国接太子回来继位,有的主张立在楚国的王子。齐国也在商量对策。齐湣王想扣住楚国太子,要求楚国把淮北的土地割让给齐国。丞相说这样做不义,而且楚国会立其他王子,我们只落下一个没用的人质和不义的名声。另有大臣说不会,即使楚国另立国王,我们也可以用太子要挟新楚王给我们土地。给,我们就帮他杀太子;不给,我们就送太子回去和他争王位。最后齐湣王接受了丞相的建议,大概是考虑到支持楚国在战略上对齐国更有利。他送楚国太子回国继位,这样才把楚国安定下来。楚国告诉秦国:靠社稷神灵保佑,楚国有国王了。这是让秦国知道,不要想用扣留楚怀王的办法来勒索楚国。秦昭王发怒,又出兵攻打楚国,大败楚军,杀了五万楚国士兵,夺走楚国十五座城。

楚怀王在秦国被扣留一年后逃跑。秦国发觉了,封锁了通往楚国的道路。楚怀王往北从小路逃到赵国,打算绕道回楚国。赵国这时的国君是刚继位的赵惠文王,不敢收留他。他只好转道去魏国,就在这时被秦军追上,又被抓回秦国。经过这一折腾,怀王发病了,过了一年就死了。秦国这才把他的尸体送回楚国。楚国人都可怜他,像死了自己的家人一样悲伤。楚怀王的长子继承王位后,小儿子子兰当了令尹。因为子兰当初劝怀王去会见秦王,楚国人对他有怨言。他迁怒于屈原,让楚王把屈原放逐了。

屈原

屈原是中国的第一位诗人。在他以前,孔子编辑了中国最早的诗歌集《诗经》,里面收集了商朝和周朝各地民间流传的诗歌,叫风;和王室与诸侯在各种仪式上演奏的诗歌,叫雅和颂。这些诗歌的作者几乎都没有留下姓名。个别知道姓名的,比如许穆夫人,只是对一时一事有感而发,吟咏情性,因为身份和事件而得以留名,还不是真正意义上的从事专业创作的诗人。屈原把诗歌提升到了空前的高度。如果说在他以前中国的诗歌只是涓涓细流,到他那里就成了奔腾的大江大河。他的成就既要归功于他个人的杰出才能,也要归功于楚国文化土壤的孕育。他创作的诗歌被称为《楚辞》,其中主要的作品有《离骚》《九歌》《九章》和《天问》。他是楚辞这种诗歌体裁的创始人。《楚辞》的基础是楚国的民间诗歌。比如《九歌》就是直接取材于楚国民歌。楚国民间盛行祭祀鬼神和战士亡灵的仪式。这些仪式中有取悦神灵的歌舞表演。屈原在流放地见到了,用自己非凡的文采加工它们,把它们写成了不朽的诗篇。

在屈原被流放的时候,楚国遭受到更大的灾难。秦国将军白起攻下了楚国的都城,把那里变成秦国的南郡,接着又攻占了夷陵。秦国人为了挖掉楚国人的根,烧毁了在那里的楚国先王们的陵墓。楚王被迫逃到东方,永远离开了祖先历尽艰辛开辟出来的,楚国人已经生活了近千年的故土。这样的消息让屈原痛不欲生。他和苏秦、张仪那样的辩士不同。辩士们没有祖国观念。他们寻找的只是个人的出路。不同的国家对他们只是不同的雇主。他们不在意为谁工作,只在意能不能发挥自己的聪明才智,以换取富贵。屈原爱楚国,不管它的政治多么昏乱;他也同情楚怀王,不管他有多糊涂。司马迁在《史记》里说:以屈原的才能,他去任何一个国家都会受到重视的。可是他对楚国的爱使他无法离弃。但眼睁睁地看着楚国那样悲惨地一步一步走在灭亡的道路上,这种痛苦也让他无法承受。他还有一个解不开的心结:为什么忠诚、正直、有才能的人会被品格低劣的庸人排挤掉?为什么对真理和正义的坚持带给人的是毁灭?难道他应该和他看不起的那种人同流合污吗?人还应该不应该坚持对真善美的追求,如果应该坚持,那么在这个世界上哪里还有他的出路?古人有了疑惑,会求助于占卜。屈原去找楚国的太卜郑詹尹,说出了自己的困惑,请神给自己一个答复。本来郑詹尹看见他来了,准备好占卜用的乌龟壳和蓍草。可是听完了他的问题,对他说:"什么事情都有个局限,就是神灵也有弄不明白的事情。你的心告诉你怎么做,你就怎么做吧!乌龟壳和草棍回答不了这种问题。"

屈原经常在流放地的江湖边徘徊,思索,模样憔悴枯槁。一位渔夫认出了他,说:"你不是三闾大夫吗?怎么变成这副样子了?"屈原说:"世上的人都污浊,只有我清白,世上的人都醉了,只有我清醒,所以我被流放到这里。"渔夫说:"有大智慧的人不应该被环境束缚困扰。世人都堕落了,你为什么非要坚持高尚呢?徒然让自己受伤害,应该顺应时势才对呀!"屈原说:"一个身上干净的人,肯让环境弄脏自己吗?与其变得和那些人一样,我情愿跳进江里去喂鱼鳖。"渔夫不再说什么,笑了笑就离开了。屈原无法从痛苦和困惑中解脱出来,最后跳进汨罗江里自杀了。

屈原是政坛上的失败者。这是中国自古以来优秀文化人的典型命运。这其中有像孔子和孟子那样的人,因为脑子里装的都是儒家复古的理念,脱离现实,得不到从政的机会,或者一从政就做迂腐的事情,最后干不下去,只能空怀报国之心。但是屈原不同。他和打击他的人的分歧是在外交方面。他的失败也不是因为没有见识或者缺乏治国的才能,这只要看看排挤了他的都是些什么样的人就可以知道。他的失败是真善美对假恶丑的失败,所以他才格外困惑和痛苦。

屈原的代表作是长诗《离骚》,是他在被放逐以后写的。在这首诗里,他写下了自己的困惑和痛苦的精神历程。他说自己是颛顼帝的后代,有良好的天赋,又培养成优异的品德和才能,学习了治国的正道,渴望早日为国家尽力。不料从政后却遭到小人中伤,被君主反感。但他认为自己没有错,认为自己和打击自己的人不是一类,不可能相容,所以他情愿接受厄运,而坚守自己的信念和美好情操。他回顾了历史,更相信自己坚持的是正道,相信上天是无偏私的,是站在道德一边的。自己屡受挫折是因为没有遇到志趣相合的同道。于是他开始了上下求索。他驾飞龙到天上去寻找,仰慕过几个美好的女子,却因为心里对她们的品格没有把握,加上媒人也没有帮他好好沟通,所以犹豫着没能上前结交。他怀疑自己的信心了,于是去占卜。占卜的人说:"两美必合。天下广大,你不要留恋故土,怎么会找不到?"经过一番思想斗争,他又驾飞龙上路了。可是在天空中逍遥行进时,忽然望见了下面的故乡,心中悲伤,无法前行了。他不理解自己心中的矛盾。既然故国没有人理解自己,为什么还要怀恋它?他犹豫徘徊着,最后想既然也不能为祖国做什么了,又不忍离去,那就去古代先贤彭咸的居处吧!

据说彭咸就是投江自杀的。

屈原提出的是让那个历史时期中的优秀知识分子,从春秋时期的孔子到汉朝的司马迁,都感到困惑的问题。司马迁写的《伯夷列传》几乎就是一篇专门探讨这个问题的论文。司马迁说:人们相信上天是无偏私的,总站在善良的人一边。可是像伯夷和叔齐这样最高尚纯洁的人竟然饿死,孔子最好的学生颜渊不但贫困而且早夭。上天就是这样回报善人吗?盗跖是天下最著名的大盗,天天滥杀无辜,吃人肉,聚众到处抢劫,横行天下,却平安活到老。这还只是最显著的例子。至于近代世上品行不好,专干坏事的人,一生享福,后代也跟着富贵;守规矩的人,正直的人遭遇祸殃,这样的事数都数不过来。这让我感到困惑,这是天道吗?这对吗?

司马迁谈到孔子和贾谊对这个问题的回答。孔子说:"道不同,不相为谋。""求仁得仁,又何怨乎?"就是说人的追求不同,衡量的标准也不同。不能用世俗的富贵标准来衡量道德行动的得失。个人的富贵本来也不是道德行动的目的。如果一个人追求的是道德,用行动实践了道德,就达到了目的。如果为此要受穷,受打击,饿死,那就接受穷,接受打击,接受饿死,这没有什么可怨的。这也许是正确的答案,但显然不是社会需要的答案,因为它不能让人心里平衡,是不能劝人向善的。

贾谊的说法是"贪夫徇财,烈士殉名"。在他之前,庄子也说过,俗人追求的是富贵,君子追求的是名誉。他们找到名誉作为道德行动的回报。名誉的确可以让人不朽,可是司马迁说立名也是件很难的事,个别幸运的人或许能做到,比如伯夷、叔齐和颜渊因为得到孔子的称扬而流芳百世。至于数不清的因为坚持道德操守而被埋没的人,真是不知道怎么才有可能。所以司马迁讨论的结果还是疑惑和感叹。

当年宫之奇对虞公说上天没有私亲,它只站在道德一边。他说出了那个时代的新信仰。可是三百年后到了屈原的时代,现实已经让这个信念动摇了。上天真的是站在道德一边吗?它公正吗?社会不公正,人对向善就会发生疑问。郑詹尹的神回答不了这个问题,它就不会再被人信仰。郑詹尹的答复和屈原的问题同样含义深刻。他们的对话道出了旧神祇的局限和社会对新宗教的需要。这个新宗教需要新装备,这个新装备就是来世。它就是新宗教给人间带来的"福音"。事实上道德行动的福报是一个无解的问题,只能靠宗教给出一个安慰式的解答。社会需要回答它,因为善有善报,恶有恶报,这是人心中最根本的信念。人类进入文明时代以后兴起的宗教就是从回答这个问题的需要中发源的。东方宗教给出的答案是轮回。西方宗教给出的答案是天国。它们都是用来世平衡今生,以此来让人保持对道德和正义的信心。这信心对于社会的稳定和个人心灵的平衡都至关重要。而中国的优秀知识分子们对这个问题,尽管感到极度痛苦和困惑,上下求索,最后还是知之为知之,不知为不知。

孟尝君

战国的时候,各国激烈角逐,战争频繁,到处都需要人才。不但国君招揽人才,王公大臣们也都用自己的收入供养形形色色的人才。被这样供养的人才叫门客。收养门客最有名的是齐国的孟尝君、赵国的平原君、魏国的信陵君和楚国的春申君。这四个人号称战国四公子,每个人的门下都供养着几千门客。

孟尝君叫田文。他的父亲田婴是齐威王的小儿子,曾经跟随田忌和孙膑在马陵与魏国作战,后来当了齐国的相国,受封在薛地。他有四十多个儿子。田文是五月五日出生的。迷信认为这天出生的孩子对父母不利。他的母亲是田婴的一个地位很低的妾。田婴不让她留养这个孩子。她偷偷把田文养大后才设法让田婴见他。田婴发怒说:"我不让你留这个儿子,你怎么敢养活他?"田文上前磕头,问父亲:"您不让留五月五日生的孩子,这是为什么呢?"田婴说:"这一天生的孩子长到和门一样高了,会对父母不利。"田文问:"人的命是由天决定的,还是由门决定的?"田婴沉默了。田文说:"如果是由天决定,您担心有什么用? 如果是由门决定,把门加高不就没事了?"田婴无言以对,说:"算了吧!"

过了一段时间,田文找了个机会和父亲谈话。他问:"儿子的儿子是谁?"田婴说:"是孙子。"田文又问:"孙子的孙子呢?"田婴说:"是玄孙。"田文接着问:"玄孙的孙子呢?"田婴说:"不知道了。"田文说:"您已经给三位齐王当过相国。齐国的国土没有增加,您自己家里却积累了万金财富,还在一心积攒,留给您都不知道是谁的人。您的门下看不到一个贤人。您的后宫里妻妾穿绸缎,仆人有吃不完的粮食和肉,而国内的士人粗布衣服都穿不上,糠都吃不饱。我觉得这不正常。"田婴对这个儿子肃然起敬,先让他主持家里接待宾客的事,后来立他做太子。田婴死后,田文继承,被称为孟尝君。

孟尝君非常好客,所以后来他的这个称呼也成了好客的代名词。诸侯的宾客和天下有罪逃亡的人都来投奔他。这些人形形色色,各有各的才能。有的人的才能让人看不起,孟尝君一样接纳,好好招待。秦昭工听说孟尝君有才能,请他去秦国。本来有意让他当相国,可是有人说他是齐国王族,不可靠,于是作罢,但也不放他回国。孟尝君让人请秦昭王最宠爱的妃子帮忙。那个妃子说:"我想要孟尝君的那件白狐狸皮袍子。"孟尝君的这件袍子价值千金,已经献给秦昭王了,天下再没有第二件。他很为难,问遍门客们,谁都没有办法。只有一位在他家地位最低的门客说能。原来他有个本事,能像狗一样钻进别人家里偷东西。他半夜钻进秦国宫殿的库房,把那件白狐狸皮袍子偷出来。秦昭王的宠妃得到袍子以后,果然让秦昭王答应放孟尝君回国。孟尝君立即动身,半夜赶到了边境函谷关。按照法律城门在鸡叫时才打开。孟尝君心里很急,担心秦昭王随时会后悔,派人来追。事实上来追他的人已经快赶到了。这时又有一位门客拿出自己的本事。他一学鸡叫,满城的公鸡都跟着叫起来,孟尝君就这样抢先一步逃出了秦国。当年孟尝君接纳这两个会鸡鸣狗盗的人做门客时,其他门客都感到没面子,这以后都服气了。

孟尝君回国以后,给齐潜王当相国。几年后,齐潜王猜疑他,他就说有病退休了,后来夫魏国当相国。当初他在齐国当相国的时候,有一位冯先生来投奔他。他问:"先生有什么爱好?"冯先生说:"没有爱好。"他又问:"先生有什么才能?"冯先生说:"没有才能。"孟尝君笑着收留了他。门下办事的人以为孟尝君不重视冯先生,就安排他吃最差一等的伙食。过了些天,办事的人报告孟尝君,说新来的冯先生很穷,就有一把破剑,天天弹它唱歌,说:"长剑咱们回去吧!吃饭没有鱼。"孟尝君说:"给他鱼。"过些天他又唱:"长剑咱们回去吧!出门没有车。"办事的人听到了都笑，又去报告。孟尝君说："给他坐车门客的待遇。"过些天冯先生又唱："长剑咱们回去吧！家里没人照顾。"办事的人都讨厌他了，觉得他贪得无厌。孟尝君问："冯先生有什么亲人吗？"办事的人说："他家里有个老母亲。"孟尝君派人去冯先生家送吃的用的，于是冯先生不唱了。

孟尝君家里养着三千门客，虽然他在薛地有万户的封邑，但收入还是不够用，就在那里放债。可是钱借出去，因为当地收成不好，借钱的人大都付不起利息。孟尝君下传帖问门客们谁懂会计，能去收账。冯先生署名说能。孟尝君奇怪，问："这位是谁？"门下办事的人说："就是那位弹剑唱歌的冯先生。"孟尝君笑了，说："冯先生果然有本事，我怠慢他了，一直没见他。"于是请他来见面，麻烦他去收账。冯先生问："收到钱，买些什么回来？"孟尝君说："看我家里缺什么就买什么吧！"

冯先生到了封地，把欠钱的人都找来，核对借据后全部烧掉，说孟尝君把欠的钱都送给大家了。所有人都欢呼。他回去见孟尝君，说："您让我买家里缺少的东西回来。我看您家里什么都不缺，就缺少义，所以我就给您买义回来了。"孟尝君问："买义是怎么回事？"冯先生说："薛是您的封地，您不去关爱自己的百姓，却像商人一样放债，赚他们的钱。我用您的名义，把债赐给欠债的人，把借据都烧了。当地老百姓都欢呼万岁，这就是买义。"孟尝君很不高兴，说："先生你算了吧！"一年后孟尝君丢了相位，回自己的封地。当地的老百姓扶老携幼，走出上百里地来迎接他。孟尝君很感动，对冯先生说："这就是先生您给我买的义，今天我看见了。"

乐毅

燕国的祖先是和周公一起辅佐周成王的召公。那时召公地位很高，和周公分治天下。在整个春秋时期，燕国国内几乎没有发生过内乱，它也不参与中原各国的战争。因为地处偏僻的东北角，也一直没有什么发展。到了战国的时候，它是战国七雄里最弱小的一个，也是最后称王的国家之一。收留过苏秦的燕易王是燕国第一位称王的君主。他称王两年后去世，儿子燕王哙继位。几年后，有人给燕王哙出主意，让他把王位禅让给相国子之，说这是在做和尧帝一样了不起的事。燕王哙为了图这个虚名，竟然照办了。两年后齐国唆使燕国太子攻打子之，内乱延续了几个月，死了几万人，国内人心涣散。齐国趁机出兵，燕国没有人抵抗，城门都不关，燕王哙和子之都被杀。两年后燕国人立太子为国王，他就是燕昭王。燕昭王痛恨齐国，但也知道燕国弱小，没有力量报仇,于是大力招请天下有才能的人来燕国工作。乐毅是乐羊的后代。他代表魏王出使燕国,受到燕昭王的礼遇和器重,于是留下来为燕国服务。

燕昭王和老百姓同甘共苦,好好治理国家。二十几年后,燕国恢复了元气。可是这时齐国经过威王和宣王两代人的努力,国力也空前强盛。宣王的儿子湣王接连打败了楚国和秦国。秦国请他一起称帝,他觉得对齐国不利,拒绝了。接着齐国又兼并了宋国,增加了上千里国土。可是就在齐湣王的事业达到巅峰的时候,燕昭王复仇的机会到来了。原来齐国吞并宋国以后,赵国、魏国和楚国都感受到了威胁。魏国和楚国也垂涎宋国的土地。秦国一直要打击齐国。燕昭王和乐毅看准了这个机会,派使者去联系,和这几个国家建立起反齐联盟。就在齐国吞并宋国后的第二年,五个国家一起出兵攻打齐国。

乐毅率领五国联军在决战中打败齐军。其他四国的军队回国,他率领燕军追击,攻下齐国首都,把齐国立国八百年来积蓄的国宝财物都运回燕国。半年之中他乘胜攻下了齐国的七十多座城市,把它们都变成燕国的郡县。齐国只剩下海边的莒和即墨这两座城坚守不投降。乐毅只是围困,不去硬攻。他知道燕国虽然依靠盟国的力量打败了齐国军队,但齐国是大国,强国,不是光靠武力就可以征服的。让齐国的老百姓接受外国统治比在战场上打败齐军要难得多,也重要得多。如果不能争取到齐国人民的拥护,占领军在齐国会像怒海中的孤舟一样轻易被淹没。所以他及时改弦更张,把功夫从武力进攻转用到安抚老百姓,缓和对立,争取民心上。燕昭王也信任他,让他放手按照自己的设想经营齐国。

齐湣王逃到卫国、鲁国,都待不住,最后逃到莒城。这时楚国派兵来救他。可是带兵来的将军想和燕国瓜分齐国,反而把齐湣王杀了。莒城的老百姓起义,攻杀了楚国的将军。他们找到齐湣王的儿子,立他为齐王。燕军攻打即墨的时候,即墨大夫出战被杀。城里的人推选田单当将军。田单战前是齐国首都管理市场的官员。齐军战败后,他带着族人逃难,让族人把车轴过长的部分截断,用铁笼包上。路上逃难的车辆争路,拥挤碰撞,许多人家因为车轴撞断,跑不了了,被燕军俘虏,唯独他的族人都平安逃到即墨。被围困在即墨城里的人因此认为他懂军事。

乐毅在齐国经营了五年后,燕昭王去世,继位的是他的儿子燕惠王。田单趁机派人去燕国散布谣言,说乐毅仅用半年就攻下齐国七十多座城,怎么能用了五年却攻不下仅剩下的两座城?这是因为他不想攻,想找借口留在齐国,自己当齐王。如果换别的将军去,这两座城早就攻下来了。燕惠王不理解乐毅的用心,对他也没有燕昭王那样的信任,听到谣言就派骑劫去齐国替换乐毅,叫乐毅回国。乐毅担心回国被杀，就逃到赵国去了。

乐毅在的时候，尽可能地化解齐国人的敌意。虽然还有两座城没攻下来，但是齐国全境一直保持平静，这是非常了不起的成就，足以表明乐毅的卓越政治才能。骑劫来了却专做激怒齐国人的事，比如割掉齐国战俘的鼻子，挖即墨城外齐国人的祖坟，把死尸抬出来烧给守城的齐国人看。而且这些做法都是田单教给他的。田单散布谣言说齐国人最害怕燕军做这一类事情。田单派使者去和燕军谈判投降，让城里的富豪送重金给燕军将领，请求在城市被占领后保护他们的生命和家产。在用这些办法麻痹燕军的同时，田单已经做好了反攻的准备。他在城里征集到一千多头牛，把锋利的刀子绑在牛角上，把浸透油脂的芦苇绑在牛尾巴上，偷偷在城墙上凿出几十个洞，一天夜里把牛一齐放出去，把牛尾巴点着。上千头火牛疼得向燕国军营狂奔，田单派五千壮士跟在牛群后面冲杀，城里的老弱百姓都上城墙敲打铜器呐喊，把燕军打得大败，杀了主将骑劫。田单乘胜追击，齐国各地都起来响应，很快就把失去的七十多座城全部收复了。

燕惠王又后悔，又害怕，担心赵国趁这个机会派乐毅来打燕国，于是派人去责备乐毅，说："先王把整个国家都委托给将军。将军为燕国打败了齐国，为先王报了仇，我没有一天忘记过将军的功劳。当初先王去世，我刚继位，左右的人误导我。我让骑劫替换将军，是因为将军常年暴露在外，我希望让将军回来休息，和将军商议事情。将军误会了，离开燕国去了赵国。将军为自己打算也罢了，但是怎么对得起先王待将军的一片心意呢？"

乐毅给燕惠王回信。他先回顾了燕昭王和自己策划攻打齐国的经过，称赞昭王建立了五霸以来无与伦比的功业。然后说明自己不敢心存侥幸回国，是怕万一遭受诽谤，落到伍子胥那样的下场，会伤害先王的英名。最后他说：古代的君子绝交了也不会恶言相向，忠臣遭到排斥贬谪，不会去洗清自己的名誉。自己受过君子的教诲，懂得这个道理。之所以敢写这封信，实在是因为担心为您服务的人（这是婉转地指燕惠王）听信身边人的话，不理解疏远者的行事为人。乐毅的这封信成为千古传颂的名篇。信中说的"古之君子，交绝不出恶声，忠臣之去也，不洁其名"，也成为不朽的名言，被有志于道义的后人敬仰和服膺。

胡服骑射

三家分晋以后，东方的大国中，魏国和齐国都曾经称雄一时，赵国却一直处于弱势，经常挨打。在孙膑第一次围魏救赵时，赵国的首都邯郸曾经被魏国攻占。后来魏国衰落了,赵国又被秦国欺负。直到赵国的第六代君主赵武灵王成年以后,赵国才有了转机。赵武灵王继位时年龄很小,大概只有十四五岁。他是个有能力、有主见的国君。楚国、吴国和越国在春秋时期就称王。进入战国时期,魏国、齐国、秦国率先称王。接着剩下没有称王的国家也商量好了一起称王,互相承认。只有赵武灵王认为赵国没有称王的实力,不要那个虚名。他在位时一直称君。他看到赵国四面都有强敌,境内还有一个中山国,使国家像四分五裂一样,没法保护自己。他决心要让赵国真正强大起来。他想到的强国办法是让国人改穿胡人的服装。他看到华夏族虽然文化先进,但他们穿长袍大袖的衣服,行动不方便。胡人穿短而紧身的衣服,便于骑马打仗。以前战车一直是最主要的战争工具。这时骑兵已经成为威力最大的兵种。他设想如果国人都改穿胡服,练习骑马射箭,赵国就可以建立起强大的骑兵队伍,军队的战斗力就会大大增强。

赵武灵王和大臣们一商量,几乎所有人都反对。大臣们认为中国是文化最先进,物产最丰富,被四方景仰的礼义之邦。只听说蛮夷被中国教化,没听说中原人向野蛮人学习的。他们还相信,如果不听从先王的教导,不遵守先王留下来的制度,就不可能治理好国家。赵武灵王对他们说:"先王制定各种制度都是为了便利人民的行动和生活。环境不同,生活方式也不能一样,先王们建立的制度也互不相同。古代的制度今天不一定适用。所以制度要按照具体情况来制定,只要对国家和人民有利就行。"他说服了几个有影响的大臣和他一起带头穿胡服上朝,并颁布法令要全国照办。这项改革果然大大提高了赵国军队的战斗力。赵武灵王亲自率领赵军不断攻打中山国,用了十几年的时间,终于灭掉了它,使赵国全境连成一体,大大改善了赵国的国防。他为赵国练成一支强大的军队。这支军队成为秦国向东方扩张的最大障碍。为了准备和秦国作战,他想了解秦国的地理、国情和秦王的为人,于是装扮成使者亲自去秦国访问。秦昭王接见他,和他谈话以后,总觉得这个人不一般,想再见他,他已经走了,派人去追也没追上。一调查才知道是赵王本人,秦国人非常震惊。

赵武灵王是这样一位有作为的国王,他的结局却很悲惨。他在中午的时候得到一个美女吴娃,非常宠爱,为她废掉了太子,自己还在世就把王位传给吴娃生的儿子,就是赵惠文王。可是后来他又可怜太子,想把原来代国的地方给他,让他也当王。就在赵武灵王还没拿定主意的时候,废太子和弟弟赵惠文王打了起来。废太子打败后逃到赵武灵王那里。赵惠文王那时只是个十二三岁的小孩子,支持他的大臣们带兵包围了赵武灵王的行宫。他们杀了废太子以后，害怕将来赵武灵王会惩罚他们，就继续围困行宫，命令伺候赵武灵王的宫人都离开，不然就灭族。赵武灵王一个人在行宫里被围困了三个多月，最后饿死了。

将相和

赵惠文王在位的时候得到了楚国的和氏璧。秦昭王听说了，要求用十五座城来换。和氏璧是天下最珍贵的宝玉。它是楚国人和氏发现的。和氏把它献给楚厉王。楚厉王叫宫廷里的玉工来鉴定。宝玉往往埋藏在石头里，这样的石头叫璞。玉工没看出来，说只是块普通的石头。楚厉王以为和氏欺骗自己，就砍掉了他的左脚。等到楚武王继位，和氏又去献宝，又被砍掉右脚。后来楚文王继位了，听说和氏整天抱着那块石头痛哭，派人去问他："天下被断脚的人多了，为什么你这样没完没了地痛哭？"和氏说："我不是哭自己的脚。我哭的是这个世道，宝玉被当作石头，诚实的人被当成骗子。"楚文王让玉工剖开石头，果然得到一块无比的美玉，就叫它和氏之璧。后来秦始皇统一中国，用它制成皇帝印。和氏璧从此成为皇权的象征，被以后历代皇帝沿用，叫传国玉玺。

赵惠文王和大臣们商量，想不给，可是怕秦国来打；给了又怕被骗，也找不到一个可以去秦国办交涉的人。太监头目缪贤对赵惠文王说："这件事可以派我的门客蔺相如去办。"赵惠文王问为什么。缪贤说："以前我跟随大王去见燕王，燕王私下里拉我的手，说愿意和我交朋友。后来我犯了罪，曾想逃到燕国去投奔燕王。蔺相如对我说：'赵国强，燕国弱，你是赵王身边的亲信，所以燕王愿意和你结交。要是你成了赵国的罪人，逃到燕国去，燕国怕赵国，怎么敢收留你？一定会把你送回来的。你不如去向大王坦白认罪，或许能摆脱困境。'我照他说的做了，大王果然饶恕了我。所以我知道这个人有见识。我看他也有个很有勇气的人。"

赵王找蔺相如来，问他该怎么办。蔺相如说："秦国强，赵国弱，不能不给。"赵王说："把和氏璧送去了，要是秦国不给土地怎么办？"蔺相如说："赵国拒绝秦国，赵国理屈。秦国失信于赵国，秦国理屈。我们还是宁可让秦国理屈。"赵王问："那派谁做使者呢？"蔺相如说："如果实在没有合适的人，我愿意去。如果秦国不讲信用，我一定把和氏璧完好地带回来。"于是赵王派蔺相如去秦国。

蔺相如把和氏璧献给秦昭王。秦昭王非常高兴，给左右的人和后宫的妃子们传看了一遍。大家都欢呼万岁。蔺相如看秦昭王也不提十五座城的事,就说:"玉璧上有一点瑕疵,我指给大王看。"他把玉璧要过来,靠着柱子站着,说:"大王要和氏璧,我的国君马上就派我送来。送来之前还斋戒五天,态度何等恭敬、郑重。今天大王拿到玉璧,态度骄傲、轻浮。我看大王不像有诚意的样子。所以我把玉璧要回来。大王要是逼我,我就让我的头和玉璧一起摔碎在这柱子上。"秦昭王连忙向他道歉,让官员把地图拿来,指给蔺相如看要给赵国的十五座城。蔺相如说:"大王要接受和氏璧,也应该像赵王一样,斋戒五天,然后在宫廷里举办隆重仪式才行。"秦昭王只得答应。

蔺相如回到旅馆,让手下人穿上破旧衣服,化妆后带着和氏璧从小路偷偷跑回赵国。五天后,秦昭王布置好迎接仪式,请蔺相如来。蔺相如对秦昭王说:"我怕万一得不到城,对不起赵王,已经派人把和氏璧送回赵国了。秦国强,赵国弱,如果秦国先割十五座城给赵国,赵国怎么敢不把和氏璧送给大王?我知道欺骗大王该当死罪,请您处罚我吧!"秦昭王和大臣们听了只能互相看着干笑。左右要把蔺相如拉下去杀掉。秦昭王想杀了蔺相如也得不到和氏璧,徒然伤害两国关系和秦国的形象,就还是按照礼节接待蔺相如,然后送他回国。后来秦国没给赵国土地,赵国也不给秦国和氏璧。

蔺相如这次办外交维护了赵国的利益和尊严。赵惠文王封他为上大夫。后来秦昭王又邀请赵王会面。赵惠文王不敢去,可是不去又会让秦国以为赵国胆怯,只好去。大将军廉颇送赵惠文王到边境,对他说:"大王这次去,来回路程和会面的时间加起来不应该超过三十天。我请大王批准,如果到三十天不见您回来,我立太子为王,以断绝秦国的妄想。"赵惠文王答应了。蔺相如跟随赵王参加会见。在酒宴上,秦昭王说:"我听说赵王爱好音乐,请赵王弹琴助兴吧!"赵惠文王只好弹了个曲子。秦国的史官做记录:"某年月日,秦王与赵王宴会。秦王命令赵王弹琴。"蔺相如上前对秦昭王说:"赵王听说秦王善长秦国的音乐,请秦王也敲瓦缶给大家娱乐吧!"秦昭王发怒,不肯敲。蔺相如端着瓦缶跪在他面前,说:"我和您相距不到五步,我愿意让自己脖子里的血溅到您的身上。"秦王的手下持刀上前要杀他,被他喝退。秦昭王只得敲了一下瓦缶。蔺相如把赵国的史官也叫过来做记录:"某年月日,秦王为赵王击缶。"直到会见结束,秦国没能占到赵国的便宜。

回国以后,赵惠文王认为蔺相如立了大功,拜他为上卿,地位比廉颇还高。廉颇不高兴了,说:"我当将军,攻城野战,立了那么多、那么大的功劳。蔺相如原来是太监的家人,出身低贱,就靠耍嘴皮子,地位反而在我之上,这太让我没面子了。见了面我非得羞辱他不可。"蔺相如听说了,就尽量躲着他，称病不去上朝。有一次在路上遇见了，他让车子躲到一边。他的一些门客看他这样胆小，觉得太丢人，不愿意待在他的门下了，向他告辞。蔺相如问他们："廉将军比秦王还厉害吗？"门客们说："当然不是！"蔺相如说："秦王那样厉害，我在秦国的宫廷上斥责他。我怎么会怕廉将军？我不愿意和他冲突，是因为我和他争斗起来，受伤害的是国家。"众人这才明白，非常敬佩，也不想走了。后来廉颇听说了，脱光上衣，背着柴棍，来蔺相如家道歉，说："我是个浅薄的人，没想到先生您竟有这样宽大的胸怀。"廉颇和蔺相如成为生死之交。外国听说赵国的文官和武将这样识大体，这样团结，就更不敢轻视赵国了。

远交近攻

秦昭王在位五十六年。在这期间，秦国通过一系列的战争彻底打垮了东方的诸侯，灭了周王室，搬走了九鼎。秦昭王是个很有成就的国王，但刚继位的时候他却只是一个傀儡。他的哥哥秦武王死的时候，他正在燕国当人质。还是赵武灵王提议让他继承王位。继位以后，他要依靠母亲宣太后和舅舅魏冉的支持和保护。所以那时秦国的权力实际上掌握在宣太后和魏冉手里，国家的军政活动也因此出现偏差。有一个叫范雎的辩士看到了问题，来秦国游说。

范雎是魏国人。他本来想游说诸侯，但是家里穷，没钱托人引见，于是先在魏国大夫须贾门下当差。须贾带着他出使齐国。这次外交大概办得很艰难，魏国使团在齐国等了好几个月也没得到齐国的答复。可是齐襄王听说范雎有才能，却派人送给他酒肉和十斤金子。范雎推辞不敢接受。须贾知道了，怀疑这是范雎向齐国出卖魏国机密得到的报酬。他让范雎接受酒肉，把金子退回去。回国后，须贾向相国魏齐告状。魏齐大怒，让家人打范雎，把范雎的肋骨打断，牙也打掉了。范雎装死。魏齐让人用席子把他卷起来，扔到厕所里。在宴会上喝酒的人来上厕所，往他身上撒尿。范雎躺在席子里对看守的人说："你救我出去，我会重谢你。"看守的人就去对魏齐说范雎死了，问可不可以把尸体扔掉。魏齐喝醉了，答应了。范雎就这样逃了命。他改名叫张禄，藏在朋友郑安平家里。

秦国使者王稽来魏国。郑安平假扮成役卒给他当差。王稽问他："你知道什么有才能的魏国人吗？我可以带他们去秦国找出路。"郑安平说："我认识一位张禄先生。他想见您，可是他有仇人，不敢白天来。"王稽说："那就请夜里来见面吧!"范雎夜里跟着郑安平来见王稽。王稽和他谈了不多几句话,就知道他是个能人,对他说:"我走的那天,先生请在三十里外路边等我。我在那儿接您上车。"王稽就这样把范雎带走。他们进入秦国,正走在路上,远处有车队迎面而来,范雎问那是谁。王稽说是相国魏冉回自己在东方的封地。范雎说:"我听说魏冉是秦王的舅舅。他把持着秦国的国政,不喜欢从诸侯国来的辩士。我还是藏起来吧!"一会儿相国的车队来到跟前,魏冉问候王稽,问他:"东方发生了什么事情吗?"王稽说:"没有。"魏冉又问:"你没带什么诸侯的说客回来吧? 那些人只会扰乱国家,对秦国一点儿好处也没有。"王稽说:"不敢。"说完双方告辞,各自赶路。范雎对王稽说:"我听说魏冉是聪明人,但见事迟。刚才他有怀疑,忘了搜查,走了以后会更不放心,一定会派人来追。"他跳下车独自步行。才走了十几里路,魏冉的骑兵果然追来,搜查王稽的车子,什么也没发现。

王稽把范雎带到咸阳。他向秦昭王报告说:"魏国有个张禄先生,很有才能。他说大王的国家很危险,用他的计策才可以安定。但是他的建议不能写出来,所以我把他带来了。请大王召见他。"秦昭王已经当政三十六年,这期间秦国打了很多胜仗,占领了很多土地,所以他很骄傲,不相信这话。他给范雎安排级别很低的食宿待遇,一年多也没见他。于是范雎给秦昭王写信,说:"我听说贤明的君主对有功的人一定赏,对有才能的人一定用,赏赐和任用一定依据人的功劳和才能。所以无能的人不敢占据自己不胜任的职位,有才能的人也不会被埋没。如果您认为我的话可用,就应该采纳实行;如果认为我的话没用,何必让我久留在这里。我有建议,需要深说的话不能写出来,浅显的意见又不值得写出来给您看。希望赐给我面谈的机会,如果我说的话没有用,我愿意接受最重的处罚。"秦昭王看了很高兴,就酬谢了王稽,派车把范雎接来。

秦昭王让左右都回避,恭敬地问范雎:"先生有什么可以赐教吗?"连问三次范雎都不回答。秦昭王说:"先生是不肯开导我吗?"范雎说:"我是不敢讲,我和您互相还没有了解和信任,却要纠正您施政中的问题,涉及您的亲人。但我并不是怕说了会被处死。死是人生难免的事。如果需要去死,死了对秦国有益,这就是我最大的愿望。我担心的是如果我因为尽忠被杀,天下有才能的人就不敢来秦国了。您上面受制于太后,下面被奸臣蒙蔽,没有人帮助,秦国的问题得不到纠正,您自己有危险,秦国也可能灭亡,这才是我的担心。"秦昭王说:"先生说的是什么话! 秦国偏僻,我无能,先生来开导我,这是上天赐给秦国和我的恩惠。不管是什么事,上至太后,下到大臣,希望先生毫无保留地告诉我。不要有疑虑。"范雎下拜。昭王还礼。范雎知道可以说了,但也知道昭王身边有太后和魏冉的耳目,就先说国外的事。他说:"秦国比诸侯强大得多,这些年从战争中得到的收获却不相称。这是因为相国策划战略时对秦国不忠,造成秦国战略上的失误。他越过韩国和魏国去攻打齐国,这样的仗很难打,而且打下来的土地秦国也不能守,白辛苦,都便宜了敌国。大王今后应该和远方的国家交好,攻打邻近的国家。这样打下来的每一寸土地都是秦国的,都是大王的。"秦昭王认为有道理,任命范雎当客卿,让他策划战略。秦国虽然从商鞅变法以后就不停地向东方发动战争,但是直到范雎提出了这个远交近攻的建议以后,它才有了明确的扩张战略。秦国就是按照这个战略,又经过几十年的战争,最后消灭了诸侯,统一了中国。

过了几年,范雎觉得秦昭王完全信任自己了,就对他提出进一步的建议。他说:"国家的权力应该集中在大王一个人手中。现在太后和相国仗着是您的长辈,做起事来不管您怎么想,在国家大事上自作主张,政令都从他们那里发出。您的几个兄弟帮着他们,官员们大都是丞相的人。大王大权旁落,在朝廷里很孤立。您自己的地位不稳,子孙能不能继承也是个问题。这样的情况往往导致内乱,这在历史上有很多先例。"这话说到了秦昭王的心病。他马上禁止太后干政,夺回魏冉的相印,让他和自己的几个兄弟都离开朝廷,退休回他们在东方的封地,任命范雎当相国。

春秋是周朝的宗法制度解体的时代,社会上乱象层出不穷,大都和家庭成员,特别是兄弟间争夺杀害有关,最显著的就是君主家庭中兄弟为了争夺君位互相攻杀,使国家陷入动乱。这种现象频繁发生有制度的原因。春秋时期,国君的父系长辈和兄弟们都占据着仅次于国君的权位,兄弟叔伯一起掌权。这是和宗族与父系大家庭相应的政治制度。当宗族组织瓦解,亲属纽带松弛后,大家庭成员的利益分化,成为潜在的竞争者。当国君身边的亲戚重臣对君位产生了觊觎之心,这样的政治制度使他们很容易取国君而代之。这就是春秋时期政变频繁发生,政治制度需要改革的原因。范雎给秦昭王提的建议解决的就是这个问题。

范雎到秦国后一直用张禄这个名字。魏国人以为范雎早就死了。后来魏王听说秦国要攻打韩国和魏国,派须贾去秦国交涉。范雎听说须贾来了,换了一身破旧衣服,一个人悄悄走到旅馆来见他。须贾非常吃惊,问候说:"范先生,你这一向还好吧?"范雎说:"还好。"须贾笑着问:"在秦国没有游说,找找出路吗?"范雎说:"上一次得罪了魏齐,侥幸逃了命,哪敢再去游说!"须贾又问:"那你现在怎么生活呢?"范雎说:"给人当雇工。"须贾听了觉得他很可怜,说:"没想到你现在这样落魄。"他留范雎吃饭,还拿出一件绸袍送给他。吃饭的时候他问范雎:"你认识秦国的张相国吗?听说秦王非常信任他,国家大事都让他做主。我这次的使命能不能办成,也要看他怎么做决定。你有没有朋友认识他?"范雎说:"我的主人和他很熟。我也能见到他。我可以帮你联系见张相国。"须贾说:"那就拜托了。只是我的马病了,车轴也断了。没有四匹马的大车,我可不出门。"范雎说:"我去跟主人借一辆大车来接你。"

范雎驾着大马车送须贾进丞相府。到了丞相住房门前,他对须贾说:"你在这儿等等,我进去为你通报。"须贾等了很长时间,不耐烦了,问守门的人:"范先生进去怎么不出来了?"守门的人说:"这儿没有范先生。"须贾说:"就是刚才赶车送我来的那个人啊!"守门人说:"那是我们的张相国。"须贾大吃一惊,吓得脱光上身,请门人报告他来谢罪。范雎大摆排场,让他进来。须贾磕头,说自己死罪。范雎问他:"你有几条罪?"须贾说:"把我的头发都拔下来也数不清。"范雎说:"你有三条罪。第一,你无端怀疑我卖国,向魏齐诬告我。第二,魏齐打我,你不劝不拦。第三,你喝醉了还忍心往我身上撒尿。今天你能活命,是因为你送给我绸袍,我看你还有故人的情意,所以饶了你。"须贾回国前来辞行的时候,范雎召开盛大宴会,把各国使节都请来,和自己坐在堂上,让须贾一个人坐在堂下,在他的面前放一个马槽,派两个脸上刺字的犯人像喂马一样伺候他吃饭,还三番五次地对他发话:"你回去告诉魏王,马上把魏齐的人头给我送来。不然我就去大梁屠城。"须贾回去一报告,魏齐就逃到赵国平原君的家里藏起来。

纸上谈兵

秦昭王的舅舅魏冉当相国的时候,提拔白起当将军。白起是秦国最善战的将军。秦国军队在他的指挥下总能取得惊人的战果。秦昭王四十五年,也就是范雎到秦国九年以后,白起率领秦军攻陷韩国的城市野王,切断了韩国北部的上党郡和韩国本土的联系。上党军民不愿意投降秦国,想并入赵国,派使者去赵国联系。赵孝成王找两位公子平阳君赵豹和平原君赵胜商量。平阳君认为赵国把秦国的战利品拿走,一定会招来与秦国的战争,所以不能接受。平原君却认为平常出动百万大军连年作战,也不一定能得到一座城,这一次毫不费力就得到十七座城,怎么能不要?赵王同意平原君的意见,派兵接收上党。秦国派王龁进攻上党。赵国派老将廉颇迎战。廉颇在几次战斗中接连失利,于是在长平修筑壁垒,坚守不战。秦军拿赵军没办法。范雎派人带大量金钱到赵国首都买通赵王身边的人,让他们散布谣言,说廉颇根本就不是秦军的对手,很快就要投降了,秦国最害怕的是赵奢将军的儿子赵括,等等。赵王本来就为了廉颇接连打败仗不高兴,后来又嫌他不敢交战,所以轻易地被谣言打动,派赵括去替换廉颇。

赵奢是赵国的名将,这时已经去世了。他原来是管税收的官员。平原君家不交税,他依法处死九个平原君家管事的家臣。平原君是赵王的弟弟,三次担任赵国的相国,在赵国的权势仅次于赵王。他发怒要杀赵奢。赵奢对他说:"你是赵国的贵公子,却放纵家人不遵守法律。你知道不知道法律是国家的根本? 如果法律被削弱了,国家就会被削弱。国家被削弱了,诸侯就要来侵略,赵国就要亡国。赵国亡了,你哪里还有富贵? 你的地位这样尊贵,如果带头奉公守法,人民就会更加信服政府,遵守法律,国家就会更强大,更安全,这对你本人岂不是也更好?"平原君很欣赏他的见识,把他推荐给赵王。赵王让他管理国家的财政。十几年前秦国攻打韩国。赵王问廉颇和其他将军们能不能去救。他们都说战场离赵国太远,道路既狭窄又险恶,不能救。赵奢却认为可以救。他说狭路相逢,将勇者胜,意思是在狭窄险恶的地形上,胜负取决于将领的勇气。于是赵王派赵奢带兵去救韩国。赵奢知道秦国有间谍在侦察赵军的动向,他带军队出邯郸三十里就不走了,一连停留了二十八天,只是让军队修筑壁垒。秦国间谍回去报告。秦国将军判断赵奢只是要防御,不会来救韩国。没想到赵奢带领军队跟在秦国间谍的后面急行军,两天一夜赶到前线,马上布置好阵地,抢占了有利地形。秦军没有准备,仓促应战,被打得大败。

赵括从小熟读兵书,自以为精通军事,和父亲赵奢讨论起行军打仗的事情来,引经据典,头头是道,赵奢也说不过他。人们都认为他是个军事天才,神童,可是赵奢从来不以为然。赵括的妈妈问赵奢为什么不相信儿子的才能。赵奢说:"战争是死生存亡的大事,却让他说得那么轻易。赵国将来要是用他当将军,一定会打败仗。"

赵王让赵括当将军,丞相蔺相如反对。他说:"赵括只是读了他父亲的兵书,记住了一些教条,并不懂得实际指挥作战。不能凭着一个天才的空名就派他当将军。"赵王不听。赵括的妈妈也给赵王上书反对。赵王问她为什么。她说:"赵括的父亲当将军的时候,亲手捧着吃的喝的去照应的人数以十计,结交的朋友数以百计。大王赏赐的东西,他都分给各级军官。从接受任命时起,就不再过问家里的事情。现在赵括刚当上将军就摆架子,下面的军官都没有人敢抬头看他。大王赏赐给他的钱财都被他收藏在家里,每天看见好房子好地就去买回来。大王您看他能跟他父亲比吗? 这父子俩根本就是两种人,所以请大王不要让他当将军。"赵王说:"你不要说了,我已经决定了。"赵括的妈妈说:"大王一定要派他去,如果他不称职,可以免了我的连坐罪吗?"赵王答应了。

　　秦王听说赵括接任赵军主将,马上把白起派到前线替换王龁。秦国人知道赵括只怕白起,于是给军中下令,谁敢泄漏白起是主将就处死。赵括到了长平,改变廉颇的坚守战略,重新部署军队,攻击秦军。白起假装败退,把赵军引诱到秦军的壁垒前,同时派兵偷偷绕到赵军后方,切断赵军的退路,把赵军截成两段,包围起来。秦昭王知道赵军被包围了,马上把国内十五岁以上的男丁都征发到长平,阻断了赵国援兵和粮食的来路。赵括的军队被围困了四十六天,没有救兵,也没有粮食,士兵为了吃人肉互相残杀。赵括想突围,亲自率领精锐攻打秦军的壁垒,被秦军射死。四十万赵军走投无路,投降了。白起认为赵国士兵不可靠,用欺诈的手段把他们都屠杀了,只挑出二百四十个年龄最小的士兵,放他们回赵国报信。这一仗秦军前后一共屠杀了四十五万赵军,把赵国的成年男人几乎杀光了。秦军接着分兵攻占赵国的城市。赵国人心震恐,也无力防御,眼看要亡国了,可是秦军却忽然收兵了。原来是相国范雎建议撤兵。他说秦国军队刚打完这样大的一个战役,很疲劳,应该利用战胜的机会允许韩国和赵国割地求和,让秦军休息。秦昭王对范雎言听计从。白起很不满意。他听说韩国和赵国派苏秦的弟弟苏代带重金去游说范雎。范雎担心白起的功劳太大,地位超过自己,所以建议撤军。

　　过了一年,秦昭王派白起去攻打赵国的都城邯郸。白起说:"邯郸不能打。"秦昭王说:"去年军队伤亡惨重,国库空虚,你也不考虑国家的承受能力,非要我给你增拨军粮去灭赵国。现在国库充实了,军队的供应增加了一倍,你却说不能打,这是为什么?"白起说:"长平一战,赵国的军队几乎被杀光了,人心惊慌恐惧,已经失去了抵抗能力,那时候是可以一举灭掉赵国的。那时没抓住机会,后来赵国四处结交诸侯,君臣上下同心协力,努力备战。您的军力增加了一倍,赵国的实力比那时增强了十倍。赵国的实力增强,外交成功,所以现在不是进攻它的时机。"

　　秦昭王不相信,派王陵做主将。王陵去了以后果然作战不利。秦昭王又找白起,让他去替换王陵。白起说自己有病。秦昭王派范雎去责问他,说:"天下人都知道你用兵如神。楚国有五千里方圆的土地,可以动员上百万军队。你只带几万军队就攻下了楚国的都城,吓得楚王把国都远远地迁到东方。你在伊阙和韩国魏国的联军作战,兵力不到他们一半,却大败敌军,斩首二十四万,让那两个国家从那以后就低头给秦国当属国。现在赵国的士兵十之七八都死在长平了,大王给你的军队几倍于赵军。你以往总能以少胜多,现在是以众击寡,以强击弱,怎么会有打不赢的道理呢?显然是你对大王心怀不满,故意找借口。"白起说:"楚王仗着国家大,不尽心治理。大臣们互相嫉妒争斗。只会巴结讨好的小人当权,正直有能力的人被排斥。军队没有斗志,老百姓不满意政府,整个国家像一盘散沙。而秦军士兵以军队为家,把将帅当父母,紧密团结,齐心协力,所以我能深入楚国立功。韩国和魏国的联军虽然兵多,但都指望对方打头阵,自己不肯上前,所以我可以设疑兵,把他们各个击破。我的指挥只是顺应战场形势,哪里是我自己有什么'神'呢?如今赵国上下一心,全力备战,又有诸侯的外援。邯郸是防御坚固的大城,离秦国太远。赵国坚守不出战,秦军很难攻打。诸侯的救兵赶到,和赵军里应外合,秦军一定会打败仗。我看不到有战胜的可能,另外我也有病,所以不能去。"

范雎回去向秦昭王报告。秦昭王很生气,说:"没有白起,我就不能灭赵国啦?"他派王龁去替换王陵,增派军队,又攻打了八九个月,伤亡很大,还是打不下来。这时候魏国的信陵君和楚国的春申君率领几十万救兵到达邯郸,打败了秦军。秦昭王又逼白起去前线。白起说自己的病加重了。秦昭王大怒,撤了他的爵位,把他降级为士兵。在以后的几个月里,秦军节节败退,使者天天来告急。秦昭王更生气了,不许白起在咸阳住,赶他走。白起只好抱病上路。这时范雎和群臣对秦昭王说:"白起对大王的处罚不服,有怨言。"秦昭王马上派使者带宝剑追上白起,命令他自杀。白起在为秦国当将军的三十多年中,指挥过许多重大战役,使韩国、魏国、楚国和赵国都受到毁灭性的打击,再也无力和秦国对抗。他为秦国立下了无与伦比的战功,却死得冤枉。秦国的老百姓同情他,各地村镇都为他设灵位,祭祀他。

范雎当相国以后报答帮助过自己的人。他推荐自己的老朋友郑安平当将军,推荐带他来秦国的使者王稽当河东郡太守。有一次郑安平和赵军作战被围困,带着两万秦军投降了。按照秦国法律,推荐任命不当同罪,范雎也应该被灭三族。可是秦昭王不许任何人提郑安平的事,不但不处罚,反而安慰范雎。过了两年,王稽也犯了私通诸侯罪被杀。这样范雎就更不安了,说自己有病,辞去了相国的职位。

信陵君

邯郸被秦军包围的时候,魏国带兵来救赵国的是公子无忌。他是魏王的异母弟弟,被封为信陵君。魏王嫌他能力太强,在诸侯中威望太高,对自己是个威胁,不敢让他主持国政。信陵君待人谦恭有礼,不因为自己富贵而对人骄傲,也不因为别人贫贱而轻视他;只要有本事,他什么样的人都结交,所以天下有才能的人都愿意投到他的门下。魏国有一个人叫侯嬴,是魏国国都大梁城东门看门的,七十岁了。信陵君知道他是个有本事的人,要和他交朋友。侯嬴家穷,信陵君送给他钱,被他拒绝。有一次信陵君大摆酒宴请客。大家都入座了,信陵君亲自驾车去接侯嬴。侯嬴穿戴平时的破旧衣帽上车,一点也不客气地坐在上座,对信陵君说:"我有个朋友在市场里,希望能经过那里去和他打个招呼。"

信陵君把车赶进市场。侯嬴下车和他的屠户朋友朱亥说话,故意拖延,看信陵君是什么反应。这时候,酒席上王亲国戚、公侯将相们都在等着信陵君去主持开宴。市场上的人在围观,信陵君的随从们以为侯嬴是在借机炫耀自己,都在心里暗骂他是小人,而信陵君手握着马缰绳耐心等候,脸上始终是一副谦恭平和的神色。侯嬴这才跟朱亥告别上车。到了宴会上,信陵君请侯嬴上座,向宾客们介绍他,向他祝酒。侯嬴对信陵君说:"我只是个看城门的人,承蒙你这样谦恭地对待我,而我接受你过高的礼遇,甚至故意在大庭广众之中怠慢你,这是为了让天下人都看到你的厚道和谦恭下士的品德。你今天固然给了我很大的面子,而我为你做的也不少啊!"于是侯嬴成为信陵君的上客。侯嬴告诉信陵君朱亥是个人才。信陵君拜访过他几次,他也不回拜。

秦昭王听说魏齐躲在平原君家里,他要为范雎报仇,给平原君写信,说要和他交朋友,请他来秦国相见。平原君来了,秦昭王对他说:"我对范先生,就像周文王对姜子牙、齐桓公对管仲一样敬重。范先生的仇人躲在你家。你把他的人头送来,不然你就别回赵国了。"平原君说:"魏齐是我的朋友。你怎么能叫我出卖朋友呢?他在我家我也不能交出来,何况他不在。"秦昭王给赵王写信说:"你弟弟在我这儿。你赶快把魏齐的人头给我送来,不然我不放你弟弟回国,还要派兵攻打赵国。"赵王马上派兵去包围平原君家,要抓魏齐。魏齐连夜逃到相国虞卿家。虞卿知道劝赵王没用,就陪魏齐逃到魏国,想找信陵君接济,然后去楚国。

信陵君接到通报,为要不要接待他们犹豫。因为魏国紧挨着秦国,总被秦国欺负,会得罪秦国的决定不是轻易可以做的。他在拿不定主意的时候随口问了句:"这个虞卿是什么样的人?"侯嬴正好在旁边,他冷笑着说:"人不容易被了解,了解人也不容易。虞卿当年只是一个平民百姓,穿着草鞋,背着雨伞去见赵王。赵王接谈了三次就请他当赵国的相国,封万户侯。如今魏齐有难去投奔他,他放弃高官厚禄跟着朋友逃亡,这样才来找你。你却问他'是什么样的人'，看来了解人还真不是件容易的事情。"说得信陵君惭愧极了，马上亲自驾车去迎接。可是魏齐因为听说信陵君在犹豫，已经自杀了。赵王把他的头拿去献给秦昭王，秦昭王才放平原君回国。

后来秦国在长平重创赵国，一年后又出兵攻打赵国的都城邯郸。赵国向诸侯求救。魏王派将军晋鄙带十万军队去救。秦昭王派使者通告诸侯："谁敢救赵国，我打下赵国以后就先去打他。"魏王害怕，命令晋鄙在半路上停下观望，派另一个将军偷偷溜进邯郸，让他告诉平原君："秦国不是非要得到邯郸。如果赵国派使者尊秦昭王为帝，秦昭王一定会高兴，秦国就会退兵了。"只凭这样的建议我们就可以知道魏王的见识高低，而平原君听了也犹豫着不知道该不该照办。齐国的一个民间人士鲁仲连这时也在邯郸，他是来赵国游历，刚好遇到战争，自愿留在危城中帮助赵国。他请平原君介绍去见魏国使者，对他说秦国是摒弃礼义，只崇尚斩首军功的国家，把臣民都变成了权势的奴隶，绝不能接受它的统治。向秦国称臣只能让自己更被动，让秦国名正言顺地消灭诸侯。一席话说得魏国使者心服口服，收回提议。

平原君是信陵君的姐夫。他给信陵君写信说："我跟公子做亲戚是因为敬重公子肯帮助人的品德。现在邯郸被围，魏国的救兵不来，就算公子认为我不值得帮助，看着我被秦军俘虏，难道就不可怜你姐姐吗？"信陵君心里焦急，一再催魏王进兵。魏王怕秦国，就是不答应。信陵君没办法，就召集自己的门客，拼凑了一百来辆兵车和人马，决心冲进秦军里去战死，这样也就对得起平原君了。出城东门的时候他去见侯嬴，和他诀别。侯嬴只对他说："公子努力吧！我老了，不能跟你去。"信陵君走在路上，心里很不痛快。他想："我对侯先生那么敬重，今天我去赴死，他怎么能连句话都没有呢？"转念又想到："是不是我有什么不对的地方了？"于是掉转车头，回来找侯嬴。侯嬴说："我知道你会回来的。你这样去面对秦军，就像拿肉扔给老虎一样，白送死，有什么用呢？告别的时候我什么话也不说，就是为了让你再想一想。"信陵君这才明白，向他再拜，请他指教。侯嬴让周围的人回避，然后说："我听说魏王调兵的虎符就藏在他的卧房里。他最宠爱的如姬能够把它偷出来。我听说当年如姬的父亲被人杀了，魏王和很多人要为她报仇，三年抓不到凶手。后来如姬哭着求你。你派门客杀了凶手，把人头送给如姬。如姬为了报恩，为你去死都愿意。你如果开口求她，她一定会答应。你拿到虎符就可以把晋鄙的军队夺过来，然后去救赵国才有成算。"

信陵君去求如姬，如姬果然把虎符偷出来给他。信陵君出发前，侯嬴对他说："晋鄙是有经验的老将。兵法上说，将军率领军队在外，要依靠自己对形势的判断,可以选择不接受国君的命令。所以你虽然有虎符,晋鄙也不一定会把军队交给你,可能会派人再去请示魏王,那就麻烦了。我的朋友朱亥是个大力士。你带他去,晋鄙服从就没事,如果不服从,就让朱亥杀了他。"信陵君请朱亥来。朱亥说:"您几次来看望我,我不回拜是因为觉得那些表面的礼节没有意义。现在您有危难,这正是我为您效命的时候了。"侯嬴对信陵君说:"我太老了,不然应该跟你去。我算着你到晋鄙军营的日子,到那天我面向北方自刎,以此来为你送行。"古人认为朋友之交贵在能够互相理解、信任、支持,能够使友情超越任何人间障碍,其最高境界就是能以生死相许。侯嬴为信陵君做了他能做的一切,最后他要以死来彰显自己对信陵君的情谊,实践士为知己者死的信条。

信陵君到晋鄙的军营交验虎符。晋鄙果然起了疑心,说:"我统率十万军队,身负国家的重任,不能这样轻易就转交给你。"朱亥一听,举起藏在袖子里的四十斤重的铁椎,一椎打死晋鄙。信陵君拿到了军权,下令说:"父子都在军中的,父亲回家;兄弟都在军中的,哥哥回家;独子回家。"这样选出了八万士气旺盛的精兵,进兵攻击秦军。

这时候楚国的救兵也来了。这是平原君亲自去楚国求救求来的。平原君家里也养着几千门客。他要从中挑选二十个文武兼备的全才跟自己去楚国。只选出十九位,就再找不出来了。这时候一个叫毛遂的门客自己推荐自己。平原君问他:"先生你到我家多久了?"毛遂说:"三年了。"平原君说:"有才能的人无论待在什么地方,都像锥子被放进口袋里一样,马上就会露出锋芒来。先生你在我门下三年了,我从来没听见有人称赞过你,我甚至都没听说过你,可见你没有什么过人之处。你就算了吧!"毛遂说:"你今天就把我放进口袋里呀! 你要是早放进去,我早就露出来了。"平原君因为实在找不到合适的人,就让他凑个数。

到了楚国,平原君和楚王在堂上会谈,建议两国结盟,请求楚国出兵。楚王就是不敢答应,从清早谈到中午也没谈出个结果来。毛遂走上堂去对平原君说:"联盟的好处,两句话就可以说清楚。怎么从太阳出来的时候开始谈,谈到日中还不能决定呢?"楚王问:"这是什么人?"平原君说:"是我的门客。"楚王呵斥毛遂说:"我和你的主人说话,你算干什么的? 还不下去!"毛遂手按着剑把,走上前说:"我的主人就在跟前,大王怎么能呵斥我呢? 大王呵斥我,是仗着楚国人多势众。可是楚国人再多,在这十步之内却帮不了大王。楚国这样大,这样强,让白起这小子带着几万人就占领了首都,烧掉了楚国先王们的陵墓。这样大的仇恨、耻辱,我们赵国人都为楚国感到痛心、羞耻,大王却不当一回事。您难道不知道吗？建立联盟是为了楚国，不是为了赵国。"楚王说："对，对，先生你说的对，我听你的。"于是两国当场举办盟誓，楚王派春申君带兵去救赵国。平原君对毛遂佩服极了，也非常惭愧，说："我以后再也不敢说自己识人了。"

魏国和楚国的援军赶走了秦军，保住了赵国。信陵君不敢回国，让下面的将军率领魏军回国，自己留在赵国。赵王非常感激他，和平原君一起出城迎接。信陵君的一个门客对他说："我听说，事有不可知者，有不可不知者，有不可忘者，有不可不忘者。"信陵君问："这是什么意思呢？"门客说："自己恨别人，不可以被知道。别人恨自己，不可以不知道。别人对自己有恩，不可以忘记。自己对别人有恩，不可以不忘记。你偷虎符救赵国，打败秦国，这是天大的恩德。赵王亲自出城来迎接你。一会儿见到赵王，希望你一定要忘记。"信陵君说："无忌恭敬地接受您的教导。"见到赵王，他的态度非常谦恭，不敢有一点儿得意的神色。

平原君要报答鲁仲连，请他做官，鲁仲连再三辞谢。于是平原君设酒宴招待他，在席上赠送千金。鲁仲连笑着说："士贵在为人排忧解难而一无所取。接受报酬，那是商人的行为，我做不出来。"然后向平原君告辞，终生不再见他。

信陵君知道邯郸民间有两个有才能的人，一个是赌徒，姓毛；另一个是卖酒的，姓薛。他在邯郸住下后，要找他们交朋友。这两个人不见他。信陵君打听到他们在哪儿，就走着去找他们，和他们谈的很高兴。平原君听说了，对夫人说："我一向以为你弟弟是个天下无双的英雄，他怎么跟赌徒和卖酒的人混啊？原来是个荒唐人。"信陵君的姐姐告诉信陵君。信陵君说："我在魏国的时候就听说了这两个人，到了赵国就想结识他们。我还担心他们不愿意和我来往呢！怎么平原君会以为和他们交往是可羞的事情？看来平原君养门客只是为了面子和排场，不是为了结交人才。"这件事一传出去，平原君和信陵君的为人与见识高下立判，很多平原君的门客都跑到信陵君门下去了。

信陵君留在赵国十年。秦国不断出兵攻打魏国。魏王派人来请信陵君回国。信陵君因为心里和魏王有隔阂，不许手下人通报。毛先生和薛先生来见他，对他说："赵国尊重你，天下人敬佩你，不是因为有魏国吗？魏国还是你的根本。秦国去打魏国你不管。如果秦军攻破大梁，毁了你祖先的宗庙，你有什么脸面见天下人？"信陵君还没听完就站起身来，马上启程回国。魏王和信陵君兄弟见面时都流了泪。魏王把上将军印交给信陵君。信陵君派使者去请诸侯出兵援助。诸侯听说信陵君做主将，都派兵来救魏国。信陵君率领五国联军打退了秦军,把秦军赶进函谷关。秦国又拿出反间计,花了很多钱买通魏国一些有地位和影响的人散布谣言,说信陵君掌握了军队,又有诸侯支持,就要称王了。这本来就是魏王的心病,他赶紧派人去替换信陵君。信陵君知道魏王对自己还是猜忌,就说有病,待在家里放纵喝酒,四年后死了。他死后,秦国又开始攻打魏国,十几年后灭了魏国。

第五章

诸子百家的故事

孔子

孔子叫孔丘,是儒家的创始人。他出生于公元前551年,是商王族的后代。周灭商以后,把纣王的庶兄微子启封在宋国。孔子的六世祖叫孔父嘉,是宋国大夫,在一次内乱中被杀,他的儿子逃到鲁国定居。鲁国是周公的封地。因为周礼是周公制作的,也因为周公在周王室中的崇高地位,鲁国保存着丰富的礼乐文化。后来周朝的首都镐京被蛮族毁灭,周王室东迁,鲁国成为保存周礼最完备的地方。诸侯往往要来鲁国学习礼仪制度。就是这样的文化环境造就了孔子,使鲁国成为儒家的发源地。

孔子在鲁国出生。他的父亲叫叔梁纥,是鲁国有名的勇士。叔梁纥的正妻给他生了九个女儿,妾给他生了一个脚有残疾的儿子。六十多岁时他又和不到20岁的颜征在野合,生下孔子。野合是原始社会的风俗。原始时代父母分属于不同氏族,男女交合不通过婚姻,不建立家庭,只需要互相愿意,没有感情专一的要求。《诗经》里有"邂逅相遇,适我愿兮"的诗句,描写的就是男女野合的情景。有些少数民族到了二十世纪还遗留着这样的风俗。陌生男女在野外不期而遇,两情相悦;或者路人留宿,和主人家的女孩儿交合;分手后两不相干,所以生下孩子只知道母亲,不知道父亲。古代传说中商朝的始祖契和周朝的始祖弃,他们的母亲都是在野外受孕。前者是吃了燕子蛋,后者看见巨人的脚印,心中喜悦,踩了上去。古人用这样的故事证明圣人和国家的神性。我们用现代眼光很容易看出这些传说后面的真相,契和弃也是野合出生的。孔子生活在一个过渡时期。他在许穆夫人写《载驰》后一百一十年出生。这时《诗经》的时代已近尾声,周朝已经建立了父权制农业社会的礼义制度,而民间还遗留着原始氏族社会的风俗,所以他知道父亲,甚至住进了父亲家里。

孔子三岁的时候父亲去世。因为父亲家里不承认颜征在的身份,他随母亲搬出去另住。虽然父亲的祖上在商朝和宋国是贵族,可是因为年代久远,他又是野合的结晶,顶多可以算个私生子,即便如此在法律上也是没有父亲的人,所以社会地位很低。他年轻时做过照管仓库和牛羊的低贱工作,十五岁时立志读书,三十岁上成为著名的学者,开始收学生,教授他学习和整理出来的古代文献。以前学校都是官办的,受教育的都是贵族子弟。私人办学在当时是创举。孔子招收学生不分贫富贵贱,只要求交十条干肉的学费。因为他学问大,也有贵族把子弟送来学习。

孔子认为自己和别人最大的不同之处是好学。他说有十户人家的地方,就能找到和自己一样讲诚信的人,但他们都不如自己好学。他说自己学习从来不知道满足,开导人从来不知道疲倦。当时的书是用竹简做的,字刻在竹简上,竹简用牛皮绳穿在一起。他学《易经》的时候因为反复阅读,把牛皮绳磨断了三次。他不仅向书本学习,也向生活学习。他说三个人在一起,其中一定会有自己的老师。太庙是帝王和诸侯祭祀的地方,可以见到各种各样的祭祀的礼仪和礼器,它们的来历和使用有很多学问。孔子进去,看见不懂的就问个明白。学习是他一生的事业和乐趣,能让他专注得忘记吃饭,快乐得忘记忧愁,也忘记自己就要老了。他留下了许多很有教益的关于学习的格言。比如"学而不厌,诲人不倦","三人行,必有我师","温故而知新","学而时习之","有教无类","教学相长",等等。

孔子不仅教给学生们知识,更重视培养他们的品德。培养品德最重要的是让人懂得对义和利的取舍。从这里产生出中国人对人的最重要分类,就是君子和小人。孔子说君子服从道义,而小人只被一己的利害关系支配。二者的区别直接表现在对富贵和贫贱的态度上。君子在贫困和逆境中能坚持道德操守,而小人到这时就无所不为了。孔子说自己也像普通人一样希望富贵,不愿意贫贱。但如果不是通过正道获得富贵或者摆脱贫贱,他都不会接受。一个有志于道义的人不认为贫贱是可耻的。对君子来说,要紧的不是能不能当官,而是靠什么当的官。在政治清明的国家里贫贱是可羞的,在政治昏乱的国家里富贵是可耻的。

仁是孔子的学说中最重要的概念,也是他最看重的品德,在他那里几乎和至善是同义词。有人问孔子他的几个最优秀的学生谁具有这个品质,他都说不知道,而且说自己也不敢当。学生们问他什么是仁。他说就是爱人,就是克制自己去服从礼制,具体地说就是对非礼的事情,不看,不听,不说,不做。有学生问他如果有一句话可以让人奉行终身,那是什么?他说是宽恕,己所不欲,勿施于人。学生们问他的人生理想是什么。他说是让老者安之,朋友信之,少者怀之。可见他最看重的是人际关系的和谐,而不是富贵,甚至也不是他一生追求的学问。要达到这样的理想,人需要有完善的人格,所以修身,完善自己的人格是孔子贯穿一生的追求。

孔子一生收过大约三千个学生,其中把他设的六门课程都学成的有七十七个。他最欣赏的学生是颜回。他说学生里只有颜回是好学的。颜回不仅最好学,最聪明,而且品德最高尚。孔子赞叹说:"颜回真好,住在贫陋不堪的房子里,每天就靠一点儿干粮、一瓢凉水生活。别人过这种日子会被忧愁压垮,他却终日沉浸在学习的快乐中,心情一点儿也不受影响。"孔子说过能让君子担忧的是道义,而不是贫穷。君子吃粗食,喝冷水,枕着胳膊躺着休息,精神也是愉快的。颜回实现了孔子对君子的理想。颜回不到三十岁头发就都白了。他比孔子小三十岁,却死在孔子前面。颜回的早夭让孔子非常悲伤。他说这是上天在毁灭他。

孔子最不喜欢的学生大概是宰我。他说不出自己的哪个学生仁,但宰我是唯一让他说过不仁的。宰我是孔子的学生中口才最好的,但言行不一可能也是他的缺点。孔子说自己原来对人是"听其言而信其行,"后来变成了"听其言而观其行"。他说这个改变就是宰我带给他的。有一次他看见宰我白天睡觉,说:"朽木不可雕也。"意思是这个人没法教育了。

宰我最让孔子反感的大概是他主张改革儒家制定的丧礼。孔子就是为了这件事说他不仁。按照周礼,父母去世,儿子要服三年的丧期,在这期间不能喝酒吃肉,不能结婚,夫妻不能同房,不能宴会娱乐,不能做任何享受生活的事情,也不能工作、当官。宰我说:"三年的丧期是不是太长了?君子三年不从事礼乐,一定会荒废,捡不起来了。平常生活中许多事,比如新粮接替陈粮,取火工具的更新,都以一年为期。是不是丧期也可以改为一年?"孔子说:"吃白米,穿丝绸衣裳,你安心吗?"宰我说:"安心啊!"孔子说:"你要是安心,你就那样做!君子在丧事中,吃美味不觉得香甜,听音乐不觉得快乐,坐卧行止都心里不安,所以才不那样做。可是你心安,那你就做吧!"宰我出去后,孔子说:"宰我不仁。人生下来三年才离开父母的怀抱。普天下都遵守三年的丧期。宰我不是也得到过父母三年怀抱之恩吗?"

按照孔子的说法,服丧时的举止是悲哀的心情决定的。可是孔子并没有用悲哀的心情解释丧期的长短。他并没有说父母去世了,儿女的极度悲痛大约会延续多长时间,所以丧期就应该有多长。他是用幼儿在父母怀抱中的时间长短来解释为什么丧期应该是三年,用普天下的人都这样做来解释为什么自己应该这样做。这显然没有讲出什么道理来。另外在孔子的时代,三年之丧恐怕也不是天下通行的制度。儒家认为"礼不下庶人",所以起码它不是平民大众的做法。宰我说到它的缺点时,只说它会影响君子从事礼乐,也就是影响儒生们的工作,所以很可能当时它只是儒家一家的主张,就像墨家主张的三个月丧期一样。这些丧礼的制定都有其用心。墨家反对厚葬重服是因为大量埋葬钱财是毁灭国民财富,长期服丧影响人民的工作和生活,这样的丧礼伤害民生国力,这都是无可否认的。而儒家仍然坚持要这样做,自然也有它的用心,它算的是"政治账"。但是孔子并没有对宰我解释儒家这样制定丧礼的用心。

孔子有一套治理国家的办法和理想,也渴望从政。他认为为政要从正名开始,一定要先弄清楚谁是君,谁是臣,谁是父,谁是子,然后循名责实,要求人按身份行事,国家就治理好了。三十多岁的时候他去齐国。齐景公问他应该怎样治理国家。他回答说:"君君,臣臣,父父,子子。"意思是君臣父子都要按自己的身份行事。齐景公一听觉得很对,说:"是啊,要不然,就是有粮食,我能吃到吗?"他打算把齐国交给孔子治理。相国晏婴反对说:"儒家行事不依照法律,它的繁琐礼节几辈子也学不完,它主张的厚葬重服也不宜向老百姓推广,您想用儒家的那一套来改变齐国的风俗习惯,这样做对人民没有好处。"于是齐景公就改主意了,孔子回到鲁国。

孔子直到五十一岁才做了鲁国的一个地方官,隔年升任大司寇,是负责刑罚的最高官员,以后还代理过宰相。孔子执政的宗旨就是要维护周礼。周礼对身份和地位不同的人,在衣食住行、丧葬、祭祀和娱乐等生活一切方面都有明确规定。超过了和自己的身份地位相应的规格就是僭越。孔子认为这是造成社会失序、混乱的根本原因。尽管周礼是周公在五百年前制定的,孔子的时代社会正在发生天翻地覆的变化,而且改善物质生活条件是人类天然的倾向,开始只有少数人能享用的物品逐渐为越来越多的人拥有,这是物质文明进步的自然结果,可是孔子以为只要人都能遵守周礼,不做僭越的事情,天下就太平了。加上他对周礼的熟悉无人能及,所以手里一旦有了权力,他就去纠正那些不知礼的人和不合礼的事。

有一次齐国和鲁国的国君会盟。齐国的司仪向齐景公请示演奏四方的音乐。孔子上前阻止,他说:"两位国君友好会面,为什么要演奏夷狄的音乐?"齐景公只好让撤去。接着齐国的司仪又请示演奏宫廷中的音乐,艺人和侏儒们上来献艺。孔子又上前阻止,他说:"用低俗的舞乐惑乱诸侯的人该杀。"因为他说的都合于礼,国君也得照办,于是把艺人和侏儒们杀了。他代理宰相才七天就杀了鲁国的大夫,著名学者少正卯。他说少正卯是个心地险恶的小人,却聪明,意志坚强,知识渊博,讲的都是歪理却很容易让人相信,还会收买人心。这样的人对国家危害最大,所以一定得杀。

也许孔子认为有必要为国家防患于未然。可是如果任何人手里掌握了权力,不是按照罪行,依据法律,而是根据理论,凭着自己对人的深刻理解或者对国家安危和社会发展的远见卓识去杀人,社会就会被笼罩在滥杀的恐怖之中。表演是艺人和侏儒们的职业,他们表演什么都是奉命行事。少正卯只不过是个孔子觉得很难对付的学者和政敌。他们都是无辜被杀。我们不能说孔子是性格凶残的人。他的滥杀也许应该归咎于那个时代人对生命的观念和今天很不相同,再有恐怕就是他对信念的狂热。这种狂热和贪婪的物欲一样会破坏人性,让人残忍。孔子做的这两件事很能表明儒家行使权力的弊病。儒家主张的是德治,教化的方法,使用权力就等于承认自己的方法无效。可是儒生们偏偏有强烈的权力情结,总觉得掌了权才能施展抱负。当他们得到机会用权力去纠正社会时,他们依据的是礼,是自己的价值观念,而不是法律,所以一定是滥用权力。这就是法家说"儒以文乱法"的原因。

孔子执政时做的最重要的一件事是纠正鲁国不合礼制的君臣关系。周朝实行的是分封制,人民、土地和军队都掌握在诸侯和大夫手里,所以国君渐渐被架空。鲁国那时也是大夫们的势力越来越大,政权被鲁桓公的三个儿子的家族控制。这三个家族被称为"三桓"。它们世世代代把持鲁国的朝政,自行其是,把天子的排场也拿来享用,甚至瓜分了鲁国的三军,把国家的军队直接变成了它们的私家军队。孔子认为像这样君不像君,臣不像臣,以下犯上的情况是对礼制的破坏。礼制被破坏了,国家就要灭亡了。为了削弱这三家大夫的势力,孔子提议拆了他们的城堡。他这样死抠周礼,一心复古的执政显然不合时宜,也不会有政绩,而且得罪了这三家大夫,在鲁国待不下去了,只好辞了官,带着学生们出国游历。在路上他挨过饿,受过困,访问了许多国家,拜会了许多位国君,向他们推销自己的治国理念。

孔子认为治理国家的目的是要在群体内建立和谐与团结的人际关系,也就是"人和"。其方法是建立以家庭关系为基础的等级制度,辅之以培养内心的敬和爱。因为一方面人和人一定要有差别,不然社会就不能有秩序;另一方面人内心要有爱和敬的态度,不然就不能控制这些差别蕴含的冲突。这是儒家和法家的根本区别。法家完全依靠用权势和法律造成的利害关系来推动和控制人,而儒家则依靠培养良知。孔子认为治理国家的第一要务是在人心中培养仁,也就是爱人的态度。人心中有了仁,他就会自觉地遵守礼,也就是社会的规范。这种遵守礼制的自觉性,或者说义务感就是义。所以治理国家要从教育人、培育人的爱心着手。爱是从家庭关系中,特别是从亲子关系中发源的,所以子女对父母的孝顺是仁的根本。如果能在人心中培养出对父母的孝顺,对兄弟的友爱,把这种家庭中的亲情推广到社会上,人就会让,而不会争,就能对他人尊敬,对朋友诚信,对君主忠诚。行使权力需要专业知识,更需要品德。让受过教育、德才兼备的人掌管权力,社会就能得到最公正、最有效率的治理。教育出了这样的人民和官员,自然就能造成一个公正、和谐、安定的社会。但是那时候诸侯们不停地打仗。他们一心想的是怎样扩张领土,不被别人兼并,需要的是能使国家强大,战胜敌国的人才。他们觉得孔子讲的那些办法对他们没有用处。据说孔子拜访过七十多位君主,没有一位用他。他在外国游历了十几年,到六十八岁时,又回到鲁国继续教书,整理古代文献,七十三岁时去世。

孔子对中华文明的最大贡献是把古代文献整理出来编为教材,用它们来教育学生。这些文献是中国自上古流传下来的民间和官方的诗歌、历史记录、政府文件和礼乐制度。经过孔子整理,它们大致被分为诗、书、礼、乐、易和春秋六种。这些就是孔子教给学生们的六门课。《诗》是中国第一部流传下来的文学作品,是孔子从上古流传下来的三千多首诗歌里删选出三百零五首编成的。《书》收集的是古代的政府文件,记载古代帝王和大臣们的事迹,发布的文告和谈话,比如尧帝选拔舜继承帝位的经过、周武王讨伐商纣王时在阵前发布的誓词、卫康叔受封时周公给他的训辞等,所以它也是中国最古老的史书。周王室和诸侯都有史官,记录国家发生的大事。《春秋》是鲁国的史书。《礼》记录周朝的政治制度、社会生活的各种礼仪,比如成人礼、婚礼、丧礼,等等。《易》是占卜书。孔子对鬼神的态度是敬而远之,他也不相信占卜。但是占卜要预测吉凶,这需要对社会现象的因果关系有深刻的理解,所以《易》中包含着深刻的哲理。这是孔子到了晚年非常喜欢研究它的原因。

中国自夏朝进入家天下。到周朝时,以家庭为单位,父权制的农业社会已经基本形成。孔子整理的那些文献就是在这个社会形态的形成过程中产生的。孔子和他的学生们在整理和学习这些文献时,把包含在其中的价值观念提炼出来,建立起一套完整的价值观念体系。孔子整理出这些文献的目的就是要用它们来传播这个价值观念体系,用它来培育人,用培育出的人来治理社会,从而使社会有秩序、公正、安定,使人民和睦、幸福。所以孔子整理出古代文献来教育学生,其功绩不仅在于保存了中国的古代文明,传播了文化,也在于建立起了中国传统社会的核心价值观念体系,和教育与治国相结合的治理社会的方式。它们成为以后两千多年中历朝历代立国的基础和蓝图。这是孔子和他创立的儒家学派在中国传统社会中取得了至高无上地位的根本原因。

墨子和杨子

墨子叫墨翟，是墨家的创始人。他出生的时候孔子已经去世十多年了。年轻的时候他跟儒家学者学习过儒家经典，后来因为嫌儒家繁琐，放弃儒学去建立他自己的理论。他最主要的理论主张是兼爱，就是所有人对所有人的爱。他说天下为什么会乱呢，就是因为人和人不相爱，所以损人利己。父子、兄弟、君臣都损人利己，所以天下就乱了。看清了这个乱的原因，就可以知道治的方法，那就是爱。如果人人都像爱自己一样去爱别人，那还有谁损人利己，还有谁不慈不孝，还有谁偷盗侵略？没有这些，天下不就太平了吗？所以执政的人一定要教导人民去爱。

墨子的理论对下层民众很有吸引力，很多人来向他学习。他们组成团体，领袖称为巨子，成员称为墨者。墨家有自己的家法，可以处死不守法的成员。墨家的信众有强烈的献身精神。他们在一起不仅学习道理，而且身体力行。他们信奉的是劳动者的道德，崇尚大禹王，因为他是工作勤劳，肯吃苦，过简朴节俭生活的榜样。墨家反对儒家主张的厚葬、长服丧期，认为那是浪费，过于影响生者的正常生活。他们规定的丧期是三个月，埋葬只用三寸厚的桐木棺材，也没有椁。古时候体面的棺材至少要有两层，里面的叫棺，外面的叫椁。天子的棺材有七层，诸侯的五层。三寸桐棺是装殓死刑犯用的棺材，简陋到极点，不过据说埋葬大禹王用的也是三寸桐棺。墨家也反对音乐，认为它是奢侈享受，而且影响工作。战争是最大的乱象，是损人利己的最强烈表现。从兼爱的理论中可以直接得出反对战争的结论。墨子和弟子们在这件事上也身体力行。发生战争了，他们长途跋涉，跑到被侵略的国家去帮助防御。

因为兼爱的原则要求人爱人如爱己，所以墨者崇尚任何人都没有差别的平均主义生活。而且因为生活上没有差别，思想上也不应该有差别，所以墨家不仅追求生活上的一致，也要求思想上的一律。每个墨者都要以上级的是非为是非。上级认为对的，一定说对；上级认为错的，一定说错。这也是墨子主张的治国原则。老百姓要与上级官员思想一致；官员要逐级向上，最后达到与天子思想一致，天子服从天的意志，以此达到普天下的思想一致。达到了这样的一致，整个团体，乃至整个天下，就只有一个思想，只发出一个声音。这种思想和言行与上级的高度一致是奉行平均主义的下层民众组织的显著特点。因为它是用纪律和灌输造成的,所以是同而不和。在墨家内部,成员们自愿服从家法,思想不一致的人可以不属于团体,使用纪律也限于团体之内,所以这种要求的压迫性质还不明显,甚至会被看作令人向往的优点,标志着团体内部的高度团结一致。但是如果施之于团体之外,比如墨家有了治国的机会,用同样的方法去追求整个天下的思想言行向上一致,那不但会造成最严厉的思想专制,而且对家庭、人伦和法律等社会制度都会发生破坏作用。

墨家和儒家表面上很相似。它也崇尚古代圣王,也把以爱心待人当作最根本的教义。但墨家讲的是兼爱,是超越人间一切差别的爱,是所有人对所有人的无差别的爱。而儒家主张的爱是有差别的,有亲疏尊卑贵贱之分的。儒家认为爱君主,爱父母,不能和爱同等的人一样;爱亲人不能和爱路人一样。墨家主张的爱是平均主义生活的产物,是对私有财产和等级差别的否定。而儒家是私有财产和等级秩序的卫道者,所以二者实际上最不能相容。

和墨子的理论正相反对的是杨朱的理论。杨朱的时代比墨子稍晚。孟子说:杨朱主张为我,要人只关心自己。对天下有利的事,哪怕只需要从自己身上拔下一根汗毛,也坚决不做。而墨子主张兼爱,要人忘我,只要对天下有利,不管让自己的身体受什么磨难,也一定要去做。孟子认为两者都不对。他两面作战,既反对自私,也反对无私;既反对对什么人都一样爱,也反对除了自己谁都不爱。他说:"杨子为我,是无君。墨子兼爱,是无父。无父无君,是禽兽。"

孟子和世人都忽视了杨朱的为我不是损人利己,所以误以为他主张自私。其实杨朱主张的是自爱。他只是说人应该关心自己的养生,不应该伤耗有限的生命去追求功名利禄,不管是为了个人发达还是为了服务社会。他认为像墨家那样为天下人牺牲自己的一切也没必要。如果人人都不自私,也不无私,不拔自己身上的一根汗毛去利人,也不拔别人身上的一根汗毛来利己,天下就大治了。

墨子和杨子的学说在春秋时期影响都很大。孟子说过:"杨朱和墨翟的理论盛行天下。天下的理论,不属于墨家,就属于杨家。"春秋是宗族组织和大家庭解体的时期。杨朱的为我主张可以被看作人要求摆脱原有义务关系的呼声。墨家的兼爱主张则对身处这一过程中,失去了原来亲属纽带的支持,渴望得到帮助和保护的下层民众有巨大吸引力。但是他们的学派很快就衰落了。墨子和杨子是社会变革时期出现的两个理论极端。他们一个太无私,一个太自爱,所以都没有群众基础。一般人能接受的是有限的自私,其范围是处在天下和个人之间的家,而且不是春秋时期以前的族或者家长制的大家,而是只包括直系亲属,不包括已婚兄弟的小家。我们从晋献公屠杀祖父和父亲家族旁支的做法中可以看到这个家庭的兴起和它的范围。这个范围就是春秋战国时期出现的新社会的财产权单位。人的思想行动要受它限制。在它的范围之内不能有私心。在它的范围之外不能没有私心。不然做什么都事与愿违,适得其反,伤害自己和家人,也给社会制造混乱。儒家的理论为了适应这个变化也在调整,把春秋时期强调的五伦,也就是社会上五种最主要的人际关系的原则,变成汉朝时的三纲,也就是君臣、父子、夫妻关系的原则,排除掉的就是兄弟和相当于兄弟的朋友。墨子和杨朱主张的爱的范围都远大于或远小于小农时代典型家庭的范围,另外像墨家那样的下层人民自发组织的自治团体也为专制制度所不容。随着小农经济和专制制度的确立,它们的价值观念失去了影响力,组织也受到打击。所以墨家到汉朝就销声匿迹了,杨朱的著作也没有流传下来。

老子

老子名叫李耳,是楚国人,做过周王室管理文献档案的小官。孔子曾经向他请教过学问。后来老子离开周朝去隐居。出函谷关的时候,守关的官员请他写书。他就写了一本讲道和德的书,然后就走了,没有人知道最后他去了哪里。他写的这本书被后人称为《道德经》,共有五千多字,是中国古代最重要的哲学著作。老子本人的生平事迹在史书上几乎没有记载,史书上甚至连他究竟是谁也不能确定。他就是以这本书的作者而知名。

老子的理论的出发点是他对阳和阴、动和静、正和反、进和退、善和恶、美和丑,这一类对立关系的独特认识。这些关系都被他用有和无来概括。使用常识的人只看到它们是相反和对立的,而老子认为它们其实是同出共生,相依共存的。他说:"有无相生,难易相成,长短相形,高下相倾。"没有难,就没有易。没有贱,就没有贵。不参照短,就不知道所谓的长有多长。不参照低,就不知道所谓的高有多高。就像东和西是相对的,可是谁也不能没有对方一样,对立的每一方都是对方存在的前提和限度,没有了对方自己也就无以存在,无法被理解了。

老子思想的独特不仅在于看到这些对立面是互相依存的,而且在于他对双方关系的看法也与使用常识的人正好相反。使用常识的人眼睛里只看到有,而老子认为其实无比有更重要,无是有的根本。这就是他的贵无思想。比如盖一间房子,做一个容器,当中空无,所以才有房子和容器的用处。房子和容器四周的有都是为了造成中间的无,所以它们的存在才有意义。再比如听人说话,人习惯于只听别人说了什么,却不知道更需要去听的是别人没说什么。比如有人说历史是公正的。至于他认为什么是不公正的,没有反思能力的人是不会想到去问的,其实那才是他说话的真实含义所在。不听他没说的话,他说的话就听起来空洞。所以一个人没说什么比他说了什么更重要。他说什么的含义要放在他没说什么的背景上才能听得出来。一个人做的选择,也只有看到他没做的选择,才能充分被理解。

从老子的贵无思想中产生出他特有的思考和做事方法。使用常识的人不知道有和无是相通的,所以只会在一个方向上直线想问题,而不会反思,不懂得从无到有、由反到正的方法。老子要人看事情的反面。反是正的根本,由反才能达到正。比如想达到远,要从近开始,所以老子说:"千里之行,始于足下。"想达到易,要从难开始,所以老子说:"多易必多难。"解决问题要从反的方面入手。从正面去追求只是徒劳,而且会适得其反。这就是道,懂得这个道理才是抓住了根本,顺其自然的大智慧。老子把这种洞察微妙事理的智慧叫作"微明"。它让人从幽微处着手,成功于无形之中。这是因为有为是看得见的,而无为是看不见的。人只能通过它的功效去体会它的作为。

一个人想容易,你让他去做难事,说这样就是容易;想快乐,你让他去吃苦,说这样就能快乐;怕失败,你告诉他什么都不做就不会失败;怕丢东西,你告诉他没有就什么都不会丢;想享受美味,你告诉他不吃才能享受它;想接近别人,你告诉他离那个人远点儿就接近了。这样的说法或者违背常理,或者听起来跟废话一样。所以老子说:"下士闻道大笑之。"但是他紧接着说:"不笑不足以为道。"道就是这样,听起来像傻子说的,不是大白话,就是颠倒的话,所以让"下士",也就是没有反思能力的人,听了一定大笑。

可是这样的简单和悖理中的确包含着深刻的道理。比如享受美味,人只知道尽可能地去满足欲望,却不知道味美是欲望造成的。消灭了欲望,就消灭了美味。所以控制欲望,使它保持在旺盛的状态,这才是享受美味的道。再比如人都愿意接近喜欢的人,却不知道因为有距离,才有接近的愿望。消除了距离,就消灭了接近的愿望,就不想接近了,甚至会适得其反,产生排斥力了。所以多的效果反而会是少,少的效果反而会是多,进的结果反而会是退,退的结果反而会是进。

老子说:"无为故无败,无执故无失。"不作为就不会失败,不持有就不会丢失。这也是一句大白话。它的智慧何在呢?帝王们担心陵墓被盗,总想怎样把它造得更坚固。但是与其从正的方面去想怎样加固,不如从反的方面想,不用贵重东西陪葬比怎么加固都更牢固。因为陪葬的东西越珍贵,就越需要加固,但也就越激发盗墓的冲动,盗墓的手段也一定会水涨船高。所以越加固反而越不牢固,不需要加固反而更牢固。老子的大白话是让人别忘了自己为什么要加固,也就是自己的前提,进而去考虑自己的东西能不能加固,也就是自己的限度。

保卫国家也是一个道理。只会直线式思考的人以为在国防上投入越多,就能越有效地压制敌人,国家就越安全。却不会想到没有敌人就不需要军费。所以与其没有止境地去增加国防投入,不如去考虑怎样不给自己制造敌人。当一个政府需要增加国防投入的时候,它首先应该反省。它首先应该考虑的不是怎样更有效地去压制敌人,而是为什么自己有了敌人,为什么自己有了加强压制能力的需要。这种需要是不是被自己的压制制造出来的。国防的目的是要让人民能够安居乐业,如果陷入军备竞赛,国防反而成了扰民的祸害,就违背了它的本意。老子让人去考虑自己的前提,在那里寻找自己的限度。人的想法和做法都是建立在许多前提之上的。他的前提是他行动的起点,而他的起点往往是他的盲点。比如被提意见的时候,他不会去想别人还肯给自己提意见;痛苦的时候,也不会想到自己痛苦的前提,那就是自己还能够痛苦。老子的道就是要提醒人别忘记自己的前提,也别忘记自己的局限。他告诉你:忘记了前提,不知道限度,就会走到反面,就是徒劳。

老子说:"将欲歙之,必故张之;将欲弱之,必固强之;将欲废之,必固兴之;将欲夺之,必固予之。"这也是说做事情要从反面着手。郑庄公对弟弟叔段欲擒故纵的做法和老子的道有貌似之处。他知道要名正言顺地除掉弟弟,先要让弟弟自己"多行不义"。可是他的心机不能让下士听了大笑,所以不是道。老子的道不是诡道,不是骗别人上圈套,或者给自己制造借口的阴谋,也不是吃小亏占大便宜的聪明。老子说:"知人者智,自知者明,胜人者有力,自胜者强。"可见他认为认识自己才是最高的智慧,战胜自己才是真正的强。老子的道是让人战胜自己,顺应自然,使自己立于不败之地的最简单明白的道理。明白得就写在字面上,只是人们总视而不见罢了。比如强是"弱之"的前提,没有强怎么谈得到去削弱?去削弱岂不是徒劳?这不是最简单明白,直接写在字面上的道理吗?再比如予是取的反面。你要取,就应该从予着手。因为你要取,前提是对方必须有,对方没有你怎么取?所以如果政府想增加税收,那就请少向人民征税。这是一句颠倒的话,会让下士听了大笑,所以它足以成为政府向人民征税的道。后来汉朝的文帝和景帝就是用这个道使国家的府库充盈的。再比如一个人想让别人听自己的话,他就应该从听别人的话着手。这应该是政治家的为政之道。一个人想得到帮助,就应该从自强着手。这就是为什么谚语说自助才能得到天助。考虑事情想到反面才能主动,做事情从反面着手才能成功,这就是老子说"反者道之动"的含义。

老子认为互相对立的事物不但互相依存,而且必然会互相转化。古代有个塞翁失马的故事,说住在边境的一个老头养的马跑到胡人那边去了。邻居们替他可惜,他说这不一定是坏事。过了些日子这匹马带着一匹胡人的骏马跑回来。邻居们来祝贺,他说这也不一定是好事。他的儿子爱这匹胡马,骑它把腿摔断,残废了。邻居们又来表示惋惜,老头又说这也不一定是坏事。不久胡人来侵犯,边境的成年男子都被征去作战,十之八九死在战场。老头的儿子因为残废,没有被征,保住了性命。古人常用这个故事来注释老子说的"祸兮福之所倚,福兮祸之所伏"。但是这样的祸福转化还带有偶然性,受外在因素影响。而老子说的是对立面的必然转化,是物极必反,就像月盈则亏一样。

为什么事情一定会发展到极端,走向反面呢?这是因为没有反思能力的人只会直线式地追求,比如为了表达忠心就增加祝寿的岁数,为了表示虔诚就增加诵经的遍数,像做简单加法一样。这是典型的俗人"创意"。在哲学上这叫作"恶无限"。这样的"创意"总是让人在需要改弦更张的时候去变本加厉,这就是不道。这样的直线式追求一定会走到自我否定的道路上去,这就是道。老子让人守着道,等待事物"自化",也就是走向反面。老子的道听起来不合常理,它的发生也总是出人意料。这是因为事情走向反面往往发生在人站得更高,看得更远,准备更上层楼的时候。比如秦始皇统一中国以后,考虑的是怎样把帝位传之万世,结果秦朝只传了二世,十几年就灭亡了。他为永保江山而做的努力只是加速了自己的灭亡。老子的道就是从这一类的历史经验中体会出来的。所以它其实不是自然规律,而是人间规律。月盈则亏只是形象的比喻,因为盈亏的月相之间没有因果关系。老子说:"道法自然。"其实他只是在自然中寻找到了比喻。《老子》中有把道本体化的说法,比如他说:"有物混成,先天地生","道生一,一生二,二生三,三生万物",等等。后人更发展出以"无"为宇宙本体的玄学,在这上面无中生有,故弄玄虚。其实《老子》里那些描述本体的话都是形容,形容的是作者对贵无思想如何精妙的感觉。把抽象观念实体化,就像更早的人类把自然现象神化一样,这是古人思维的幼稚。老子的道只是思想方法,是针对不会反思,不懂得相反相成、物极必反道理的人的思想方法。无也并不比有更重要。它被强调只因为它往往是人的盲点。老子的语言之所以精辟警醒,就是因为它切中盲点。

庄子

庄子名叫庄周。他是道家中地位仅次于老子的大思想家。他出生时孔子已经去世一百多年。他不像孔子,有一套齐家治国平天下的方案,渴望从政,到处游说国君求职。庄子思想深刻,活泼,著作丰富,写了十多万字的文章,文字精妙无比。但他写文章都是为了个人的乐趣,为了表达自己对人生和宇宙的理解,也为了讽刺他不以为然的学说,特别是儒家的学说。那时君主们都想找能帮助自己富国强兵的人才和办法。庄子的理论在这方面没有一点儿用处,他自己也不想有这样的用处。楚威王听说庄子很有才能,派使者带重金去聘请他当相国。庄子对使者说:"你看见祭祀仪式上用作牺牲的牛吗?它被养着的时候多舒服。可是当它披着绣花纹的衣服,被牵进太庙,等着挨宰的时候,想做一个在泥坑里游戏的小猪也不能够了。你快走吧!我情愿享受在泥坑里游戏的快乐,不愿意受国君的束缚。一辈子不当官我才快乐满足。"庄子和苏秦、张仪那样一心想当官发财的辩士们完全不同。他认为那种追求是违反人的天性的。就像马在草原上无拘无束地徜徉,那才是马的天性。为什么要套上笼头,备上鞍子,去让人骑呢?人穿上标志自己身份和地位的制服,就像马被套在了鞍具和笼头里。要是还自鸣得意,神气活现的,在庄子眼里那就太可笑了。

庄子认为自己是发扬老子的思想。但是老子的理论里有积极的方面。老子认为有无相生,相成,认为无是有的根本。他贵无,强调普通人看不到的无的重要,但是并不否定有。他强调无为也是为了有为。他认为无为是达到有为的真正方法,用他的话说是"无为而无不为"。所以他的贵无更像是从无到有的谋略,他的书甚至被人认为是兵书。庄子不同,他也从对立事物相反相成的关系出发,但得出的是虚无否定的结论。老子认为如果忘记了前提和局限,人的努力就是徒劳。而庄子认为人求真向善的努力都是徒劳。他说:人为了防盗,总要捆紧口袋,加固箱子。可是大盗来了,扛起口袋和箱子就跑,他也担心箱子捆绑得不够结实。所以防盗的方法其实是在帮助强盗。推而论之,行善的方法就是作恶的方法,只能起相反的作用。儒家的道德教化就是这样的方法,完全是徒劳,只能让坏事做得更大更容易。因为善和恶也是相依共存的。有多大的善,就有多大的恶。当强盗也要有过人的品格,不然也当不了大盗。所以造就圣人的品质就是造就大盗的品质。越有智慧和道德,强盗就做得越大。而且强盗做得足够大了,是非善恶的标准也会随之改变。庄子说:小偷小摸被抓起来杀掉。齐国的田成子把姜家的齐国整个盗窃了,却成为王侯。道德仁义也成了为他服务的工具。这就像强盗做大了,连道德仁义也被他偷去了。窃钩者诛,窃国者侯,这就是儒家推崇圣人和推广道德仁义造成的怪现象。所以庄子说:"圣人不死,大盗不止。"要消灭大盗,就要"绝圣弃智"。如果把世上的聪明才智、工艺技巧、官制法律、财货珍宝、艺术道德都废除,天下就既不会有大盗,也不会有小偷,就大治了。

庄子用丰富的想象和优美的文字创作出许多美丽的寓言,用它们来表达自己的虚无否定思想。他讲过一个混沌的寓言。有一次南海帝和北海帝一起到中央帝混沌的地界上。混沌热情招待他们。他们俩要报答混沌,商量说:"人都有七窍,可以看、听、进食、呼吸。偏偏混沌没有。咱们给他凿出来吧!"他们俩一天凿一窍,到了第七天混沌就死了。这个寓言的含义是:使人耳聪目明的努力其实是伤害人的根本的。对知识的追求带给人的是毁灭。

庄子把无当作目的,认为有是虚幻,至少不比无更真实。无才是真实境界,才是人生真谛。他讲过一个蝴蝶的寓言,说梦见自己是一只蝴蝶,飞呀飞的,很快乐。一会儿醒了,发现自己不是蝴蝶,而是庄周了。他感到困惑,不知道是庄周做梦变成了蝴蝶呢,还是蝴蝶做梦变成庄周了。他用这个可爱的寓言对现实世界的真实性提出疑问,认为无法确定它比梦境中的世界更真实。人类思想史上的最大奇观就是人对自己从来没有过任何经验的世界,竭力地证明它实在;而对他的整个存在都证明其实在的世界,却费尽心机地证明它虚无。这两方面的证明是相辅相成的。它们合起来就是有史以来神学和哲学的主题和几乎全部工作,浪费了人类大量的精神能力。庄子做的就是这样的工作。所以他的学说比其他诸子百家的学说都更接近宗教,玄学的味道也最浓,对后来兴起的道教和传入中国的佛教影响都更大。

人对生死的态度和这个宗教与哲学的主题紧密相连。因为死后的世界是人最关心,却从来没有过任何经验的世界。对这件事,庄子也有惊世骇俗的看法。他的妻子死了。他的朋友大学者惠施来吊唁,看见他正坐在地上敲着盆子唱歌。惠施说:"她跟你过了一辈子,给你生儿育女。她死了你不哭也罢了,怎么还能敲着盆子唱歌呢?这太过分了吧?"庄子说:"她刚死的时候,我怎么能不感到悲伤!可是后来想到她本来是没有生命,没有形体,也没有气的,只存在于虚无缥缈之间。后来一变而有了气,由气而有了形体,由形体而有了生命。现在又一变而死亡。这不就像春夏秋冬四时运行一样吗?她已经在自然的大房间里得到安息了,我却在旁边嚎哭不止,让她不得安宁,我对命运人生的大道理岂不是太不通了,所以我就不哭了。"

庄子认为生和死都是"物化"，也就是形体的转化。这是一个自然的过程，所以应该听其自然。人为的丧葬仪式都是不自然的，多余的。他快要死的时候，学生们和他商量，说要厚葬他。他不同意，要学生们把他的尸体扔在旷野里。他说："我把天地当棺椁，把日月星辰当珠宝装饰，把万物当陪葬，我的丧葬需要的器物就无所不备了。你们还要怎么厚葬我？"学生们说："我们担心乌鸦和老鹰吃您。"庄子说："扔在地上被乌鸦和老鹰吃，埋在地下被蝼蚁吃，从一个嘴里夺过来，送到另一个嘴里，这多偏心啊！"

庄子和惠施是好朋友。惠施是名家大师。名家也是春秋战国时期诸子百家中的一个重要流派。惠施很有学问。庄子说他有五车书。成语"学富五车"就是由此而来。惠施非常好辩，也是天下出名的善辩。那时有一些被称为"辩者"的名家学者。他们提出许多听起来明显荒谬的命题，比如天与地一般高、山与湖一样平、蛋有毛、鸡三足、飞鸟的影子没有移动、一尺长的木棍，每天折半，一万代也折不完，等等。惠施和他们天天在一起就这些命题辩论，喋喋不休，像是沾染上了狂热病。庄子很不以为然。他认为这样的辩论只能让人口服心不服，就像打赢了没理的官司，对社会没有任何好处。而惠施追求的就是在嘴上赢人，要证明自己的辩才天下第一。其实庄子是误解。使辩者们乐此不疲的是他们对概念的性质和逻辑规则的发现。因为用这些明显荒谬的命题，他们能让人"口服"，靠的就是逻辑的力量。

名家大师公孙龙有"白马非马"论，这是他的招牌命题。说白马不是马，这听起来明显荒谬。但公孙龙的意思是说"白马"和"马"是两个不同的概念，所以"白马"不是"马"。辩者们提出"蛋有毛"的论题，他们大概是这样来证明的：因为鸡有毛，鸡的毛是从哪儿来的？如果你承认无中不能生有，你就得承认蛋有毛。这完全是用抽象推理得出的结论。辩者们用逻辑规则迫使你承认，你手里拿着鸡蛋给他们看是没有用的。再比如他们证明"鸡三足"：鸡有一只左脚，一只右脚，还有一只"脚"，所以鸡有三只脚。可是这只"脚"能算数吗？它存在吗？这就问到了哲学史上最重要的问题，也就是共相是否存在，或者说抽象观念是不是有实体的问题。物是名与实的结合。庄子说："名者实之宾也。"但这只"脚"徒有其名，没有其实，至少是没有另外两只脚那样的实，在现象世界中找不到它所代指的具体的物。即便是在现象世界中有其实的那些名，辩者们也让人把它们只当作名，对它们应用逻辑规则，完全不在意得出和实完全背离的结论。因为他们把名当作独立的存在，把它和实分离开来去研究它，所以被称为名家。他们这样做是在研究概念的形式，撇开它的内涵，所以名家是中国最早的逻辑学家。

庄子自己其实也很好辩。他和惠施到了一起总是互相辩难，钻对方的空子，取笑对方。这是学者们在一起的乐趣。有一天两个人游玩到了一座桥上，看见水里的小鱼游得悠闲自在。庄子说："鱼儿多快乐啊！"惠施说："你不是鱼，怎么知道鱼快乐？"庄子说："你不是我，怎么知道我不知道鱼快乐？"惠施说："好啊！我不是你，所以不知道你。你不是鱼，所以你也就不知道鱼啦！"庄子说："这不行，咱们还是回到你开始的说法。你开始说我不知道鱼快乐。你那样说显然是你知道我不知道鱼快乐。后来你又承认你不知道，那你就自相矛盾了。如果按照你最初的说法，尽管你不是我，你还是认为你知道我。既然你知道我，那我就知道鱼啦！所以我不需要是鱼就可以知道鱼快乐，我站在桥上就知道了。"他们都是抓住对方的前提和结论的自相矛盾来证明自己，反驳对方，为此更深入地发掘对方的前提。就是这样的辩难推动了思想不断深入。

庄子认为世人只能看到有用的用处，看不到无用的用处，更不能理解无用的大用。惠施讽刺他说："我看见一棵大树。它的主干臃肿，小枝卷曲，立在路边，工匠们都对它不屑一顾。你的理论就像这棵大树一样，大而无用，被所有人离弃。"庄子说："怎么是大而无用？是你不会用大。比如这棵大树，你担心它没用，为什么不让它待在旷野里逍遥自在。它没有你说的那一类用处，因此就不会被砍伐而夭折。这不就是没用的大用吗？"

可是庄子也有遇到困境的时候。有一次他和学生走在山里，看见一棵大树。他问伐木人为什么不砍伐它。伐木人说这棵树没有一点儿用处。庄子对学生说："看见了吧！这棵树因为没用才能安享天年。"他们出山后路过庄子的朋友家。朋友很高兴，让孩子杀鹅招待。孩子问杀哪一只，说一只能叫，另一只不能叫。朋友说："杀那只不能叫的。"庄子的学生困惑了，第二天上路后问庄子："山里的那棵树因为没用才没被砍伐，主人家的鹅却因为没用被杀了，先生您怎么办呢？"意思是让自己有用还是让自己没用呢？庄子笑着说："那我就待在有用和无用之间吧！"这也是他自己写的一个故事。他看到了自己推崇无用的理论会遇到说不通的困境。这是任何理论和原则都会遇到的。庄子在理论上虽然走极端，却并不认死理。无奈时就用幽默为自己解嘲。这正是在他的著作中随处可见的那种聪明与思想的活泼。

在庄子写的故事里，他总是取笑惠施，占他的上风，而惠施则显得滑稽可笑。后来惠施去世了。有一次庄子经过他的墓地，回头对跟随的人说："楚国郢都有个人，他把像苍蝇翅膀那样薄的一点儿白灰抹在自己的鼻子尖上，让一个匠人用斧子削掉它。匠人舞动斧子，带着呼呼的风声。郢都人泰然自若，纹丝不动。白灰被砍得干干净净，一点儿也没伤到鼻子。宋国国王听说了，把匠人找来,要他表演。匠人摇头说:'我倒是能抡斧头。可是给我做对手的人已经死去多年了。'自从惠施先生去世以后,我也没有做对手的人了,没有可以谈话的人了。"

孟子

孟子叫孟轲。他在中国古代社会被认为是儒家里地位仅低于孔子的圣人。儒家学说也被称为孔孟之道。孟子和庄子是同时代人。他跟孔子的孙子子思的门人学习儒家理论,学成后去游说各国的君主。这时候中国已经进入战国时期,原来周朝的诸侯都已经自己称王,忙于打仗。他们需要人才帮助他们富国强兵。魏国的梁惠王和齐国的齐宣王都很敬重他,向他请教,但都觉得他的办法没用。于是他也像孔子一样,回家专心研究学术。他写的七篇文章合编成一本书,叫《孟子》。它基本上是一个谈话录,包括许多孟子和君主们的对话。他的理论都是通过这些对话表达的。

孟子去见梁惠王,正是梁惠王最需要帮助的时候。三家分晋以后,魏国被魏文侯治理成天下最强的国家。可是到了他的孙子梁惠王这一代,魏国在东方被齐国打败,在西方被秦国夺去了七百里土地,在南方又被楚国打败。梁惠王整天为怎么恢复魏国的地位,怎么复仇忧心。他一见到孟子就说:"您老不远千里而来,一定带来了有利于魏国的办法吧?"孟子说:"大王何必说利呢?要是举国上下都利字当头,国家就危险了。人心中有仁义就不会背弃父母和君主。大王讲仁义就可以啦!"

梁惠王说:"我对国家实在是尽心了。河内遇到灾荒,我把灾民从河内迁到河东,把粮食从河东调到河内。反过来也一样。我看别国的君主真没有像我这样尽心的。可是他们国家的人口也不见减少,我国的人口也不见增加。不知这是为什么?"孟子说:"大王好战,我就用打仗作比方。两个士兵临阵脱逃,一个跑了一百步,另一个跑了五十步。跑五十步的人笑话那个跑了一百步的,您说可以吗?"梁惠王说:"当然不可以。他也逃跑啦!只不过没跑那么远罢了。"孟子说:"既然这样,大王就不要指望魏国的人口比别的国家多了。因为您的尽心和别人的不尽心就是五十步和一百步的区别。"

梁惠王最关心的是怎样才能让国家强大,孟子给他的建议是施仁政,就是用爱心来施政。首先要让老百姓安居乐业,不受冻挨饿。贤明的君主一定要让人民拥有足以养家活口的产业。一家人有五亩大的宅地,周围种上桑树,养上两头母猪,五只母鸡,再有一百亩的耕地,这样一个农夫才能养活一家老小。

要让老百姓安居乐业,君主就不能好战,不能随意征发老百姓去服役打仗,还要减轻刑罚和赋税。老百姓丰收年可以温饱,灾荒年不至于饿死,然后才可以教导他们礼义,培养他们的品德。老百姓生活安定,忠诚孝顺,就会热爱自己的生活和自己的国家。这样的老百姓拿着木棒也可以打败秦国和楚国的坚甲利兵。在不施仁政的国家里,老百姓不能好好生产,终年辛苦,却免不了父母受冻挨饿,妻离子散。君主的厨房里有肥肉,马厩里有肥马,却让自己的百姓饿死在荒郊野外。老百姓辛苦工作也养活不了自己和家人,就会为非作歹。政府再用刑罚去惩处。这样的君主是在用权力杀人,这和用刀杀人,和野兽吃人是一样的。这样的国家怎么能和施仁政的国家为敌呢?

孟子认为君主施仁政就可以无敌于天下。他的理由是在战争中人心的向背比物质条件更重要。用他的话来说是"天时不如地利,地利不如人和"。仁义的人得人心,残害仁义的人不得人心。人心的向背直接影响力量的对比。得人心的人会得到支持者,乃至天下的人都支持他。不得人心的人会失去支持者,乃至自己的亲戚都背叛他。这两者交战,胜负是不言自明的。如果哪位君主能施仁政,普天下从政的、种地的、经商的都愿意在他的国家里生活和工作。谁不满意自己的国君,都来他这里寻找公平正义。天下人都心向着他,愿意做他的国民。邻国的老百姓把他看作自己的父母。派他们对他作战就像是让儿子去打自己的父母,是不可能取胜的。所以施仁政的君主一定无敌于天下。商汤王和周文王就是最有说服力的例证。前者最初只有七十里国土,后者只有一百里,但是王道仁政使他们得到人心,最后以弱胜强,取得天下。所以孟子说:得人心者得天下,失人心者失天下。

孟子说国家要强大,君主先要有爱心,先要让人民生活安定富足。这些话很有道理,但是并没有抓住当代的问题。让国家强大,让人民生活安定富足,不是靠君主有爱心、不好战、减轻刑罚赋税就可以做到的。商鞅在孟子讲这些话之前已经用完全不同的方法使秦国成为天下最富强的国家。他的方法不要求君主有爱心,也不教育老百姓忠诚孝顺,同时对外积极发动兼并战争。商鞅的改革表明富国强兵需要的是一套可行的经济、政治和军事制度,能把人民发动起来,使他们愿意勤奋地工作,勇敢地作战。而孟子和儒家对此一窍不通。孟子主张的仁政也有具体制度,就是井田制,官职世袭制,市场关卡不征税,不禁止老百姓开采山林,犯了罪家人不连坐。他说哪个君主能恢复这些古代的制度就一定会受到人民欢迎。其实废除井田制和官职世袭制是商鞅变法的核心内容,是中国古代经济和政治制度最重要的进步。由商鞅变法的效果来看,孟子说老百姓会欢迎恢复那些正在被时代淘汰的旧制度,这显然只是他自己想当然。用复古的办法来使国家强大才真是缘木求鱼。所以难怪梁惠王觉得孟子的主张没法实行。而孟子也责怪梁惠王不仁。

　　孟子见到齐宣王也给他讲这个爱护老百姓就可以无敌于天下的道理。齐宣王问："那我能做到吗?"孟子说能。齐宣王问："怎么知道我能呢?"孟子说："我听说有一次大王看见有人牵牛走过。您问去哪里。那个人说是牵去杀了,用它的血涂在新铸的钟上。您说:'放了它吧!我不忍心看着它吓得发抖的样子,好像要无辜被杀似的。'那个人问:'那就不祭钟了吗?'您说:'那怎么行!用羊代替吧!'不知有没有这件事?"齐宣王说有。孟子说："大王有这样的心,就能成就王业。老百姓都说您齐啬小气。可我知道您是因为不忍心。"齐宣王说："是有老百姓这样说我。齐国虽然小,可我也不至于吝惜一头牛啊!实在是因为看着它心中不忍,才要用羊去换的。"孟子说:"大王也别怪百姓们这样说。他们就看见了您用小的换大的。要是因为于心不忍,那羊和牛有什么区别呢?"齐宣王笑了,说:"这到底是什么心理呢?我的确不是为了吝惜才用羊换牛。可是百姓们说我小气看来也有道理。"孟子说:"这是因为您只看见了牛,没看见羊。人对动物就是这样,看见它活着,就不忍心看它死。听见它的叫声,就不忍心吃它的肉。所以君子总是离厨房远远的。"齐宣王高兴地说:"我自己做的事,我都弄不清自己是什么心理。先生你一说,就说到我心里了。那为什么我有这个心就能成就王业呢?"孟子说:"您有的这个心是爱心。施仁政就是推广自己的爱心到老百姓身上。要是有人对您说:'我可以举起三千斤重的东西,却举不起一根羽毛。'大王能同意他吗?"齐宣王说不能。孟子说:"这个人不是不能,而是不为,是不肯去做。大王的爱心能够用到禽兽身上,却用不到百姓身上,这是不能吗?这也是没去做罢了。"

　　孟子劝导齐宣王所用的办法就是道德教化的基本方法,劝君主施仁政,劝老百姓行仁义、守礼,要读书人培养品德、修身养性,直到后世儒家劝寡妇殉夫,要忠臣死节,用的都是这个方法。它先告诉人应该,再树立榜样证明人能,然后就要求人去做,还说做了会有大利益。这是以后历朝历代道德说教的基本模式。孟子的这个方法是以他关于人性的理论为依据的。孟子认为人性善。每个人的心中都有四种天然的倾向。孟子叫它们恻隐之心、羞恶之心、辞让之心和是非之心,从中产生出四种基本品德,就是仁义礼智。坏人不是天性坏,而是丧失了天良。让他学好就是要把他丢失的这四种心找回来。培养品德就是发展天性,向内发掘,在自己的内心中找到敬和爱,然后向外推广,由尊敬自己的老人达到尊敬别人的老人,由爱护自己的孩子达到爱护别人的孩子。

公孙龙曾经讲过一个故事,说楚王去云梦泽打猎,把弓丢了。手下人要去找,他不让,说:"楚王丢了弓,被楚国人捡到,何必去找?"孔子知道了,说:"楚王的仁还不到家。说人丢了弓,人捡到就可以了。何必要说楚国人?"楚王把爱心推广到楚国人,孔子推广的范围更超过了楚王。人都有自己同情敬爱的范围,能把它们推广扩充到他原来没有同情敬爱的对象就是仁。推广扩充的范围越大,道德的境界就越高。古人比今天的人就强在这个推广爱心的能力上。仁政就是推广爱心的自然结果。

孟子的这个方法的问题是它要求的推广扩充往往是不现实的,因为扩充范围最广的道德一定是最脱离现实的道德,境界越高,就越缺乏可行性。比如在家天下的时代把禅让当作道德的最高境界去追求,真正实行起来一定会造成天下大乱。向人要求这样的推广扩充会造成道德观念向不现实的方向畸形发展,造成虚伪的社会风气。这正是我们在后世儒家的道德学说中看到的问题。另外如果被劝的人不愿意去推广扩充,不肯承担自己对社会和他人应尽的义务,政府也没有办法。这就是德治方法的局限和那个时代社会需要发展法治的原因。

孟子认为在人民、国家和君主的关系中,人民最重要,国家其次,君主排在最后。执政者要爱民,有责任让人民生活安定、幸福;尽不到责任,就不该在位。齐宣王问孟子:"商汤王和周武王攻杀夏桀和商纣,难道臣可以弑君吗?"孟子说:"残害仁义的人称为'一夫'。我只听说过杀'一夫纣',没听说过弑君。"这就是说如果君主荒淫无道,就不配当君主,讨伐他就是正义的。后世的专制君主们对这个思想很反感,把这些话从他的书里删掉。

儒家认为对义与利的取舍是做人的最根本问题。孟子提出舍生取义的主张。他说生命和道义都是可贵的,就像鱼和熊掌都是美味一样。如果二者只能选择其一,那就应该为了道义放弃生命。这是士应该有的气节。这是被后代儒家大力鼓吹的思想。但是孟子的看法和后世打着他的旗号的俗儒们的看法不同,有人问孟子的学生:"礼和食色这两件人生大事比,哪个更重要?"学生说:"礼重要。"那人接着问:"如果守礼就得饿死,不守礼就有饭吃;如果守礼就娶不到妻子。不守礼就能娶到,那还要守礼吗?"孟子的学生回答不了,回去问老师。孟子说:"你可以同意他的话呀!这有什么可为难的吗?黄金比羽毛重,这是说一个小小的金钩比一大车羽毛重吗?拿死生、传宗接代这样重要的食色事情和轻微的礼节比,当然是食色重要啦。你回去反问他:如果要强扭你哥哥的胳膊抢他就有饭吃,不然就没有;如果翻墙闯进别人家去强搂人家的闺女就能得到妻子,不然就得不到,你会不会去做?"可见孟子对义利关系的看法不是绝对的,不是把二者对立起来去反利,去压抑人性。这就是他和后世俗儒的不同之处。有人问孟子:"嫂子要淹死了,应该伸手去救吗?"孟子说:"看见嫂子要淹死不伸手去救,这样的人是豺狼。男女授受不亲是礼,而伸手去救是权变。"可见孟子认为礼的规定必须有变通,不然会让人与豺狼无异。所以从他的理论里得不出"饿死事小,失节事大"这样的结论。汉朝有个官员把妻子休了,就为了她从邻居家的梨树伸进自家院子的树枝上摘了一个梨。孟子会说这样的人是豺狼,而不会说他是道德楷模。而后世俗儒树立的道德楷模往往是这样的豺狼。

孟子主张君主执政必须以民为本,要施仁政,要把改善民生当作执政的第一要务。政权的基础是民心,得人心者得天下。这些都是法家缺乏的、非常了不起的思想,成为以后历代治国的基本指导思想。甚至他的那个仁义可以让手持木棒的老百姓打败秦国的坚甲利兵的预言,当时没有人会相信,一百多年后在人民反秦大起义中也分毫不差地被验证了。但是他的这些思想和当时当代需要的治国办法却是两回事。中国社会正在进入铁器和牛耕的小农经济时代,需要社会制度,特别是土地制度的相应变革。而孟子提出的解决方案是复古,是恢复井田制、官职世袭制和德治的方法。这些做法只能瘫痪经济,使政治更黑暗,更没有效率。儒家的学说也因此被当政者认为没用。直到法家完成了对财产和政治制度的改造之后,特别是在法家理论的缺陷,和它因为走向极端而造成的弊端,通过秦朝的迅速败亡而充分暴露以后,孟子和儒家的这些思想的重要性才逐渐显现出来。他对仁义的主张,他对人性与道德关系的说法,后来都成为中国古代社会的共识。比如中国古代儿童入学读的第一本书《三字经》,它的第一句话就是"人之初,性本善"。但是孟子的理论中最要不得的复古主张后来也声势越来越大,在三百多年后终于成了气候,被篡夺汉家天下的王莽实践了,造成天下大乱,把社会带进灾难的深渊。

阴阳五行家

到了春秋战国时期,中国历史上已经有过夏商周三代的兴替。春秋战国又是天下大动荡、政权兴衰更迭格外频繁的时代。鲁国的史书《春秋》记录了二百四十二年的历史。其中有三十六位君主被杀,五十二个国家灭亡。这些现象给人提出问题,对它们的解释有重大的政治价值。阴阳五行学派就是从认识和解释这些现象的需要中产生的。在阴阳五行学派之前,古人已经从天地、日月、昼夜、雌雄、死生、动静、高下,这一类现象中提炼出了阴阳的概念,把阴阳的相互作用看作宇宙间一切生成变化的原因。他们也形成了金木水火土是构成万物的五种基本材料的观念。这五种基本材料被称为五行。古人看见水使草木生长,木头燃烧发出火焰,燃烧产生灰烬(土),和水浇灭火,火融化金属,金属切割木头,等等现象,由之形成了五行相生相克的观念。五行相生是指木生火,火生土,土生金,金生水,水生木。五行相克是指水胜火,火胜金,金胜木,木胜土,土胜水。这种相生相克的关系也决定了五行的变化是一个周而复始、循环往复的过程。古人认为这就是宇宙生成和变化的原因和方式。

阴阳五行家在这些观念的基础上发展出一套理论,叫作五德终始说,用它来解释王朝兴替的原因和方式。他们的办法是把金木水火土说成是王朝的属性,把这五种属性叫作五德。就像每一个人有自己的属相一样,每一个王朝也有自己的属性,也就是德。按照各自的德,王朝之间就有了符合五行的相生相克关系。阴阳五行家于是就可以用五行理论来说明王朝的兴替。比如夏朝是木德,因为金克木,所以它被金德的商朝取代。周朝是火德,因为火克金,所以它又取代了商朝。阴阳五行家还根据这个理论预言将要取代周朝的是一个水德的王朝。

一个王朝将要兴起的时候,上天会降下某种征兆,叫作符瑞,表明哪一种德当运,也就是将要占据统治地位。王朝兴起是因为它的德当运。秦文公是帮助周平王东迁的秦襄公的儿了。史书上记载他在打猎的时候捕获黑龙。秦朝把这件事说成是水德的符瑞在秦国出现,以此证明秦朝是水德的王朝。每一种德有自己的方位和主色。木是东方,青色;水是北方,黑色;火是南方,红色;金是西方,白色;土在中央,黄色。秦朝自称是水德,所以崇尚黑色,旗帜衣服都以黑为上色。因为水德当运,所以秦朝取代周朝是奉天承运,既奉天命,又当时运。这个说法后来成为历代皇帝诏书开头的套语。王朝的合法性就体现在这四个字上。其中天命观念古已有之,而运的概念却是五行相生理论的贡献。

以往的王朝也说自己得天下是天意。商朝祭祀祖宗的诗歌说:"天命玄鸟,降而生商。"成汤讨伐夏桀,周武王伐纣时,都宣称自己是执行天罚。但它们都是自称天命,没有一套理论来证明。阴阳五行学派是中国最早的制造意识形态的专家,它用理论为家天下王朝统治的合法性提供依据。其他诸子百家的理论都没有这个功能。天命需要用理论证明了,可见中国人的理论思维能力在这一千多年里取得了长足的进步。但这进步只是让他们的迷信更精巧了。迷信的根源其实不是无知而是心理需要,所以它不会被知识打破,反而会伴随知识成长。五德终始说体现的就是这样的成长。所以庄子说人追求知识只是徒劳，他自然有他的道理。强盗做大了会把道德偷去。迷信做大了，同样也会把科学偷去。

阴阳五行家们因为自己的这套理论而成为天命和国运的宣示者，被君主们格外敬重。这个学派的领袖是邹衍。他是名气最大的稷下学者。他到魏国，梁惠王到郊外迎接，对他执宾主之礼；到赵国，平原君让他走在路中间，自己走在旁边，为他掸座席上的灰尘；到燕国，燕昭王称他先生，坐在弟子席上听他教导。齐国和燕国沿海地带自古以来盛产谈话宏大不经的方士，大概因为大海是最能让人驰骋想象力的自然景观。史书上说邹衍"尽言天事"，因此得到了一个"谈天衍"的尊号。其实他讲的事情比天还要高远幽深。他的方法是先用小事小物建立起让人能够接受的模型，然后在时间和空间的维度上无限类推，一直达到天地之外、有无之中，让听到的人既为其宏大不经而惊骇，又为其虚无缥缈而难以置信。大禹治水时把中国划分为九州。邹衍用放大类推的方法得出了一个大九州理论，说世界上一共有九个大洲，都被海洋环绕着。中国所在的叫赤县神州，只是其中之一。这种思考方法和物理学家用太阳系当模型去设想原子的内部构造是一样的。只是到了近代国人才认识到这个大九州理论原来并不是虚妄怪诞的海外奇谈，而是用逻辑方法得到的，非常接近事实的猜想。而他的五德终始说，在当时发生了巨大影响，成为以后两千年里中国民众的共识和王朝意识形态的基础，在今天对解释历史过程已经毫无价值。

荀子

荀子叫荀况，他在世的年代比孟子和庄子稍晚。他是赵国人，五十岁上到齐国游学。那时齐国在首都设立学宫，汇集了天下各种学派最优秀的学者。他们在这里发表自己的理论，互相辩论问难，发展学术。学者们自己管理自己，推举最德高望重的人当领袖。荀子曾经三次担任学宫的领袖。后来他又去楚国，当过兰陵县令，死后就埋葬在兰陵。

荀子是性恶论的创始人。他认为人的本性是恶的。他的理由是人天生就喜欢饱暖轻闲，不愿意饥寒劳累。趋利避害是人的天性，如果顺其自然，人就会争夺杀害，就会淫乱，而不会谦让、守本分。这就说明人性是恶的。礼让违反人的天性，所以不会自然发生。荀子说："人之性恶，其善者伪也。""伪"就是人为的意思。善是人为努力的结果。仁义和礼制不是从人的天性中发生的。它们完全是圣人的制作，用来教育和约束老百姓，就像工人把黏土做成陶器一样。黏土有自己的本性,而陶器的性质是工匠加于黏土之上的。

　　荀子认为礼义制度是社会的根本。他说:人力气没有牛大,走路没有马快,却能够役使牛马。为什么呢?因为人能组合成群,就是社会,而牛马不能。人组成群,就能统一意志,集合力量。力量合一就强大,就能战胜环境。但是人和人必须有差别次序才能组成群,因为人和人地位都一样就谁都不听谁的,没有先后次序就要互相争夺。一争夺就乱,就自相残杀,就没有力量了,就不能战胜环境了。治和乱直接决定国家强弱。为了防乱,先王制定礼义,使人有贫富贵贱的差别,既防止人争夺,又使人有统属关系。贫富贵贱的差别必须以礼义为基础,不然人还是会争,群还是会乱,和没有差别一样。所以礼是人能够组成社会的条件,所以荀子说:"人之命在天,国之命在礼。"

　　荀子的性恶理论的问题是他把人的物欲等同于恶。人有物欲和人怎样满足物欲是两回事。后者才与善恶有关。孟子对利的否定也有同样的问题。其实人反对的只能是满足物欲和获利的某种方式,不可能是欲望和利本身。这样混淆的后果是对某种行为方式的纠正很容易变成对欲望、对利益的全盘否定,导致压抑人性,破坏正常的社会生活。荀子的理论还有一个问题,从人有物欲的前提中得不出人要互相争夺杀害的结论。比如不能说如果顺其自然,母亲就会不顾子女而把营养留给自己。这在人类中只是例外,也不是动物的本性。不过人对宇宙本原和人类天性的看法往往不是从对事实的观察中产生的,而是从价值观念和理论需要中产生的。性善论和性恶论的分歧要点是人能不能自发向善,进而能不能自律,由此可以推论出治理社会应该用德治的方法还是法治的方法。性善论认为人能自律,由此得出的结论是德治。性恶论认为人不能,由此得出的结论是法治。社会对法治的需要是产生性恶论的社会根源。

　　荀子认为制度是社会为了自身存在而对个人提出的行为规范。不如此社会就不能存在,个人因此也就不能生存。所以制度不是发源于个人的内心,更不是发自内心的善因,而是发源于社会的需要,并从外部施加于个人的。这和孟子的看法正好相反,是法家对制度的看法,因为法是他律的,是政府从外部施加于个人的。它的前提自然是人不愿意也不能自我约束,也就是性恶。儒家主张德治,自然要假设人能自律,于是要假设人天性里有善因,也就是性善。荀子是儒家,但是他对礼制的解释为法家提供了理论基础。不仅如此,他还为法家培养了两个最杰出的人才,一个是韩非,另一个是李斯。韩非是法家最伟大的理论家。李斯是政治家,辅佐秦始皇建立了秦朝。他们使法家在理论和实践上都达到了顶峰。

荀子自己也曾经去秦国考察过,见到了秦昭王和相国范雎。秦国崇尚法家,秦昭王对荀子说:"儒家对国家没有益处。"荀子说:"儒家教育人做忠臣孝子,使在上的人尊贵,使在下的人顺服,即使穷困冻饿也不为非作歹。为什么说对国家无益?"秦昭王只能同意。范雎问荀子对秦国的观感。荀子说:"秦国的老百姓朴实无华,对上司相当畏惧服从,官员们恭俭敦厚忠信,不结党营私,官府办事从容而不拖拉,国家的治理接近于上古时代至治的境界。但还是有一个短处,就是'无儒'。"也就是治国完全不用儒术。荀子认为这个缺点会导致亡国。那时秦国人正用法家的理论把国家治理得蒸蒸日上,不可能听懂他说的话。

荀子有诸子百家中最科学的头脑。他认为自然界的运行有自己的常规,人间君主的品德好坏对它没有任何影响。人间的治乱是人自己造成的,而不是上天造成的。天上出现流星,地上树木发出怪响,这是天地的变化,比较少见而已,感觉奇怪很正常,但没有理由去害怕。日食,月食,流星,彗星,不正常的风雨,这些现象任何时代都有,对国家既不会有益处,也不会有害处。有人说祈祷后天就下雨了。这并不能证明祈祷有用,因为不祈祷天也会下雨。出现日食月食敲锣打鼓地去救也是一样。天旱祈雨,日月食去救,国家遇到大事占卜,有知识的人并不认为这些做法真起了什么作用,只把它们当作象征性的仪式。无知的人才以为真把神请来了。把它们看作是象征就无害,真以为有神就有害。

荀子对人与自然的关系有这样卓越的认识,但他的认识却没有成为此后中国古代社会的共识。中国人对人与自然关系的理解并没有在此基础上发展,反而像他们对社会制度的追求一样,走上了倒退的道路。汉朝的儒家向正相反的方向发展,不是去观察自然的天,而是去臆造超自然的天,臆造天象与人间祸福的因果关系,造成天人感应论、谶纬符命学的泛滥,使中国人的头脑在以后的两千多年中被迷信盘踞。儒家理论这样的发展只能说是堕落。这种堕落是后世儒家置身于其中的君主专制制度造成的,和春秋战国时期思想和学术的蓬勃发展形成鲜明对照。我们由此可以看到不同的社会制度对人类认识的发展能够发生什么样的影响。

韩非子

韩非是韩国的王族,荀子的学生。他和后来帮助秦始皇统一中国的丞相李斯是同学。他曾几次上书给韩王,建议韩王改进治国的方法。韩王不能用他。他对当时各国政治的弊病有深刻的认识,写了十多万字的书讨论治国的道理。他的书流传到秦国。秦王嬴政看了非常佩服,感叹说:"我要是能见到这个人,和他交游,死了也没有遗憾了。"李斯告诉他这是韩非写的书。秦王让韩国送韩非来秦国。韩国早已经被秦国打服了。秦昭王死的时候,别的国家派将相去吊唁。韩王像孝子一样披麻戴孝,亲自到秦国奔丧。韩国这时只求秦国不要消灭自己,对秦国唯命是从,马上派韩非去秦国。韩非见到秦王,建议他不要消灭韩国。李斯自知才能不如韩非,和另一位大臣趁机陷害他。他们对秦王说:"大王的目的是要消灭诸侯,统一天下。韩非要保存韩国。他和大王不是一条心,所以不能用他。放他这样有才能的人回国对秦国不利,不如除掉他。"秦王于是把韩非关进监狱。李斯派人送去毒药,韩非就自杀了,死时只有四十八岁。

　　韩非一直没有过从政的机会。从他到秦国以后的遭遇来看,从政可能也不是他的长处。他口吃,不善言谈,但是写书发起议论来却犀利无比。他是法家最伟大的理论家。在他之前,商鞅、慎到和申不害等人已经提出君主用法术势治国的理论。韩非在此基础上把法家理论发展成为一个完整深刻的思想体系,对秦朝以后古代中国的政治和法律制度有无比深远的影响。

　　韩非认为趋利避害是人的天性,君主应该依照它来治理国家。人不能自律,所以需要外力推动。这个外力就是用赏罚造成的利害关系。人向往富贵,惧怕刑罚,所以君主设置官爵和俸禄鼓励人做正当的事,设置刑罚禁止他们为非作歹。赏罚必须严明,不能因为人的地位和身份而有区别。有功的人和君主关系再疏再远、地位再卑再贱也要赏。有罪的人和君主关系再亲再近、地位再高再贵也要罚。赏罚是不是严明直接影响到国家的强弱。赏罚严明人民就会努力工作,拼命作战,军队就有战斗力,国家就强大,君主就有尊严。赏罚不严明,老百姓就想不劳而获,不守法而心存侥幸,军队就没有战斗力,国家就弱,君主就被轻视。

　　君主用法治理百姓,还要用术驾驭群臣。首先赏和罚是君主必须独揽的权力。谁掌握赏罚的权力,谁就是主子。赏罚的权力旁落,君臣就易位了。其次君不能信任臣,因为信任人就会受制于人。臣一定想欺骗君。就像做棺材的工匠都希望人早死一样。这不是因为他们恨人,而是因为他们的利益所在。君和臣的利益是相反的。君的利益在于察能授职,依功论赏。臣的利益在于无能也在位,无功也富贵。君要举贤任能,臣要结党营私。臣的利益实现了,君的利益就消灭了。所以黄帝说:"君臣一日百战。"也就是无时无刻不在冲突。韩非没有看到家天下的君主和社会也是这样的关系。韩非的时代向他提出的问题是怎样建立家天下王朝的中央集权政府。君权是他的焦点，而社会是他的盲点。我们在后面的讨论中会看到，这个盲点就是他的理论走向极端、走向反面的起点。

韩非认为君要控制臣而不被臣控制，就不能让臣知道自己的好恶。臣就是利用君的好恶操纵君。臣知道君讨厌什么就知道怎么隐瞒，知道君喜欢什么就知道怎么表现。这样君就没法知道实情，也没法考察臣的品格、才能和业绩。所以君不应该表现自己怎么聪明，怎么勇敢，怎么有见识。君要无为，而让臣无不为，让臣建议，做事，自己不露声色地考察他们。臣把事情做好了，君坐享其成；做坏了，臣承担责任。君主只需要把赏罚的大权抓在自己手里，对群臣听其言，观其行，按照能力授予官职，按照做事的效果奖励惩罚。这就是让君权不被侵犯，让君主不受蒙蔽，立于不败之地的术。

除了法和术，君主的统治还需要势。人跑得没有野兽快，力量不如野兽大，也没有锋利的爪牙。他成为万物的主宰是因为他使用工具。君主也是一样。他不比平常人多什么，也不比臣下更聪明勇武。他驾驭群臣和百姓也要靠工具。他的工具就是势。这个势是由中央集权的官僚组织造成的。这样的官僚组织也是在春秋战国时期逐渐形成的。它是法家用郡县制度和什伍制度建立的，从君主伸延到每一个官员和每一个老百姓身上的金字塔形状的权力结构。它就像一个巨大的杠杆，让君主拥有了压倒一切的力量。周天子没有它，所以最后只剩下一个天子的空名。春秋时期的诸侯们没有它，所以轻易地被人取代。后世平庸的君主依靠它，也可以把自己一个人的意志轻易地强加给一国的民众。这个政治结构造成的势使社会失去了对君主的制约能力。遇到疯狂无道的君主在位，社会只能走向内战和毁灭，不然就无法制止他的倒行逆施。韩非对法家和中国政治学理论的伟大贡献就在于他对法、术和势理论的继承和发展。这三者的结合就是他为君主的有效统治开出的处方，就是此后两千年中国中央集权的君主专制制度的蓝图。

春秋战国是中国社会发生剧烈变革的时期。诸子百家提出了形形色色的治国思想和方案，互相激烈地论战，其中最主要的是儒家和法家的论战。二者争论的焦点是应该实施以义为原则的德治还是以利为原则的法治。儒家把尧舜当作德治的典范。他们的故事说：历山的农夫耕地时越界侵占邻人的田畔。舜去那里耕地，在他的模范影响下，一年以后农夫们耕地都不越界了。河边的渔夫争打鱼的位置，舜去那里打鱼，一年以后渔夫们都知道给年长的人让位了。东夷的陶工粗制滥造。舜去那里做陶器，一年以后当地制造的陶器都结实了。孔子赞叹说："耕田、打鱼、制陶都不是舜的职责，舜为了纠正社会风气而去亲力亲为。舜善良讲信用,亲自吃苦受累,因此人民追随他的榜样,所以说圣人的品德能够教化民众。"

韩非反驳说:舜做这些事情的时候,尧在什么地方?尧是天子,在位七十年。圣人在位,他的德教流布天下,就不该有要舜去纠正的那些缺失。如果有,尧就是失德,就不够圣明。如果尧是圣人,天下至治,舜就没有教化的工作可做。所以尧的圣德和舜的功绩不可能都是真的。这就像有一个人卖矛和盾,先说自己的盾坚固得什么矛都刺不穿,接着又说自己的矛锋利得可以刺穿任何盾。有人问他:你用自己的矛刺自己的盾会怎么样?这个人就不知道怎么回答了。韩非用儒家的自相矛盾戳穿了他们编造的尧舜神话。

韩非还讲了一个极妙的寓言,讽刺想用古代圣王的制度治理今天社会的人。他说宋国有个农夫,有一天在地里干活的时候看见一只奔逃的兔子撞在树干上,撞断脖子死了。他想这样捡兔子可比种地轻巧多了,于是不干活了,天天守在树旁边等撞死的兔子。兔子没捡到,自己成了国人的笑柄。韩非说,想用先王的制度治国就是守株待兔。

儒家说古代的圣王施行德治。韩非不否认,但是他说古时候可以,今天不行。因为古时候人口少,自然生长的草木果实就够吃了,用野兽皮做衣服就够穿了,所以男人不种田,妇女不织布。财物有余,所以人和人不争,所以不需要用厚赏重罚劝诫。如今一个家长有五个儿子也不算多,每个儿子又有五个儿子,祖父还没死就有了二十五个孙子。人口多而财物少。男耕女织,辛苦工作,还养活不了全家,所以人和人争夺。用厚赏重罚都难以禁止,更不要说用全凭人自觉的道德教化了。

儒家把古代圣王的禅让当作无私谦让的典范,因为他们为了替老百姓选贤与能,肯把天下都让给别人。韩非说实际上不是那么回事。尧是天子,住房屋顶上的椽子和铺盖的茅草不修剪,七长八短的;吃的是粗糙的米饭,喝的是野菜豆叶煮的汤,冬天穿鹿皮,夏天穿麻布。就连今天在闾里看门的小吏待遇也比他强。大禹王拿着挖土的工具带头干活,腿上的毛都磨光了,今天的奴隶再劳苦也不过如此。所以古代人把天子的位子让给别人是摆脱了奴隶的劳苦和看门人的待遇,没有什么值得敬佩的。今天的一个县令且不要说他在世时的富贵,就连死后他的子孙也世世代代有马车坐。待遇这样高,自然很难谦让。古时候让天下比今天让县令容易多了。古人谦让实际上是避重就轻,是利害关系决定的,和仁爱无私没有关系。

韩非用古今不同的理由反对复古。他说的不同不一定是事实。但这并不重要,重要的是他解释人的行为的原则。孟子要梁惠王不言利,只讲仁义。韩非则只讲利,用利解释一切,彻底否定仁义。他认为一切人间关系都是利害关系,就连父母和子女的关系也不例外。他说老百姓家里生了男孩就庆贺,生了女孩就杀死,可见连父母怎样对待亲生儿女都是被利益计算决定的。而儒家学者要求君主完全排除求利的动机,只用爱心待人施政,这等于要求君主待老百姓比他们的父母待他们还亲。这怎么可能呢?韩非说君臣关系就是买卖关系。君卖爵位俸禄,臣卖命卖力。臣靠功劳得到爵禄,因为罪过受到惩罚。他们为君服务并不是因为爱戴或者忠于君。君臣的合作就是交易,是出于各自对利害关系的计算。君懂得自己赏赐臣不是出于仁爱,臣懂得自己为君卖命出力不是出于忠诚,治国就达到理想境界了。

除了从人性和人与人的利害关系方面,韩非也从施政的可行性和效率方面批评德治。他说按照儒家的故事,舜以身作则,结果一年只纠正了一个缺失,三年才纠正了三个缺失。人的寿命有限,天下的问题无限,怎么纠正得过来?如果用赏罚号令天下,命令早上到达,问题晚上就解决了,十天之内法律就可以风行天下。所以法治才是真正有效的方法。

有人用赵简子的故事证明领导人身先士卒的效果。赵简子率兵攻城,自己站在敌人的箭射不到的地方,躲在坚厚的盾牌后面击鼓,士兵们都不肯上前。于是他扔掉盾牌,站到最前沿,冒着敌人的箭石击鼓,士兵们奋勇争先,打了大胜仗。韩非说这不是什么榜样,这叫作不会用人。父母处于险境,孝子会奋不顾身来救。但是儿女里真正孝顺的只占百分之一。用身先士卒的办法来激励士兵,这是指望士兵人人都是孝子,而且像爱父母一样爱君主,显然是欺人之谈。所以儒家要老百姓出于爱心为君主服务是不现实的。用利害关系去推动人才是用人的正确方法。用刑赏可以驱使士兵,哪里用得着把自己放在最危险的地方?冒险犯难、亲身示范的方法,连尧舜做起来都困难。运用权势号令天下,平庸的君主做起来也轻而易举。这就像用圆规曲尺,平庸的工匠也可以画好方圆。不用它们,巧匠也做不出像样的车轮来。不用平常人可以轻而易举掌握的方法,非要用尧舜都感到困难的方法,这样的人怎么能治理国家?而且像尧舜那样的圣人一千代才出现一次,非要他们来治国,岂不是要等一千个乱世才等到一个治世,这和守株待兔有什么两样?治国不但不需要尧舜那样的圣明君主,也不需要伯夷、叔齐那样品德高尚的臣子。一国之内找不到十个忠贞信义的人,而国家需要的官员数以百计,非要用忠贞信义的人,政府就得关门。君主不能依靠臣下的忠心、爱心和高尚的品德,而要靠自己有一套明察的方法。术就是这样的方法,使臣下不能欺骗,不敢欺骗,这样就什么人都能用。

韩非是法家最优秀的辩论家。他的议论犀利,语言精妙。他创造的成语,比如"自相矛盾"和"守株待兔",是汉语里最精辟、被最广泛使用的词汇。他对儒家理论的批判切中要害。儒家理论的要害就是德治的自律性。儒家说人心中有仁义,法家说人心中有对利害的算计,这都没错,问题是它们各自对人的行动发生作用的范围和程度。爱心和善意不起作用的地方,就要用赏罚去推动,不然人做对社会有益的事没有动力,做对社会有害的事也没有顾忌,社会就会瘫痪失控。这正是春秋战国时期制度需要改革的原因。当社会需要用利益去推动和约束人的时候,德治的理论自然听起来空洞迂腐,法治的理论自然听起来深刻有力。但是德治和法治相辅相成,各有其适用的范围,而不是互不相容的。任何原则都是如此,过分坚持就会走向反面。所以原则的灵魂其实不在于坚持,而在于掌握分寸。韩非是一个非常彻底的思想家,他要用功利的原则彻底否定仁义的原则,把它贯彻到人的一切行动和社会生活的一切领域。他的理论也因此走向反面,从一个对社会发展起积极作用的理论变成了一个毁灭社会的理论。

韩非认为赏罚是否严明直接影响到国家的强弱。他说世上的学者劝君主们用仁爱对待人民。君主听了他们的话,不是亡国被杀就是国土被削。这是必然的。因为所谓仁就是施舍贫穷困苦的人,所谓爱就是不忍心惩恶。施舍让人无功受赏,这样老百姓就不会努力耕田、作战。不忍心惩恶,暴乱的人就没法禁止。赏罚不当,国家没有不弱、不乱、不亡的。这个说法很有道理,但也不能越出其合理的范围。韩非说有一次秦国遇到大饥荒,范雎请秦王发放王家园林里的蔬菜果实救灾。秦王说:"秦国的法律是有功受赏,有罪受罚。这是秦国治国的根本原则。发放蔬菜果实会让老百姓无功受赏,不劳而获。我情愿扔掉它们,也不能违反原则而乱政。"韩非举这个例子说明君主应该怎样严守赏罚的原则,彻底杜绝仁爱的影响。但救灾是政府的责任,更不要说救命。没有什么原则可以正确到让君主相信他对自己的人民可以甚至应该见死不救,对老弱孤寡残疾可以甚至应该袖手旁观。这是一个法家版本的"饿死事小,失节事大"。我们由此可以看到,一个原则,不管是儒家的义,还是法家的利,被坚持,被推行到极端会导致什么样的荒谬和有害的结论。

伯夷和叔齐是儒家推崇的贤人。他们是孤竹国君的儿子。父亲生前要弟弟叔齐继位。父亲去世后,叔齐让位给哥哥伯夷。伯夷认为父亲的命令不能违背,就逃跑了。叔齐也不肯继位,跟着伯夷一起去投奔周文王。武王伐纣的时候,他们拦在武王的马前,说:"父亲死了不埋葬,就去打仗,这是孝吗?身为臣子去杀君主,这是仁吗?"武王手下的人要杀他们。姜子牙说他们是能坚持道义的高尚人士,让人扶他们到路边。周灭商以后,伯夷和叔齐认为周武王的做法是不义的，不愿意同流合污，决心不再吃周朝的粮食，逃到首阳山上采野菜吃，最后饿死。儒家认为他们是能够能用生命坚守信念的最高尚的道德楷模。韩非却认为他们是对君主没有用处的废人。

韩非讲了一个类似的，很可能是虚构的故事。齐国东边大海上住着两兄弟，是齐国著名的贤人。他们为自己选择的生活方式是：不给天子当臣下，不和诸侯做朋友，不求名利不做官，只靠自己的力气种田吃饭，凿井喝水，一切无求于人。姜子牙被封到齐国，一到封地就先杀了他们。他的理由是这样的人不会给他作臣民。他们不在乎重罚，不稀罕重赏。君主控制人的手段对他们都不发生作用。如果是一匹马，让它走它不走，让它停它不停。让它向左向右都不听，缰绳鞭子对它都不起作用。这样的马再好，留着有什么用？要是老百姓都学这两个人的榜样，他给谁当国君去？韩非给君主们的建议是：毁誉赏罚对他都不起作用的人，就要杀掉。这也是一个韩非从他的原则里得出的荒谬凶残的结论。他的原则就是绝对和无限的君权。一个人对君主没用，不受君主驱使，想对君主保持独立的人格，就不能让他存在。他的品德高尚就是消灭他的理由。

韩非说：英明的君主一定要知道公与私的区别，因为站在公的立场上和站在私的立场上，对人对事的评价是截然不同的。楚国有个人叫直躬，他的父亲偷羊，他去官府告发。有人对孔子说直躬正直。孔子说："我们儒家对正直的理解可不是这样。我们认为父亲不告发儿子，儿子也不告发父亲。这才是正直。"楚国的县令杀了直躬，结果是此后楚国发生了什么坏事也没有人报告官府。鲁国有个人三次跟着国君去作战，每次都临阵脱逃。孔子问他为什么。他说："我的父亲年老，我死了就没人奉养他了。"孔子认为这个人孝顺，推举他做官。结果是此后鲁国军人在战场上轻易地逃跑或者投降。由此可见虽然孝顺对个人来说是美德，但从国家和君主的立场上来看却不可取。其实人的一切美德，比如对朋友守信，对兄弟友善，对配偶忠贞，对儿女慈爱，等等，都会有这样的问题，都可以成为君主权力意志的障碍。韩非说：行侠仗义会破坏法律。洁身自好，把养生看得比俸禄还重要，就没有人为君主服务。乐善好施是和君主争夺人心，让君主孤立。儒家认为有人格的人应该是威武不能屈，贫贱不能移，富贵不能淫，对真理要能坚持，对邪恶要能抵制，尤其不能见利忘义。韩非认为这些都是人臣的私义。人臣都按私义行事国家就会乱，所以要破私立公，破人臣的私义，立君主的公义。

韩非说：从个人的立场计算，最好的出路当然是学习文化，培养品德。培养好品德就会受人信任，就能从政做官。有文化、博学，就有荣誉。这对个人来说都是优点。但是没有功劳就做官,就享有荣誉。不受耕种的劳苦,不冒战斗的危险,就生活富裕,地位尊贵。那谁不干啊? 结果人人争着走这条路,没人愿意去耕田、作战。个人有这样的出路,国家怎么能富强? 孔子和墨子是天下最聪明、最有学问的人,曾参是世上最孝顺、最正直的人。但他们一不会种田,二不会打仗,对君主有什么用? 所以不能听说一个人怎么有道德,有学问,就请他做官,授予他荣誉。这样国家必乱,必弱,必亡,因为国家强大就在于足食足兵,为此君主必须鼓励耕战,废除一切没用的杂务。所以如果君主贤明,国内就没有藏书,只用法律教育人民。老百姓只听官员的命令,不听先王的应该怎样做人的教导。老百姓不能靠读书或者经商发达,只有耕种才是他们的唯一要务。没有私人的好勇斗狠,只有在战场上斩首才算勇敢。人民说话都合于法律,行动都有实效,所以平时国富,战时兵强。

　　就像儒家从义的原则中演绎出了人间充满爱的理想国一样,韩非从利的原则中演绎出了完全没有爱的理想国。他们都以为他们的原则彻底实现了,人间就会进入他们梦想的治世。韩非的理论清楚地勾画出一个彻底按照利的原则建立起的社会是什么样子。在这个社会里,人和人之间只有利害关系,没有忠诚,没有信任,没有亲情,也没有人伦。人间的一切都要放在对君主忠诚不忠诚,有用没有用,是否妨碍君主权力意志的贯彻,也就是绝对的君权这个唯一的准绳上来衡量,否则没有存在的必要,就要被消灭。而君主对人只有绝对服从这一个要求,在人身上只需要耕田和斩首这两个用处。任何行动,不能产出粮食和敌人的首级,就是没用。任何个人品质,如果妨碍君主的意志和权力的贯彻,就是有害。按照这个标准,个性的发展,个人的思想、感情,社会的道德、人伦、文化艺术科学事业、慈善福利事业,一切与耕田作战无关的事物,都是无用而且有害的,都要被禁止废除。人要被改造成只被权力支配,只为君主一个人的目的而存在、而行动的奴隶,像牲畜一样被君主鞭策驱使。法家就是用这样的制度把秦国变成了一个把知识和道德当作公害,把亲情和人性当作贯彻君主权力意志的障碍,鼓励告密,破坏人伦,反社会,反道德,反文化的国家。齐国的鲁仲连说秦国是"权使其士","虏使其民","弃礼义而上首功"的国家;说如果这样的国家统治了天下,他情愿蹈东海而死,也不做它的臣民。他准确地说出了这个政权的本质和人民对它的痛恨。韩非思想的彻底使他能把专制制度对个人的生命和生活,对文化,对道德,以及对社会一切方面的含义赤裸裸地全部演绎出来,让人清楚地看到,为了建立君主的绝对权力,社会会变成一个什么样的人性、文化和道德的沙漠。他的雄辩其实已经宣告了秦朝的短命。

第六章

秦始皇的故事

吕不韦的投资

秦昭王执政四十年的时候，他的太子死了。他立次子安国君当太子。安国君有二十多个儿子，其中一个叫子楚，在赵国当人质。因为他是庶出的王孙，秦国对他的供给谈不上充足；又因为秦国经常攻打赵国，赵国人也不愿意好好招待他，所以他日子过得拮据。吕不韦是个大商人，靠着贱买贵卖，赚了很多钱。他到邯郸时见到子楚，心想：这可是个应该囤积的奇货。他对子楚说："我能加大你的宅门。"子楚以为他在开玩笑，就笑着说："你先让自己的宅门大了，再来加大我的吧！"吕不韦说："你不知道，你的宅门大了，我的才能大。"子楚听出他话里的意思，请他到里面坐下深谈。吕不韦对子楚说："你在这里当人质，秦国和赵国一打仗，你的处境就很危险。你是王孙，最好的出路是做王位继承人。可是你有二十多个兄弟，你的父亲安国君并不是特别喜欢你，你又长年在国外。现在的秦王已经老了，一旦安国君当了国王，要立太子，你怎么争得过总在他身边的长子和其他兄弟们呢？"子楚说："是这样，可又有什么办法呢？"吕不韦知道子楚的母亲不受宠。安国君最宠爱的是华阳夫人。他说："华阳夫人没有儿子，她是正夫人，只有她可以决定立谁做嫡子。不过走她的门路需要花钱。你在这儿当人质，没有钱。我愿意拿出千金来帮你办成这件事。"子楚给他磕头，说："如果你的计谋成功了，我和你分享秦国。"

吕不韦先拿出五百金给子楚，让他过上宽裕的生活，再拿出五百金购买珍奇礼物，亲自带着去秦国。他求见华阳夫人的姐姐，通过她把礼物送给华阳夫人，让她告诉华阳夫人，子楚人品好，非常有才能，结交很广，最敬爱夫人，常常因为想念夫人和太子流泪。华阳夫人非常高兴。然后吕不韦教华阳夫人的姐姐用下面的话劝说华阳夫人："我听说靠美貌得到宠爱的人，容颜衰老了就会失去宠爱。虽然现在太子非常爱你，可你总有老的一天。你没有孩子，应该在太子的儿子里认一个,立他当嫡子。这样丈夫在的时候你的地位尊贵,丈夫不在了,你立的嫡子继位,你是太后,地位依然尊贵。你不趁着自己最美丽的时候办这件事,等到年老色衰,还说得上话吗? 太子的这些儿子里,子楚的人品和才能最出色。他的母亲不受宠,他自己排位靠后,怎么也轮不到他来当继承人。他想来依附你。你一手把他提拔起来,他自然会把你当亲妈一样爱戴。那你这一辈子在秦国的地位就没问题啦!"华阳夫人觉得很对,就去跟丈夫说子楚怎么好,流着泪说:"我不幸没有儿子,希望你能立子楚当嫡子,这样我一辈子就有靠了。"安国君答应了她。

吕不韦有一个很美、很会跳舞的妾。子楚来吕不韦家喝酒的时候看见了,非常喜爱,向吕不韦要,吕不韦割爱送给他。司马迁在《史记》里说这个妾在吕不韦那里已经有身孕了,吕不韦也知道,但是她们俩隐瞒了。她到子楚身边后生下一个男孩,因此被立为夫人。这个男孩就是后来的秦始皇嬴政。长平之战后秦军围困邯郸的时候,赵国要杀子楚。吕不韦用六百金向看守的官员行贿,帮助子楚逃到秦军中,然后回国。子楚的夫人带着孩子藏在自己父亲家,竟活了下来。后来安国君继位当了秦王,华阳夫人是王后,子楚当上了太子。赵国把子楚的夫人和孩子送回秦国。安国君继位一年后就死了。子楚当了秦王。他任命吕不韦当丞相,封他为文信侯,送给他河南十二个县,十万户封邑。这就是当年吕不韦投资的回报。

子楚在位三年也死了,太子嬴政继位。这年他十三岁,大事都由吕不韦和大臣们管理。吕不韦是秦国的相国,家里用着上万仆人。秦王授予他"仲父"称号,几乎就是称他为父亲。太后还不老,她原来就是吕不韦的妾,所以经常找他来私通。吕不韦这时的地位和权势达到了顶点。为了和战国四公子攀比,他家里也养了三千门客。那时候有许多大学者著书立说,比如庄子、荀子和韩非子。他们写的书流布天下。吕不韦也要附庸风雅。他让门客们把各自的思想和见闻都写出来,编成了一本二十万字的书,叫《吕氏春秋》。他把这本书在咸阳市场门口公布出来,说谁能改动书中的一个字,就赏给千金。这就是成语一字千金的出处。

嬴政年龄越来越大了。吕不韦觉得总和太后维持暧昧关系会给自己惹麻烦,就找来一个年轻力壮的男人,让人告他犯了该受腐刑的罪,然后跟太后合谋,买通执行官员,不让他真受刑,拔掉他的胡子和眉毛,把他打扮成太监,送进宫给太后当情人。太后很满意这个情人,赏赐非常丰厚,后来还给他封了侯,让他既有财富,又有权势。他家里使用着几千僮仆,养着上千门客,都是想通过他的门路做官的人。嬴政继位九年的时候,有人告发,说这个人不是真太监,已经偷偷和太后生了两个孩子了,还要谋反。嬴政恐怕早就知道太后的私情,现在他掌握住权力了,于是派人办案,灭了太后情人的三族,杀了他和太后生的那两个孩子,把他的手下人都抄家,流放到蜀地。因为这个人是吕不韦送给太后的,吕不韦也有罪。可是他有帮助先王继位的大功,嬴政犹豫着没杀他,只撤了他的相国职位,让他回河南的封地养老。在河南,诸侯经常派人来拜访吕不韦。嬴政不放心,就给吕不韦写了一封信,说:"你对秦国有什么功劳?秦国给你十万户封邑;你是秦国的什么亲戚?在秦国号称'仲父'。你还是带着家人赶快搬到蜀地去住吧!"吕不韦知道秦王讨厌自己了,害怕早晚会被杀,就服毒自杀了。

荆轲刺秦王

嬴政赶走吕不韦以后,把权力集中在自己手里。他生活俭朴,工作勤奋。那时候纸还没有发明,文书都是用刀刻在竹简上,比较重。他给自己规定一天要看一百二十斤重的文件,看不完就不休息。对有才能的人,他能放下身份去和他们交往。他很看重魏国人尉缭,以平等的礼节对待,和他穿一样的衣服,吃一样的食物。尉缭给他出的主意是花钱收买诸侯的高官,用这个办法扰乱诸侯的决策,说不过花上三十万金,就可以把诸侯都消灭了。嬴政采纳了他的计谋。

李斯是楚国人,年轻时当过郡里的小官,后来为了提高自己,去荀子那里学习。学成后,他觉得楚王不是个值得效劳的君主,关东六国都弱,做不成大事,就去了秦国。他到秦国的时候,嬴政刚继位,大权在丞相吕不韦手里,他就投到吕不韦门下。吕不韦发现他有能力,让他在宫廷里做侍从官。这样他就有机会见到秦王了。他对秦王建议说:"秦国今天这样强大,诸侯相形之下都像郡县一样,无力与秦国抗衡。秦国应该抓住这个机会统一天下,建立帝业。不然将来诸侯又强大起来,再想统一就难了。"嬴政同意他的见解,任命他当客卿,一起从事统一中国的大业。这时候诸侯已经被秦国打得没有抵抗能力了,秦军没有遇到什么像样的抵抗,很快就消灭了韩国、赵国和魏国,只是在消灭燕国和楚国时遇到了一点儿小麻烦。

燕国是赵国东北边的邻国,在战国七雄里最弱小。因为位置偏僻,很少打仗,军队也没有战斗力。赵国在长平战败后,燕国的相国栗腹去慰问,回来对燕王说:"赵国的成年男人差不多都死在长平了。小孩子还没长大,我们可以抓住这个时机去打赵国。"另一位大臣,乐毅的儿子乐间说:"赵国四面受敌,人民习于征战，我们打不过它。"燕王听了不高兴，说："那我用五倍的兵力去打行不行？"大臣们都说行。乐间说那也打不过。燕王非常生气，派栗腹率领大军进攻，自己亲自率领一支军队支援。赵国派老将廉颇应战，大败燕军，杀了主将栗腹，包围了燕国的首都。燕国只好割五座城求和。这件事很能说明燕国军队的战斗力。

燕国的太子丹也在赵国当过人质，和嬴政是少年时代的朋友。后来嬴政回国当了秦王，太子丹又到秦国做人质。嬴政不念当年的友谊，待他不好。太子丹心里怨恨，逃回燕国，回国后寻找能帮他报复秦王的人。燕国的军队显然不能指望，于是他想到了行刺的办法。这时有人给他推荐了荆轲。荆轲是卫国人，性格深沉，喜欢读书、击剑，来燕国之前曾经在各国游历。有一次他和剑客盖聂讨论剑术时意见分歧，盖聂怒目瞪着他。他不再说什么就离开了。盖聂很得意，对人说："是我的目光把他震慑住了。你们去找找他看。我想他已经逃走了。他不敢留在这儿。"荆轲后来在邯郸和鲁勾践赌博时也有过争执。鲁勾践发怒，大声呵斥他。他也是沉默着赶紧就躲开了，以后不再见鲁勾践。到了燕国以后，他和高渐离成为好朋友。高渐离善于击筑，筑是一种敲击的琴。两个人经常在市场上喝酒，喝醉了，高渐离击筑，荆轲唱歌，高兴了就欢笑，悲伤了就流泪，旁若无人。他到了什么地方都是和当地的杰出人物交往。那些人也知道他不是平凡人物。这次也是燕国的一位豪杰田光先生把他介绍给太子丹的。

太子丹请荆轲来，请他坐，给他磕头行礼，说："燕国弱小，没法抵抗秦国。诸侯都怕秦国，也不敢联合。我想现在唯一的办法就是派一位勇士去秦国，像当年曹沫劫持齐桓公那样，逼秦王退还侵占诸侯的土地。这是最理想的结果。如果他不答应，就杀了他，造成秦国内乱，诸侯趁机联合，一定能打败秦国。这就是我的计划，我想请您帮助我实现它。"荆轲沉默了很久，说："这是国家大事，我的能力低下，恐怕承担不了。"太子丹上前不住磕头，请他一定不要推辞。荆轲就答应了。太子丹给荆轲提供最好的衣食车马和美女，每天来看望。过了一段时间，看不出荆轲有动身的意思。这时秦军已经灭了赵国，军队开到了燕国的边境易水河边。太子丹着急了，对荆轲说："秦军随时都会渡过易水。我就是想总这样招待你也做不到了。"荆轲说："我也正要和你商量呢。我需要燕国督亢地方的地图，还有逃亡到燕国的秦国将军樊於期的人头。我想如果把它们献给秦王，秦王一定高兴，就会召见我。我就有机会动手了。"太子丹说："樊将军走投无路来投靠我。我怎么能杀他呢？"荆轲就去见樊於期。他说："秦王把你的父母宗族都杀了。悬赏千金万户买你的人头。你打算怎么办呢？"樊於期流着泪说："我悲愤欲绝，可是不知道该怎么办。"荆轲说："现在有一个办法可以救燕国,替你报仇。"他把自己的计划告诉樊於期,然后问:"你愿意帮助我吗?"樊於期说:"我日夜想报仇,现在终于知道办法了。"就自杀了。

太子丹为荆轲准备好樊於期的人头,又花百金买来天下最名贵的匕首,用毒药加工后,只要在人身上刺出一丝血迹,被试的人都立时死去。他为荆轲找来一个叫秦舞阳的人当助手。这个人十三岁就杀人,太子丹认为他是勇士。这些都准备好了,荆轲还是没说要出发。太子丹又不放心了,对荆轲说:"时间不多了,先生还想去吗? 要不我先派秦舞阳去吧?"荆轲生气了,说:"这是什么话? 我是在等我的朋友来给我当助手。既然你担心时间来不及,那我马上动身。"送行时,太子丹和知道荆轲的使命的人都穿上白色的衣服,带着白帽,像送丧一样,一直把荆轲送到易水河边。分别时,高渐离击筑,荆轲唱歌,送行的人都流着眼泪。当荆轲唱到"风萧萧兮易水寒,壮士一去兮不复还"时,声调慷慨激越,现场的悲壮气氛把人心压抑到了极点。来送行的人激动得个个眼睛睁大,眼角几乎要撑裂开,头发都倒竖起来。荆轲于是登车上路,再也没有回头。

到了咸阳,荆轲给秦王的宠臣蒙嘉送上千金重礼。蒙嘉为他向秦王通报。秦王非常高兴,在咸阳宫接见燕国使者。荆轲捧着装樊於期人头的盒子,秦舞阳双手捧着督亢地图跟在他身后,匕首就藏在卷着的地图里。走到台阶前,要上殿时,秦舞阳忽然惊恐失色。秦国的大臣们觉得奇怪。荆轲回头看着秦舞阳笑了笑,对秦王说:"北国偏僻地方的粗人,没见过天子的威严,所以害怕。请大王原谅他,让他上前来履行使命。"秦王让荆轲自己去把地图拿过来。荆轲就下殿接过地图,为秦王在案上展开。卷在地图里的匕首露了出来。荆轲左手抓住秦王的衣袖,右手抓起匕首。秦王挣断衣袖逃跑,荆轲在后面紧追。按照秦国的法律,在殿上随侍的人不准携带兵器,在殿下的卫兵们没有秦王的命令也不许上殿。秦王的佩剑太长,着急拔不出来,只好绕着柱子逃跑,慌忙中也没想到叫卫兵上殿。他的医生拎着药袋子打荆轲,把荆轲拦了一下。这时左右的人对秦王喊:"大王把剑背在身后。"秦王这才拔出剑来,回身砍断了荆轲的左腿。荆轲倒在地上,投出匕首,但没有击中秦王。秦王上前连砍了他八剑。荆轲知道自己失败了,靠着柱子坐在地上,笑着说:"我没有成功是因为开始我并没想杀你,只想逼你签约,回报太子。"这时候左右才上来杀死荆轲。

秦王大怒,立即派兵去攻打燕国,攻下燕国国都。燕王逃到辽东,杀了太子丹求和。过了四年,秦国灭了魏国和楚国以后,再来进攻辽东,俘虏了燕王,灭了燕国。

统一中国

秦王嬴政灭了韩、赵、魏三国以后,接着准备消灭楚国。他问刚刚在燕国打了胜仗的年轻将军李信需要多少军队。李信说要二十万。他又去问老将王翦。王翦说非得六十万不可。秦王说:"你老了吧?怎么这么胆小?"于是派李信去,结果打了败仗。王翦这时已经退休回老家了。秦王亲自跑到他家去请他。王翦说:"一定要我去,就得给我六十万军队。"秦王咬着牙答应了。出征时,秦王亲自送王翦到咸阳城几十里外的霸上。王翦递给秦王一张清单,上面列着许多良田美宅,请求秦王赐给他。秦王笑了,说:"将军你放心上路吧!难道还担心这辈子会受穷吗?"王翦说:"给大王当将军,立了功也不会封侯。所以我趁大王用我的时候赶紧为子孙置点儿产业。"秦王开心地大笑起来。一路上王翦五次派人回去向秦王要田地房舍,部下觉得他太贪心,太丢人,看不过去了,对他说:"将军这样没完没了地向大王伸手要东西,也太过分了吧?"王翦说:"你们不明白。秦王心里并不信任人。他把全国的军队都交给我,国内都空了,他能不担心吗?我向他为儿孙要产业,就是为了打消他的猜疑。"王翦到楚国以后,楚国将军项燕率领全国的兵力迎战。王翦坚守不战,只是让士兵养精蓄锐,等到楚军不能支持,后退了才进攻,果然一战成功,杀了项燕,灭了楚国。

齐国是实力仅次于秦国的大国。齐王觉得齐国离秦国遥远,秦国攻打其他国家的时候,他和秦国维持良好关系,不积极援助诸侯,只图眼前平安,别人告诉他唇亡齿寒的道理也不听。等到秦国把其他五国都灭了,发兵来打齐国的时候,他一看打也打不过,就投降了。

从公元前 230 年到 221 年,秦王嬴政只用十年时间,在他三十八岁那年,把六国都灭了。天下平定以后,他对大臣们说:"我依靠祖宗神灵的保佑,平定了天下。'秦王'的称号和我建立的功业已经不相称了。你们看应该改用什么称号?"大臣们说:"古代的五帝自己占有的土地不过一千里,管不了远方的诸侯。如今陛下削平诸侯,把海内都变成郡县,使天下的政治和法律都归于一统。这是从来没有过的伟大成就,五帝都比不了。古代有'天皇'、'地皇'和'泰皇'。'泰皇'最尊贵。我们建议陛下用'泰皇'的称号。"秦王嬴政下令说:"不要那个'泰'字。把'皇'和'帝'两个字合在一起,就称'皇帝'。"皇帝从此成为中国最高统治者的称号。秦王嬴政称皇帝以后,追赠父亲庄襄王太上皇的称号。他又说:"按照古代传下来的谥法,君主去世,后人按照他一生的所作所为给他定谥号。这是让子议父，臣议君。我认为这是不对的。从我开始废除谥法。我叫始皇帝，后世的皇帝就按数字排，称'二世''三世'，一直排下去，万世不绝。"秦始皇的称呼就是这样来的。

丞相王绾建议秦始皇像周朝一样把儿子们封到原来的齐国、楚国、燕国去当王。秦始皇请大臣们讨论。大臣们都同意，只有李斯反对。他说："周朝封了很多子弟和同姓为诸侯，时间久了，血缘关系淡薄了，这些诸侯像仇敌一样互相攻杀兼并，周天子也管不了。现在陛下不立诸侯，一律设郡县。皇子、功臣都由国家的税收供养。管理起来非常方便，也让天下安宁。立诸侯不是好办法。"秦始皇说："天下争战不休，就是因为有诸侯。如今天下刚平定，又立诸侯，等于是又埋下战争的种子。"他同意李斯的意见，任命李斯当丞相，把天下划分为三十六个郡，郡下设县，由中央政府直接任命官员去治理，官员的职位不可以世袭。郡县制从此成为全中国的政治制度，中央集权的政府也从此在全中国建立起来。秦始皇和李斯就是这样完成了中国古代政治制度最重要的进步。

秦朝设博士官，请有各种学问的人担任。皇帝有了什么事情就问他们。比如秦始皇做了一个奇怪的梦，就请占梦博士解释。统一天下几年后，在宫廷的酒宴上，一个从齐国来的博士淳于越对秦始皇说："商朝和周朝都分封子弟和功臣，那是为了君主一旦有危险，外面有人援助。现在陛下富有天下，可是您的子弟却连一寸土地也没有，如果发生齐国和晋国那样臣下篡权的事，谁来救国君呢？我从来没听说过不按照古代的办法治国，江山却能长久的。"秦始皇让大臣们讨论。

李斯说："古代的三皇五帝治理天下的方式都不相同。这是因为时代变了，治理的方式自然也要改变。陛下创立了前无古人的伟大功业，这是那些愚蠢的读书人不可能理解的。以前诸侯争战，为了招揽人才，所以各国花大钱鼓励学者讲学、著书、游说。现在天下已经平定了，老百姓应该好好生产，读书人应该学习国家法令，用不着这些私学了。而且这些读书人学了古代的东西，用来非议今天的政治，扰乱老百姓的思想。朝廷一发布什么政令，每个学派就用自己的理论去批评。谁批评得尖刻，巧妙，就以为自己高明。这类行为不禁止，君主的威严会降低，老百姓会在下面勾群结党。所以我建议：除了秦国史官的记录，各国的史书都要烧掉。除了博士官工作需要，其他任何人不准收藏《诗》《书》和百家学说。除了医药、算命、种树的书，其他的书都要限期交给官府烧掉。两个人以上在一起谈诗书要处死，用古代非议今天的人要灭族。老百姓要学习法令，就以官吏为师。"秦始皇批准了他的提议。这个焚书法令沉重地打击了以儒家为首的读书人。接着秦始皇说有些在咸阳的学者对他不满,诽谤他,命令执法官员抓捕审问,给四百六十个人定了罪,把他们都活埋了,并且通告全国,让人民都知道非议皇帝会有什么下场。这就是著名的焚书坑儒事件。

被秦始皇和李斯当作法令颁布的就是韩非的理论。韩非是理论家。他演绎出他的思想体系,得出了许多极端的结论。但这是他作为理论家的本分。理论家追求的就是思想彻底,逻辑一致。有科学精神的人追求这样的彻底是要找到自己理论的局限,不是要证明它放之四海而皆准。而一个要把原则坚持到底的施政者一定会倒行逆施。韩非的疯狂是逻辑的疯狂。把他的理论付诸实践,则需要亲手毁灭文化,消灭生命。这样做需要的是凶残。这正是我们在秦始皇和李斯身上看到的品质。统一中国以后,他们按照韩非描绘出的理想社会的蓝图,向社会开战了。

中国在春秋战国时期,学术是一个百家争鸣的局面。民间涌现出各种学术流派,它们在争论中互相推动,各自发展,造成了学术的繁荣。读书人愿意用自己的所学为君主服务,君主们也竭力网罗人才,敬重人才。大家谈得来就做君臣,谈不来就分道扬镳,也相安无事,很少有对异端又烧又杀的事情。比较显著的例外就是孔子杀少正卯和郑国杀邓析。从秦始皇焚书坑儒开始,烧杀成了历代专制王朝对付思想学术的常规手段。中国的学术也就再也见不到百家争鸣的局面了。

儒家学者要求恢复封建制度固然是开历史倒车,但是秦始皇焚书坑儒的做法也暴露出他的统治的问题和他的政权的危机。从商鞅变法以来,秦国按照法家的学说建设和治理国家。法家主张强化君主的权力,用它来推行法律,通过严格的奖励和惩罚制度来推动人,控制人。这样的控制在本质上是物质利益和暴力的控制。法家只知道让老百姓服从权力的意志,却不知道民心是权力的基础,不知道为政要顺应民心,也不懂得老百姓“弱而不可胜,愚而不可欺”的道理,以为君主凭借权力,对老百姓可以予取予求。儒家要培养有文化,有道德的人。而法家认为这对国家有害无益,老百姓有知识,有道德,只能妨碍君主行使权力。它对君权的强化因此走到了反文化、反道德的方向上,成为暴政,所以被人民痛恨。法家要建立君主的绝对权力。它不知道自己的努力其实是在毁灭权力。它要造成社会对君权的绝对服从。这样的服从不是建立在道义基础上,反而要把道德和文化当作障碍去排除。建立这样的权力会使权力本身被品质低下的人渗透,官场中会形成和市场中“劣币驱逐良币”一样的过程。当权力机关被没有正气和良知的官员充斥,权力就像一根被蛀透了的木头,王朝也就摇摇欲坠了。这些就是荀子指出的秦国"无儒"的缺点。商鞅变法建立的制度的确使秦国有了效率更高的经济和军队,因而消灭了六国。但是这样构建起来的帝国就像一个没有钢筋和水泥,只依靠力学关系搭建起来的房屋,力量平衡的微小改变就足以让它坍塌。

法家建立的中央集权的官僚专制制度造成了皇帝至高无上的地位,让天下人都服从皇帝一个人的意志,被皇帝一个人驱使。它使君主们远离民意,只知道依靠权势贯彻自己的意志,真的成了孤家寡人。除了这个制度的原因,秦始皇的个性也很残暴,这尤其体现在当他的意志被违背时。秦国灭了赵国以后,他回到邯郸,把当年和他母亲家有仇怨的人家都杀掉。有一次他乘船出游,在洞庭湖的湘山祠遇到大风,不能前进。他发怒了,问博士湘君是什么神,竟敢阻拦他。博士告诉他湘君是尧的女儿、舜的妻子,埋葬在这里。他竟派出三千苦役犯把湘山上的树砍光,把山涂成红色。有一次他在咸阳山上的宫殿里,远远望见丞相出行时随从的车骑很多,很威风,心里不高兴。过了几天,又看见丞相的随从忽然减少了很多,他认为一定是自己身边的人偷偷给丞相通风报信了。因为查不出是谁,就把当时在自己身边的人都杀了。他去世前一年,天上掉下一块陨石,上面刻着"始皇帝死而地分"。他派官员查办,查不到刻字的人,就把陨石附近的居民都杀了。秦朝的制度和秦始皇的个性把他造成一个完全不懂民意,只会用赤裸裸的暴力来把自己的意志强加给人民的统治者。这样的统治方式只能使社会加速走向对抗和冲突。

世人把统一中国和建立郡县制的功劳归到秦始皇的名下,认为他是雄才大略的君主,是"千古一帝"。这是只看表面的说法。其实对秦统一中国功劳最大的人是商鞅和白起。商鞅把秦国从一个闭塞落后的国家变成天下第一强国,他建立的制度使秦国的国势长盛不衰。白起摧毁了诸侯的战争能力。郡县制是商鞅为秦国建立的制度。在此之前各诸侯国早已经在兼并来的土地上设县。而建立郡县制的国家则是商鞅的首创。秦始皇和李斯只是把现成的制度推广到全中国。这的确是历史前进的一大步,却是他们个人迈出的平庸的一小步。商鞅和白起都是凭借自己的卓越才能建立起无与伦比的功业。而光荣却落到秦始皇头上,他只是因为先天偶然的原因,刚好坐在了果实落下来的位置上。他凭着自己的品格和见识做出的"前无古人"的事业其实只有"焚书坑儒"这一件。真正应该归到他名下的是秦朝迅速灭亡的责任。但他是历史的幸运儿,这个恶果刚好落在了他的身后。

胡亥继位

秦始皇在统一中国以后的十年间经常巡游天下,最后一次巡游时在途中得了重病。他一生没有立皇后,也没立太子。他的长子扶苏被派去和将军蒙恬一起镇守北部边疆。他觉得自己要不行了,写信让扶苏把军队交给蒙恬,马上赶回咸阳。这看来是要扶苏接班继承。信写好了,还没交给使者他就死了。这一年是公元前210年,他五十岁。只有跟随他出游的丞相李斯,他的小儿子胡亥,还有管皇帝车马的太监头子赵高和在皇帝身边侍候的几个太监知情。李斯认为皇帝死在外地,也没立太子,消息传出去可能会引起国家动乱,就下令保密,把秦始皇的棺材藏在车里,让太监照常送饭,官员们照常上奏,让太监躲在车里批复。在赶回咸阳的路上,因为天热,棺材里发出尸臭。车队拉了一些鲍鱼,用鲍鱼腐烂发出的腥臭来遮掩。

皇帝发布命令用的印信符节都掌握在赵高手里。赵高和胡亥私交很好。他对胡亥说:"皇帝死了,没有遗诏封皇子们,只给扶苏写了一封信。扶苏来了就会继位,你什么都不会有,怎么办呢?"胡亥说:"他是长子,本来就该如此,还有什么可说的呢?"赵高说:"不是这样啊! 现在天下的权力实际上掌握在你、我和丞相三个人手里。我们可以决定谁来继位。你应该抓住机会。要知道给别人做臣下和别人给自己做臣下,这可是天地之别。"胡亥被他说动了。

赵高去找李斯,说:"皇帝死了,天下没有人知道。给长子的信、皇帝的印信符节都在胡亥手里。让谁继位就是你我两个人说了算,你看怎么办?"李斯说:"这不是人臣应该说的话。"赵高说:"你认为自己在功劳、能力、人望和与扶苏的关系上,比得了蒙恬吗?"李斯说:"比不了。你为什么要问这个问题?"赵高说:"扶苏继位以后,你的丞相职位肯定会被蒙恬夺走。我在秦国宫廷里工作了二十多年,还没见过秦国被罢免的丞相功臣能富贵过两代,他们最后都被杀了。皇帝让我教胡亥法律已经有几年了。我发现他是一个仁厚谦恭的人,虽然嘴笨点儿,但人很聪明。请你考虑,把这件事定下来吧!"李斯说:"为臣有为臣的本分。我只知道按照皇帝的命令办事,哪里有什么考虑和决定? 再说我本来是楚国的一个平民,皇帝提拔我当到丞相,我不能对不起他。你不要再说了,不要让我犯罪。"赵高说:"胡亥在内,扶苏在外,胡亥处在更有利的位置上,其实天下的权力现在已经掌握在他手中了。这你怎么看不明白呢? 你听我的,可以永保富贵,失去这个机会,马上就会有祸殃。就看你自己怎么选择了。"李斯犹豫后,还是屈服了。

于是胡亥、李斯和赵高三个人一起阴谋策划，伪造秦始皇给丞相的诏书，立胡亥为太子；又伪造了一封秦始皇给长子扶苏的信，谴责他不孝，命令他自杀。还说蒙恬和扶苏是同伙，也赐死；在信上盖了皇帝印，派使者送去。扶苏看了信就自杀了。蒙恬家三代都是秦国的将军。他和弟弟蒙毅是秦始皇非常信任和重用的大臣。他带兵灭了齐国，然后率领三十万军队防守北部边疆，修筑万里长城。据说毛笔也是他的发明。他不相信赐死是秦始皇的命令，不肯自杀，要求再向皇帝请示。使者是胡亥的亲信，把他抓起来。三个阴谋家得到报告，非常高兴，回到咸阳，给秦始皇办丧事。胡亥继位成为二世皇帝。

赵高对胡亥说："皇子们都是你的哥哥，大臣们都是先帝用的人。他们对你继位的事很有怀疑，也不服气。必须把他们都除掉，换上你亲信的人当大臣，你的皇位才能稳固。"胡亥问他怎么除掉。赵高说："用法律最方便。"于是胡亥把法律改得很容易入人于罪。他说谁有罪，就交给赵高去审问定罪。刑罚也改得格外严酷，动不动就灭族。就这样一连杀掉十二位皇子、十位公主，还有蒙毅等大臣，连坐的人更是不计其数。一位皇子吓得主动要求给秦始皇殉葬。胡亥很高兴，赏了他十万丧葬钱。胡亥的滥杀弄得大臣们人人自危，离心离德。再加上政府征收的税赋和徭役沉重得让人民无法忍受，各地开始造反，天下大乱了。

陈胜吴广起义

在秦始皇末年，天下已经很不安定了。这个危机四伏的局面是秦始皇的统治造成的。在他刚刚用武力征服的关东地区，人民对他的统治缺乏认同。他们经历了多年战乱，需要安定休息。秦始皇不采取体恤人民的政策以争取人心，反而把各国人民当作他新获得的奴隶，大兴土木，光是在骊山为自己修建陵墓就从天下征发了七十万人。他同时在北方讨伐匈奴，修建万里长城，对南方用兵，为自己长生不死派人到海上寻找神仙和灵药。这些事业耗费巨大。他依靠新建立的延伸到全国的官僚体系横征暴敛，不顾人民的死活，以为用严刑峻法就可以强迫人民服从。因为滥杀滥刑，监狱里人满为患，执行死刑的市场前每天堆积着尸体，街道上到处可以看见身穿囚服，受过肉刑的人。这样的政府自然会被人民看作是暴虐无道，使民间充满了强烈的反抗情绪。这种反抗情绪在秦始皇死后一年就爆发了。带头起来造反的是两个很普通的老百姓：陈胜和吴广。

陈胜少年的时候给人当雇工。有一天耕地的时候，他停下工作，心里恨恨不平很久,然后对一起干活的同伴说:"如果将来富贵了,大家互相不要忘记。"
同伴们嘲笑他说:"你就是个给人种地的雇工,说什么富贵呀?"他叹了口气,
说:"燕子和麻雀怎么会知道鸿雁的志向!"

胡亥继位那年,陈胜、吴广和九百个老百姓被征发去北方的渔阳服役。他
们走到安徽大泽乡时遇到大雨,道路不通,肯定不能按期到达了。按照法律,
他们都会被杀头。陈胜和吴广商量说:"反正都是死,为什么不造反呢? 天下
人都恨秦国的暴政。胡亥是小儿子,不该当皇帝,应该是扶苏当皇帝。楚国人
都爱戴抗秦的项燕将军。我们可以用他们的名义来号召民众。"扶苏是秦始皇
的长子,项燕是死于抗秦的楚国将军,用这样两个人的组合来表达起义诉求,
这很能说明陈胜和吴广的头脑有多么简单。决心要造反以后,他们先用迷信
的办法建立威信。他们把写着红字"陈胜王"的布条塞在鱼肚子里。役卒们买
了鱼回来做的时候发现了,很惊怪,以为是什么天意。吴广半夜跑到驻地附近
的野庙里,弄火光,学狐狸叫,喊:"大楚兴,陈胜王。"第二天早上役卒们纷纷议
论,看谁是陈胜。

做好这些准备以后,吴广故意在带队军官面前发牢骚,说要逃跑,惹得军
官发怒,要打他。陈胜和吴广借机杀了带队军官,然后对大家说:"咱们遇到大
雨,不能按期赶到,已经是死罪了。到了那里就是不杀头,十个人里也有六七
个会死在兵役上。反正是一死,我们为什么不干一番大事业呢? 王侯将相宁
有种乎?"大家都愿意跟着他们造反。陈胜自称将军,吴广当都尉,他们打起反
秦的旗帜,去攻占附近的城镇。所到之处,人民纷纷响应。连儒家的领袖、孔
子的后代孔鲋也带着礼器跑来参加这支乌合之众一样的反秦队伍,可见读书
人对秦始皇焚书坑儒的暴政痛恨到什么程度。起义军经过的城池都被攻破,
很快就攻占了原来陈国的地界。这时陈胜和吴广已经有了六七百辆战车,上
千骑兵,几万部众。陈胜在陈地自立为王,以"张楚"为国号,派将军们去攻打
各地。天下的郡县知道陈胜吴广起义的消息,纷纷起来造反,杀掉秦国派来的
长官,建立军队,然后去攻城略地。后来成为抗秦主力军的项梁、项羽和刘邦
都是在这个时候起义的。这是中国历史上第一次人民大起义。它发生在中国
第一个君主专制王朝刚刚建立之后,清楚地显示出了二者的孪生关系。

陈胜派陈国人武臣去占领原来赵国的土地。武臣到了邯郸,马上自立门
户,自立为赵王。他不向西进兵去攻打秦国,而是派手下一个将军向北去占领
原来燕国的土地,扩大自己的地盘。没想到那个将军占领了燕国以后,也跟他
闹独立,自立为燕王。吴广带兵去进攻荥阳,那里是秦国的军事重镇,由李斯
的儿子李由镇守。吴广包围了荥阳,可是攻不下来。陈国人周文对陈胜说自

己以前在春申君和项燕手下做过事,会打仗。陈胜就派他当将军去进攻秦国本土。周文向西进军,沿途有几十万起义军,上千辆战车来参加他的队伍。他的部队很快就打到咸阳近郊。胡亥问群臣怎么办。掌管皇家财务和制造的官员章邯说:"从附近县里征兵来不及了。骊山有很多修建陵墓的苦役犯,请赦免他们,发给武器,派他们去作战。"胡亥任命章邯当将军,让他带着这支苦役犯的军队去迎敌。周文的军队人数虽然多,却是乌合之众,被章邯打得节节败退,周文自杀了。

章邯接着去进攻吴广。吴广手下的将军们商量说:"周文死了,章邯的军队马上就要到了。我们打不下荥阳,两面受敌,一定会失败。必须放弃围城,先集中兵力对付章邯。吴广不懂打仗,也不听劝,不如杀了他。"于是他们杀了吴广,然后去迎战章邯,结果也被章邯打败。章邯接着去进攻陈胜。陈胜虽然成为全国大起义的领袖,却没有当领袖的品质和能力。当年和他在一起种地的伙伴来投奔他,他不想让人知道自己贫贱时的往事,竟把这个伙伴杀了。他住在深宫里享乐,把政事交给两个他信任的人。这两个人做事专断苛刻,对下面攻城略地的将军们不公正,所以陈胜的部下都和他不亲。他在逃跑的路上被自己的车夫杀死。陈胜和吴广虽然称王只六个月就失败了,他们发动的反秦起义浪潮却席卷全国,势不可挡了。

秦朝的末日

胡亥当了皇帝以后,赵高取得了很大的权力。他知道要完全控制住胡亥,就得把胡亥和大臣们隔离开来。他对胡亥说:"陛下年轻,在朝廷上和大臣们议事,言语有不当的地方,就会被大臣们轻视,有损皇帝圣明的形象。陛下应该待在宫里,让我和宫中几个懂法律的人替你处理事情。"胡亥本来就认为当皇帝是要享乐而不是要工作的,于是接受赵高的建议,不见大臣了。从此国家大事都由赵高做主。李斯见不到胡亥,就上书说:"赵高什么事情都自作主张,地位和陛下一样了,这很危险。历史上奸臣都是这样篡权害主的。"胡亥说:"赵高是太监,忠诚又有能力,所以我信任依靠他。你为什么要怀疑他?"他告诉赵高。赵高说:"丞相要谋反,现在只顾虑我一个人妨碍他。害死我,他就能篡位了。"

李斯和右丞相去疾、将军冯劫一起上书说:"现在关东到处都闹强盗,我们发兵杀了很多,可还是不能平息。原因就在于人民的负担太重。请停止那些耗费巨大的工程,减轻人民的负担。"胡亥说:"皇帝拥有天下,天下就应该服从他的意志。君主执法严明,下面的人就不敢为非作歹,天下就能治理好。先帝就是这样做的。我继位不到两年,盗贼蜂起。你们不能禁止,反而要改变先帝的做法,既对不住先帝,也没有为我尽忠尽力,凭什么待在官位上?"他让赵高把这三个人抓起来。去疾和冯劫自杀,李斯受不了赵高的酷刑,只得承认谋反罪名。他不肯死是因为还存有侥幸心理,以为自己当了三十多年大臣,有大功,没有谋反,可以对胡亥解释明白。他给胡亥写信,列举自己为秦国立的功劳,请求胡亥饶恕。可是赵高把他的信扔了,说:"囚犯怎么能上书?"赵高派自己的门客冒充皇帝委派的官员来审问李斯。李斯对他们诉说自己的冤枉,被狠狠打了一顿。后来真的由胡亥派出的官员来核查他的案情时,他也不敢喊冤了,一一承认了赵高给他安的罪名,就这样被定了罪。在胡亥当皇帝的第二年,李斯受尽所有肉刑处罚后被腰斩,死得很惨,同时被灭了三族。

李斯死后,赵高当了丞相。为了控制群臣,他想出了一个指鹿为马的办法。他献给胡亥一头鹿,说是马。胡亥笑了,说:"丞相说错了,这明明是鹿。"又问在场的人,有的说是马,有的不敢说话,也有人说是鹿。那些说是鹿的人后来都被赵高用冤狱陷害。赵高一直对胡亥说关东的盗贼成不了气候。可是后来秦军的主力章邯也被起义军打败,投降了。赵高怕胡亥追究他的责任,就想换一个更容易控制的皇帝。他的女婿阎乐是咸阳令。他派阎乐带人杀进宫去,逼胡亥自杀。然后把大臣和皇子们都叫来,说要立胡亥的一个侄子公子婴当秦王,因为这时山东六国已经恢复了,秦朝不再拥有天下,所以不宜再称皇帝了。公子婴不愿意当赵高的傀儡,在家装病,趁赵高来请他参加即位仪式的时候,让手下人杀了他。三个月以后,起义军打到咸阳,公子婴投降,秦朝就彻底灭亡了。

第七章

项羽和刘邦的故事

项羽起义

项羽是楚国人。他的祖上世世代代都是楚国的将军。项羽的爷爷是项燕。秦国将军王翦率军灭楚的时候,项燕是楚军统帅,兵败自杀。项羽从小跟着叔叔项梁生活。叔叔先教他读书写字,他没兴趣,不肯学。叔叔又教他剑术,他学了不久也不肯学了。项梁生气了,以为他是个没有上进心的孩子。项羽说:"读书写字只能记个姓名,剑术是'一人敌',是一对一的本领,它们都不值得学。我要学'万人敌'。"于是项梁教他兵法。项羽非常高兴,可还是只学了个大概,就不肯继续学了。

项梁杀了人,为了躲避仇人,带着项羽跑到吴中居住。秦始皇巡视天下,经过他们住的地方。老百姓都跑到街上来看热闹。项梁和项羽也站在路边观看。项羽看见坐在车里的秦始皇,对叔叔说:"彼可取而代也。"项梁赶紧捂住他的嘴,说:"不要瞎说,会灭族的。"项梁由此知道了项羽是一个有雄心壮志的人。项羽身材高大,非常有力气,能扛起千斤重的铜鼎,也很有才能,吴中的年轻人都敬畏他。

秦始皇死了,他的小儿子胡亥用诡计害死长兄扶苏,当了皇帝。不久陈胜起义,各地响应,天下开始乱了。当地郡守找项梁来,对他说:"浙江以西都造反了,现在是上天要灭亡秦朝的时候了。我听说先发动能够掌握主动,后发动就要受制于人。我决定马上起兵,请你和桓楚当将军。"项梁说:"桓楚逃亡了,只有项羽知道他在什么地方。你叫项羽进来,命令他去找吧?"郡守同意了,项梁出去,叫项羽带剑进来。走到郡守跟前,项梁说:"动手吧!"项羽拔剑砍下了郡守的头。项梁提着郡守的头,佩戴上他的官印。郡守的部下大惊,慌忙来围攻他们,被项羽杀死了近百人,其他人都害怕得趴在地上不敢动了。项梁和项羽就这样夺取了会稽郡的政权。他们在当地募集了八千士兵,然后离开江东去攻打秦军。

项梁和项羽起兵后,楚地的许多起义军都来参加。有一个七十岁的老头名叫范增,很有智谋。他来找项梁,说:"被秦灭掉的六个国家里,就数楚国最冤枉,最悲惨。楚怀王被秦王骗去,扣押起来,最后死在秦国,楚国人至今可怜他。陈胜不立楚国王室,自立为王,所以很快就失败了。你在江东起兵以后,楚地的起义军纷纷来参加你的队伍,就是因为项家世世代代都是楚国的将军,大家认为你能拥立楚国王室。你立楚王的后代,才能得到众人拥护。"项梁就派人寻找楚王的后代。他们找到了在民间给人放羊的楚怀王的孙子,立他为王,也叫楚怀王。

刘邦起义

这时有一个名叫刘邦的起义军领袖带着几千人来参加项梁的队伍。刘邦是沛县人,家里是平民。他为人大方,爱帮助人,但是不愿意干挣钱养家一类的事。父亲刘太公为了他不务正业经常数落他,说他不如二哥能治家业。后来他通过考试当上了泗水亭长。秦朝的时候,主要道路上每隔十里路设一个亭。亭长的职责是接待和护送道路上往来的官差和邮传,相当于一个警长,是最小的官。刘邦爱喝酒,没有钱,经常赊酒喝,喝醉了就倒在酒家睡觉。欠的钱到年终也不还,酒家就销账不跟他要了。他还喜欢乱搞女人,待人也没礼貌,喜欢恶作剧,侮辱戏弄别人取乐。但他是个胸怀大志、性格豁达的人。有一次他出公差去京城咸阳,在路边看见秦始皇威风凛凛地经过,感叹说:"大丈夫就应该像这个样子。"

有一个姓吕的老头和沛县的县令是好朋友,为了躲避仇人搬到沛县来住。因为他是县令的贵客,县里的豪杰和吏员们都来登门道贺。萧何是主管县吏的官员。他帮助吕老头主持接待,规定送贺礼不到一千钱的客人坐在堂下。刘邦和县里的吏员们在一起时一向大大咧咧,随便乱开玩笑,他来到门口一听规定,信口就瞎说:"我送一万,身上一个钱也没带。"拜帖写好递进去,吕老头看到了大惊,亲自去门口迎接。萧何说:"刘邦一向爱说大话,言过其实。"可是吕老头却从那"大话"里看到了大英雄的气象。吕老头喜欢相面,一看到刘邦的面相,对他更敬重了,请他入席。虽然在场有许多上级和同僚,刘邦一点儿也不客气谦让,坐在上座,像平常一样随便取笑戏弄别人。酒席要散了,吕老头暗使眼色,一定要刘邦留下。他对刘邦说:"我从年轻的时候就喜欢给人相面,相过的人多了,但还没见过面相比你更好的。你将来会成就大事业的,希望你自己知道，在意。我有个女儿，我愿意把她嫁给你。"吕老头的妻子很生气，数落吕老头说："你平常总说这个女儿不是凡人，一定要嫁给贵人。县令对你那么好，几次跟你提亲，你不给，今天怎么瞎了眼，许给刘邦？"吕老头说："这不是你们女人家能明白的事情。"于是把女儿嫁给了刘邦。吕老头的这个女儿就是后来刘邦的皇后吕雉。

　　秦始皇在骊山修建陵墓。刘邦为县里当差往那里押送劳工。动身的时候，同僚们送行，别人都送他三个钱，只有萧何送他五个钱。才走到半路，很多劳工逃跑了。一天晚上刘邦喝着闷酒，心想到了骊山这些人恐怕都得跑光了。就算把剩下的人都送到，也交不了差，会被杀头。他给剩下的人都松绑，说："你们逃跑吧！我也要找个地方躲起来了。"劳工里有十几个人愿意跟随他一起逃亡。他们半夜里穿过一片沼泽地时，走在前面的人来报告，说有一条大蛇挡路，咱们绕路吧！刘邦刚喝了酒，还醉醺醺的，说："壮士走路，怕什么？"上前拔剑把蛇砍成两段。又走了几里路，醉困得不行，就倒在地上睡了。跟在后面的人经过他斩蛇的地方，看见一个老婆婆在哭。问她为什么哭，她说因为儿子被人杀了。又问她儿子为什么被杀。她说："我的儿子是白帝的儿子，化身为蛇，挡在路上，被赤帝的儿子杀了。"说完就不见了。刘邦睡醒了，后面的人赶上来告诉他这件事。他心里暗自高兴，也感到了自负。跟随他的人对他也敬畏起来。这就是刘邦斩白蛇起义的故事。

　　刘邦成了逃犯，隐藏在家乡附近的山林和湖泽中。他的妻子总能找到他。刘邦觉得奇怪，妻子说这是因为他藏身的地方，天空中有异样的云气。这件事传出去，愿意追随他的沛县青少年比以前多了。没过多久，陈胜吴广起义了。各地的老百姓纷纷响应，杀掉秦朝官员。沛县县令害怕了，也想起义。萧何和曹参都是当地人，在县里做官。他们对县令说："你是秦朝派来的官员，由你领头造反，当地人恐怕不会信服。你要是把逃亡在外的人召回来，可以得到几百人的兵力。你手下有了这些人，就容易让全县的老百姓服从了。"县令就让樊哙去找刘邦。刘邦这时手下已经有近百人了。他一到，县令又后悔了，关上城门不许他进城，还要杀萧何和曹参。萧何和曹参跳城墙出去参加刘邦的队伍。刘邦用箭把信射进城里，告诉城里的老百姓说："天下早就想摆脱秦朝的暴政了。你们为秦朝的县令守城，诸侯的军队来了会屠城的。不如杀了县令，选一个自己人当头，迎接诸侯，这样才可以保全身家性命。"于是城里的老百姓杀了县令，开城门迎接刘邦，请他当县令。刘邦说："现在天下大乱，诸侯都起兵了。咱们刚发动，如果选的将军不合适，会一败涂地。我不是顾虑自己的安危，是担心能力不够，辜负大家的信任。请你们挑选更合适的人吧！"萧何、曹参等人都是官员，顾虑多一些，担心如果起义失败，全家人都会被秦朝报复，不敢挑这个头，所以都让刘邦。沛县的父老们说："以前常听说刘邦身上发生过许多奇异的事情，将来一定会富贵。"占卜的结果也是刘邦最吉利，于是谁都不敢跟他争了。大家举办仪式，拥立刘邦作沛公，也就是沛县的领袖。这一年他四十七岁。他们祭祀黄帝和蚩尤——黄帝是祖宗，蚩尤是战神，把牺牲的血涂在旗帜和战鼓上，军旗都用红色。萧何、曹参、樊哙等人募集了两三千沛县的青年，建立起军队。

刘邦带着这支几千人的军队去攻占附近的城市，路上遇到一个叫张良的人，带着一支一百来人的起义军。张良的家从他的父亲往上五代都是韩国的宰相，很有钱，用着三百个家仆。韩国被秦国灭亡时，张良还是个少年。他用尽家财收买刺客，要刺杀秦始皇，为韩国报仇。秦始皇巡游天下时，张良带着刺客埋伏在博浪沙，用一百二十斤重的铁椎打中了秦始皇的座车。但是不巧秦始皇坐在另一辆车里，刺杀没有成功。秦始皇到处抓他，他就隐姓埋名到外地躲藏起来。

有一天他散步来到一座桥上，一个穿粗布衣服的老头走过来，看到他，把鞋甩到桥下，说："小孩儿，下去把我的鞋捡上来！"张良以为老头是故意侮辱自己，生气了，都有打他的心，但想到他是老人，就忍着气，下去把鞋捡来。老头伸出脚，说："给我穿上！"张良心想既然给他捡来了，那就给他穿上吧，就跪下给老头穿上鞋。老头笑着走了。张良非常惊讶，看着老头走远了，还在默默发愣。老头走了一里多地，又转回来，对他说："你这个小孩儿可以教育。五天后早上来这里见面。"老头是在试探张良，看他懂不懂大道理，能不能忍。这是做事业最重要的素质。没有它，就谈不到发挥聪明才智。张良知道自己遇到不平凡的人了，跪下恭敬地回答："是。"到了那天早上，张良来到桥上，看见老头已经在那里了。老头说："和老年人会面，为什么后到？五天后再来吧！"过了五天，张良听见鸡一叫就去了，可是又晚了。老头发火了，说："为什么又来晚了？去，五天后再见。"五天后，张良没到半夜就去了，等了一会儿，老头来了，看到张良很高兴，说："就应该这样！"他拿出一卷书交给张良，说："你读了它就可以给帝王做老师了。"说完就走了，以后张良再也没见过他，也不知道他是谁。

等到天亮了，张良看那本书，原来是帮助周武王打败商朝的姜子牙写的《太公兵法》。张良从此认真学习这本书。又过了十年，各地起义反秦，他也起义了，遇到了刘邦。他用学到的智谋帮助刘邦出谋划策。别人都听不懂他出的主意，讲的道理。可是刘邦能理解，也很听他的话。张良认为刘邦的这种悟性是上天赐予的，就留下来为他工作。刘邦带着军队在附近的城市和秦军打了几仗以后，去投奔项梁。项梁拨给他五千士兵和十个将军，让他和项羽一起去攻打秦军。张良起义的目的是要恢复韩国。项梁这时也希望发动各地都起来造反，就派他去找到韩国王室的后代，立为韩王。然后张良就跟着韩王，带着一支一千来人的军队去收复原来韩国的土地。

破釜沉舟

项梁起兵后，一路上打败秦军，开始轻敌了。部下宋义劝他说："打了胜仗以后，将领骄傲，士兵松懈，这样的军队一定会失败。现在我们的军队有些松懈了，而秦军每天都在增兵，我很担心。"项梁不听，派宋义出使齐国。宋义在路上遇到齐国的使者，问他："你要去见项梁吗？"齐国使者说："是啊。"宋义说："我看项梁要打败仗。你走快了会赶上，不如走慢点儿，免得去送死。"果然秦国征发全国的兵力增援前线。章邯夜里偷袭，把楚军打得大败，杀了项梁。

项羽和刘邦打了几个胜仗以后，听到项梁兵败被杀的消息，就撤退到彭城。章邯率领秦军主力打败项梁以后，认为不用再担心楚国了，就掉头去打赵国，又把赵国打得大败。赵王和将军陈余逃到巨鹿城里。章邯派两个将军围攻巨鹿，自己率领一支军队驻在巨鹿城南，一边给攻城的部队输送粮食，一边监视各国来救赵国的军队。各国倒也派了十几支军队来救赵国，可是他们听到章邯说谁敢救就先打谁，就都远远地观望，不敢上前。

赵国几次派人来向楚国求救。那个宋义在路上遇到的齐国使者对楚怀王说："宋义很懂军事，他对我说项梁要打败仗，才过了几天项梁就失败了。"楚怀王请宋义来，和他商量国家大事，非常欣赏他，任命他当上将军，带兵去救赵国。楚怀王同时派刘邦向西进军，去攻打秦国本土，并且和各路将军们约定，谁先攻占了秦国的本土关中，就立谁在那里当王。那时候秦军很强，接连打败诸侯的军队，诸将都不敢进函谷关到秦国本土去作战。只有项羽因为恨秦军杀了他的叔叔，要求和刘邦一起去。楚怀王手下的老将军们都不同意。他们说："项羽残暴，他攻下襄城，把城里的人都杀光了。他带兵经过什么地方都烧杀破坏。秦国的老百姓早就想摆脱秦朝的暴政，我们派一个宽厚仁慈的将军去，不残害秦国的老百姓，才容易成功。刘邦为人宽厚，应该派他去，不能派项羽去。"于是楚怀王派项羽给宋义作副将，去救赵国。

宋义带着楚军走到半路就停下来，一连呆了四十六天。项羽对他说："秦军正在围攻巨鹿，我们应该马上进军，和赵军里应外合，一定能打败秦军。"宋义说:"你说的不对。我认为现在应该按兵不动。让秦军和赵军互相消耗。秦军胜了,我们趁它疲乏去打它。秦军败了,我们直接进军关中灭秦。披着盔甲,挥舞着刀枪去冲锋陷阵,我不如你。可是运用计谋,你可不如我。"然后给军中下令:"军中将士哪怕像虎狼一样勇猛,如果不听指挥,一律砍头。"这条军令实际上就是在警告项羽。宋义又派儿子去齐国当相国,亲自远送,大摆酒席。这时天下着大雨,士兵们又冷又饿。项羽对身边的人说:"我们来是要拼全力攻打秦军,却在这里停留不进。士兵们吃芋头豆子当饭,军中没有存粮,他却摆酒开宴。不让我军与赵军合力攻打秦军,说要等秦军被削弱。秦军那么强大,进攻一个刚刚建立的赵国,一定会很快打下来的。消灭了赵军,秦军只会更强,怎么会被削弱呢?我军刚打了败仗,国君坐不安席,把全国的军队都交给他,国家的存亡就要由这一战决定。这样的时候他不关怀士兵,却去照顾自己的私事,这像个国家可以依靠的大臣吗?"

项羽早上参见主将时,在宋义的营帐里砍了他的头,然后出来对全军宣布说:"宋义私通齐国,背叛楚国。楚王有密令让我杀他。"其他的将军们畏服项羽,没人敢有异议,都说:"最早建立楚国的就是将军。今天将军是平定叛乱。"于是大家共同推举项羽做代理上将军,派桓楚去向楚怀王报告事情经过。楚怀王就正式任命项羽为上将军。

项羽得到统帅权后,派部下最勇猛的将军英布和蒲将军带领两万楚军先过河。这支先锋部队攻击秦军稍有进展以后,项羽率领全军渡河。过河以后他下令把船全部凿沉,把做饭的锅都砸破,把住房都烧掉,每人只带三天的干粮。他这样做是要让士兵们树立起有进无退,誓死打败秦军的决心。然后他率领楚军向巨鹿进军,与秦军交战九次,大败秦军。楚军进攻的时候,其他来救赵国的那十几支军队的将军们不敢出战,都站在军营的高墙上观望,看到楚军战士个个以一当十,喊杀声震天动地,排山倒海一般攻打秦军,无不心惊胆战。战斗结束了,项羽召见他们。他们到了军营门口就跪在地上爬进去,爬到项羽面前也不敢抬头。从此诸侯的军队都服从项羽指挥了。

章邯打了败仗,不停地撤退。胡亥派使者来指责他,他害怕了,派长史司马欣去向皇帝解释。可是司马欣到了咸阳,等了三天,丞相赵高不见他,也不让他见皇帝。司马欣知道不妙,赶紧从小路逃回来,对章邯说:"赵高在朝廷里弄权,我们怎么也不会有好结果了。打了胜仗他嫉妒,会害我们,打败了,不战死也会被他治罪害死。你好好想想咱们的出路吧!"这时陈余也给章邯写了一封信,劝他投降。章邯犹豫不决,项羽继续进攻,章邯又连吃了几次败仗,就投降了。项羽封他为雍王,把他留在楚军中,让司马欣带着投降的二十万秦军做前队,向秦国进军。

诸侯的军人很多以前服徭役的时候到过秦国,当地的官员和军人待他们很恶劣。现在他们反过来随意奴役和侮辱投降的秦军官兵。秦军官兵私下议论说:"章将军骗我们投降诸侯,帮他们打秦国。如果打胜了还好。如果打败了,诸侯退回东方,我们也得跟着背井离乡,父母妻子都会被秦国杀害。"议论纷纷,军心不稳了。将军们向项羽报告。项羽把英布和蒲将军找来,对他们说:"投降的秦军这么多,跟咱们不是一条心。如果到了关中他们叛变,咱们就危险了。不如现在把他们都杀了。"于是楚军在夜里把二十万秦军都屠杀了,只留下了三个投降的秦军主将。

约法三章

再说刘邦带兵西去,一路上和秦军作战,同时收集陈胜和项梁失败后逃散的士兵,扩充队伍。到了高阳,当地有一个叫郦食其的老头。这个老头很有才能,但一辈子不得志,很穷,只当了个管邻里门户的小官,却自视很高。以前有许多起义军将领经过高阳,他都看不上眼。他认为只有刘邦待人不在乎表面的礼节,有眼光远大的谋略,正对他的心思。正好刘邦手下的一位骑士是他邻里的孩子,他请这个人为自己引见,说:"你见到沛公这样说:我有一个邻居郦先生,六十多岁了,身高八尺。别人都说他是个狂妄的书生,他自己说:'我不是狂妄的书生。'"这位骑士说:"刘邦不喜欢儒生。有客人戴儒生帽子来,他过去把帽子拽下来,往里面撒尿。对儒生总是破口大骂。您去游说恐怕不会成功。"郦食其说:"你就按我教你的去说吧!"骑士回去照着说了,刘邦派人叫郦食其来见面。

郦食其来了,看见刘邦正靠在床上,让两个女孩子给他洗脚。郦食其也不跪拜,随手作个揖,问刘邦:"你是要帮着秦国打诸侯,还是要帮着诸侯打秦国?"刘邦见了读书人就没好气,一听他这样问,破口就骂:"下贱的儒生,天下人都痛恨秦国,我怎么能帮它呢?"郦食其说:"你要是想率领正义之师进攻无道的秦国,见长者就不该这样傲慢。"刘邦马上起身整衣,请郦食其上座,向他道歉。郦食其和他谈起过去六国对抗秦国的策略得失。刘邦听得很高兴,又请他吃饭,问他:"你说我应该怎么办?"郦食其说:"你带着起义的时候纠集的一群乌合之众,在路上又收编了一些散兵游勇,总共不到一万人,就想进入强大的秦国作战,这就像往老虎口里钻一样。陈留离这儿不远,那里是天下的要冲,四通八达,秦朝在那里囤积了很多粮食。你应该先去占领陈留,当作根据地,壮大自己,然后再去进攻关中。我和陈留县令关系不错,我去劝他投降。他不听,你就带兵去打,我在里面接应你。"刘邦就派郦食其去劝降,自己带军队跟进,就这样夺取了陈留。

这时张良又来和刘邦会合。刘邦打败了秦朝南阳太守的军队,本来要继续西进,张良劝他先不要急着进军关中,让他先攻占南阳郡,免得腹背受敌。刘邦于是回军包围宛城。南阳太守急得要自杀。他的家臣陈恢说:"不要急着死啊!先试试我的办法再说。"他出城去见刘邦,说:"我听说你们楚国人有约定,谁先攻进咸阳就封他为关中王。宛城是大郡的首府,人口多,粮食也多。守城的官员们都以为投降必死,所以死守。你留在这里攻城,伤亡一定很多。不攻城,移兵去打别的地方,宛城会跟在背后打你。那样你是没法去进攻关中的。我给你出个主意。你让城里的人投降,让太守继续当他的官,留在这里为你守城,你带着宛城的军队进关。这样你前去咸阳路上的城市知道了,都会愿意投降的,你就不会遇到抵抗了。"刘邦说:"好主意!"于是封南阳太守为殷侯,封陈恢千户,然后带兵进入关中。一路上果然没有遇到抵抗,沿途的城市都望风投降。刘邦命令军队不准抢老百姓的东西,秦国的老百姓很高兴,这样秦国军队也就没有了斗志,很容易就被打败了。

刘邦的军队到达咸阳城郊霸上。秦王子婴坐着白马车来投降。他脖子上系着绳子,捧着皇帝玺,跪在路边。有的将军提议杀了他。刘邦说:"怀王派我,就是因为我能宽容。况且人家已经投降了,杀投降的人不祥。"于是只把子婴关押起来。进了咸阳,刘邦看到秦国的皇宫漂亮舒适,里面有很多美女。他本来就好色,于是想住下,被樊哙和张良劝住,仍回到霸上,把秦国的珍宝财物仓库宫殿都封存起来。

萧何在刘邦身边一直作总管工作。进咸阳以后,将军们都抢着去占据有财物的府邸,只有他跑到丞相和御史的官署,把秦朝的文件档案都接收过来,所以后来他对全国各地的情况知道得清清楚楚。刘邦把地方上的父老请来,对他们说:"秦朝的法律苛刻严酷,诽谤官府要灭族,两个人在一起说话要杀头,让你们受了很多苦。按照诸侯的约定,我应该是关中王。今天我和你们一起立法,只有三条:杀人的处死,伤人或者偷盗按程度轻重定罪。其他秦朝的法律一概废除。官员们照常工作。我是来为老百姓除害的,不是来侵害老百姓的。你们不要害怕。"刘邦派人和秦国的官吏到各县和乡村去宣布新法。秦国的老百姓非常高兴,争着给刘邦的军队送酒肉。刘邦不让接受,说:"仓库里粮食很多,不缺吃的,请你们不要破费。"秦国的老百姓更欢喜了,唯恐刘邦不给他们当王。有人给刘邦出主意说:"关中这个地方既富饶,又险要,秦国依靠它征服了天下。项羽来了恐怕不会让你在这里当王。你应该马上派兵守住函谷关,不要让诸侯的军队进来。"刘邦认为有道理,就照办了。

鸿门宴

两个月以后,项羽带领军队来到函谷关,发现守关的是刘邦的部队,不让他进去,又听说刘邦已经占领了咸阳。项羽大怒,派英布把城攻下来,很快也来到咸阳。范增是项羽的主要谋士。项羽很尊敬他,叫他亚父。他对项羽说:"刘邦原来在山东的时候,即贪财又好色。现在他占领了秦国的京城,秦国宫殿里有那么多珍宝和美女,他竟然连碰都不碰。这个人看来野心不小。咱们得赶紧消灭他。"这时刘邦手下的左司马曹无伤派人来报告项羽,说刘邦要当关中王,让投降的秦王子婴当丞相,把秦国的珍宝都据为己有了。项羽大怒,下令全军第二天一早会餐,然后去打刘邦。

项羽有四十万军队。刘邦只有十万,肯定打不过。项羽最小的叔叔叫项伯,和张良是好朋友。在秦朝的时候,项伯杀了人,张良把他藏了起来。张良这时在刘邦手下。项伯要救他,连夜跑到刘邦的军营,找到张良,告诉他项羽明天就要来打他们了,叫他马上跟自己逃走。张良说:"韩王派我来帮助刘邦。我在他危难的时候偷着逃走不义。一定得告诉他一声。"他让项伯等着,自己去见刘邦。刘邦听了大吃一惊,问:"那我怎么办呢?"张良问:"是谁给你出的这个主意?你真的要和项羽为敌呀?"刘邦说:"有个蠢货告诉我,说秦国依靠关中征服了天下,劝我独占这个地方称王。我觉得有道理,就照办了。"张良问:"那你认为自己能对抗项羽吗?"刘邦沉默了,说:"确实是不能,那我怎么办呢?"张良说:"你去见项伯,告诉他你不敢背叛项羽。"刘邦问:"你和项伯谁年长?"张良说:"他年长。"刘邦说:"那我就用对哥哥的礼数接待他,你去请他来吧。"

张良把项伯请来。刘邦非常殷勤地招待,又是亲自倒酒祝寿,又要和项伯做儿女亲家,还告诉项伯:"我入关以后,什么东西都不敢动,把秦国的官府和户籍查清管好,把仓库都封存起来,等着交给项羽。派军队守函谷关也是为了防备意外和强盗。我白天黑夜盼项羽来,怎么敢背叛他呢?希望你把我做的这些事和我绝不敢背叛他的这片心意都告诉他。"项伯答应了,对刘邦说:"你明天一定要一早就去见项羽,亲自跟他解释。"刘邦说:"明天一早准去。"于是项伯回去,找到项羽,把刘邦的话告诉他,还说:"当初怀王派你们两个人分兵攻打秦国,要不是人家刘邦攻下了关中,你怎么敢进来呢?别人立了大功,你去打人家,这是不义的。你还是善待刘邦吧!"项羽答应了。

第二天一早,刘邦带着百十来个随从到鸿门项羽的军营来见项羽。他说:"我和将军合力攻打秦国。将军进攻河北,我进攻河南。我没想到能先攻入秦国,也没想到能在这里又和将军见面。现在有小人挑拨,让将军和我之间产生误会了。"项羽说:"是你的左司马曹无伤说的。要不然我怎么会想到?"这样两个人就消除"误会"了。项羽在营帐里设宴招待刘邦。他和项伯坐在西面,范增坐在北面,刘邦坐在南面,张良坐在东面。范增不住用眼神向项羽示意,三次对着他举起自己佩戴的玉玦,意思是要他下决心。项羽都不理会。范增就出去找项羽的族人项庄,对他说:"项羽这个人心太软。你进去祝酒,然后给他们舞剑助兴,趁机杀了刘邦。这个人要是不趁今天这个机会杀掉,以后我们都会当他的俘虏的。"于是项庄进帐去祝酒,说:"军营里没有音乐歌舞,喝酒不能尽兴,我给你们舞剑助兴吧!"项羽说:"好!"项伯看出项庄不怀好意,也拔出剑来,和项庄一起舞,总是用身子挡着刘邦,让项庄没法下手。

张良赶紧跑到军营门口去找樊哙,对他说:"现在里面非常危急,项庄假装舞剑,其实是要杀沛公。"樊哙和刘邦是连襟,原来是个杀狗的屠夫。他说:"这的确是太危急了,让我进去吧,要死就一起死。"他提着铁盾牌就往军营里闯。卫兵来阻拦,樊哙用盾牌一推,把卫兵撞倒在地,闯进去,站在帐下,面对着项羽,激动得毛发倒竖,眼睛瞪圆,眼角都撑裂开了。项羽一挺身,手握住剑柄,问:"这个人是干什么的?"张良说:"他是沛公的护卫樊哙。"项羽看着樊哙威猛的样子,称赞:"壮士!"赐给他一大杯酒。樊哙站着喝了。项羽又赏给他一个生猪肩。樊哙把盾牌扣在地上,把猪肩放在盾牌上,拔剑把生肉割下来吃了。项羽说:"真是壮士,还能喝酒吗?"樊哙说:"我见了死都不会躲避,怎么会推辞喝一杯酒?秦王残暴,大家起来造反。怀王和诸将约定,谁先打进咸阳就封他当王。现在沛公先攻下咸阳,什么财物都不动,把秦国的宫殿仓库都封存起来,军队驻扎在城外霸上,等待大王。这样劳苦功高,没有奖赏,还听小人的话,要杀有功的人。这样做就和无道的秦朝一样了。我希望大王不要做这样的事。"项羽没有话可以回答,只是说:"坐下吧!"樊哙就坐到张良身边。

又喝了一会儿酒,刘邦去厕所,叫上樊哙跟着。他说:"我想咱们得马上离开这儿,可是不告辞就走又不合适。这可怎么办?"樊哙说:"现在是任人宰割的时候,还顾得上这些礼节吗? 告什么辞啊?"刘邦就让张良代他去告辞。张良问:"你今天来带了什么礼物?"刘邦说:"我带了一对玉璧,要送给项王,一双玉斗,要送给亚父。但那时他生气,不敢拿出来。你替我献上去吧。从这里走小路回军中只有十几里,你估计我到了再进去辞谢。"他连护送他来的卫队也不敢带,只有樊哙、夏侯婴、纪信等四个人步行跟着,悄悄从小路溜走,一回到军营就把曹无伤杀了。张良等到时间,进去见项羽,说:"沛公喝醉了,没法来告辞,让我把一对玉璧献给大王,一双玉斗献给亚父。"项羽问:"沛公在哪儿?"张良说:"他听说大王要责怪他,自己一个人跑回去了。现在大概已经到驻地了。"项羽接受了玉璧。范增把玉斗放在地上,拔出剑来砍,一边生气地说:"跟小孩子没法谋划大事。将来夺走你的天下的一定是这个人,咱们就等着当俘虏吧!"

过了几天,项羽带领军队在咸阳城里烧杀抢劫,杀了已经投降的秦王子婴,把宫殿里的财宝和妇女都抢光,烧了秦国的宫殿,然后就要回东方的老家了。有一个人来给项羽献计,说:"关中这个地方,周围有高山大河作屏障,土地肥沃,把首都建在这里可以控制天下。"项羽一看秦国的宫殿都烧毁了,又想念故乡,就说:"一个人富贵了不回家乡,那就像穿着漂亮衣服黑夜里出门一样,有谁看得见呢?"这个人没想到项羽在决定事关国家命运的大计时竟是这样虚荣,这样没见识,回去对人发牢骚说:"我听说楚国人就是沐猴而冠,还真是如此。"项羽听说了,把这个人抓来扔到锅里煮了。

项羽对将军们说:"当初我们立诸侯的后代为王是为了号召天下起来反抗秦国。但是在战场上苦战三年,最后消灭了秦国的是我们这些军人,所以我们才应该当王。"将军们都赞成。于是他们立楚怀王为义帝,由项羽做主,把天下分了。一些功劳比较大或者跟项羽关系比较近的将军各分到一块地盘,当了王。项羽和范增最不放心刘邦,可是也不愿意背上违约的名声。他们想到巴蜀地方偏僻,道路险恶,是秦朝流放犯人的地方,就借口说巴蜀也是关中,把刘邦封到巴蜀。刘邦请项伯帮助通融。项伯为刘邦讲情,让项羽把巴蜀旁边的汉中也给了刘邦,封他为汉王。项羽把秦国本土关中封给章邯等三个秦国投降的将军,让他们挡住刘邦向东方的出路。项羽自封为西楚霸王,占有九个郡的地盘,把首都设在彭城;让那个只有空名的义帝搬到长沙去,暗中指使人在半路上杀了他。

韩信拜将

刘邦带着项羽拨给他的三万士兵和几万愿意追随他的人去汉中。他不敢提当初楚怀王有过什么约定,争取到让项羽不杀自己已经是万幸。去汉中要爬过很多大山,有些路是在悬崖绝壁上凿孔,架上木板搭成的狭窄栈道。张良让刘邦经过后把栈道烧毁,让项羽以为他再也不想回东方了。可是刘邦的部下家都在东方,半路上很多军官和士兵逃跑。士兵们想家,整天哼唱着家乡的歌。刘邦自己也不甘心被困在偏僻遥远的群山后面。可是要打回东方,首先要有能够统率全军的大将。他的军队是形形色色的人杂烩而成的起义军,不是训练有素的正规军。他手下的将军们大都是最早跟着他起义的那些人,像曹参、周勃、灌婴、樊哙等。他们个人颇有勇力,作战也敢拼命,却没有一个是职业军人。曹参原来是沛县监狱的小吏,周勃是编织工人,灌婴是小贩,樊哙是屠夫。他们既不会训练军队,也不会指挥大军作战。刘邦自己也没这个本事。在练兵打仗这样的事情上,他们都不如将门出身的项羽。靠这样的军队怎么能去和项羽争天下呢?就在这时候,萧何给他推荐了韩信。

　　韩信是淮阴人,史书上没说他的父亲和祖上是谁。很可能他和张良一样,也是六国上层人物的后代,亡国后跟母亲流落他乡,来到淮阴。他家里很穷。母亲去世了,没钱办丧事;因为没有出众的品行,不能被推选做官。他也不会做买卖养活自己,总去别人家白吃饭,很让人讨厌。他曾经一连几个月在南昌亭长家里吃饭。亭长的妻子不愿意让他总来家白吃,有一天早上很早做饭,让家人赶快吃完。到了平常吃饭的时间,韩信来了,家里不开饭。韩信明白了主人的意思,发怒走了,从此再不理这家人。韩信在城墙下的壕沟边钓鱼。那里总有一些洗衣妇在工作。其中一个看见韩信挨饿,就把自己带的饭给他吃,竟一连管了他几十天的饭。韩信很高兴,对她说:"将来我一定重谢你。"洗衣妇说:"你一个大男人连自己的饭都管不了。我看王孙可怜,所以给你饭吃,谁指望你报答!"

　　淮阴街上有一个屠户家的无赖少年,平时看韩信不顺眼,想羞辱他。有一天在街上拦住韩信,说:"看你个子长得挺高大,身上还总佩戴刀剑,其实你是个胆小鬼。你要是有胆子,就拿你的剑刺死我。你要是没这个胆子,就从我的裤裆下面钻过去。"韩信默默地看了他很久,然后趴下,从他的两条腿中间爬过去。一条街上的人都笑。韩信从此背上了一个钻别人裤裆的胆小鬼名声。

　　项梁起兵后,韩信去投军,只做了个普通部下。项梁失败后,他又跟了项羽。项羽让他当侍卫。他曾经几次给项羽献计,项羽都不听。刘邦去汉中的时候,韩信离开项羽,去投奔刘邦,在他的部队里当了个小官。没想到不久就因为被连坐,按军法要被处死。和他同案的其他十三个人都被砍头了,轮到他时,他抬眼望天,却一眼看到了坐在上面监斩的夏侯婴。他说:"主上难道不想去争天下吗?为什么要杀有本领的人呢?"夏侯婴听了很惊奇,又看韩信相貌不凡,就释放了他。

　　夏侯婴原来是沛县管车马的小官,和刘邦是最亲密的朋友。两个人一见面就分不开。有一次刘邦开玩笑过头,把夏侯婴弄伤了。有人告刘邦伤害罪。夏侯婴反而给刘邦作证,说没这回事,结果被查出是作伪证,被关了一年监狱,挨了几百板子。他在刘邦手下还是管车马,和刘邦很亲近。夏侯婴和韩信一谈话,很欣赏他,马上去告诉刘邦。刘邦并没觉得韩信怎么出奇,只封他做了一个管钱粮的都尉。韩信和萧何也谈过几次话,萧何认为他是奇才,几次向刘邦推荐他。过了一段时间,韩信估计萧何的推荐也没起作用,在刘邦这里看来也不会有出路了,就逃跑了。

萧何一听说韩信逃跑了,来不及告诉刘邦,立刻骑马去追。有人来报告刘邦,说丞相萧何逃跑了。刘邦大怒,像失去了左右手一样,一天到晚烦躁不安。过了两天,萧何回来见他。他又高兴又生气,骂萧何:"你为什么逃跑?"萧何说:"我哪儿敢逃跑,我是去追逃跑的人。"刘邦问:"你追的是谁?"萧何说:"是韩信。"刘邦又骂起来:"逃跑的将军数以十计,你都没追过,去追韩信?你骗人!"萧何说:"那样的将军要多少都有,为什么要追?至于韩信,那是天下再找不到第二个的人才。你要是这辈子就想待在这儿当汉王,那就用不着韩信。你要是想去东方争天下,那就只有韩信可用。就看你想要什么了。"刘邦说:"我也想打回东方去啊,能甘心困在这个地方吗?"萧何说:"你要是想打回东方去,就用韩信。你能用他,他就不逃跑了。你不用他,他迟早还会逃跑的。"刘邦说:"那好,我冲着你,让他当将军!"萧何说:"那他还会逃跑。"刘邦说:"那就让他当大将!"萧何说:"幸甚!"

刘邦马上派人去叫韩信。萧何说:"你一向待人不注意礼节,拜大将也像招呼小孩子一样,所以韩信要逃跑。你真要拜他当大将,就应该挑选一个好日子,斋戒,建筑祭坛,举办隆重的拜将仪式才对。"刘邦都答应照办。要拜大将的消息传出去,好几个将军以为自己有希望。到拜将那天一看,竟是韩信,全军将士都大吃一惊。这是刘邦为争天下做出的最重要,也是最有价值的决策。这个决策看起来做得草率、随意,其实它不是轻易能够做出来的。只要看看赵括当统帅给赵国带来的灾难,就不难知道任命韩信当大将的风险。而赵括是天下知名的军事天才。韩信只是一个受过"胯下之辱"的年轻下级军官,没有任何经历可以证明他有军事才能。不用韩信,刘邦不会觉得失去什么;用他,风险大得难以承受,诸将也没有人会理解、服气。这恐怕就是当初萧何几次推荐,刘邦都置之不理的原因。这个决定里可能真有萧何说的幸运成分。但刘邦最终能够做出这样的决策,这很能表明他的豁达心胸和善于听别人意见的能力。

拜将仪式结束,刘邦请韩信上座,说:"丞相多次推荐将军,将军有什么计策可以教给我呢?"韩信简单谦逊两句后,问刘邦:"我们去东方争天下,对手不就是项羽吗?"刘邦说:"是。"韩信说:"大王认为自己在勇猛强悍,心地仁慈方面比得过项羽吗?"刘邦沉默了很久,说:"比不过。"韩信起身再拜向他道贺,说:"我也认为大王你不如项羽。我曾经在项羽手下做过事,我来给你讲他的为人。项羽发威吼叫起来,上千的人都会被吓倒在地。但是他不能任用有才能的将领。所以他的勇猛只是一个人的勇猛。项羽待人既恭敬又亲切。别人有了疾病,他会同情流泪,把自己的食物分给别人。可是别人有了功劳,该封赏的时候,他就舍不得了。所以他的仁慈是妇人的那种仁慈。项羽现在虽然称霸天下,但他有很多弱点。他把首都设在彭城,而不设在关中,失去了地利。他封和他亲近的人当王,诸侯心中不服。他经过什么地方都烧杀破坏,让天下人都怨恨他,老百姓不亲近他,所以他不得人心。这样的强是容易削弱的。大王只要反其道而行之,就能战胜他。我们出兵的第一个目标是关中。秦地的老百姓都痛恨项羽封在关中的这三个秦国降将,因为他们害得二十万秦国子弟被项羽屠杀了。大王当初率领军队进入关中时,不骚扰老百姓,废除了秦朝苛刻的法律。关中的老百姓都盼望你给他们当王。有这样的民心,平定关中是很容易的。"刘邦非常高兴,只恨自己没有早一点儿得到韩信,请他马上部署行动。韩信先派人假装去修复栈道,让章邯以为汉军要从这条路上出兵。因为修复栈道是很费时间的事,所以章邯以为汉军几年也不会打过来。韩信却率领大军翻山越岭,偷偷从一条小路突然出现在关中,打了章邯一个措手不及,很快就占领了关中。

项羽瓜分天下让很多人不服。原来齐国和赵国的王室很快就起兵,把项羽封的王赶走了。刘邦给项羽写信说:"我只想得到按约定应该给我的关中,得到了我就停止,绝不敢再向东方进军。"又告诉项羽:"齐国和赵国要联合起来消灭楚国。"于是项羽就放过西边的刘邦,北上去攻打齐国。项羽很快就打败了齐国。齐国的统帅田荣也在逃跑时被本国人杀死。可是项羽把投降的齐国士兵都杀了,所到之处让军队烧杀抢掠,抓走妇女和老人小孩去做奴隶。于是齐国人又聚集起来,跟着田荣的弟弟田横反抗楚军。项羽不停地作战,可是怎么也平定不了齐国了。刘邦趁这个机会,联合五个诸侯国,带着五十六万军队去打楚国,很快就攻下了彭城。

项羽留下诸将在齐国继续作战,自己只带三万精兵赶回来。赶到以后,从清早开始向刘邦的汉军发起进攻,打到中午,把汉军打得大败,杀死十多万人,接着追击逃跑的汉军到一条河边,又把十多万汉军赶到河里淹死,同时把刘邦重重包围起来。就在这时,忽然刮起了一阵大风,树木折断,房顶被掀掉,飞沙走石,天昏地暗,楚军也乱了阵脚。刘邦就趁这个机会带着几十个骑兵逃出包围。他逃跑时经过家乡,想把父亲和妻子接上一起逃,可是他们已经从家里出逃了,没找到。在路上他遇到儿子和女儿,就带着他们一起逃。刘邦在路上一看见楚国骑兵追近了,就把儿子和女儿从车上推下去。夏侯婴三次下车把两个孩子再抱到车上来,急得刘邦要杀他。刘邦的父亲和妻子从家里逃出来找他,却遇到楚军,被抓走了。项羽把他们留在军中。

刘邦逃到荥阳,韩信收集逃散的军队来和他会合,萧何从后方送来新兵,汉军恢复了力量,阻止住楚军的攻势。双方开始在荥阳和成皋一带相持。因为汉军打了个大败仗,许多诸侯又背叛刘邦,倒向楚国。刘邦派韩信带一支军队去黄河北边打那些诸侯,自己留在荥阳抵挡项羽。

背 水 阵

韩信要攻打的第一个敌人是黄河对岸的魏王豹。魏豹原来是魏国王子。陈胜起义的时候,立魏豹的哥哥当魏王。章邯消灭陈胜以后接着攻打魏国。魏豹的哥哥战败自杀,魏豹逃到楚国,楚怀王给了他几千人马。项羽打败章邯以后,魏豹也乘机攻下魏国二十多座城市,被项羽立为魏王。刘邦夺取关中以后,他归顺了刘邦,跟着刘邦去打项羽。刘邦被项羽打败了,他跑回魏国,又背叛了刘邦。刘邦派郦食其去劝他。他说:"汉王对人没礼貌,骂我们诸侯就像骂奴才一样。我再也不想见他了。"魏王豹背叛刘邦还有别的原因。他有一个姓薄的妃子。许负是天下有名的相士,他给这个妃子相面,说她要生一个天子。魏王豹非常高兴,他想自己的妃子要生天子,那就等于说自己要当皇帝了。那时候天下群雄并立,还看不出最后谁能赢。魏王豹以为天命要落在自己身上,就不肯服从刘邦了。

韩信打魏国需要渡过黄河。魏王豹在临晋渡口集结重兵,准备乘韩信渡河的时候攻击他。韩信故意把所有船只都调来,做出要在这里强渡的样子,暗中却把军队调到上游。他想出了一个非常巧妙的办法,用军队里装酒的木桶做成简易木筏,在没有人防守的地方,把军队渡过了黄河。魏王豹做梦也想不到汉军不用船也可以渡过黄河天险,听说汉军已经绕到他的背后,非常震惊,慌忙去迎战,被打败活捉。韩信把魏王豹押送到刘邦那里。刘邦让他当将军,派他去守荥阳。因为他反复无常,和他一起守城的将军们看不起他。在荥阳就要被项羽攻克的时候,他们怕他又投降变节,就杀了他。魏王豹的后宫也被韩信俘虏了。他的妃子薄姬被送到刘邦那里,当了一名织工。有一天刘邦偶然走进她干活的屋子,看她长得漂亮,就命令把她送到自己的后宫去。她给刘邦生了一个儿子,就是后来的汉文帝。

韩信消灭了魏国和代国以后,接着要进攻赵国。每次他打了胜仗,刘邦就派人来把他的精兵要去,所以韩信带的常常是些弱兵,新兵。赵国调集了二十万军队在井陉口准备迎战。赵国的谋士李左车对主将陈余说:"韩信刚打败了魏国和代国,乘胜来打赵国,这样的军队冲击力很强,不应该正面去和它作战。汉军远离后方,粮食运输一定很困难。井陉的山路很窄,有几百里长。汉军的运粮队一定在最后。你给我三万军队,我绕到汉军背后,切断它的粮食运输。你躲在深沟高墙后面不去交战。韩信没有了粮食,卡在山道上进退不得,不出十天,他的人头就会被送到你的帐下。"陈余是个书呆子,经常说正义的军队不用阴谋诡计。他说:"兵法上说:兵力是敌人的十倍应该包围敌人,是敌人的两倍应该攻击。韩信的兵号称几万,其实只有几千。走了一千多里路来进攻我,一定疲劳极了。这样弱的敌人不打,以后遇到更强的敌人怎么办?诸侯也会以为我胆小,会轻易来欺负我。"于是不用李左车的计谋。

韩信通过间谍得到了这个情报,非常高兴,这才敢向井陉口进军。他在距离井陉口三十里的地方宿营,半夜里选出两千骑兵,要他们每人拿一杆红旗,从小路绕到赵军侧后的山上隐蔽观望,对他们说:"赵军看到我后退,一定会倾巢而出来追击,你们趁机冲进赵军的空营,把营寨墙壁上的旗子都拔掉,换上红旗。"韩信接着又派出一万士兵在河边建立阵地。他说:"赵军已经在有利的地形上建立了营垒,他们没看见我的大将旗鼓,不会轻易出来攻击,因为怕一打我就逃跑了。"部署完毕,他对大家说:"今天打败赵军后会餐。"诸将都不相信,只是嘴上答应着。

那一万汉军在河边布阵的时候,赵军看见了果然没有出来攻击,反而大笑起来。因为背水布阵把军队放在无路可逃的死地上,这是违反兵法常识的。天亮以后,韩信打出大将的旗号,敲着鼓,率领军队从井陉口走出来。赵军看到汉军主将来了,出来攻击。两军大战很久,韩信假装打败,把军旗、战鼓、仪仗扔了一地,退到已经建立的背水阵里。赵军看到汉军败退了,扔得满地都是战利品,都从军营里追出来。汉军因为背后是河水,没有退路,只能拼死作战。赵军虽然人多,也没法取胜。那两千埋伏的汉军骑兵趁机冲进赵军的空营,把赵国的旗帜都拔下来,换上汉军的红旗。赵军打了半天,打不垮汉军,想收兵回营。回头一看军营上飘扬着的都是汉军的红旗,以为赵王和主将都被汉军俘虏了,一下子就乱了。汉军两面夹击,大败赵军,杀死主将陈余,活捉了赵王。

各位将军来报告战果后,问韩信:"兵法上说布阵应该右后靠山,左前临水。将军今天早上要我们背水布阵,还说打败了赵军会餐。我们都不相信。可是将军用这个部署竟然打了胜仗。请问这是个什么战法呢? 我们不懂。"韩信说:"这也在兵法里呀! 只是你们没注意到罢了。兵书上不是说:把军队放进死地反而能求得生存吗? 我带的不是训练有素的士兵,就像是赶着一群街市上的老百姓去作战,如果不把他们放在无路可逃的地方,他们能拼死作战吗? 还不都逃跑了!"将军们都佩服极了,说:"太妙了。这是我们不可能想到的。"

韩信事先已经命令军队不准杀害李左车,谁捉到赏千金。打完仗有人把李左车送来。韩信为他松绑,请他面向东坐,自己坐对面,像对待老师一样,请教他:"我要进攻北面的燕国和东面的齐国,请你告诉我应该怎样做?"李左车说:"我是败军亡国的俘虏,怎么能议论这样的大事呢?"韩信说:"陈余如果听了你的话,那当俘虏的就是我了。我是诚心诚意请你帮助,请你不要推辞。"李左车说:"我听说,智者千虑,必有一失;愚者千虑,必有一得。我担心我的主意不一定能用,但我愿意尽力。将军你从出兵以来,接连打败魏国和代国,活捉了魏王。又用几万人不到一个上午就打败了二十万赵军,杀了主将,活捉了赵王。现在你的军威震动天下,这是你的长处。但是你的军队连续作战,现在已经很疲劳了,再向东方进军,离后方会更远,运输线会更长,这是你的短处。如果你出兵去打燕国,燕军坚守在城墙后面不和你交战,攻城本来就是既费时间又不一定有把握的事,再加上你的军队疲劳,拖延下去粮食也供应不上,你的胜算并不大。如果弱小的燕国打不下来,齐国更会顽强抵抗,你就难办了。善于用兵的人不用自己的短处去攻击敌人的长处,而是用自己的长处去攻击敌人的短处。我认为你现在不应该进兵,而应该留在赵国安抚百姓,休整军队,同时摆出要向燕国进军的架势,派使者去燕国,利用你的声威叫他投降。燕国投降了,齐国就孤立了,也只能屈服。"韩信按李左车的计策办,他的使者一到,燕国就投降了。

荥阳成皋之战

刘邦和项羽在荥阳成皋一带相持。楚军取攻势,汉军的粮道常常被楚军切断,处境艰难。刘邦和谋士们商量怎样扭转形势。郦食其给他出主意说:"当年商灭夏,周灭商以后,都封前朝的遗民为诸侯。秦朝灭了六国,让六国的后人连立锥之地都没有。你要是立六国的后人为诸侯,他们君臣百姓都会对你感恩戴德，愿意做你的臣民，向往仰慕你的德义。那样楚国也只能承认你的霸主地位。"刘邦说好，马上让人制作诸侯的印，等做好了派郦食其当使者去执行。这时张良从外地办事回来，来见刘邦。刘邦正在吃饭，他告诉张良这个计策，问他的意见。张良反秦是出于他对韩国的感情，当初起义也是为了恢复韩国，但他对现实却有清醒的认识。他说："谁给你出的这个主意？这样做你的大事就完了。各地的士人背井离乡来追随你，都指望在你这里谋出路。你立了六国，他们都回去服侍自己的主子去了，谁来为你打天下？再说楚国强大，你立了六国，它们也会服从楚国，怎么会服从你？"刘邦吐掉嘴里的饭骂道："这个下贱的儒生，差点儿坏了他老子的大事。"下令马上把印销毁。

刘邦这一次骂得很准。郦食其给他出的的确是个儒家的主意。儒家认为立德才是取天下的根本。儒家经典上说：成汤看见打猎的人四面张网，要打尽天下四方的禽兽。他认为太过分，让去掉三面，给禽兽出路，只捕捉给了出路还落网的禽兽。诸侯看见汤对禽兽都这样仁厚，可见他治理百姓的法网了，都认为他的德政已经达到至善的境地，他的王朝要兴起了。在周文王治下，周国的老百姓耕田互让地界，对长者礼让蔚然成风，诸侯听说了，都相信周文王是要取代商朝的天命之君。儒家认为"兴灭国，继绝世"是大德。恢复诸侯，树立德行，天下就会归心。因为有这些理论，所以才有郦食其这样的建议。受儒家教育的人，脑袋里装着古代圣王的榜样，复古的理想，看不到社会实际前进的方向，也不懂得支配人行动的现实利害关系，所以会想出搬起石头砸自己脚的办法。

刘邦这时极需要分散项羽的力量，他想到了英布。英布是项羽部下的第一猛将，楚军的军锋，英勇善战，经常以少胜多。可是被封为九江王以后，他就不愿意跟着项羽到处去打仗了，因此和项羽有了隔阂。刘邦派一个儒生随何去当说客。英布是项羽的老部下，和刘邦从来没有任何关系。随何凭着自己的见识和口才，竟然把英布说动了。项羽这时也派使者来催英布出兵。随何在英布和楚国使者会谈时闯进去，宣布英布已经背楚归汉，英布被迫杀了项羽的使者，接着出兵攻打楚国。项羽派将军龙且来讨伐。英布战败，跟着随何去投奔刘邦。刘邦封他为淮南王。英布是项羽唯一的，也是最强有力的外援，他的背叛极大地削弱了项羽的力量。

刘邦也找陈平商量对付项羽的办法。陈平也是刘邦手下的大谋士。他年轻的时候跟着哥哥生活。家里穷，有三十亩地，哥哥种地，他不管家里的事，只爱读书交游。哥哥也由着他，可是嫂子不高兴，说："这样的兄弟还不如没有。"哥哥听到了，就把她休了。陈平到了结婚的年龄，有钱人谁也不愿意把女儿嫁给他。穷人家的女儿他也不想娶。本县有一个叫张负的财主，他的孙女接连嫁了五个丈夫，都是刚嫁过去丈夫就死了，以后谁也不敢娶。这时村里有家人办丧事，陈平没钱助丧，就去给人家出力，早出晚归在这家帮忙。张负在这里见到陈平，对他印象很好。陈平回家时，他悄悄在后面跟着，看到陈平的家在一个很贫穷破陋的小巷里，用破席子当门。可是门前却有很多有地位，有身份的人来访问留下的车辙印。张负回家对儿子说："我想把孙女嫁给陈平。"他儿子说："陈平即穷又不务正业。整个县里都笑话他。为什么要把女儿给他？"张负说："陈平漂亮又有才能，像这样的人会永远贫贱吗？"于是把孙女嫁给陈平，还送钱和酒肉让陈平办婚事。他嘱咐孙女："不要因为陈平穷，就对他和他家的人态度傲慢。"

陈胜起义后，陈平去投奔魏王。魏王让他管车马。他给魏王出谋划策，魏王都不听。有人对魏王说他的坏话，他就逃跑了，去投奔项羽。项羽让他当都尉。后来因为他带兵攻下的地方又被刘邦夺去了，项羽发怒，他怕被杀，又逃跑了，去投奔刘邦。路上要过一条河，船夫看他的样子像个逃亡的将军，以为他身上带着财宝，想谋害他。陈平看见船夫打量他的样子，猜出了他的心思，就脱光上衣，帮着船夫划船。船夫看见他身上什么也没有，就没下手害他。陈平在揣摩人的阴暗心理上极有天分。后来他为刘邦出的计谋也都是在这上面下功夫，像医药里的偏方，不能登大雅之堂，却往往有奇效。

陈平到了刘邦那儿。他的熟人魏无知为他安排，和其他六个人一起被刘邦接见。刘邦赐给他们食物，然后说："好啦，去住处休息吧！"陈平说："我有话，必须今天说。"刘邦就留他谈话，一谈非常喜欢，问他："你在项羽那里当什么官？"陈平说是都尉。都尉是比将军低一等的军官。刘邦马上就拜他当都尉，监军，还让他做自己车上的护卫。诸将都闹起来，抱怨说："今天刚来的一个楚国逃兵，也不知道底细，就让他同乘一辆车，还让他监管我们。"刘邦听到了还是照样信任陈平。周勃和灌婴对刘邦说："陈平外表漂亮，但是腹内空空。听说他在家的时候和嫂子关系暧昧；在魏国干不下去了，投奔楚国；在楚国干不下去了，又来咱们这里。你让他监管诸将，他趁机受贿，给他钱多的他就给好好办事，给他钱少的他就不给好好办事。他是个反复无常的人。希望大王认清他。"这样一说，刘邦心里也拿不定主意了，他叫魏无知来，问他为什么推荐这样的人。魏无知说："我向你推荐的是他的才能。你问的是他的品行。品行再高尚，对你打天下有用吗？我推荐时只考虑他的见识谋略对国家有没有用处，至于他偷嫂子、受贿，这样的事值得你猜疑吗？"

刘邦把陈平叫来，拿周勃和灌婴的话问他："先生你给魏国做事不成，去了楚国,现在又离开楚国到我这里。讲诚信的人会这样三心二意,反复无常吗?"陈平说:"我跟魏王,他不能用我的计谋,所以我去了楚国。项羽信任的不是姓项的本家就是他老婆的兄弟。其他人再有本事他也不用。所以我又离开楚国。我听说汉王能用人,所以来你这里。我空身而来,不接受献金就没钱办事。如果我的计策有用,希望大王采纳。如果没用,那些钱还在呢,我缴上来,我也告辞。"刘邦马上向他道歉,还赐给他很多钱,提升他为护军中尉,把诸将都归他监管。诸将这才不敢再说什么了。

刘邦在荥阳城里向陈平问计。陈平说:"项羽对人恭敬,有爱心。所以廉洁自爱的人才大都愿意去他那里。可是论功行赏的时候他很小气,很多人才也因此不愿意为他做事。大王你待人轻慢无礼,可是你赏赐有功的人却很大方。所以无耻贪利的人都愿意到你这里来找出路。如果有谁能把你们两个人的长处结合起来,去掉那两个短处,争天下是很容易的事。大王你虽然不能克服自己的短处,但是可以想办法消除项羽的长处。项羽这个人爱猜忌,容易相信流言。他手下忠诚能干的只有范增、钟离昧、龙且等几个人而已。大王能拿出几万金去离间他们君臣,让他们互不信任,那样就容易打败楚军了。"刘邦就拿出四万金给他,随便他去用,也不问他是怎么用的。陈平用这些钱去买通项羽那边的人,让他们散布流言,使项羽猜疑范增等人。

项羽围困荥阳,切断了汉军的粮道。刘邦只好派人去求和。范增说:"现在要消灭刘邦很容易。不趁现在消灭他,将来一定后悔。"于是项羽拒绝讲和。项羽的使者到刘邦那里时,陈平派人给他们送来最上等的饭菜。一见到他们,假装吃惊,说:"我以为是亚父派来的人呢!"马上把饭菜端走,再送来很差的饭菜。使者回去对项羽说了。这样低级的骗术竟让项羽猜疑范增了。因为心里有了猜疑,他对范增说的话就不大愿意听了。范增清高孤傲,一觉出项羽不信任自己了,大怒,说:"天下大事基本上已经定局了,君王自己努力吧!我要退休养老了。"项羽竟让他走了。范增在回家的路上发病死了。

刘邦在荥阳城里眼看着要当俘虏了。他的部下纪信对他说:"现在只有让我冒充你,你趁机逃跑这一个办法了。"刘邦让纪信穿上他的衣服,坐着他的黄色王车,竖起汉王的旗号。陈平在城里找来两千个妇女,让她们穿上盔甲冒充士兵,跟着纪信从荥阳的东门出城。楚军围上来攻击。纪信告诉他们:"城里没粮食了,汉王来投降。"楚军以为战争结束了,都欢呼万岁,跑到东门来看热闹,把纪信当成刘邦,簇拥着他去见项羽。刘邦就趁这个机会带着几十个人骑马从荥阳城的西门逃跑了。项羽看见纪信,知道上当了,把他烧死。

刘邦逃回关中,得到萧何给他补充的军队,准备再战。这时一位袁先生建议他先不要回荥阳成皋战场,而是从南线的武关出兵。项羽知道他在那里,一定也会南下求战。这样可以减轻荥阳成皋一线的压力。汉军躲在深沟高墙后面坚守,等韩信把赵国、燕国和齐国都打下来以后,再回荥阳成皋作战。那时楚军力量分散,汉军以逸待劳,一定能打败楚军。刘邦采纳了这个计谋。项羽果然放下荥阳南下,于是两军主力又在南线僵持。

这时候彭越的军队打到彭城附近,大败楚军。项羽急忙率军赶回去救援。彭越原来是个在湖中打鱼的渔夫,强盗。陈胜起义时,他被一百来个平时在湖里一起混的年轻人拥立为头领,聚众起兵。他治军严明,善战,在当地发展到上万人。最初是齐王田荣封他为将军,派他进攻楚军。后来刘邦去进攻彭城时,他又被刘邦收编。他攻占了不少原来魏国的土地。刘邦因为魏王豹是魏国王室的正宗,封彭越当魏国的相国。但他的军队一直是一支独立的武装。汉军在彭城失败以后,他待在楚军的后方打游击。

刘邦趁项羽东去打彭越的机会,又北上回到成皋。项羽打跑了彭越,急忙赶回来,先一举攻克荥阳,接着包围了成皋。刘邦赶紧又从城北门逃走,只有夏侯婴一个人跟着他。他的军队又打没了,只好渡过黄河去投奔韩信。他冒充使者,清晨进入韩信的军营。韩信还在睡觉,刘邦把帅印夺过来,用韩信的令旗招来诸将,重新安排职位,把军队掌握在自己手里。韩信起床后,听说刘邦来了,大吃一惊。刘邦让他在赵国重新组建军队,然后去进攻齐国,自己带着韩信的军队回去对付项羽。

韩信率领军队去进攻齐国。走到半路,听说刘邦派郦食其去和齐王谈判,齐王已经投降了。韩信想收兵,他的谋士蒯通说:"汉王命令你进攻齐国。他虽然派郦食其去谈判,可是并没有命令让你停止进攻啊?你怎么能收兵呢?而且你带领几万人,打了一年多才攻占了有五十几座城的赵国。郦食其一个人凭一张嘴就拿下有七十几座城的齐国。你当将军几年,还不如一个下贱儒生功劳大,这说得过去吗?"于是韩信继续进军。

齐王因为已经和刘邦的使者谈判投降了,就不再设防,没想到韩信会偷袭齐军,一下打到齐国的都城。齐王认为自己被郦食其骗了,把他扔到锅里煮了,然后逃跑,并向楚国求救。齐国是楚国北边的屏障,现在被韩信占领了,接着战争就要打进楚国本土了。项羽派手下最善战的龙且将军率领二十万军队去救齐国。有人给龙且出主意说:"汉军远道而来,没有退路,这样的军队急于求战,兵锋难当。齐国和楚国的军队在本土作战,士兵斗志不坚,容易逃散。楚军应该在深沟高垒后面坚守,让齐王派使者去各地号召齐国人造反。齐国人知道了国王还在,楚军来救,一定会起来响应。整个齐国都叛乱了,汉军的粮草供应就会断绝,不用交战就可以让它投降。"龙且说:"我一向知道韩信的为人,容易对付。再说如果汉军不战而降,我有什么功劳?如果战而胜之,我们可以得到半个齐国呢!怎么能不打?"于是进军,和汉军隔着潍水对阵。

韩信准备了上万条麻袋,夜里派人到河的上游,把麻袋装上沙土,堵住河水。第二天早上,河床里水干了,韩信带领军队过河进攻,打了几下,就假装败退。龙且说:"我就知道韩信没胆量。"于是毫不迟疑,率军追击。韩信看到楚军的前锋追过了河,发信号让上游撤去沙袋放水。蓄积的河水一冲下来,把楚军拦腰截断。韩信掉过头来,和埋伏在岸边的汉军夹击,把过了河的楚军全部消灭,杀了龙且。没过河的楚军掉头逃跑。韩信派军队追击,把他们都俘虏了。

韩信平定了齐国以后,派使者对刘邦说:齐国人狡猾,容易叛变,南边又挨着楚国,需要立一个王才能管得住。他请求刘邦让他做代理齐王。这并不是非分的要求。当初攻打赵国的时候,刘邦派张耳去协助韩信,因为张耳和赵国主将陈余曾经是生死之交,也当过赵国的丞相,熟悉情况。打下赵国以后,刘邦立张耳为赵王,让韩信接着去打齐国。现在韩信又打下了齐国,比照张耳的前例当齐王,应该说是顺理成章。可是刘邦一看信就火了,当着使者的面就骂起来:"我在这里受困,白天黑夜盼他来帮我。他却只想着自己当齐王……"张良和陈平急忙暗踩他的脚,不让他骂,因为韩信有军队,有地盘,想自立为王刘邦也没办法。如果韩信为了当不上齐王叛变了,刘邦就完了,靠自己他是打不过项羽的,何况又多出一个比项羽还厉害的敌人。刘邦马上就明白了,但是接着骂:"男子汉大丈夫,能平定诸侯,就是真王,干吗要代理?"然后派张良去齐国正式封韩信为齐王。

龙且被杀以后,项羽害怕了,派人去劝说韩信背叛刘邦。使者对韩信说:刘邦是个出尔反尔,忘恩负义的人,说了话从来不算话,不能信任。刘邦和项羽现在谁也不能打败谁。如果韩信谁都不帮,天下三足鼎立,这对韩信是最有利的。如果韩信帮刘邦打败项羽,那他自己就是下一个要被刘邦消灭的人。韩信说:"以前我在项王手下只是一个侍卫,说的话不听,献的计不用。所以我离开他去投奔刘邦。刘邦让我当大将,给我军队,把自己的衣服脱下来给我穿,把自己的食物分给我吃,言听计用,所以我才有今天。别人信任我,对我有知遇之恩,我背叛别人不祥,死也不会做那样的事。请你代我辞谢项王。"

项羽的使者走后,谋士蒯通也来劝韩信。他也认为不帮助任何一方对韩信最有利。韩信认为自己忠于刘邦,又给刘邦立下这样大的功劳,刘邦会善待自己。对于韩信的这些一厢情愿的想法,蒯通给他举古往今来的例子,让他知道在利害关系面前,友情、忠心、功劳都是靠不住的。高鸟尽,良弓藏。狡兔死,走狗烹。君臣关系就是如此。功劳越大反而越危险。以韩信这样的才能和功劳,任何一个主子都会害怕他的,一定会想法除掉他,所以他只能自己给自己当主子了。韩信说:"先生且不要说了,我会考虑你的话的。"但他最终还是不肯背叛刘邦,相信刘邦也不会对不起自己。蒯通见他不听劝告,为了自己的安全,假装疯癫,去做了巫师。

再说刘邦带着从韩信那里接收的军队南下,先在黄河边让军队饱餐,然后要过河去交战。他的侍从官郑忠劝他待在黄河北边,先不要过河去和项羽硬拼。刘邦听从他的计谋,派刘贾带两万军队去支援彭越,让他们去骚扰项羽的后方,切断楚军的粮食供应。汉军这时已经摸索出了对付项羽的有效办法。项羽作战所向无敌却分身乏术。当初韩信拜将时说过,项羽不能用人,他的勇猛只是个人的勇猛,是可以克服的。现在楚军疲于奔命的困境正是项羽的这个弱点造成的。

项羽对大司马曹无咎说:"我先去打彭越。你小心守住成皋。如果刘邦来挑战,不要和他交战。十五天内我就能打败彭越回来。"曹无咎在秦朝的时候是一个县监狱里的小官,帮助过项梁,所以项羽信任他,把在最重要的战场上防御汉军主力的重任交给他。项羽一走,汉军果然来挑战。楚军不出战,汉军在城下辱骂,一连骂了五六天,终于把曹无咎骂急了,出城交战,被汉军打得大败。曹无咎自杀,成皋连同楚军的粮食和物资,都被汉军夺取了。

在汉军和楚军的这场历时两年多的拉锯战中,彭越两次迫使项羽分兵,帮助刘邦顶住了项羽的攻击,并且给刘邦创造了反攻的机会,最终使项羽陷入困境,造成楚汉两军攻守态势的逆转。荥阳成皋之战是楚汉相争的关键战役。彭越在这个战役中立了大功。

项 羽 的 结 局

项羽打败了彭越,听到曹无咎战败的消息,马上赶回来。汉军一看项羽回来了,又跑到险要的地方躲起来。这时彭越又回去切断楚军的粮道,弄得项羽很头疼。他急于和刘邦决战,就安排下一口大锅,把刘太公放在里面,叫刘邦出来看,告诉他:"你不赶快来和我交战,我就把你爸爸煮了。"刘邦说:"当初我和你一起从怀王那里接受命令的时候,我们相约为兄弟,所以我爸爸就是你爸爸。你要煮你爸爸,别忘了也分给我一碗肉汤喝。"项羽大怒,要杀刘太公。项伯劝他说:"将来是什么样还很难说,我们做事应该给自己留余地。而且争天下的人是不顾家的。你杀了他父亲又有什么用呢？恐怕只会对我们自己不利。"项羽觉得有道理，就不杀刘太公了。后来他和刘邦又在军前对话。他说："几年来天下这样动荡，就是为了你我两个人。让我们俩一对一决斗来解决问题吧，别让天下的人为我们受苦了。"刘邦笑着说："我宁愿斗智，不和你斗力。"刘邦指责项羽有十条大罪，一一数落。项羽大怒，埋伏下弓箭手，放冷箭射中刘邦的胸口。刘邦疼得直不起腰来，可是害怕动摇军心，假装去捂脚，说："贼人射中我的脚指头了。"回去躺倒，张良要他起来，强撑着巡视全军，让将士们安心。汉军继续坚守，项羽还是没有办法。

这时候，刘邦的兵多，粮食也多。项羽的兵强，但是很疲劳，孤立，粮食也没有了。彭越不断骚扰，韩信也开始向楚国进军。刘邦和项羽谈判，要项羽把他的父亲和妻子还给他。双方约定以鸿沟为界，西边归刘邦，东边归项羽。达成协议后，项羽就撤军回国了。刘邦也要撤军，张良和陈平劝他说："我们已经得到了大半个天下，楚军疲劳缺粮，这是消灭它的最好时机。如果不趁机进攻，那就像养着一只老虎，让它缓过劲儿再来吃我们。"于是刘邦撕毁协议，去追击项羽，同时叫韩信和彭越来帮他。他追上了项羽，可是韩信和彭越却没来。楚军一进攻，汉军又被打得大败，逃到深沟高墙后面躲起来。

汉军这时在战略上已经转入攻势，可是在战斗中还是只能防御，无法打败楚军。刘邦问张良："在外边的将军都叫不来，怎么办？"张良说："韩信当齐王你不情愿，他心里也不安。原来魏国的国土大都是彭越攻下来的。你为了魏王豹，只封他当魏国的相国。魏王豹死了，你也没有及时立他当魏王。所以你召他们不来。你现在告诉韩信，打败楚国以后，从陈以东直到大海的土地都给他；告诉彭越，睢阳以北到谷城的土地都给他，封他当魏王。这样他们就来了。要不然，天下最后会是什么样还难说。"

刘邦按照张良的话，派使者去通知韩信和彭越。这两个人一听，马上报告说："今天就出兵。"几路军队来了，把楚军包围在垓下。决战的时候，韩信自己率领三十万军队迎击项羽。楚军大约有十万人。一交战，楚军攻势凶猛，打退了韩信正面的部队。韩信部署在两翼的部队开始攻击，正面的部队反击，把楚军打得大败。

楚军逃到营垒里坚守。晚上项羽听见军营外面到处都有汉军士兵在唱楚地的歌，非常吃惊，说："汉军里楚国人怎么这样多呢？难道他们已经把楚国都占领了吗？"他的心情沉重，睡不着觉了，在营帐里喝酒。他有一匹好马叫骓，有一个很爱的妃子叫虞，行军打仗时常跟随他。他喝着酒，心中有太多的感慨，作出一首诗来，唱道："力量大得可以把山拔起来呀，威风压倒天下；时运不济呀,雅却不肯离去;雅不肯离去呀,又有什么办法呢? 虞呀,虞呀,你可怎么办呢?"虞姬给他伴唱,连唱了几遍,项羽眼泪横流,周围的人都哭得抬不起头来。项羽骑上马,带着八百骑兵,丢下军队,夜里冲出包围,向南逃跑。楚军没有了统帅,被汉军打得大败,被斩首八万。

天亮后,汉军发现项羽逃跑了,派骑兵将军灌婴率领五千骑兵去追。项羽渡过了淮河,身边只剩下一百来人。他们迷了路,问一个农夫。农夫骗他们说:"向左,向左。"结果他们跑进一片沼泽地里。等到他们从沼泽地里转出来,汉军追了上来,把他们重重围住。这时项羽身边只有二十八个人了,敌人有几千骑兵,项羽知道逃不掉了。他对部下说:"我从起兵到今天已经八年,打过七十多仗,攻无不克,从来没打过败仗。今天却被困在这里。这是上天要我灭亡,并不是因为我打仗不行。我今天是要死在这儿了,但我还是愿意为你们好好打一仗。我要打破敌人的包围,杀敌人的将军,砍他们的军旗,向你们证明,我不是打仗打败的。"他把二十八个骑兵分成四队,同时向四个方向冲锋。项羽对手下人说了声:"看我给你们杀一个敌将。"就大喊着冲向汉军,果然杀了一个将军,打退了汉军。汉军不知道项羽在哪一队,分兵包围他们。项羽连续冲杀,又杀了一个将军和上百汉军。他把四队人马会合起来,一看,只损失了两个人。他问:"怎么样?"众人在马背上弯腰低头下拜,说:"大王说的一点儿都不差。"

项羽逃到乌江边。乌江亭长撑船来接应他,对他说:"江东虽然小,也有上千里土地,几十万人口,足够称王。你快上船,这里没有别的船,汉军不可能渡江追你。"项羽笑着说:"上天要灭亡我,我还过什么江呢? 当年我率领八千江东子弟渡江去攻打秦国,今天没带一个人回来。就算江东的父老可怜我,让我当王,我有什么脸面去见他们呢? 你是个厚道人。这匹马跟了我五年,能日行千里,冲锋陷阵,非常得力。我不忍心杀死它,就送给你吧!"以后他徒步用短兵器作战,一个人又杀死几百敌兵,自己身上也受了十几处伤。这时他在敌军里看见了自己以前的部下吕马童。他说:"你不是我的老熟人吗!"吕马童有点儿不好意思,扭头对身边另一位将军说:"这是项王。"项羽说:"刘邦出千金万户来买我的人头。我把这个好处送给你吧!"说完举刀自杀了,死时三十岁。汉军一拥而上,来抢项羽的尸体。争夺中又有几十个人被杀。最后项羽的身体被五个人各抢去一块。这五个人因此都封了侯。刘邦把项羽的残体合在一起,给他举办了葬礼,流了眼泪。他没有伤害项羽家族的任何人,封项伯和几个项羽家的人侯爵,赐他们姓刘。

论功行赏

刘邦刚打败项羽,马上就跑到韩信的军营里,把他的军队夺过来。也不让他当齐王了,另派他去当楚王。韩信的故乡淮阴就在楚国。他回到家乡,找到当年给他饭吃的洗衣妇,赠送她千金。找来南昌亭长,答谢他一百个钱,对他说:"你是个小人,不能帮人到底。"他把当年逼他钻裤裆的少年也找来,让他当了个军官。他对手下的文武官员们说:"当年他侮辱我的时候,难道我不能杀了他吗?可杀他又是为了什么呢?我忍了,所以有今天。"

刘邦是中国第一个平民出身的皇帝。称帝以后,他在洛阳的宫殿里设宴招待群臣,问大家为什么自己得了天下。有大臣说:"陛下把攻占的土地分给有功的人,所以成功。项羽不和别人分享好处,所以失败。"刘邦说:"你们只知其一,不知其二。深谋远虑,制定出必胜的策略,我不如张良。管理国家,安抚百姓,保障后勤供应,我不如萧何。指挥百万大军,攻无不克,战无不胜,我不如韩信。这三个人是天下最杰出的人才。我能用他们,所以得了天下。项羽那里只有一个范增是有见识的,他还不能用,所以被我打败了。"

韩信、陈平和刘邦都指出过项羽失败的原因:不能吸引人才,不能用人,不得民心,失去地利。这些都有道理,但都不是根本的原因。春秋战国时期几百年的社会大动荡最后造成的是一个统一的中央集权政府。它是中国社会进步的结果。项羽在主宰天下时完全没有建立这样的全国政权的意识,而是自封为西楚霸王,只想做一个割据一方,称霸中国的诸侯。他分封诸侯造成的是军阀割据。这样的政治安排违背历史潮流,只能导致战乱不休的局面,让天下永无宁日,直到他自己被历史淘汰。这才是他失败的根本原因。所以他再善战也是没有前途的。

天下平定以后,封王的都回自己的国了。给其他功臣封赏才是最麻烦的事。刘邦和群臣一起论功行赏。刘邦说萧何功劳最大,赏给他的封地最多。将军们都不同意,说:"我们身披盔甲,手持兵器,参加过几十场,上百场战斗。城是我们攻下的,土地是我们夺来的。萧何一次战斗也没参加过,只会动动笔杆子,算算账,凭什么功劳比我们都大?"刘邦说:"你们知道打猎吧?"将军们说:"知道。"刘邦说:"那你们也知道猎狗吧?"将军们说:"知道。"刘邦说:"打猎的时候,追杀野兔的是狗,指挥狗的是人。你们只会抓野兽,是功狗。萧何是指挥追杀的,是功人。而且我当初起兵的时候,你们只是自己一个人来入伙,顶多带上一两个家人。萧何带着族里几十个人来追随我。你们怎么能和他比?"大伙不说话了,可是心里并没有服气。封完侯,等到排位次的时候,他们又说:"曹参身上受过七十几处伤,攻占的城市最多,应该排第一位。"刘邦还是认为萧何应该排第一位。但他是个老粗,虽然心里明白,可是说不出道理来,着急了就冒出个萧何是人,你们是狗这样的粗俗比方来,或者说你带多少人入伙,他带多少人入伙,这和功劳也没有关系。这时候关内侯鄂君站出来帮他解释。

鄂君说:"曹参虽然有战功,但那是一时的功劳。皇上和项羽打了五年仗,常常军队都打没了,只身一个人逃跑。全靠萧何经营关中,不断地给他补充军队,运送粮食。皇上多少次在关外被打得大败,但总有关中这块可靠的根据地,让他能够顶住项羽的进攻,坚持到战争胜利。这就是萧何的功劳。这样的功劳是使汉朝得以建立的战略上的功劳,是曹参那样的战斗的功劳没法比的。所以萧何应该排第一位。"刘邦说:"说的好,太对了!"于是名正言顺地让萧何在群臣中排位第一,进宫殿朝见皇帝可以佩剑,不脱鞋,也不需要快步上前。他还额外送给萧何两千户,告诉他这是报答当年自己押送劳工上路时,他比别人多送的那两个钱。同时加封鄂君为平安侯,因为是他把萧何功劳最大的道理讲明白的。

张良也没有战功。刘邦说:许多争天下的大谋略都是张良的主意。张良可以自己在齐国挑三万户的封邑。张良说:"我最初是在留地遇见皇上的。把那个地方封给我很有意义。我不敢要三万户。"于是刘邦封张良为留侯。

张良和萧何都是脑力劳动者,刘邦对他们的功劳都心里有数。可是他对儒生的偏见对他还是有影响。随何是儒生,做的是外交工作,也是属于"动口不动手"一类。刘邦一贯看不起儒生,对他们从来没好气,张口就骂。他叫随何腐儒,说打天下哪里用得着腐儒。随何上前跪下问他:"陛下进军彭城,项羽还在齐地的时候,您派五万步兵,五千骑兵,能不能拿下淮南?"刘邦说不能。随何说:"陛下派我当使者,只带着二十个人去就达到目的了。我起的作用超过了五万步兵加五千骑兵,为什么陛下叫我腐儒,说打天下哪里用得着腐儒?"刘邦无言以对,赶紧安慰他说:"我正在为你算功劳呢!"

用了一年多的时间,才封了二十几个大功臣,还没有受封的人白天黑夜争来比去,定不下来。刘邦在宫中远远看见将军们坐在沙地上议论。他问:"他们在说什么?"张良说:"陛下不知道吗? 他们在谋反。"刘邦大吃一惊,说:"天下都平定了,他们为什么要造反?"张良说:"陛下到现在封的都是萧何、曹参这样的亲信或者老部下,杀的都是你当年恨的人。这些人等的时间长了,越来越担心封赏轮不到他们,反倒会因为以前的过失被杀头,所以在一起商量要造反。"刘邦问:"那我该怎么办呢?"张良问:"有没有一个大家都知道的,你平生最恨的人?"刘邦说:"有,是雍齿。他从我刚起兵时就背叛过我,几次让我被困受辱。只是因为他功劳也多,我不忍心,所以没杀他。"张良说:"那你马上封他。其他人看见他受封就会安心了。"于是刘邦安排酒宴,封雍齿侯爵。群臣参加酒宴后都高兴地纷纷议论说:"雍齿都能封侯,咱们还担心什么?"

刘邦后来常思念郦食其。郦食其的儿子也在军中,功劳不够封侯。刘邦为了郦食其,给他封了侯。

和亲政策

刘邦打败项羽以后,一心想的就是怎么能让汉家的天下长治久安。他首先要确定把首都设在哪儿。刘邦和他的老部下都是东方人,不愿意把首都设在离家乡很远的关中,但他们也知道不能像项羽那样把首都设在东方。一个折中的办法是在洛阳建都。洛阳是东周的京城,在天下的正中间,周围也有山河环绕,是定都的好地方,所以平定天下以后,刘邦先把首都设在这里。这时候有一个齐国人娄敬要去陇西边境服役,经过洛阳。他请一个当将军的齐国老乡帮他联系见刘邦。他一路上拉车,穿的是羊皮衣。他的老乡拿给他一件好看的新衣服要他换上。他说不用,平时穿什么,见皇上就穿什么。刘邦接见他,赐给他食物,请他讲自己的想法。娄敬建议刘邦把国都设在关中,并讲了很有见识的一番道理。

刘邦在朝廷上一说,群臣都反对。他们说周朝的京城在洛阳,立国好几百年。秦朝的京城在关中,两代就亡国了。为什么不学周朝,要学短命的秦朝?刘邦拿不定主意,就去问张良。张良说:"洛阳周围虽然也够险要,但是中间地方太小,只有几百里方圆,土地也贫瘠,而且是个四面受敌的地方。关中有幅员上千里的肥沃土地,南面还连接富饶的巴蜀。需要的时候可以动员百万军队。三面不受敌人威胁,只有东面隔着函谷关面向关东的诸侯,既坚固,又富饶,所以还是娄敬说的对。"刘邦听了,当天就离开洛阳去关中。他留娄敬在自己身边做高参,赐他姓刘。

中国从周朝开始以农业立国,经常受到北方游牧民族匈奴的侵扰,边境战争不断,所以秦始皇修筑了万里长城。平定天下以后不久,刘邦封的韩王叛变了,联合匈奴对抗汉朝。刘邦前后派了十几个使者去匈奴交涉。匈奴把健壮的年轻人和肥大的牛羊都藏起来,只让使者们看到一些老弱的人和瘦病的牲畜。这些使者回来都对刘邦说匈奴很容易打。刘邦又派刘敬去。刘敬回来说:"两国敌对,应该是让对方看到自己强大,威慑敌人。而我去见到的人和牲畜都是老弱瘦病,这是故意示弱,想麻痹我们。所以我判断匈奴是在用计谋,一定有埋伏,我们不能去进攻。"刘邦一听就火了,因为十几个人回来都说可以进攻,怎么偏你说不行?而且这时候二十万汉军已经出动了,说这种话岂不是扰乱军心,就骂起来:"齐国的奴才,就会耍嘴皮子骗我的官做,胡说八道破坏我军士气。"他把刘敬关进监狱。

刘邦带兵进入匈奴境内果然中了埋伏,被围困了七天,断了粮,几乎当了俘虏,靠陈平的诡计才侥幸逃出来。匈奴人叫国王单于。陈平派人去见单于的妻子,匈奴马上就撤围了。使者说了些什么,没有人知道。后人猜可能是陈平让使者带去汉朝美女的画像,让单于的妻子知道汉朝有多漂亮的女人,告诉她如果单于捉住了刘邦,汉朝就会把这样的美女献给单于,单于就不会要她了。于是单于的妻子不让丈夫和刘邦打仗。陈平一共给刘邦出过六次这样的奇计,刘邦也六次加封他。但这些计是什么,他保密,所以世上没有人知道。

刘邦把那些告诉他能进兵的使者都杀了。其实应该对这次出兵失败负责的只有他自己一个人。他把刘敬从监狱里放出来,说:"我没听你的话,结果被困住了。"他封刘敬侯爵,赐给两千户,然后请教对匈奴应该怎么办。刘敬说:"天下刚刚平定,战争破坏严重,军队疲劳厌战,对匈奴恐怕不能用武力去征服。单于杀了父亲继位,把父亲的妾也纳做妻子。像这样完全不懂礼义的人,跟他讲道理也没用。只能想个长远的办法让他的子孙后代臣服。只是这个办法恐怕陛下不能用。"刘邦说:"有好办法,为什么不能用?"刘敬说:"陛下要是能把嫡长公主嫁给单于,再不断送厚礼,因为嫡长公主地位尊贵,单于又贪礼物,一定会立她当王后,她生的儿子自然就是太子。平时再派人给匈奴人讲讲中原的礼义。这样现在的单于是你的女婿,下一位单于就是你的外孙,还没听说过外孙和外公分庭抗礼的,这样不需要用兵就可以逐渐让匈奴臣服了。可是如果陛下舍不得嫁亲女儿,嫁一个假公主过去,匈奴也会发觉的。那样生出来的孩子就当不上单于了,这个计策用了也不会有效果。"

刘敬是个有见识的人。但他给刘邦出的这个主意却实在是异想天开。两个王国有联盟的意愿了,往往会联姻。可是这关系反过来却不成立。春秋时期,周天子和周朝的同姓诸侯都与异姓诸侯通婚。比如晋国和齐国、秦国都互相嫁公主。晋国的公主也嫁到蛮夷国家。晋景公和赵襄子的姐姐都嫁到狄人的国家当王后。从来没听说这些国家间的联姻和亲戚关系对防止兼并战争起过什么作用。刘敬以为匈奴单于给刘邦当了女婿或者外孙,他就不会打老丈人和外公了,凭着家庭关系和辈分就能让他臣服。这只能说是他一厢情愿。刘邦却认为这是好主意,马上安排要嫁长公主去匈奴。吕后白天黑夜地哭闹,说:"我就生了太子和这一个女儿,怎么能扔到匈奴那样野蛮荒凉的地方去呢?"刘邦被她闹得没办法,只好在宗室里找了一个女孩子冒充长公主嫁过去。这个嫁公主的办法以后被称为和亲政策。

其实和亲政策的迂腐使用常识就可以看明白,刘邦最不缺少的就是这样的常识。两年后他怀疑女婿赵王张敖要谋害自己,把张敖抓起来治罪。吕后要救女婿,三番五次对刘邦说:"他为了咱们的女儿,不会做这样的事的!"刘邦发火了,说:"要是张敖得了天下,还少你女儿啊?"

叔孙通制定礼仪

刘邦有一个部下叫陆贾,口才极好,常给刘邦办外交,当使者说客。刘邦打败项羽以后,派他去说服南越王归顺汉朝,立了大功,被封为太中大夫。他在刘邦身边总讲儒家的诗书。刘邦一听就冒火,骂他:"你老子是马上得天下,要诗书干什么?"陆贾说:"你在马上得天下,能在马上治天下吗? 文武并用,国家才能长治久安。秦国用武力统一天下以后,继续任用刑法,不知道改用仁义教化的方法,所以很快灭亡了。要不然你能有机会吗?"刘邦听了心里不痛快,可是也无话可说。

叔孙通是儒家的大学者,原来是秦朝的博士。他看到秦朝要亡了,就逃跑了,先投奔项梁,后来到楚怀王那里做官。楚怀王被项羽赶走了,他又留下来侍奉项羽。刘邦带着五国诸侯攻进彭城,他又归顺了刘邦。他看出刘邦讨厌人穿儒生的长衫,就换上一身楚国人的短打扮,让刘邦看着顺眼。刘邦和项羽打仗的那几年,他向刘邦推荐的都是些粗俗的、以前当过强盗的人。他自己有一百多个学生,却一个也不推荐。学生们不高兴了,发牢骚说:"咱们追随先生好多年了,有了做官的机会,他尽推荐些没品行的人,为什么不推荐咱们?"叔孙通听到了,对他们说:"汉王正在打天下,推荐你们,你们能打仗吗? 你们耐心等着吧,我不会忘记你们的。"

等到刘邦当皇帝了,和群臣在一起宴会或者议事,群臣喝醉了,或者争起功来,狂呼乱喊,甚至拔出剑来往柱子上乱砍,一点规矩都没有。刘邦看着既讨厌又头疼。叔孙通知道自己的机会来了。他对刘邦说:"打天下的时候儒家的确用处不大。可是打了天下以后要好好维持它,那儒家还是很有用的。我想去鲁国请一些学者来,我领着他们和我的学生们,一起制定出一套朝廷的规矩和礼仪来。"刘邦一向讨厌儒家是因为他觉得儒家只会搞些繁琐又没用的表面形式。可是现在当皇帝了,他也觉得朝廷上是需要有点儿规矩了,就说:"那会不会太复杂?"叔孙通说:"礼节是表达人性情的形式,各朝各代都不必相同。我可以把古代的和秦朝的礼仪综合一下,制定出适合今天使用的礼仪来。"刘邦说:"那你去试试吧!一定要简单易学,就以我能做到为标准吧。"叔孙通就带着请来的学者和自己的学生,还有一些皇上的侍从,在城外编排了一个多月,然后请刘邦来看。刘邦说:"可以,我能行这个礼。"于是把这套礼仪教给各级官员,为十月的朝会作准备。

汉初以十月为正月。到了朝会这一天,新建成的皇宫里旗帜飘扬,战车、骑兵和步兵排列森严,侍从官们在阶下肃立。天亮前,引导官把群臣按官职大小依次带进宫殿。列侯、将军等武官站在西边,丞相以下的文官站在东边。殿上设九个官员,逐级传递皇帝的旨意。一切安排就绪,皇帝才乘辇车被推出来。从诸侯王到下面的官员依次被引导到皇帝面前恭恭敬敬地拜见致贺。朝礼完毕,酒宴开始。在殿上的诸侯和群臣都弯着腰,抬着头跪坐着,依次起身给皇帝祝寿。敬酒之后,司仪宣布宴会结束。自始至终,没有人敢随便出声。有谁举止不合礼仪,马上被监察官员拉下去。刘邦高兴地说:"今天我才知道了当皇帝的尊贵。"于是他让叔孙通接着制定朝廷的各种礼仪,赏给他五百斤黄金。叔孙通谢恩后说:"我的学生们和我一起做的工作,请您也赏他们个官做吧!"刘邦就封他们都做郎官。叔孙通把赏金都分给学生们。学生们高兴地说:"先生识时务,真是圣人。"后来叔孙通又制定了皇帝服装的制度,宗庙的礼仪和音乐、诗歌、婚礼的程序,等等。有了这些制度,汉朝的政府活动才正规像样起来。

刘邦不但享受到了当皇帝的尊贵,也享受到了当皇帝的乐趣。两年后未央宫建成,他在前殿设酒宴,招待群臣。在席上他起身给父亲刘太公敬酒祝寿,说:"当年大人总说我无赖,不如二哥能挣家业。今天您看看,我和二哥谁挣下的家业多呢?"他的部下里许多人都像他一样出身底层,造反前是二流子或者亡命徒,现在都成了暴发户,听到了放声大笑,欢呼万岁。

刘邦当年在沛县的时候,别人都叫他刘季。季是兄弟里排行最小的意思。他当皇帝时五十四岁,父亲刘太公那时应该有七八十岁了。刘太公在家乡时结交的朋友都是些屠夫、小贩、卖酒的、卖饼的。他和他们在一起斗鸡、踢球,喝酒聊天,这些是他的平生乐趣。现在从江苏老家搬到长安的深宫里,这些老朋友、乡亲和乐趣都没有了,很不习惯,一点儿也不快乐,有时还会伤感。刘邦觉察到了,派手下人偷偷去打听出来是为了什么,就照家乡的样子建造了一座新城镇,把老家的熟人邻居们都搬迁来。匠人把这个镇子建造得和家乡一模一样。老邻居们搬来,站在路口一看就知道哪间房子是自己家。把羊狗鸡鸭放在大道上,它们也都认路,自己回家。刘邦的老家在丰县,这个故事就叫作"鸡犬识新丰"。刘太公经常去看望老邻居们,像当年一样和他们交游,心情也就好了。

刘邦每隔五天去朝见父亲,行家礼。刘太公的管家对他说:"皇帝虽然是你儿子,可他是君。你虽然是他父亲,却是臣。怎么能让君给臣下拜呢?这样皇帝就没有威严了。"下一次刘邦来了,刘太公拿着笤帚在门外倒退着扫地迎接。刘邦看见了大吃一惊,连忙下车去扶父亲。刘太公说:"皇帝是君,怎么能因为我乱了天下的法律呢?"于是刘邦给刘太公上了一个"太上皇"的尊号。刘邦对管家说的话心里感觉很舒服,赏给他五百斤黄金,和叔孙通制定朝仪得到的赏金一样多。

高鸟尽,良弓藏

当了皇帝以后,刘邦最操心的是怎么防止手下人造反。他不信任人,只相信实力。一个人只要有造反的能力就会被猜疑,不管他有没有造反的心。所以一个部下越有才能,国土和军队越多,他就越不放心。张良只给他出主意,不管具体事情,而且天下平定以后就不关心人间的事了,一心去修仙学道,甚至开始练习不吃粮食,一年多足不出户,所以刘邦对他一点儿也不担心。萧何就不行了,他是丞相,国家大事都由他管着。刘邦带兵出去打仗,后方就是他当家了。有一次刘邦在外边打仗,几次派人回来问萧何在干什么。萧何就更加努力工作。他的门客对他说:"你再这样干就要被灭族啦!你知道皇上为什么总打听你吗?你治理关中十几年,深得民心。皇上怕你趁他不在,占据关中造反。你干得越好,老百姓越爱戴你,皇上岂不是越担心害怕。再说你已经是相国了,干得再好,还能升官吗?反而会更快招来杀身之祸。你现在应该反过来,做坏事,丑事,让自己背上坏名声,让老百姓都恨你,骂你,皇上对你才放心,你才安全。"

刘邦打完仗回来,许多老百姓拦路告状,说萧相国用很低的价钱强买走他们价值几千万钱的土地。萧何来朝见的时候,刘邦不但没发火,反而笑着说:"当相国的,竟然去占老百姓的便宜?"他把老百姓的状子都交给萧何,说:"你自己给老百姓道歉去吧。"萧何以为自己安全了,就忘了门客的话,又想为老百姓谋件福利。上林苑是皇家养禽兽、打猎和游玩的园林。萧何对刘邦说:"长安土地少，皇上的上林苑里空地很多，都荒废着。我想请您批准让老百姓进去种庄稼。等到收割的时候，让他们留下庄稼的茎秆做禽兽的饲料。这样老百姓和皇上家都受益。"刘邦一听就火了，喊道："你一定是收了商人不知多少贿赂，才帮着他们来算计我的园子。"马上让廷尉把萧何抓进监狱。

过了几天，负责皇宫警卫的军官随侍的时候问刘邦："相国有什么大罪，皇上发这么大的火逮捕他？"刘邦说："我听说李斯给秦始皇当丞相，有好事归到皇帝名下，有过失自己承担。萧何给我当相国，受商人贿赂，拿我的上林苑讨好老百姓，所以我抓他。"其实刘邦就是心里不痛快，倒不是为了上林苑，也不是怀疑萧何受贿，萧何真的受贿也许他心里还踏实些，更不是怀疑萧何会造反。他就是忌讳萧何比他得民心，因为民心是造反的资本。不过让人这么一问，他当天就把萧何从监狱里放出来。萧何光着脚来赔罪谢恩。其实他有什么罪呢？就是让君主猜疑不安了。刘邦自己也知道，所以酸溜溜地说："相国算了吧！你为老百姓请求开放上林苑，我不答应。我是桀纣那样的坏君主，你是关怀百姓的好相国。我把你关起来，那是为了让老百姓都知道我的过错呀！"

萧何当相国平平安安一直到死。可是韩信的结局就不一样了。他被降为楚王，可是仍然有国土，有军队，刘邦对他不可能放心。才过了一年，就有人向刘邦告发韩信要谋反。刘邦和将军们商议。那些没头脑的武夫们狂呼乱喊："马上发兵宰了这小子。"刘邦不说话，又问陈平。陈平说："陛下的兵比韩信的兵更精吗？"刘邦摇摇头。陈平又问："陛下的将军们用兵比得过韩信吗？"刘邦说："比不过。"陈平说："兵和将都不如韩信，就要出兵，这不危险吗？"刘邦问："那我怎么办？"陈平问："韩信知道有人告发他吗？"刘邦说："不知道。"陈平说："古代天子有到全国各地巡视，会见诸侯的惯例。陛下假装出游，到楚国旁边的陈地会见诸侯。韩信没有怀疑，一定会来觐见陛下。那时候抓他，用一个有点儿力气的武士就够了。"

刘邦觉得这个办法好，马上通知诸侯他要巡视天下，让他们都到陈地会合。刘邦还没到陈地，韩信就赶来迎接了。刘邦马上让武士把他绑起来。韩信大喊："天下已经平定了，所以该煮我了。"刘邦说："你别喊，你要造反，已经有人告发了。"刘邦把韩信带到洛阳，却没有治他的谋反罪，只是又把他从楚王降为淮阴侯，让他待在京城里。其实陈平和刘邦心里都非常清楚韩信没有谋反。如果他们真有怀疑，陈平就不会出这样的计谋，刘邦也不敢采用，因为它是非常危险的，等于是让刘邦把自己送到韩信的手里去。

韩信心里非常不满意。当年姜子牙帮助周朝打败商朝，周武王封给他齐国来报答他。刘邦的天下几乎全是靠韩信打下来的,从最初关中的章邯,到魏国、代国、赵国、燕国、齐国这些诸侯,直到最后项羽的楚国,都是他一仗一仗地消灭的。他比姜子牙功劳还大,刘邦只封他侯爵,让他和周勃、灌婴这些原来比他低好几等的将军们排在同列。他感到屈辱,常说有病不去上朝。樊哙对他非常殷勤恭敬,所以他去过樊哙家游玩。樊哙是刘邦的连襟,也是刘邦手下数得着的几个大将之一。韩信来了,他跪着迎送,说:"大王竟肯屈尊光临臣家。"韩信告辞出门时,笑着给自己解嘲说:"这辈子竟然落到和樊哙为伍的地步。"

刘邦常找韩信谈军事,讨论将军们的能力。韩信告诉他哪个将军能带多少兵。刘邦问:"那我能带多少兵?"韩信说:"陛下顶多能带十万。"刘邦听了心里不大舒服,问:"那你呢?"韩信说:"臣多多益善。"意思是越多越好。刘邦笑了,说:"'多多益善,'那怎么你被我抓起来了?"韩信说:"陛下不能带兵,但是会驾驭将领。而且陛下得天下是天意,所以我被陛下抓起来了。"韩信说的天意是大道理,也有道理。至于他为什么会被刘邦抓起来,这只要看看实际经过就很清楚了。刘邦总是用小人之心防范他,算计他。而他心地单纯,心里即使有疑虑也还是选择信任和忠于刘邦。

韩信好像完全没有意识到自己的处境有多么危险,说起话来毫无戒心。虽然现在他没有国土和军队了,他的才能还是让刘邦没法放心。他当然知道刘邦猜忌自己,但他是个职业军人,遇到自己专业上的问题,他只会实话实说,考虑不到这实话对别人的心理会有什么影响。也许他以为自己有那样大的功劳,又没有异心,所以刘邦也不至于害他。

刘邦虽然猜忌,但他还是个有见识,知道按照大道理做事情对自己更有利的人,轻易不会把事情做得太难看。他的妻子吕后什么见识也没有,心地狭窄,做事狠毒。刘邦好色,宠爱着许多年轻漂亮的妃子。吕后虽然心里怨恨,但也不指望了。她唯一操心的就是她儿子的太子地位。刘邦有八个儿子,最爱的是赵王如意,是他最宠爱的戚夫人所生。吕后的儿子刘盈是太子,心地善良,性格懦弱。刘邦总说:"这小子不像我,如意像我。"戚夫人总在他身边,白天黑夜哭着求他,所以他一直犹豫着,好几次几乎都要换如意当太了了,只是因为大臣们坚决反对才没换成。吕后第一怕刘邦偏心眼换掉太子,第二就怕刘邦手下的这些将军们,比刘邦还怕,因为刘邦一死,她和儿子怎么镇得住这些将军们呢?她恨不能趁刘邦还在的时候就把他们全杀掉。

韩信被贬为淮阴侯四年后,将军陈豨在代地造反,刘邦亲自带兵去讨伐。韩信有病,没有跟去,这让吕后有了下手的机会。韩信的家臣得罪了韩信,被韩信抓起来。家臣的弟弟向吕后告发韩信要造反。吕后找萧何来商量。萧何给她出的主意是派人假装刘邦的使者，来报告前方胜利了，叛将被杀了，然后召集群臣来宫中庆贺，把韩信骗进宫抓起来杀掉。因为怕韩信不来，萧何亲自去找他，劝他说："虽然有病，还是强撑着去吧。"韩信一进宫就被武士抓起来，马上被砍了头。临死前他说："我后悔没听蒯通的话，结果被女子小人的诡计骗了。这岂不是天意吗！"吕后又按谋反的罪名，把韩信的父亲、母亲和妻子三族都杀掉。韩信是中国历史上最会用兵的将军，不管自己带的是什么兵，遇到的是什么敌人，在什么样的战场上，总能精准料敌，巧妙构思，把天时地利都化为军力，经常以寡击众，每战都是出奇制胜。他临死时说出的最后遗憾不是自己怎么冤枉，也不是刘家怎么对不起自己，而是不理解自己怎么被一个愚昧无知的恶妇算计了。

刘邦打完仗回来，听说韩信死了，"且喜且怜"，就是既高兴，又可怜韩信。他问韩信临死前说了什么。吕后说："他说后悔没听蒯通的话。"刘邦说："这个人是齐国的辩士。"马上让齐国把蒯通抓了送来。刘邦问蒯通："你有没有教韩信造反？"蒯通说："我教啦！这小子不听我的话，所以落了这么个下场。他要是听了我的话，陛下怎么能杀得了他？"刘邦大怒，说："煮了他！"蒯通大声喊冤。刘邦说："你教韩信造反，还有什么冤？"蒯通说："秦末各地英雄豪杰起义。那时的天下就像一头鹿，秦朝丢失了，天下人都去追赶。谁本事大，跑得快，鹿就是谁的。那时候韩信是我的主子，我当然要告诉他怎样做对他最有利。当年像陛下一样想得天下的人多了，只不过能力不够没有成功罢了。难道能因为那时候他们为自己打算，就把他们都煮了吗？"刘邦说："放了他！"就饶了蒯通。

彭越是战功仅次于韩信的大将，被封为梁王。刘邦去讨伐陈豨时，让他跟着出兵。他说有病，让部下带兵去。刘邦发怒，派人指责他。他很惶恐，想亲自去向刘邦解释，又不敢去，只能用有病搪塞。他手下管车马的官员惹他发怒，害怕被杀，逃到刘邦那里告发他，说他要造反。这和不久前韩信被告谋反一样，也是家臣揭发，就像是如法炮制出来的。刘邦派使者去梁国，彭越完全不知道发生了什么，被使者抓起来，押送到洛阳。彭越是善战的将军，也是有自己的国土和军队的国王，在自己的宫殿里让一个使者抓走，他是不是要造反是很清楚的事情。可是法官却给他定了谋反罪。刘邦没杀他，只是撤销了他的王位，派人押送他到偏僻的巴蜀去流放。彭越走在路上，正好吕后从长安来洛阳，碰到了。他对吕后哭，说自己没有谋反，不想去遥远的巴蜀，只想回到家乡当个老百姓。吕后答应替他去跟皇上求情，带着他回到洛阳。吕后对刘邦说:"你把彭越这样有本事的人送到巴蜀,这不是给自己留下个祸根吗?不如杀了他。"夫妻俩商量好了,吕后让自己的家臣告发彭越又要谋反。彭越这次被告发谋反更是匪夷所思,因为他一直是在押的犯人。但法官还是给定了罪,依法应该灭族,上报皇帝,刘邦批准执行。

从对韩信的死"且喜且怜"和第一次判彭越谋反时不肯杀他,到这一次黑下心来杀彭越,我们可以看到刘邦的堕落。他不是像吕后那样凶残狠毒又没有见识的人,当年还被公认为宽厚仁慈的将军。使他堕落的是他要维护自己的家天下的私心。所以他的堕落暴露出的不仅是他自己灵魂的丑恶,更是家天下制度的丑恶和弊病。秦汉两朝致力建立和完善的家天下君主专制制度有两个根本的出发点,一个是君主的绝对权力,另一个是家天下的绝对安全。我们在对以后历史的讨论中会看到这两个出发点是怎样阉割了中国社会,让它失去了阳刚之气和活力。

刘邦杀了彭越、把彭越的肉煮成肉酱,分送给所有诸侯吃。这样就把淮南王英布逼反了。英布背叛项羽,归顺刘邦以后,带着自己当九江王时的旧部和项羽作战,参加了围歼项羽的垓下会战。天下平定以后他当淮南王,年年去朝见刘邦。他的淮南国拥有九江、衡山、庐江和豫章四个郡,是个大藩国。他当年也是和韩信,彭越一样独当一面的大将。现在韩信和彭越接连被杀,他知道下一个就要轮到自己了,只有造反。他对部下说:"皇上老了,一定不能亲自来。将军里我只怕韩信和彭越。这两个人已经被杀了,其他人谁来都不用担心。"

刘邦已经六十岁了,确实不想亲自出马,想派太子去。可是吕后请来辅佐太子的几位谋士一商量,认为太子不能去,因为太子打了胜仗,也不过还是当太子;要是打败了,太子的地位就危险了。而且太子从来没打过仗,将军们都是跟着皇上打天下出来的一群野蛮凶狠的人。让太子去指挥他们,那就像让羊去放牧狼群一样,怎么指挥得动?肯定要打败仗。皇上最宠爱戚夫人,也最爱她的儿子。皇上说过:"怎么也不能让没出息的儿子地位在我最爱的儿子之上。"他想换掉太子的心思谁都知道。太子打了败仗,正好给他口实。他们把这个道理讲给吕后,让吕后去见刘邦,教她这样说:英布是天下最勇猛的将军,太子也指挥不了你手下的这些将军们,派他去等于是把胜利拱手送给英布。等到英布打败了太子,打到家门口上来,那时候麻烦就大了。你虽然有病,就是躺在辎车里指挥,将军们也不敢不尽力。为了你的老婆孩子,你还是强撑着亲自去一趟吧!吕后去见刘邦,又哭又闹地把这话说了。刘邦说:"我就知道这小子没用。还得他老子去。"

英布这时已经打败了荆国和楚国的军队，杀了荆国国王刘贾，正在向西进军。两军相遇，刘邦站在军营的高墙上，看到英布行兵布阵和楚霸王项羽一模一样，心里非常别扭，因为他和项羽交战，没有一次不打败仗。但到底他是带着全国的军队来打一个地方诸侯，大战一场打败了英布。英布逃到江南，被当地人杀死。

第八章

西汉的故事

吕后的自我毁灭

刘邦在和英布作战的时候，身上又中了一箭，回来病得更厉害了，更想赶快换掉太子，可是大臣们坚决反对。中国自周朝以来形成了清楚而又严格的继承顺序。正妻生的儿子排在妾生的儿子之前。在正妻的儿子里，要按年龄立最年长的儿子，而不能按品格和才能来决定继承人。人们相信不按这个规矩办就会发生内乱，亡国。晋献公宠爱骊姬，立她的儿子继承君位，废掉了太子申生，造成晋国几十年的动乱。骊姬的儿子最后也被杀了。秦始皇死后，赵高钻空子弄手脚，废掉长子扶苏，让小儿子胡亥继位，造成天下大乱，后来胡亥也被赵高杀了，秦朝几年就灭亡了。这些就是大臣们坚决反对的理由。这些历史，刘邦自己也知道，甚至亲眼看到了。

其实选拔继承人，选贤与能当然比盲目地立嫡长好。立太子也是用人，而且是对家天下最重要的人。当初周太王古公因为选择小儿子王季和他的儿子、后来的周文王做继承人，老大和老二都让贤，周朝才得以发展壮大，打败商朝，取得天下。所以儒家坚持的以贵不以长，以长不以贤的原则，在儒家自己的经典里和古代圣王身上也不成立。但问题是贤能标准有不确定性，容易让人当借口滥用，从而引起内争，使国家陷入分裂和动乱。这种可能甚至被儒家变成了迷信，所以它要人守死规矩，完全排除"选贤与能"的做法。很多原则和规定都是这样"一刀切"出来的，是没有办法的办法。刘邦是打天下的人，看不起，也不会愿意去守儒家迷信的死规矩，但最终他还是放弃了。大概是看到立嫡长子名正言顺，得人心，大臣们拥护；吕后也比戚夫人更强势，更能控制住大臣们和刘氏家族。于是他开始为自己死后赵王如意和戚夫人的安全担心了。他知道太子懦弱，权力一定会落到吕后手里，太子也需要吕后帮助才能掌权。他也知道吕后的狠毒，知道她一旦得势是不会放过戚夫人母子的，所以整天愁眉苦脸,哼着哀伤的曲调,大臣们也不知道他是为了什么。有一个名叫赵尧的年轻官员猜到了他的心思。随侍的时候,他问刘邦:"陛下这样发愁,是为了吕后怨恨戚夫人,您担心将来赵王的安全吗?"刘邦说:"是啊,可我也没办法保护他们。"赵尧说:"陛下给赵王安排一个吕后和大臣们敬畏的相国就可以保护住赵王啦!"刘邦说:"我也想到过这个办法。可是派谁呢?"赵尧说:"只有周昌可以。"刘邦一想很对,马上叫周昌来,派他去赵国当相国。

周昌是在沛县跟着刘邦起义的老部下,这时担任负责监察和执法的御史大夫,地位只比丞相低一点儿。他为人耿直,敢说话。从萧何、曹参,直到下面的官员都敬重他。有一次刘邦休息的时候他进去报告,看见刘邦正搂抱着戚夫人,他回头就走。刘邦追过去,骑在他的脖子上说:"你说,我是什么样的君主?"周昌仰着头说:"是夏桀、商纣那样昏淫无道的君主。"刘邦笑了。还有一次刘邦和大臣们商量换太子,周昌反对。刘邦让他说为什么。周昌说话有点儿结巴,又着急,说:"我的嘴不…不能说,可我知道不……能那……那样做。你要是那...样做,我就不…不接诏。"刘邦被逗笑了。吕后躲在旁边的屋子里偷听。等周昌出来,她迎上去给周昌下跪,说:"要不是你,太子就被废了。"

刘邦打败了英布,回到长安后不到半年就去世了。吕后不敢让外面人知道,怕将军们趁机造反,想先把他们杀了再发丧。她和亲信审食其商量说:"将军们当年和皇上是一样的平民百姓,后来给皇上当了臣下,心里本来就不情愿,怎么能指望他们服侍少主?不把他们全杀了,天下就不会安全。"有一位将军听说了,去见审食其,说:"我听说皇上已经死了四天了,你们保密,不给他办丧事,密谋要杀将军们。这样肯定会把诸将逼反。现在陈平和灌婴带兵十万,周勃和樊哙带兵二十万,都在外地。如果他们联合起来进攻关中,国家马上就会灭亡。"审食其报告吕后,吕后这才给刘邦办丧事。

吕后的儿子刘盈继位当了皇帝,他就是孝惠皇帝。吕后憋了半辈子的怨恨终于可以发泄了。她最恨的就是戚夫人,先把戚夫人关进皇宫里的监狱,然后征召赵王来长安,三次派使者去赵国都被周昌挡回去。吕后就先把周昌调回长安,然后再派使者把赵王弄来。孝惠皇帝心地非常善良。他知道吕后的怨恨和狠毒,亲自出城去接弟弟,陪着他一起进宫,吃饭睡觉都在一起,让吕后没机会下手。可是过了几个月,防备有点儿松懈了。有一天孝惠皇帝清早出去练习射箭,赵王是个十岁的小孩子,睡懒觉不肯起来。吕后就钻了这个空子,派人拿毒药灌他。一会儿孝惠皇帝回来,看见弟弟已经死了。

害死了赵王如意,吕后接着害戚夫人,让人砍掉她的手和脚,挖去眼睛,用药把她弄得又聋又哑,放到厕所里,起名叫"人彘",让儿子去参观。孝惠皇帝看见了,一问是戚夫人,大哭起来,精神受了刺激,病倒了一年多。他让人告诉吕后:"这不是人做的事情。我实在不能治理国家了。"从此整天沉溺在酒色之中,不管政事,身体也越来越坏。

刘盈的哥哥叫刘肥,是刘邦的长子,但不是嫡子,不能当太子,被封为齐王。刘盈当皇帝的第二年,刘肥来京城朝见。全家人宴会时,刘盈行家礼,让哥哥刘肥上座。吕后一看刘肥竟敢对皇帝充大哥,发怒了,让人倒了两杯酒放在自己面前,叫刘肥过来祝寿。刘盈看见也跟过去,拿起酒杯,要一起行礼。吕后慌忙起身把刘盈的酒碰洒。刘肥觉得奇怪,没敢喝自己的那杯酒,一会儿就假装喝醉退席了。回到住处他越想越怕,担心不能活着回国了。他手下的官员给他出主意说:"太后只有皇帝和鲁元公主这两个孩子。你有七十多座城,鲁元公主只有几座。你从齐国的几个郡里拿出一个来献给太后,就说是送给鲁元公主的汤沐邑。太后一定欢喜,那样你就安全了。"刘肥照办了,而且尊鲁元公主为齐国的王太后,这是送给自己的妹妹自己母后的名分。吕后非常高兴,亲自来齐王府邸开宴会,宴会完了就让刘肥回齐国了。

刘盈当了七年皇帝,二十三岁就死了。办丧事的时候,吕后干哭,没有眼泪。张良的儿子张辟疆那时只有十五岁,在吕后身边当侍从。他去对丞相陈平说:"太后只有这么一个儿子,哭起来却不悲哀,你知道这是为什么?"陈平问:"为什么?"张辟疆说:"因为皇帝去世,留下的儿子年龄太小,太后害怕你们这些大臣们,心里紧张得哭不出来。你提议任命太后的几个侄子当将军,让他们掌管守卫皇宫和京城的军队,这样太后就放心了,你们也安全了。"陈平照办了。吕后心里一放松,哭起来就悲哀了。

吕后立刘盈的儿子当皇帝,自己亲自执政。这个小皇帝是刘盈的一个妃子生的。刘盈的皇后没有孩子,就杀了这个妃子,把她的孩子抱来当自己的孩子抚养。小皇帝长大几岁以后知道了,说:"太后怎么能杀我妈妈,让我给她当儿子?我长大了一定要报仇。"吕后听说了,就废了小皇帝,又把他害死,立刘盈的另一个儿子当皇帝。

刘邦在世的时候把异姓王一个接一个地消灭掉,换上自己的子侄。他以为这样刘家的天下就安全了。吕后执政以后,把这些同姓王也看成是皇位的潜在竞争者,也要消灭掉,换上自己娘家的人。她认为只有自己的娘家人才会拥护她和刘邦的子孙,而不会支持刘邦和其他妃子生的孩子,这样才能确保她这一支的皇位安全。可是刘邦当年曾经和大臣们立过盟约,有功才能封侯,不是姓刘的不能封王。吕后要封吕家的人当王,右丞相王陵反对。吕后问左丞相陈平和太尉周勃。这两个人清楚现在谁是主子,回答说:"高帝平定天下,立自己的子弟为王。现在太后行使皇帝的权力,也立自己的子弟为王,这没有什么不可以的。"吕后非常高兴。她让王陵退休,提升陈平当右丞相,让审食其当左丞相。审食其只管宫中的事,实际上做的只是郎中令的工作。

吕后害死赵王如意以后,让淮阳王刘友当赵王,让他娶吕家的女孩当王后。刘友不喜欢这个王后,爱别的妃子。他的王后就向吕后告状,说赵王恨吕家的人当王,说等太后死了他一定要收拾吕家的人。吕后发怒了,叫刘友来长安。来了也不见他,派兵把他围困在府邸里,不给饭吃。刘友的手下人偷着送饭,被抓起来治罪,就这样把刘友饿死了。吕后又让刘邦的另一个儿子梁王刘恢当赵王,让侄子吕产接任梁王。吕后让刘恢也娶吕家的女孩做王后。这位王后像吕后一样狠毒,把刘恢极爱的一个妃子毒死。刘恢非常悲痛,自杀了。吕后不许刘恢的儿子继承王位,立侄子吕禄当赵王。几个月后燕王刘建死了,吕后把他的儿子杀了,立侄孙吕通当燕王。这样她前后一共灭掉了刘邦的四个儿子和他们的封国。此外她还把济南郡从齐国分出来,给侄子吕台,封他为吕王。吕后执政八年后去世。临死前,她让吕禄和吕产统率保卫京城和皇宫的北军和南军,对他们说:"咱们姓吕的当王,大臣们都反对。我死了,皇帝年纪小,大臣们恐怕会搞政变。你们一定要掌握住军队,守卫住皇宫。不要离开军队去给我送丧,让人有机可乘。"

吕后一死,齐王马上发难。这时的齐王是刘肥的儿子。他告诉天下人他要讨伐不该封王的吕家人。相国吕产让老将灌婴带兵去讨伐。灌婴想:现在吕家掌权,要危害刘家。我要是去打齐国,等于是帮助吕家。于是他到了荥阳就不前进了,通知齐王自己不想帮吕家打他。齐王也退回国界,只收回了当初被吕后割去的济南郡。两军不交战,也不收兵,都等着京城里发生变化。京城里的大臣们早已串通一气。文官的头头陈平和武将的头头周勃本来关系不好,为了对付吕家这时也主动搞好关系,在一起阴谋策划。他们要做的第一件事是把保卫京城的北军和守卫皇宫的南军从吕禄和吕产的手里夺过来。太尉周勃虽然是军队的最高长官,但是没有皇帝的命令他不能进入北军。管理皇帝符节的纪通盗用皇帝的符节把周勃送进北军。周勃进入军营后,对将士们说:"拥护吕家的人袒露右臂,拥护刘家的人袒露左臂。"所有军人都"左袒",周勃就这样掌握了北军。守卫皇宫的南军还在吕产手中。皇帝住未央宫,皇太后住长乐宫。守卫未央宫的军官已经接受周勃的命令,不准吕产进宫。吕产被拦在宫门外,正不知该怎么办。这时候周勃派齐王的弟弟刘章带领一千个士兵赶来,杀死吕产。刘章接着赶到长乐宫,把守卫长乐宫的军官吕更始也杀掉。这样吕家手里就什么军队都没有了。然后周勃派人去抓吕家的人,不分男女老幼全部杀掉,同时派人去燕国杀掉燕王吕通。

把吕家的人都杀光了,大臣们秘密在一起商量,认为小皇帝也得杀掉,因为他是吕后的孙子,将来长大了,难保不会为吕家报仇,那样大臣们就都没活路了。可是杀了小皇帝,立谁当皇帝呢?有人提议立齐王,因为他是刘邦的长孙,这次铲除吕氏又立了功。可是大臣们都不同意,他们认为齐王的舅舅是个厉害人,立齐王等于又弄来一个吕家。刘邦还有两个儿子在世,一个是代王刘恒,另一个是淮南王刘长。大臣们认为刘长的母亲家也不能接受,而且他年龄较小。最后大家都同意立年龄较大的刘恒,因为他的母亲薄姬为人谨慎,也善良。

代王刘恒的母亲薄姬原来是魏王豹的妃子。刘邦把她收进后宫就忘了,一年多也没见她。她小时候的两个好朋友先受到刘邦宠幸。有一天这两个妃子陪伴刘邦时,说起好笑的往事,说当年她们三个小女孩怎么在一起盟誓,将来谁先走运了,一定要拉扯小伙伴。刘邦听了她们的故事,心生怜意,当晚叫薄姬来侍寝。薄姬对刘邦说:"我昨天夜里梦见有一条苍龙盘在肚子上。"刘邦说:"这可是个贵兆。我来帮你实现它吧!"薄姬那一夜怀孕了,后来生了刘恒。刘恒八岁的时候被立为代国国王。薄姬后来还是很少有机会见到刘邦。刘邦死后,吕后恨刘邦宠幸过的那些妃子,把她们都关起来。薄姬没受过宠,吕后不恨她,放她去代国跟儿子一起生活。

大臣们偷偷派人去代国请刘恒来继位。刘恒来到长安,周勃和陈平率领大臣们出城在渭桥边迎接,跪拜称臣。刘恒下车还礼。周勃上前说:"我请和您私下说句话。"刘恒的亲信宋昌说:"如果是公事,就公开说。如果是私事,王者不受私。"意思是君主不接受私语或者私赠。周勃就下跪献上皇帝玺。刘恒辞谢说:"我们到府邸商议吧!"周勃在这样庄严隆重的场合,想把天下神器私相授受,个人邀功讨好,可以说是非常不识大体。到了代王府邸,群臣劝进,刘恒推让五次后接受,即了皇帝位。他就是汉文帝。给刘家管了一辈子车马的夏侯婴进皇宫去"除宫"。他对小皇帝说:"你不是刘家的孩子,不应该当皇帝。"然后赶走卫兵,带小皇帝出宫。小皇帝问:"带我去哪儿啊?"夏侯婴说:"出去住。"他把小皇帝带到少府,那里是管理皇家财务和供给的官署,然后报告新皇帝皇宫已经清理好了。刘恒当晚就搬进去,当夜任命在代国时为他掌管军队的宋昌担任卫将军,统率北军和南军。也就在这天夜里,大臣们把小皇帝和他的三个弟弟都杀了,对外说他们不是刘盈的儿子,是吕后从不知什么地方弄进宫来,让刘盈收养的。这样吕后自己的血脉和吕氏家族就被杀光了。这时离吕后去世才两个月。

其实吕后并没有把刘家天下变成吕家天下的想法。她只是想让汉家的天下永远传给自己和刘邦的后代,而不能落到刘邦其他儿子的手里。她这样打算固然是为了自己的私利,但因为这也是维护嫡长子的继承权,是合乎礼法的,因而得到了大臣们的支持,即使刘邦也不能改变。可是吕后不懂这些大道理和人心的向背。她以为保住自己这一支的权位的办法就是把"刀把子",特别是保卫京城和皇宫的卫队,都抓在吕家人手里;把朝廷中的大臣,尤其是跟着刘邦打天下的功臣,还有整个刘氏家族都当作潜在的敌人,肆意排斥,剪除。她猜疑和滥杀的结果是孤立了自己,使她维护刘家嫡长子地位的努力变成了吕家和刘家的斗争。刘氏的庶子旁支反而获得了道义立场和大臣们的支持,她自己一支的正统身份被大臣们只用一句谎话轻轻抹去,也使吕家成为众矢之的。她一心要巩固子孙的地位,得到的却是迅速而彻底的毁灭。这就是她的狭隘、愚昧无知和凶残带给她的报应。

文景之治

陈平和周勃在铲除吕氏、迎立文帝这件事上功劳最大。文帝登基后,任命他们俩当丞相,赐给周勃万户,五千金,赐给陈平和灌婴各三千户,两千金。陈平原来是右丞相。他认为周勃功劳更大,把右丞相让给周勃,自己当左丞相。灌婴接替周勃当太尉。文帝依靠这些发动政变的老功臣主政,使天下很快稳定下来。周勃没文化,也没有什么头脑。有一次朝廷议事,文帝问他全国一年判决多少案件,他说不知道。文帝又问他全国一年钱粮收支多少,他也说不知道,身上冒汗了,很狼狈。文帝又问陈平。陈平说:"这些事都有主管。"文帝问:"谁主管呢?"陈平说:"审案判决的事问廷尉,钱粮的事问治粟内史。"文帝好奇地问:"要是这些事都有人主管,你管什么呢?"陈平说:"管官员。陛下不知道我能力低下,让我待罪做宰相。宰相的工作是辅佐天子,关注阴阳四时和万物生长的合宜,对外镇抚四方的蛮夷和诸侯,对内爱护团结百姓,使官员们胜任尽职。"文帝很欣赏他的回答。周勃非常惭愧,从皇帝那里出来,他对陈平说:"你平时怎么也不教教我怎么给皇帝回话呢?"陈平笑着说:"你待在丞相的位子上,怎么不知道丞相做什么工作?要是皇上问你长安城里有多少盗贼,你也要硬答呀!"周勃知道自己的能力远不如陈平,不久就告病辞职,由陈平一个人当丞相。

刘恒是中国古代最仁慈的皇帝,也是有名的孝子。有一次薄太后病了三年,他每天亲自照顾,汤药一定要自己尝了才请母亲吃。他的孝顺事迹被收在中国古代教人孝道的《二十四孝》中。汉朝继承秦朝的制度。秦朝有连坐法。一个人犯了罪,他的家人都要受罚,重的处死,轻的没入官府当奴婢。文帝才即位就要废除它。他对大臣们说:"法律是禁止坏人施暴,保护好人的。犯罪的人被治罪,他的父母妻子儿女和兄弟都是无辜的,也要被抓起来治罪,我认为这不对。请你们讨论一下是不是应该废除连坐法。"丞相周勃和陈平说:"老百姓管不了自己,所以要设立法律去管他们。连坐法是为了让人怕连累家人而不敢犯法,由来已久,恐怕不能废除。"文帝说:"法律公正,刑罚适当,老百姓就会诚实,服从。引导老百姓向善是官员们的职责。官员们没尽到责任,又用不公正的法律惩罚老百姓,这本身就是对人民施暴,还说什么禁止暴行?请你们再议!"于是两位丞相都同意了。可惜这个连坐法被废除十几年后,因为方士新垣平的诈骗案又被恢复了。

文帝在位第二年又废除了秦朝的"妖言诽谤罪"。他说如果有这个罪名,大臣们就不敢讲话,皇帝就没法了解下情,也不利于朝廷得到人才。至于无知的百姓心里不痛快了,指天骂地,诅咒皇上,官员们就指控他们大逆不道,治他们的罪,甚至处死他们,那就更不应该。他命令以后遇到这种情况都不要治罪。文帝能这样做是不容易的,因为诅咒能害死人是那个时代的迷信。

齐国有个官员淳于意犯了法,要被押解到长安去治罪。那时候处罚罪犯用肉刑,主要有在脸上刺字、割鼻子、砍脚趾、砍头和阉割五种,叫做"五刑"。淳于意被抓走的时候,他的五个女儿围着他哭。他叹气说:"光生女,不生男,有了急事什么忙也帮不上!"他的小女儿缇萦听了,决心陪父亲一起去长安。她跟随押解犯人的队伍走了两千多里路,到长安后,给皇帝上书说:"我的父亲在齐国做官,当地人都说他廉洁公平。如今身陷法网,要接受肉刑。人被杀死了就不能复生,肢体截断了也不能再接回去,将来就是想改过自新也没有机会了。这让我很伤心。我愿意一辈子没入官府做奴婢,给父亲赎罪,让他有机会改过自新。"

文帝看了信深受感动,下诏说:"舜帝只让罪犯穿戴特别颜色的衣帽,用羞耻当刑罚,老百姓就不去犯法。为什么呢?因为他的道德教化深入人心。现在的法律里有三种肉刑,可还是制止不了犯罪。这是为什么呢?不就是因为我的德行不足,对老百姓教化不够吗?我深感惭愧。因为我的德行和教化不足,使老百姓犯罪受刑,终身残疾,想改过从善也没有机会了。这是多么痛苦和不道德的事啊!我建议废除肉刑。"丞相张苍和御史大夫冯敬奉诏研究具体办法,把在脸上刺字改为服劳役,把割鼻子改为打三百板子,砍左脚趾改为打五百板子,砍右脚趾改为死刑。因为三五百板子下去,犯人常常就被打死或者残废了,所以文帝的儿子景帝继位后,又减为打二百或一百板子,并且规定只能用竹板,板子长五尺,宽一寸,厚半寸,只能打屁股,不能换打手。以前劳役犯没有刑期,得不到皇帝赦免或者立军功的机会就得终身服苦役。文帝下诏给劳役刑设立了从一年到五年的刑期。这些法律改革是划时代的,是中国自春秋战国时期以来巨大的社会变革的组成部分。文帝和缇萦一起帮助中国的法律向人道和文明的方向前进了一大步。

有一次文帝经过渭桥时,桥下突然钻出一个人来,让拉车的马受了惊。骑兵把这个人抓起来,送到廷尉张释之那里治罪。这是个乡下人,听到皇上的车队过来了,躲到桥下。等了一会儿以为皇上过去了,就从桥下出来,一看见车队还在桥上,慌得回头就跑,所以惊了马。张释之问明案情,依法判处罚款。文帝生气地说:"这个人惊了我的马。幸亏我的马性子温和。换一匹马,我肯定会受伤。你怎么能只判罚款?"张释之说:"法律对天子和老百姓是一样的。如果量刑可以因为身份贵贱不同而减轻或者加重,人民就不信任法律了。当初抓住他的时候,您当场杀了他也就罢了。既然交给廷尉治罪,廷尉只能依法量刑。整个国家判罪量刑都以廷尉为标准,廷尉随意轻重,老百姓就无所措手足了。"文帝沉默了好一会儿,说:"廷尉判得对!"

汉文帝和秦始皇是正好相反的两种皇帝。秦始皇用严刑峻法强迫人民服从他的意志,作威作福,不顾人民死活,对外连年用兵,对内横征暴敛,大兴土木,常年征用七十多万人为他修建宫室陵墓。汉文帝则是处处克己,节省,轻徭薄赋,尽量减轻老百姓的负担。他当皇帝以后,在宫室、车马、服饰上的花费比旧制只有减少,从来没有增加。他常穿简朴的衣服。他最爱的妃子慎夫人穿的长裙不许拖地。宫中的帐幕不许绣花纹。有一次皇宫里要建一座露台,他把工匠找来一算,需要百金。他说:"这是十户中等人家的家产。"于是不让建。秦始皇在自己的陵墓里装满奇珍异宝。文帝下诏不许各地进献奇珍异宝。他在霸陵为自己修建的陵墓全用瓦器,金银铜锡那样的贵金属一概不用。他在位期间两次把农民的税负减半,从十五税一减为三十税一。在废除肉刑那一年全免了农民的田租。三十税一后来成为汉朝的定制。成年男子的徭役也从每年一个月减为每三年一个月。他还开放山泽的禁令,让平民百姓可以自由开矿,煮盐,甚至铸币。工商业因此迅速发展起来。汉朝开国的时候,因为战争的破坏,大城市的人口只剩下十分之二三。物资贫乏,国库空虚,老百姓生活贫困。粮食贵到一石万钱,马一匹百金。皇帝的马车配不齐四匹同样颜色的马,将相甚至要坐牛车。经过汉朝初年的几位皇帝,特别是文帝和他的儿子景帝近四十年的经营,人民安居乐业守法,经济繁荣,国力恢复。粮价降到几十个钱,甚至十几个钱一石。普通百姓家里养马,田野里到处是马群。国库里粮食多得盛不下,露在外面腐烂,积累的钱太多,常年不用,串钱的绳子都朽烂了。这几十年是中国历史上国家治理得最好的时期之一,史书上称之为"文景之治"。

文帝坐在皇帝的位子上,就有了坐在这个位子上的担心。皇帝最担心下面的人谋反,尤其是最接近权力、最有可能取代他的人。这样的担心会让他做出一般人难以理解的事情来。刚继位的时候,他把权力都交给迎立他的老功臣们。可他们都不是他的人,资格老,功劳大,对他又有恩,说的话不合他的心意,他也得听。他要把权力抓牢,按自己的想法施政,早晚要换掉他们。陈平在文帝继位两年后去世,周勃又当了丞相。文帝对他非常恭敬,下朝时常亲自送出。周勃意识不到这于身份不合,也不懂这样的过分恭敬其实表明文帝心里对他并不亲信,反而感到得意。不到一年文帝就请他为列侯做榜样,带头回自己的封国。

周勃失去了相位,回到封国养老。大概是因为见多了汉初功臣的遭遇,每次郡里的官员按常例来巡视,他都疑神疑鬼的,担心是来抓他,会见时要穿上铠甲,让家人拿着兵器护卫。他的担心也不全是臆想。不久真有人告他要造反。文帝让廷尉办案,把他抓到长安。审问的时候,他吓得不知道说什么。狱吏就对他不客气,逼他认罪。周勃送给狱吏千金,求他通融。虽然收了重贿,但是办案的狱吏不能定他没罪,只能指点他,在文书的背面写了"以公主为证"这几个字给他看。周勃的长子娶了文帝的女儿,狱吏告诉周勃走皇家这个门路。当初周勃把文帝给他的赏赐都送给了文帝的舅舅薄昭。这时薄昭就去请姐姐薄太后出面。薄太后认为根本就不会有谋反这回事。文帝来请安时,她发怒,抓起头巾抢到文帝身上,问他:"周勃手里拿着皇帝玺,统率着北军,那时候不造反,现在待在一个小县里,倒要造反吗?"文帝急忙说:"办案的官员已经查清了,正要释放他呢。"马上派人去监狱释放周勃,恢复爵位和封地。文帝是个仁慈的明君。可是薄太后一听就知道不可能的事情,他却要立案查办,这很不像一个明君会做的事情。人有担心就会有疑心。这疑心在正常人身上受理性控制。可是权力,特别是无限的权力,会使君主的猜疑,想象力,和残忍都失去控制,让他们只是因为担心,只是为了排除某种可能,就轻易去消灭生命,所以会制造出离奇的冤狱来,会发生疯狂滥杀的事情。我们在刘邦、吕后和汉文帝这些心地和品格截然不同的君主身上,都看到了这种病态。

两年后,又发生了淮南王刘长谋反的大案。淮南国原来是英布的封国。刘邦消灭英布后,立自己的小儿子刘长为淮南王。刘长的母亲是赵国的美女。刘邦有一次路过赵国,赵王张敖送她去服侍刘邦,由此怀孕。张敖是刘邦和吕后的女婿。不久后他因为谋反罪被关进监狱，这位美女也被当作同案犯抓起来。她告诉办案官员自己怀着刘邦的孩子。官员报告上去，刘邦正生气，没理她。她的弟弟又通过吕后的亲信审食其请求吕后帮助。吕后最讨厌刘邦的这类风流事，不肯为她说话。她生下刘长后就自杀了。办案官员把婴儿送到刘邦那里。刘邦后悔了，让吕后带这个孩子。文帝继位的时候，只剩下刘长这一个亲弟弟。刘长以为自己和文帝最亲，打猎的时候和文帝同车，开口闭口叫文帝大哥，显然是更把文帝当作哥哥，而不是皇帝。刘长力气很大，性情暴烈。他恨审食其没救他的妈妈，假装去拜访审食其，见面时亲手用铁椎把审食其打死，然后去向文帝请罪。文帝也没处罚他。薄太后、太子和官员们对刘长都有点儿惧怕。

　　文帝在位的第六年，朝廷查办一个造反阴谋。办案时查出和刘长有关联，于是把他召来长安治罪。司马迁在《史记》里记录下丞相、代理御史大夫和廷尉等五位大臣联名上奏的指控刘长谋反的报告。报告说刘长在淮南国不守法度，使用天子的排场，擅自制定法令，任命官员，处置罪犯。有七十个民间的人串通棘蒲侯的太子阴谋造反。他们策划要派使者去联系北方的匈奴和南方的闽越，请他们出兵帮助。他们派一个叫开章的人去见刘长。刘长几次和开章一起吃饭，谈话，给他娶妻安家，还以郡一级官员的待遇招待他。然后开章派人告诉他的同党说已经跟淮南王说了。后来官府知道了这个阴谋，去抓开章。刘长杀了开章灭口，骗使者说不知道这个人在哪儿。

　　刘长是拥有军队和政权的国王，报告里一点儿也没提他本人有什么谋反动作。所谓的谋反地点离淮南国两千里遥远。刘长被卷进谋反案，只是因为那里有几十个和他毫不相干的人在搞阴谋，造反的装备就是四十辆用人力拉的货车。他们招供说派人去见刘长了。联系的人对刘长说了什么，商量出什么结果，报告里都没提。至于说几十个民间人士去和外国政府密谋，要他们出兵攻打汉朝，这更是异想天开。而且淮南国离闽越很近，刘长自己却没有去联系。这样的谋反实在是很离奇。可是办案官员根据这样的证据就给刘长定了死罪。

　　文帝说："我不忍心杀淮南王。赦免他的死罪，只废掉他的王位吧！"刘长被关在辒车里，押送去蜀地流放。沿途的县官不敢给囚车开封，也就没有提供食物。走到三百里外的雍县，县令打开囚车，发现刘长已经死了。史书上说刘长是因为性情刚烈，不甘心落到这样的境地，"乃不食死"，也就是自己绝食而死。且不管这"不食"是自愿绝食还是因为没有食物，刘长只有二十四岁，身体异常强壮，史书上说他"力能扛鼎"。史书上也没说这三百里路究竟走了几天，竟让他饿死了。这些天不管是绝食还是断粮,押解官员和沿途县官都应该知道。提供食物是职责所在,也是照章办事,饿死犯人是失职犯罪,不知为什么他们都不敢开封进食。这让刘长被关进辎车时是死是活也成了疑点。

文帝哭得很悲哀。这件事他是很难对天下人说清楚的。大臣袁盎甚至建议他杀丞相和御史大夫向天下人交代。文帝只杀了沿途各县没有提供食物的县官,以侯爵的规格埋葬了刘长。刘长留下四个五六岁的儿子。两年后,文帝封他们侯爵。不久民间出现歌谣,说:"一尺布,尚可缝;一斗粟,尚可春;兄弟二人不能相容。"文帝听到了心中不安,说:"周公杀了管蔡,天下人都认为他圣明,因为他是为了国家而不顾私情。难道天下人以为我贪得淮南王的土地吗?"几年后,他把原来有四个郡的淮南国分为三个王国,封给刘长的三个儿子。他想向天下人表明自己除掉刘长不是因为贪得土地,而是像周公一样为国平乱。我们可以相信他确实不是为了淮南国的土地。

文帝也想长生不死,也相信过方士。有一次他梦见自己要升天,正在上不去的时候,一个宫中称作黄头郎的船工从背后把他推了上去。他记得看见这个人衣带系在身后,醒来后就到船工们工作的地方暗暗察看。他看见一个黄头郎正是这样穿衣服,就叫他过来,问他的姓名。那个人说自己叫邓通。文帝听了非常高兴,因为邓和登同音。他相信邓通就是那个梦中推自己登天的人,封他做上大夫,赏赐大量钱财,还常去他家玩。文帝请人给邓通相面。相面的人说邓通最后会穷饿而死。文帝不信,说:"我能让他富,你怎么说他会穷?"于是把蜀地的铜山赐给邓通,允许他铸钱。邓通因此成为天下巨富。他什么本事也没有,但是知道小心侍奉,让文帝高兴。文帝病了,身上长脓疮,邓通用嘴给他吸脓。这让文帝有了心事,他问邓通:"世上谁最爱我?"邓通说:"当然是太子啦!"太子来探望时,文帝让他给自己吸脓。太子吸了,可是一脸难色。后来太子知道这是让邓通给带累的,就恨上他了。文帝死后,太子继位,马上罢了邓通的官。没过多久邓通又被人告发在境外盗铸钱,于是家产全被没收,还欠下官府巨额罚款,贫困潦倒了。文帝的长公主可怜他,送给他钱。可是钱一送到邓通手里马上就被官府没收抵债,以后长公主只好送他衣服食物。所以邓通身上始终一文不名,最后死在寄居的人家。

有一种望气的方术,通过观察天空中的云气来预测人间的事。从事这个行业的人叫望气士。他们说将来要当皇帝的人,头顶上的天空中会呈现天子气;地下哪里埋藏着宝物,天空中会出现宝气;他们都能看见。有一个望气士叫新垣平。他对文帝说他看见长安东北有五色神气,应该在那下面建庙祭祀五帝。文帝就在那里建五帝庙,亲自去致祭,封新垣平为上大夫,赏赐千金。

新垣平又说他看见汾阴有金属的宝气,周朝末年失踪的宝鼎要在那里出现了,需要迎接。宝鼎出现是表明汉朝上应天命,进入盛世的符瑞。文帝又让在那里建庙祭祀。新垣平又骗文帝,说他看见宫殿外有宝玉气来临。一会儿果然有人来献上一个玉杯,上面刻着"人主延寿"。他还说可以让太阳两次处在正午的位置,大概是在测日影的日晷上做了什么手脚。这两个把戏作假的痕迹太明显,当年就被揭穿了。文帝杀了新垣平,灭了他的三族,对神仙方术的事也失去了兴趣。

文帝在位二十三年,四十六岁时去世。他在遗诏里说:"死是自然的事,不应过度悲伤。世人在治丧时追求厚葬,重服,以致破产伤身,我很不赞成。我活着没能好好帮助百姓,死了还要因为治丧妨碍他们的生活,这岂不是加重了我的失德?所以我命令天下的官员和百姓祭吊三天就除去丧服,不要禁止人民婚嫁、祭祀、喝酒和吃肉。来祭吊的人都不要赤脚,丧服上的麻布带子宽度不要超过三寸,不要陈列车驾和兵器,不要发动老百姓到宫里来哭丧。宫中应当哭祭的人,早晚各哭十五声就停止。不是早晚哭祭的时间不许随意哭。埋葬后,应该穿九个月丧服的减为十五天,五个月减为十四天,三个月减为七天。后宫自夫人以下的妃子都送回母家。"汉文帝一生节俭爱民,死的时候想的也是不要给人添麻烦。

贾谊

贾谊是个罕见的少年天才,十几岁时就因为学问渊博而在地方上闻名。他在文帝即位的第一年被聘请担任博士。那时他才二十二岁。每次文帝提出问题,老博士们回答不出来,贾谊都能回答,而且回答得让老博士们都点头服气,认为说的就是他们想说却说不出来的,承认才能不及他。文帝非常欣赏贾谊,破格提拔,一年就升到太中大夫。贾谊的学问非常渊博,但他并不是空头书生。他也非常有见识,而且是关于国家体制和战略的大见识。他能看到现实中关系国本的大问题,也能提出可行而且有效的对策。

汉朝初年研究学问的人最关心的是秦朝迅速败亡的原因,希望帮助新王朝汲取教训。贾谊写《过秦论》探讨这个问题。他说秦国强大无比,消灭六国像摧枯拉朽,风卷残云一般。而陈胜吴广只不过是平民百姓,没受过教育,也没有什么出众的才能,和六国的王侯将相,谋臣策士们根本没法相提并论。可是他们带领着一群拿着锄头木棒的乌合之众一造反,几个月之间秦朝就土崩瓦解了。这样强烈的对比的确发人深省,秦朝怎么会灭亡呢?而且是亡在陈胜吴广这样的普通老百姓手上。贾谊得出的结论是:"仁义不施,而攻守之势异也。"这是对儒家理论作为治国工具的肯定。儒家,特别是孟子强调的仁政与人心向背和政权兴亡的关系也终于被社会看清楚了。

汉朝基本上继承了秦朝的制度。贾谊上书说汉朝取代秦朝已经二十多年了,许多从秦朝延续下来的制度都应该更改。比如秦朝规定夏历十月为一年的开端,他建议改回夏历一月。秦朝是水德,崇尚黑色,他建议改为黄色。还有官职名称、礼乐制度,等等,都要改。这些都是新王朝建立以后应该做的事情。他把新制度草拟出来,请文帝批准施行。他还建议让列侯都离开长安,回自己的封地。有职务或者特许的,可以派太子回去。这是古礼,有利于文帝控制权力,但是得罪了许多有权势和影响力的人物。文帝很欣赏贾谊的才华,要提拔他做公卿一级的大官。大臣们都反对。这些大臣或者是周勃、灌婴那样没有文化,行伍出身的老功臣,或者是只会墨守成规,迎合上级意图的平庸官僚。他们看不惯年轻,才华横溢,总提出新鲜独特见解的贾谊,说:这个洛阳人,年轻,学问浅,就爱专权,把国家大事都搞乱了。文帝因为刚依靠这些大臣们继位,需要迎合他们,就派贾谊去给长沙王当老师,让他远离朝廷。

去长沙要经过屈原被流放和投江自杀的地方。贾谊觉得自己像屈原一样,忠于君主,竭力用自己的学识为国家兴利除弊,却被平庸低俗的人打击排挤,被皇帝疏远,贬到边远的地方,于是写了一篇文章,投在湘水里祭奠屈原,抒发心中的郁闷。

贾谊在长沙待了四年,文帝又召他回长安,和他亲切长谈直到深夜。贾谊在这次见到文帝前后向文帝提出的建议收编在他的另一篇重要论文《治安策》里。这篇文章探讨的是汉朝当时存在的问题,其中最重要的是诸侯王叛乱的危险。贾谊对文帝说现在天下的形势非常危险。高祖消灭了异姓王,只封刘家的人当王。可是这些同姓王和异姓王一样危险。他们会不会造反全看他们的实力。谁的实力强,谁就先造反。皇帝和他们的血亲关系一点儿都靠不住。所以一定要马上采取措施削弱他们。他建议用把大的诸侯国分解为众多小诸侯国的办法来削弱它们。这就是汉朝最终消除分封制弊病的基本思路。后来刘肥的孙子齐文王死了,没有后代,文帝把齐国分为七个小国,分封给刘肥的儿子们。按当时人们对各地实力的估计,关中第一,齐国第二。齐国是最大的王国。它被分解以后,中央政府与诸侯的力量对比改善了许多。贾谊还提议建立一个实力强大的梁国作为关中的屏障。这也是后来在平定诸侯王叛乱时起了重大作用的措施。

贾谊在《治安策》里着重讨论的另一个问题是对犯罪大臣的处置方式。他建议文帝对他们要以礼相待,可以撤职,赐死,但不要把他们交到狱卒手里,打骂侮辱,不要处以割鼻、断脚、斩首示众一类的刑罚。那样的人身侮辱和伤害不利于培养大臣们的气节和廉耻心,给大臣们存体面也是在维护君主自己的尊严。他谈这个问题的起因是周勃谋反的案子。这件事发生在贾谊被贬去长沙的第二年。贾谊马上给文帝上书。周勃是看不惯他,反对文帝提拔他的人。但是贾谊完全没有个人恩怨的考虑,他上书建言是为了国家的制度建设。文帝按照贾谊的建议改进了对犯罪的王侯大臣的处罚方式。三年后文帝的舅舅薄昭杀死皇帝的使者,犯了死罪。文帝让大臣们去和薄昭一起喝酒,暗示他自己处分自己。薄昭不肯,文帝就派群臣穿着丧服去薄昭家哭,薄昭只得自杀。对犯罪的大臣,让他们自杀,而不是抓起来下狱处死。这个做法以后成为汉朝的惯例,到了汉武帝的时候才被破坏。

文帝这时已经充分掌握了权力。陈平和灌婴已经死了,周勃老老实实待在封地里养老。但他还是没有重用贾谊,甚至没有考虑把贾谊留在京城里。他好像已经没有了刚继位时要重用贾谊的那种急切心情。两个人长谈后他感叹说:"我好久没见贾生,一直以为自己已经超过他了。今天看来还是不及他。"权力会让人头脑膨胀。文帝并没有忘记谦虚,也勇于承认自己的不足。只是当了几年皇帝以后,他的自我感觉已经改变了,所以说了不知天高地厚的话自己也不觉得了。他派贾谊去给梁怀王当老师。过了几年,梁怀王骑马摔死了。贾谊很内疚,认为自己失职,悲伤过度,一年后去世,死时只有三十三岁。

一百多年后汉朝的大学问家刘向称赞贾谊,说他深刻理解国家的制度和治乱的根源,治国的才能可以和古代的伊尹、管仲相比。如果文帝用了他,一定能让汉朝的教化和治理达到盛境,却被平庸的官僚排挤,不能施展才能,实在可惜。贾谊是这样优秀的人才。汉文帝在历史上也是著名的贤君,又是这样赏识他,他却一生没有受到重用。这是让后代士人很感到遗憾和困惑的事。

七国之乱

继承汉文帝的是汉景帝。景帝的母亲姓窦,原来是选进宫伺候吕后的民间女孩子。有一次吕后要挑选一些宫女送给诸王,每个王送五个。窦姬的家在赵国,为了离家近,她请管事的太监把她放在去赵国的名单上。没想到太监忘了,把她放到去代国的名单上了。名单报上去被批准后就不能改了。她又哭又怨,被强逼着去了代国。到代国以后,国王刘恒格外宠爱她,和她生了一个女儿,两个儿子。刘恒还没当皇帝的时候,他的王后就去世了。王后生的四个儿子也都病死了。等到刘恒当了皇帝,窦姬的大儿子最年长,被立为太子,窦姬被立为皇后。

窦皇后有一个哥哥,一个弟弟。弟弟四五岁的时候,被人掠卖掉,家里不知道他的下落。等到窦姬当了皇后,有一个在山里烧炭的工人给她上书,说是她失散多年的弟弟。她和文帝召这个人进宫来盘问。这个人说记得自己姓窦,家在哪个县,还记得姐姐带着他在桑树下捡桑葚。问他还有什么可以证明自己。他说姐姐离家的时候,我们是在官家的驿站分别的。姐姐跟驿站要水给我洗头,还要来饭喂我。窦皇后马上拉着他的手哭起来。文帝赏赐给他田地、房屋、金钱,让他住在长安。周勃、灌婴和一些大臣们对外戚心有余悸,在一起商量说:"咱们的命都可能毁在皇后的这两个兄弟手里。他们都出身微贱,不懂礼节,一定得给他们请师傅,好好教育他们,要不然又弄出个吕家来。"这两个人以后真的被教育成懂得谦让的君子,不敢仗着皇亲国戚的身份对人傲慢骄横。

景帝继位后遵循文帝的治国方针,经济持续繁荣,国力继续增强。但是这时候朝廷和各封国的关系越来越紧张。刘邦当年为了打败项羽,不得已封韩信等将军为王。等到他平定天下以后,很快就把这些异姓功臣王消灭掉,换上自己的子侄,还和大臣们杀白马立盟约:不是姓刘的当王,天下人要一起讨伐他。刘邦以为异姓王会造反,夺刘家的天下。同姓王是皇帝的本家,皇帝有了危险,他们会来支援皇帝。这样刘家的天下就稳固了。他因为亲眼看到秦朝不搞分封制,所以天下大乱时朝廷孤立无援,迅速败亡,就忽略了周朝当年分封子弟同姓造成天下大乱的教训。他和吕后在位的时候,朝廷对各王国有绝对的控制力,还看不出分封同姓王的弊病。到了文帝和景帝的时候,周朝末年的情况又出现了。一是因为随着世代推移,天子和诸侯王的血缘关系逐渐疏远,二是因为后代皇帝对诸侯王也没有开国皇帝那样的权威。这些封国,尤其是像吴国和楚国那样的强国,渐渐成为朝廷的潜在对手。它们是不是服从朝廷,全看双方的实力了。

当年刘邦打败英布以后,认为原来的吴国和越国地处偏远的东南,需要有个成年的国王才能控制得住。他的儿子们年龄都小,就封他哥哥的儿子刘濞为吴王。吴国境内有铜矿,沿海产盐。吴王招募天下逃亡的人来开矿铸钱、煮盐,因此政府很有钱,不向老百姓收税,还经常赏赐有才能的人和普通百姓,所以他在吴国很得人心。

吴王的太子刘贤去长安,和文帝的太子刘启,就是后来的景帝游玩。两个人下棋争执起来,刘启抓起棋盘把刘贤砸死。文帝派人把刘贤的尸体送回吴国。吴王气愤极了,说:"死在长安就埋在长安,何必送回吴国?"又把尸体送回长安埋葬,从此说有病,不按惯例去朝见皇帝了。诸侯不朝见天子等于是宣布独立。文帝知道吴王是装病,但他不想激化矛盾,就按照对待老年人的礼节,赐给吴王几杖,说体谅他年老,可以不用来朝见,于是紧张关系暂时缓和下来。可是随着经济的繁荣,各封国的实力越来越强。它们的实力越强,独立性就越强,朝廷也越拿它们没有办法。按照这个趋势,最后它们都会变成独立王国,天下又会回到春秋战国时的状态,所以朝廷必须想办法削弱它们。文帝为了让老百姓休养生息,尽量不去触动它们。景帝继位以后,这个问题已经严重到不能不解决的地步了。景帝解决这个问题依靠的主要助手是晁错。

晁错在景帝当太子的时候就在他手下服务,是景帝最亲信的大臣。他也是像贾谊那样的既有学问又有见识的年轻人。因为秦朝末年的焚书令和战乱,《尚书》失传了。文帝听说济南有一个研究《尚书》的秦朝博士伏生还活着,但已经九十多岁了,没法征召来长安讲学,就派晁错去学习,记录。文帝有一年免去老百姓一半田租,下一年全免。这也是听了晁错的建议。晁错不断给文帝上书讲诸侯王分裂叛乱的危险。文帝不想采取行动,但是认为他有才能,提拔他,派他去太子手下服务。他在太子家里做总管,号称"智囊"。景帝继位后对他言听计从,让丞相和许多大臣都嫉恨。晁错对景帝说:"齐国有七十多座城,吴国有五十多座城,楚国有四十多座城,这三家几乎就占去了天下的一半,势力太大,必须削弱它们。您怕削诸王的封地会逼得他们造反。可是不削他们的封地,他们也会造反。削了,他们马上造反,危害还小一些。不削,他们等到势力更大了再造反,恐怕就没法治了。"于是景帝下决心动手削夺诸侯王的封地。

晁错的老父亲从老家赶来长安,问晁错:"你要削诸侯的封地,他们都是皇上的亲戚。你挑动他们骨肉相残,最后他们都恨你。你这样做是为了什么呀?"晁错说:"不这样做,皇帝就没有权威,天下就不安定。"父亲说:"刘家安定了,晁家可就危险了。"他劝不动儿子,回到老家就喝毒药自杀了,临死时说:"我不想亲眼看到灾祸落到我身上。"就在他死后十几天,吴王接到朝廷要收回吴国会稽郡的诏书,就联合楚王、赵王和四个齐地的国王造反了。

吴王率领二十万吴军,加上楚军,向洛阳进军。他不说自己起兵是去打皇帝,而说要"清君侧",就是要清除皇帝身边的坏人。这是中国历史上最著名的反叛借口。吴王要求景帝杀晁错,退还各王国被削夺的土地。景帝慌了手脚,又受到平时嫉恨晁错的几位大臣挑唆,派军官去骗晁错来上朝,让军官在半路上把车拐到处决犯人的东市杀了晁错。晁错死的时候身上还穿着朝服。他得到了皇帝的亲信和重用，结局却比贾谊更冤枉，更悲惨。景帝派使者去通知吴王，说已经接受了他的所有条件，请他退兵。这时候吴王已经打败了挡在他进军路上的梁国军队，正在围攻梁国的都城。使者见到吴王，要他下拜接诏。他笑着说："我已经是东方的皇帝了，还给谁下拜呢？"

当初景帝听到七国叛乱的消息后，已经派太尉周亚夫率军去迎战。周亚夫是周勃的儿子。文帝在位的时候，有一次匈奴入侵，文帝派周亚夫和另外两位将军在长安附近扎营设防。周亚夫的军营设在细柳。文帝亲自去劳军。到了另外两座军营，都是直入营门，军官们都跑出来迎接欢送。到了周亚夫的军营前，却看到军人们披戴盔甲，手执兵器，戒备森严。文帝的车队被挡在营门外不让进。车队的先驱通报说："皇上马上就要到了，你们赶快准备迎接！"把守营门的军官说："将军有令，军中只听将军的命令，不接受天子的诏书。"一会儿文帝的车驾到了，也被挡住。文帝只好按规矩派使者拿着符节进去通知周亚夫，说："皇帝要进入军营劳军。"周亚夫这才下令打开营门。守门的军官告诉文帝的随从："军营里不许奔驰。"于是车队缓缓而行。来到中军，只见周亚夫身穿盔甲，手执兵器，向文帝作揖，说："披戴盔甲的军人不下拜，请用军礼见您。"文帝也神情肃然，派人回答周亚夫："皇帝怀着敬意慰劳将军。"礼仪完成就离开了。出了营门，随行的大臣们都感到震惊。文帝赞叹不已，说："这才是真将军。刚才去的那两座军营简直跟儿戏一样。敌人来袭击，将军都会被抓去。周亚夫这里，谁能侵犯他？"文帝临死前告诉太子："将来如果有事情，可以让周亚夫带兵。"他在遗诏里任命周亚夫为车骑将军，这是军队里仅低于大将军的职位。

梁国有四十多座城，正挡在叛军西进的道路上。梁孝王是景帝同父同母的亲弟弟。他站在朝廷一边，虽然开始与吴军交战损失了几万军队，但是坚守城池，抵抗叛军。周勃的一个老部下给周亚夫出主意说：吴军精锐，直接和它正面交战，正好让它发挥长处。所以我们不应该去救梁国，而应该利用梁国消耗吴军。同时派轻骑兵深入到吴军后方，切断它的粮道。我军在一边耐心等待进攻的时机。周亚夫接受建议，率领主力驻扎在离梁国都城两百里外的侧后方，建筑起坚固的营垒。吴军全力攻城，梁国危急，梁孝王天天派人催周亚夫来救他，周亚夫就是不理。梁孝王派人去景帝那里告状，景帝派使者命令周亚夫进兵，周亚夫也不听。吴军攻不下梁国，因为粮食供应被切断，不能持久，就移兵去找周亚夫决战。周亚夫坚守不战。吴军攻不动他的营垒，士兵又饥饿，不能支持，就撤退了。周亚夫这才出兵攻击，打得吴军大败而逃。吴王逃到江南,汉朝悬赏千金抓他,当地人杀了他领赏。楚王、赵王和齐地的四个王或者被杀,或者自杀。七国叛乱三个月就被平息了。景帝趁这个机会收回各国的部分封地,规定诸侯王只能享用封地的租税,没有治理封地的权力,不能任命官员和征税。这样诸侯王的封国与朝廷直接统治的郡县几乎没有区别了,分封制造成的分裂威胁基本上被消除了。

武帝继位

景帝在位十六年,去世后太子继位,他就是汉武帝刘彻。这一年是公元前141年。刘彻的母亲姓王,她本来已经嫁人了,而且生了一个女儿。算命的说她是贵人,她母亲就把她从婆家夺回来,送到太子刘启的宫中。太子非常爱她,和她生了三个女儿,一个儿子。她怀儿子的时候,告诉太子她梦见太阳进入自己怀中。景帝当太子的时候,他的奶奶薄太后做主让他娶了一个薄家的女孩。继位以后,他立这个女孩当皇后。这位皇后没有生儿子,薄太后死后,景帝废了她。景帝的长子是栗姬生的,被立为太子。

景帝的姐姐馆陶公主是窦太后唯一的女儿,地位非常尊贵。窦太后很爱她,去世时把自己的财产都留给她。她想把女儿嫁给太子,来和栗姬商量。栗姬很讨厌她,因为她总给景帝送美女,讨好景帝,让自己受冷落,所以拒绝了。她就找刘彻的母亲王夫人商量。王夫人答应了。于是馆陶公主就整天对景帝说栗姬的坏话,说王夫人儿子的好话。景帝因此不喜欢栗姬,对刘彻有好感。另外王夫人怀孕时做的那个梦对他也有影响。但废长立幼是礼法很忌讳的,所以他心里拿不定主意。王夫人知道景帝的心理,就暗中怂恿大臣提议赶快立皇后。一位大臣有一天在朝廷上报告完公事,对景帝说:"子以母贵,母以子贵,太子的母亲现在还没有名号,请立她为皇后。"景帝听了大怒,说:"这话是你该说的吗?"治罪杀了他,把太子也废了。栗姬受不了这个打击,心情很坏,不久就死了。

景帝的母亲窦太后一直想让景帝的弟弟,自己最疼爱的小儿子梁孝王继承帝位。她趁这个机会对景帝说:"我听说商朝更重视亲亲,周朝更重视尊尊,其实是一个意思。"景帝问大臣们这话是什么意思。大臣们说:"太后是想让您立梁王为后,因为商朝的制度是兄终弟及,周朝是父死子继。"景帝问:"那你们看应该怎么办呢?"大臣们都说:"汉朝奉行周朝的制度,不允许立弟弟,只能立儿子。我们去跟太后说。"他们去见窦太后,问:"太后要立梁王,请问将来谁继承梁王?"窦太后说:"梁王死了,我再立皇帝的儿子。"大臣们举春秋时宋宣公的例子,说到时候景帝和梁王的儿子辈会争夺继承权,国家就会陷入内乱。窦太后占不住理,就不坚持了。

过了不久,景帝立王夫人为皇后,立刘彻为太子。梁孝王恨让他没当上皇储的这十几位大臣,派刺客把他们都暗杀了。办案官员查出刺客是梁国派来的。窦太后日夜哭泣,吃不下饭,以为景帝抓住了梁王谋反的罪证,一定会杀了他。景帝很为难,问大臣们该怎么处理。大臣们认为这个案子牵涉到复杂的皇上的家庭关系,得派懂儒家经术的官员去办。于是选派田叔和另一位大臣去梁国。田叔审完案子回来,把证据都烧了,空着手去见景帝,报告说:"梁王和这件事没关系,是他手下的两位主事大臣干的,已经让他们自杀了。"田叔告诉景帝:不惩办梁王会破坏法律,杀了梁王太后会痛不欲生,给景帝增添忧虑,所以自己这样定案,请景帝不要深究。景帝听了非常高兴,让他马上去报告窦太后。窦太后心里一直焦虑,整天躺在床上,一听就坐了起来,也有胃口吃饭了。

田叔办这个案子的做法和文帝时张释之判案的做法正好相反,而大臣们却不认为这是皇上家在搞特权,破坏法律,反而认为办案的人懂大道理,由此深深体会到了按照儒家经义来执法更近人情。这件事是一个比较极端的例子,可以说明汉初儒家为什么要修正法家。法的精神是法律面前人人平等。而礼的精神是尊卑贵贱亲疏有别,不能平等。古代社会的单位是家庭,在家天下时代要把法的精神贯彻到底是行不通的。这倒并不完全是因为天下就是皇上家的,所以皇帝的地位高于法律。儒家认为法家用法一律,不分贵贱亲疏,这样就把人间的亲情和等级都破坏了。这就是秦法的弊端,冷冰冰地一刀切,破坏了维系社会和谐安定的家庭纽带和等级结构,所以它要约束法律,要以礼入法,在法律中融入人心、亲情和尊卑贵贱。这是家天下时代的主导观念,支配着社会生活的一切方面。是非善恶真伪在它面前都要打折扣,甚至历史也不能如实去写了,因为要"为尊者讳,为亲者讳。"

馆陶公主是刘彻的姑姑。她的女儿姓陈,小名叫阿娇。刘彻小的时候,姑姑逗他说:"我把阿娇嫁给你怎么样?"刘彻说:"我要是娶了阿娇,就造一座黄金屋给她住。"刘彻当太子的时候娶陈阿娇做妃子,继位后立她为皇后。

刘彻十六岁当皇帝,到十八岁了,还没有儿子。他的姐姐平阳公主为他选了十几个出色的女孩儿,养在家里。有一天武帝从霸上回来,顺路来看姐姐。平阳公主设宴招待,把这些女孩子招来让他过目,他都没兴趣。喝酒的时候,他看见一个唱歌的女孩子非常可爱。席间他去更衣,要这个女孩子跟去服侍,就占有了她。回到席上,他的心情非常好,赐给姐姐千金。这个女孩子叫卫子夫,是平阳公主家仆人的女儿。平阳公主见她已经是武帝的人了,就送她进宫。临上车的时候,拍着她的后背说:"去吧,多吃饭,多保重,以后富贵了别忘了我。"

卫子夫进宫后,武帝已经把她忘了。一年后武帝要遣送不用的宫女出宫时才又见到她。她哭着请求出宫,武帝又心生怜爱,留她在身边。她给武帝生了一个儿子和三个女儿。可能是因为近亲结婚的关系,陈皇后一直没有生育,请医生花去九千万钱还是不见效。她的母亲馆陶公主地位非常尊贵,在刘彻当太子这件事上又起了很大作用,所以陈皇后很骄傲。她看见卫子夫越来越受宠爱,生儿育女,心里受不了,闹得死去活来好几次,还找会巫术的人诅咒卫子夫。武帝很生气,就把她废了,立卫子夫当皇后。

馆陶公主嫁给堂邑侯陈午,五十多岁时守寡。她给自己找了一个叫董偃的小男人养着。董偃小的时候跟着母亲卖珠子生活,常进出馆陶公主家。馆陶公主见他长得可爱,就对他的妈妈说:"我替你养活这个孩子吧!"把他留在府里,教他读书和管家的事情。那年他十三岁,到十八岁成年了,出门给馆陶公主赶车,进门给她当情人。他为人温柔,上层社会的人因为馆陶公主的缘故也和他交往,称呼他董君。馆陶公主给他钱,让他出去结交朋友。她对府中管账的人说:"董君花钱,只要一天不超过一百金,或者一百万钱,或者一千匹绸缎,就不用向我报告。"董偃结交的一位朋友对他说:"你是一个平民,和汉朝公主有这种暧昧关系,随时身上背着死罪,想过应该怎么办吗?"董偃说:"我一直提心吊胆的,但不知该怎么办。"朋友说:"你为什么不请公主把长门园献给皇帝。那是皇帝想得到的。皇帝知道了是你的建议,你就什么也不用害怕了。"董偃回去一说,馆陶公主马上照办。武帝果然非常高兴。馆陶公主拿出百金让董偃谢那位朋友。

那位朋友接着替董偃策划,让馆陶公主装病。武帝来看望姑姑,问可以为她做什么。馆陶公主说:"皇上的厚恩,我死都没法报答。唯一的愿望是想请皇上给我个机会,让我在我的山庄里设宴招待皇上。那我就什么遗憾都没有了。"武帝说:"这不用担心,等你病好了吧!我就怕随从太多,让你破费。"过了些天,武帝果然来赴宴了。他知道有董偃这么个人,也知道馆陶公主请他来家里,是要他接受她和董偃姘居的事实,所以还没落座就说:"我愿意见见'主人翁'。"馆陶公主马上下殿摘掉头饰,光着脚,跪下磕头谢罪,说:"我做了不体面的事,对不起陛下,该当死罪。"武帝请她起来。她重新戴上头饰,穿上鞋,领董偃过来。董偃一身下人打扮,跪在殿前拜见武帝。武帝甚至为他站起身来,赐他衣冠入席。馆陶公主亲自倒酒端菜,武帝在席间只称呼董偃"主人翁",等于把他当男主人,大家欢宴一场。馆陶公主厚赏跟随武帝赴宴的将军、列侯和官员们。有了武帝的承认,董偃以后可以公然跟着武帝斗鸡,斗狗,赛马,到处游乐,天下无人不知。董偃三十岁时去世,过了几年馆陶公主也去世了,武帝甚至还准许两个人合葬。有馆陶公主的榜样,许多贵妇人也不拿礼法当回事儿了。

武帝爱打猎,喜欢亲手格杀鹿、熊、野猪、狐狸等野兽。继位以后,他经常夜里换上便服,假称平阳侯,带着随从到郊外去打猎。他们骑着马在农民的庄稼地里奔驰,追逐。老百姓哭喊叫骂,县令带人来抓他们。他们出示皇家车骑的标志才得以脱身。武帝觉得这些老百姓和地方官让他扫兴,就把他打猎的两个县,方圆几百里内的居民都赶走,把这里建成专供自己打猎游玩的皇家园林,让老百姓在别处的荒地上另建家园。他的弄臣东方朔劝他说:"这块地方物产丰富,水源充足,土地最肥沃,一亩地价值一金。把它建成猎场,既夺走了人民的生计,也减少了国家的收入。把老百姓的家园变成野兽出没的荒野,让老百姓背井离乡,生活困苦。这样做是不对的。"武帝认为他说的很对,加封他为太中大夫,赐给百金,但是园林照建不误。这个扩建的上林苑大得可以容上万骑兵驻扎操练。武帝在里面建设了庞大的宫殿群,挖了一个周长四十里的昆明湖,平时带着宫人坐船在湖里游乐,后来还在湖里造十几丈高的楼船,训练水军。扩建上林苑时武帝还很年轻,只有二十岁,但是他为人执政的主要特点已经清楚地表现出来了。为了自己享乐,他不顾国家的耗费,不在乎人民的痛苦与死活,不把道德约束当回事,而且会玩弄道德。这种性格中的邪恶给他的统治留下了他独特的印记。

匈奴

武帝继位的时候,汉朝已经立国六十多年了。景帝平定七国之乱以后,国内诸侯王分裂内乱的问题基本上解决了。但是北方匈奴的边患却一直很严重。匈奴是中国北方的游牧民族,生活方式和风俗习惯与中原非常不同。他们没有固定的住处,哪里有水草,就到哪里放牧。主要的牲畜是马、牛和羊,吃牲畜的肉,穿毛皮做的衣服;没有城市,没有文字,没有姓氏;也不讲礼义,比如一个人死了,他的妻子或者被他的兄弟继承,或者除了生母以外都被儿子继承。这在中原人眼里是非常野蛮、可耻的习俗。

匈奴人幼年时就骑在羊背上练习用弓箭射鸟和野鼠,长大了个个擅长骑射。他们平时靠放牧和打猎为生,有机会就抢劫。抢劫对他们也像打猎一样,是一种生活方式。他们经常入侵中原的农耕社会,烧、杀、抢劫人口和财物。战国的时候,北方的燕、赵、秦三国为了防范匈奴都修筑了长城。秦始皇统一中原以后派将军蒙恬带领十万军队进攻匈奴,把他们赶到黄河河套以北。后来秦末中原内乱,没有了边防,匈奴又回到黄河以南,最近的地方离汉朝的首都长安只有六七百里路,骑兵一天一夜就可以开到。

匈奴的首领叫单于。秦朝末年时的单于叫头曼。他的大儿子叫冒顿。头曼宠爱的后妻给他生了小儿子。他想废了冒顿,让小儿子继位,就派冒顿到西方的月氏国做人质,然后故意派兵去攻打月氏国。月氏国急了要杀人质,冒顿偷马逃了回来。头曼觉得这个儿子挺有本事,就让他率领一万骑兵。冒顿知道要想继位必须除掉父亲。可是要对父亲下手,军队必须绝对服从自己才行。他想出一个办法,制作响箭,告诉部下他用响箭射什么,每个人都得跟着射,谁不射就处死。他先带部下去打猎。他用响箭射鸟兽,把没有跟射的部下杀掉。接着他射自己的好马,有的部下犹豫着不敢跟射,又被他杀掉。他又把响箭射向自己最爱的妻子,还是有部下不敢跟射,也被他杀掉了。最后他把响箭射向他父亲单于的坐骑,这次没有人敢不跟射了,于是他相信军队训练好了。陪父亲打猎时,他把响箭射向父亲,部下跟射,杀死了老单于。他把后母、弟弟和不听话的大臣都杀掉,自立为单于。

冒顿单于打败了北方所有的国家,在南方夺回被蒙恬占领的土地。匈奴进入历史上最强盛的时期,频繁入侵中原。刘邦开始还想和冒顿打一仗,结果差点儿被俘虏,以后采取和亲政策,每年给匈奴送礼。但匈奴照样来烧杀抢掠,而且对汉朝态度非常狂妄。刘邦死后,吕后当政的时候,冒顿单于给吕后写信说:"我是在原野上,牛马群中长大的。几次到过边境,很想去中国游玩。我们两个人都独居,都不快乐。我愿意用我有的交换我没有的。"冒顿在这封信里赤裸裸地说出了他要侵略中原的意图,而且对吕后说话下流。吕后很气愤,要发兵打他。可是她听到将军们说,高皇帝那么有本事都被困住差点儿回不来,国家刚刚经历了战乱,等等,也就只好忍了,低声下气地给冒顿回信说:"单于您惦记着我的国家,赐给书信,我深感惶恐。我已经老了,头发和牙齿掉了,走路摇晃。单于大概是误会了,您不值得为我玷污自己。我的国家没有罪,应该会得到单于的恩赦。送上两套御用马车,请平日代步用。"

以后的文帝和景帝对匈奴也是这样隐忍,妥协,只求守住边境。在汉初的六十多年里,匈奴经常入侵,几千里长的北部边境烽火不断,首都长安也几次告急。汉朝是农业社会,军队主要是步兵。匈奴是游牧社会,人口没有汉朝一个郡多,但是男人个个能骑马射箭。他们到处流窜,侵犯汉朝漫长的边境,让汉朝防不胜防。汉朝要打他们,派的军队少了打不过,多了匈奴就跑,又打不着。到匈奴居住的草原上去找他们作战也不容易。因为匈奴没有城市,也没有固定的居住地,哪里有水有草他们就游牧到哪里,很难抓住他们。另外汉军在没有人烟的地方长途跋涉,运输供给是大难题。而匈奴行动带着畜群,没有运输问题。汉朝知道要和匈奴作战,一定要建立强大的骑兵部队,于是在长安和西北边境设置机构,大量养马,同时鼓励民间养马。文帝按晁错的建议制定马复令,规定老百姓养一匹马可以免除三个人的徭役。到了武帝时,仅皇家的马厩里就养着四十万匹马。民间到处牛马成群。经过文景之治,国库里也积累了大量的钱粮,汉朝的国力雄厚了,对匈奴开始转守为攻。

武帝对匈奴的战争

汉朝对匈奴战争的主将是卫青和霍去病。卫青是皇后卫子夫的同母异父弟弟。当年卫子夫的母亲和一个在平阳公主家做事的县吏郑季私通,生下卫青。他小的时候被送到父亲家。父亲让他去放羊,他的异母兄弟们把他当奴仆,不把他当兄弟看待。长大了他又回到平阳公主家,随母亲家姓卫,给平阳公主当随从。他的姐姐卫子夫入宫受宠以后,陈皇后的母亲馆陶公主心里有气,把他抓起来,要杀他。他的好朋友公孙敖把他救出来。武帝听说了,把他找来,提拔他做官。

武帝在位第十二年的时候,匈奴又来进犯。武帝任命卫青为车骑将军,派他和另外三位将军各率领一万骑兵迎击。其他三位将军都失败或者无功。只有卫青长途奔袭,攻占了匈奴祭天和各部集会的龙城,斩俘七百人。两年后卫青率领几万骑兵绕到匈奴后方,围歼黄河河套以南的匈奴,恢复了秦朝蒙恬时代的边防,解除了匈奴对长安的威胁。匈奴右贤王屡次入侵,想夺回河南地。四年后,卫青又率领三万骑兵长途奔袭六七百里,深夜里突然包围了匈奴右贤王的驻地。匈奴右贤王以为汉军到不了这里,喝醉了正睡觉。突然遭到汉军攻击,他只带着一个爱妾和几百个骑兵仓皇逃走。汉军俘虏了十几个匈奴小王,一万五千多人和无数牲畜。得胜归来,武帝封卫青为大将军,让他统率全军。

这时候卫青的外甥霍去病也参加了对匈奴的战争。霍去病是卫子夫的二姐卫少儿的儿子。他和卫青一样也是个私生子。当年卫少儿和在平阳公主家做事的县吏霍仲孺私通生下了霍去病。后来霍仲孺回家娶妻生子,两个人就没联系了。等到卫子夫和卫青地位尊贵了,卫少儿嫁给了丞相陈平的曾孙陈掌。霍去病因为卫皇后的关系进皇宫给武帝当侍卫郎官。十八岁那年武帝送他去卫青部下当校尉,让卫青拨给他八百骑兵。他带领这支小部队,远离大军,奔袭几百里,歼敌两千多,杀死和俘虏多名匈奴首领,包括单于的祖父和叔叔,当年就被封为冠军侯。两年后,武帝任命霍去病为骠骑将军,让他率领一万骑兵进攻黄河以西的匈奴。霍去病转战千里,杀死匈奴两个王以下近九千人,俘虏浑邪王子和相国,缴获休屠王祭天的金人,自己的军队也损失了十分之七,回来以后马上又出兵,深入匈奴境内,打败浑邪王和休屠王,歼敌三万多,俘虏五个王和他们的家属、俘虏相国,将军等六十三人,自己的军队损失了十分之三。浑邪王和休屠王接连惨败,单于发怒,要杀他们。他们向汉朝请求投降。武帝派霍去病带兵去迎接。浑邪王在路上火并了要反悔的休屠王。与汉军相遇时,浑邪王手下许多军官不愿意投降,纷纷逃跑。霍去病骑马冲进匈奴军中与浑邪王相见,杀死八千多要逃跑的人,接回浑邪王和他的四万部众。武帝把这些匈奴人安置在黄河以南、旧边塞以北,建立了五个属国,让他们按自己的习俗生活。汉朝在新占领的河西地区建立了四个郡。中原通向西域的道路被打通了。

当初武帝在准备对匈奴的战争时,听投降的匈奴人说西方有一个月氏国被匈奴打败了,国王的头被匈奴做成喝酒的容器。这个国家恨匈奴,想找盟友共同对付匈奴。武帝想和月氏国联系。去月氏要经过匈奴,即危险又艰难,需要非常有能力的人。武帝于是公开招募使者,选中了一个叫张骞的郎官带队。这一年是公元前138年,是武帝继位后的第三年。张骞带领一百多人的使团出发。使团中有一个原来是奴隶的匈奴人,叫堂邑父,他熟悉匈奴的情况,而且箭术高明。他们进入匈奴境内后被抓住,送到单于那里。单于说:"月氏国在我的北面,你们汉朝怎么能去呢? 要是我派人去汉朝南边的越国,你们汉朝答应吗?"那时候汉朝和匈奴还在和亲,不是敌国。单于想让他们归顺匈奴,不放他们走,给他们娶匈奴妻子。他们在匈奴滞留十年,张骞也有了匈奴孩子,可是一直保留着标志使者身份的汉节。张骞强壮有力,待人宽厚守信,匈奴人很喜欢他。等到匈奴人对他们的看管不那么严了,张骞就带着他的属下逃跑了。

他们一路上越过荒无人烟、气候恶劣、水源奇缺的高山、沙漠。道路很难走,甚至没有道路。有时候没粮食了,全靠堂邑父射些飞禽野兽来吃。他们向西走了四十多天,来到一个叫大宛的国家。这个国家在今天中亚的乌兹别克斯坦境内。中原人以前从来没听说过它。张骞估计它离汉朝有一万里远。大宛人早就听说汉朝富庶,想交往却没有办法,见到张骞很高兴。他们知道了张骞的来意,告诉他月氏国还在大宛西边两千里的地方,为他派向导和翻译,带他到了月氏国。月氏国被匈奴打败后向西迁移到这里,征服了当地一个叫大夏的国家。这里土地肥沃,他们生活安乐,已经不再想向匈奴报仇的事了。张骞待了一年,没法完成使命,只好回国;路上又被匈奴捉住,扣留了一年多。匈奴发生了内乱,他趁机带着他的匈奴妻子和堂邑父逃跑。他们此行一共走了十三年,出发时的那一百多个人中只有他和堂邑父两个人回到汉朝。

张骞虽然没有完成武帝交给他的任务,但是他旅行的收获却远远不是为汉朝找到一个抵抗匈奴的盟国可比的。他带给中国的是一次地理大发现,打开了中国人的眼界,使中国人看到了西方的一片新天地,所以司马迁把张骞的这次旅行称为"凿空之旅"。中国人从此知道了在遥远的西方还有什么国家,有什么物产,那里的人民是怎样生活的,开始了中国和中亚的经济与文化交流。当汉朝肃清了河西走廊的匈奴以后,汉朝和西域各国的使节、僧侣和商人们沿着张骞走出的道路,往返于中原和西域,传播各自的文化,这条路就是著名的丝绸之路。

经过卫青和霍去病的几次战役,汉朝西北的匈奴被肃清了。在东北方向,单于和左贤王的主力还在,仍然不时进犯。但是单于已经知道了汉军的长途奔袭能力,把驻地远远地撤到大漠以北。武帝说:"单于以为汉军不能渡过大漠。如果我们派大军去,出其不意,就一定能成功。"他派卫青和霍去病各带领五万骑兵分两路进兵,同时动员了几十万步兵和四万民间的马匹运送粮食物资。单于知道汉军出动了,他认为汉军渡过大漠后会疲惫不堪,正好可以利用这个机会打败汉军,于是率领精兵在漠北等着汉军来决战。卫青的部队出塞一千多里,遇到了匈奴军。他先让军队用战车环绕自己,防止匈奴军冲击,然后派出五千骑兵攻击。匈奴也出动上万骑兵,两军会战,打到太阳快落时,刮起大风,飞沙走石,对面看不见人。汉军出动两翼包围匈奴军。单于看到汉军兵多,知道打不过,怕被包围以后逃不掉,就带领几百骑兵先逃跑了。天黑了,两军还在混战,伤亡也差不多。汉军从俘虏那里得知单于已经逃跑了,马上派出轻骑兵去追,大军也跟上去。匈奴军溃散了。到天亮时,汉军追出二百里,也没有追上单于。这一战汉军杀死和俘虏了匈奴一万九千人。霍去病的部队在东路出塞两千多里,和匈奴左贤王交战,战果更加辉煌,消灭匈奴七万多人。自己只损失一万人。这次战役以后,匈奴远远地逃到大漠以北,十多年不敢接近汉朝边境。

卫青和霍去病做主将的时候都只有二十多岁。他们不是在军队中历练出来的宿将,而是因为亲戚关系先在武帝身边做侍卫郎官,然后被直接任命到军队里去带兵的。他们跟着武帝在上林苑里打猎,个人骑射的功夫都很高强,但是并没有和古代良将可比的品质。卫青为人低调,谨慎。他当大将军的第二年,右将军苏建的小部队遭遇匈奴单于的大军,全军覆没,自己只身逃回。卫青的属下建议他杀了苏建立威。卫青不同意,把苏建交给武帝处置,以表示自己不敢专权。大败匈奴单于那一次,汉军从俘虏那里知道了单于的驻地。卫青为了让好朋友公孙敖有机会立功,把前将军李广调到右翼。李广说前将军是军队的前锋,应该在正面攻击单于。卫青不听,强令他和右将军合并,从东路进军。因为道路陌生难行,李广没能及时赶到战场。李广是汉朝著名的猛将,一辈子和匈奴作战,出生入死。因为年轻时汉朝战略形势被动,加上自己的运气也差一些,一直没能立功封侯。现在好不容易有了机会,又这样被剥夺了,而且因为贻误战机,要吃官司,心里非常悲愤,就自杀了。他的儿子李敢为父报怨,刺伤了卫青。卫青也不声张。后来李敢在跟随武帝打猎的时候,被霍去病射死。

有一次武帝要从卫青的侍从里选拔郎官。卫青选出十几个富家子弟,让他们准备好鞍马和红衣、玉石装饰的宝剑,准备送进皇宫去。正好大夫赵禹来访,他请赵禹见见这些人。赵禹挨着个问话,然后对卫青说:"你选的这些富家子弟都是穿着锦绣衣服的木偶。你推荐他们,让皇上怎么看你?"他把卫青家里其余一百多个侍从都叫来谈话,最后只选出田仁和任安两个人,说:"只有这两个人可以,其他的都不行。"卫青看这两个人穷,心中不快。赵禹走后,他没好气地吩咐说:"你们各自去准备鞍马和新衣服吧。"这两个人因为卫青长着富贵眼,不识人才,平日在他门下受轻视,心中积压着傲气,回答说:"我们家穷,没有。"卫青发火了,说:"你们家穷就穷吧!说这话干什么?倒好像是我得了你们的好处,该你们似的。"但他还是推荐了他们。这两个人都成为天下知名的能干官员,后来也都和卫家同归于尽。

武帝最爱霍去病,要亲自教他孙吴兵法。霍去病不肯学,说只要作战时想好该怎么打就行了,用不着学古时候的兵法。武帝给他建造了豪宅,让他去看。他说:"匈奴未灭,无以家为也。"意思是匈奴还没有消灭,我要家没有用。这是历史上著名的豪言壮语,让武帝更爱他、器重他。和部下同甘共苦是良将的品德。李广在塞外行军时,遇到水源,士兵们没有都喝完,他不接近水。而霍去病从小地位尊贵,不知道体恤下属。出军的时候,武帝赏赐给他几十车御用的物资。回军的时候,他把剩下的粮食和肉都扔掉,而部下却有人在挨饿。在塞外有时士兵们饿得有气无力,他却在营地里到处奔跑踢球玩。司马迁说他这一类的事情很多。

卫青和霍去病取胜的关键只在于行动迅猛,敢于深入,所以能抓住战机。这显然得益于他们有素质良好的部队和汉朝的国力。汉朝在经济和文化各方面远比匈奴先进,人口也众寡悬殊。汉军的装备比匈奴军强很多。一百年后杀死匈奴单于的汉朝将军陈汤说:以前一个汉兵可以打五个匈奴兵。后来胡人学去了不少汉朝的军工技巧,可是到了他的时候,一个汉兵还可以对付三个匈奴兵。原来匈奴优于汉军的只有机动性,当汉军建立起强大的骑兵部队,采用长途奔袭的新战法以后,匈奴自然不是对手了。虽然是时势造英雄,但是卫青和霍去病抓住了机遇,率领汉军取得了中原历代王朝对外战争中最辉煌的胜利。中国自汉朝以后,中原的王朝经常被北方经济文化落后的、而且人口很少的游牧民族征服,这样的屈辱使他们的胜利在国人眼中更显得难能可贵。

武帝的迷信

汉武帝和秦始皇一样,做了皇帝想成仙,渴望长生不死,对求仙的事痴迷狂热。有一个叫李少君的人,从来不告诉别人自己的年龄和来历,也没有家,到处游历,对人说他有方术,可以化物为黄金,可以让人长生不老,让人给他送礼,供奉他。有一次在武安侯家的宴会上,李少君见到一个九十多岁的老头。他对老头说自己曾经和他的爷爷在某个地方打猎。老头想起来小时候是跟爷爷去过那个地方。在场的人都非常震惊。武帝召见他的时候,拿出一件古代的铜器考他。他说这件铜器齐桓公十年的时候陈放在某个楼台上。一查上面的铭文,果然是齐桓公的器物。宫里的人都被惊吓住了,以为他是神仙,至少活了几百岁了。李少君劝武帝祭祀灶神。他说:"祭祀灶神就可以化物,把丹砂化为黄金。用黄金做饮食的器具可以延年益寿,长寿就可以见到大海中蓬莱仙山上的神仙。见到神仙,然后封禅就可以长生不死。黄帝就是这样成仙的。我在海上见到过仙人安期生,他给我吃的枣像瓜一样大。"于是武帝开始亲自祭祀灶神,炼丹砂,派方士入海寻找蓬莱仙山和安期生。后来李少君病死了,武帝还以为他是成仙了,没死。

接着又有一个叫少翁的方士来见武帝。武帝宠爱的李夫人死了,武帝很想念她。少翁用方术在夜里把她招来,武帝隔着帷帐远远地看见了,于是拜少翁为文成将军,赏给他很多东西,让他帮自己联系神仙。少翁对武帝说:"皇上想见到神仙,可是你的宫殿和神仙住的地方不像,所以神仙不来。"武帝就让人在宫室里画云气车等神仙事物,又建造甘泉宫,其中有迎候神仙的台室,台室里画天地神仙,安放祭器。等了一年多神仙也没来,少翁心虚了,偷偷把一块写了字的丝绸喂牛，然后对武帝说："这头牛肚子里有奇异的东西。"武帝让人杀了牛，发现了那块丝绸，上面写着很奇怪的字。武帝怀疑是少翁捣鬼，找认识他的字体的人来看，认出是他写的，就杀了他，可是不让人知道。

过了几年，武帝正后悔杀了少翁，没有从他那里多弄些仙方，下面又有人给他推荐了一个叫栾大的方士。这个人和少翁是一个老师的学生，高大英俊，敢说大话，毫不犹豫。他对武帝说："我到过大海中，见过安期生等神仙。他们嫌我地位低贱，不信任我。我的老师说：'黄金可以炼成，黄河决口可以堵塞，不死的药可以得到，神仙也可以请来。'可是我怕落得和少翁一样的结局。那样方士们谁还敢贡献方术啊？"武帝忙说："少翁是自己吃马肝中毒死的。你要是真有仙方，我还吝惜什么？"栾大说："陛下真想请神仙来，就应该先让通神的使者尊贵，给他成家，给予贵宾的礼遇，让他身上佩戴官印，这样才能派他去和神仙通话，神仙肯不肯接纳也还说不定呢！总之得让使者尊贵，才能请来神仙。"

武帝让栾大先表演一个小方术证明自己的神通。栾大就表演了斗棋，让棋子自己碰撞。他大概是利用了磁石的性质。据说棋类游戏发源于占卜。磁石能发出无形的力，是玩巫术的人常备的工具。这只是方士的小把戏，武帝当场就服了，马上封他为五利将军。为了让栾大尊贵，在随后的一个多月里，武帝又封他四个将军衔，赐给他四颗金印，封他为乐通侯，赐给他列侯的府第、车马、上千的奴仆；还给他成家，把自己和卫皇后的长女嫁给他，赐金万斤。武帝亲自到栾大的府上看望，派去问候送礼的使者络绎不绝。后来又刻了一块玉印给他，上面写着"天道将军"，意思是代表天子和天神通话。栾大几个月之间得了六个将军印，封了侯，当上了皇帝的女婿，富贵无比。燕国和齐国沿海一带自古以来方术流行。当地的方士们听说了，个个摩拳擦掌，跃跃欲试，都上书说自己有方术，能通神仙，能找到长生不死的药。栾大骗得富贵以后，每天晚上待在家里祭祀请神。他自然知道神仙是请不来的，时间越长就越心虚，他的仙方也用完了，大都不灵验，于是收拾行装，说要去海上找他师傅。可是他不敢入海，转去泰山祭祀。武帝派人跟着他，发现他什么都没见到，却瞎说自己会见师傅了，就杀了他。

就在武帝见到栾大这一年，有一个女巫报告在汾阴地下发现了一个古鼎。这个鼎比一般的古鼎大，上面也没有款识，辨不出年代。武帝让地方官确认不是伪造的，就把它运来，安置在甘泉宫。按照阴阳五行理论，上天降下符瑞是证明王朝奉天承运的大喜事。古人认为天下出现圣主，进入盛世，古鼎才出现。天下大乱，国运衰落时它就隐没。文帝的时候有一个叫新垣平的望气方士预言周朝末年失踪的宝鼎会在这个地方出现，于是文帝派人在那里建庙祭祀。现在周鼎真的就在那里出现了。群臣祝贺武帝，只有他的近臣吾丘寿王说那不是周鼎。武帝听说了，把他叫来问他："别人都说是，就你说不是。你能说出个道理来则已，说不出来你就死去。"吾丘寿王非常聪明，有学问，在武帝身边有才智天下无双的声誉。他当初那样说大概是因为看出了这个鼎有假，但这时只能敷衍说："我怎么敢没有道理。周鼎是上天报应周朝的，所以叫周鼎。这个鼎是因为汉朝的盛德才出现的，是上天赐给汉朝的，所以我说它不是周朝的宝物，它是汉朝的宝物。"武帝听了很高兴，赏给他十斤黄金。群臣都欢呼万岁。

一个齐国方士公孙卿对武帝说："今年得到宝鼎的时间和当年黄帝得到宝鼎的时间一样。申公给我的书上说，黄帝得到宝鼎后就成仙登天了。申公已经死了。他和安期生交往，也聆听过黄帝的教导。他的书上说：汉朝的圣人出在高祖的孙子辈或者曾孙辈，那时候宝鼎会出现。宝鼎出现了就可以去通神仙，封禅。以往有七十二位帝王封禅，只有黄帝上到泰山顶上。申公说汉朝皇帝也应该上泰山封禅。上去就能成仙登天了。"公孙卿还给武帝讲黄帝登天的经过："黄帝开采首山的铜，在荆山下铸鼎。鼎铸成了，天上有龙垂下胡须来迎接他。黄帝骑到龙身上升天，大臣和后宫七十个人也跟着他上去了。其他的小臣上不去，就揪着龙的胡须，把龙的胡须揪断了，黄帝的弓掉下来。百姓们看见黄帝升天了，抱着他的弓和龙的胡须哭号。所以后人把黄帝登天的地方叫鼎湖，把黄帝的弓叫乌号弓。"武帝听得神往不已，说："哎呀，我要是能像黄帝一样升天，离开妻子儿女就像甩掉脚上的鞋子一样。"他拜公孙卿为郎官，派他去河南太室山等候神仙。

武帝杀了栾大以后不久，公孙卿报告说神仙在河南出现了。他大概是担心神仙干等不来，如果不给武帝一点儿希望，自己也危险。武帝亲自跑去看神仙留下的踪迹，半信半疑，问公孙卿："你不是要学少翁和栾大吧？"公孙卿说："神仙不求皇上，是皇上求神仙，所以要有耐心，不多给点儿时间神仙不会来的。求神仙的事听着好像荒诞，但是积年累月，功夫到了，神仙就会来的。"于是武帝命令各地清埋道路，修缮祭祀场所，耐心等候神仙降临。

封禅是古代帝王祭祀天地规格最高、最隆重的大典。古人认为王朝的兴替都是天命，所以每一个王朝建立后都要封禅，祭祀天地，向天下人宣示天命。因为泰山最高，离天最近，所以要在泰山举办。秦始皇统一天下后也到泰山封禅。汉朝自开国以来，因为内忧外患，国库空虚，一直没有办封禅大典。到武帝继位时，这已经是天下人都期待的事。武帝相信这也是他成仙的契机，于是和大臣、儒生们商量上泰山封禅的事。武帝说："按照古时候的规矩，封禅之前先要举办息兵止武的仪式。"于是他亲自率领十八万骑兵，到北部边境耀武扬威转了一圈，派使者去叫匈奴单于快来交战，要不就称臣，何苦远远地躲在没有水草的苦寒地方。单于气得难受，杀了为使者引见的官员，扣留了使者。武帝在回来的路上经过黄帝陵，觉得奇怪，说："我听说黄帝没死，这里怎么会有他的陵墓？"公孙卿说："黄帝成仙登天了。他的臣下想念他，把他的衣帽埋在这儿。"武帝马上就理解了，想入非非地说："将来我成仙了，大臣们也会把我的衣服埋在东陵吧！"

该出现的祥瑞都出现了，该准备的仪式也都准备好了，于是武帝开始他的成仙之旅。他先到河南上次公孙卿告诉他神仙现身的地方，又登上中岳的太室山祭拜，然后到东海边。当地有上万人给他上书讲神仙方术。他派船送几千个自称见过蓬莱仙山的人入海去寻找。公孙卿一路上给他打前站，先到各名山去迎候神仙。他报告武帝说夜里见到一个巨人，好几丈高，靠近就不见了，留下很大的脚印。武帝去看了神仙的脚印，半信半疑。这时群臣里也有人说看见一个老人牵着狗，说："我要见巨公。"也是忽然就不见了。于是武帝深信不疑了，在那里住下等，同时派车送上千方士到处去寻找神仙和不死的药。

在海边等了好一阵儿没等到神仙，他回到泰山封禅。举办完仪式，他只带着霍去病留下的孤儿，只有十来岁的霍子侯登上泰山顶。他以为那就是神仙来接他登天的地点和时间。因为他下令保密，所以没有人知道上面发生了什么事情，但是显然什么事情也没发生。第二天从泰山上下来，可能是太不甘心了，他不回长安，又跑回东海边张望，等神仙来接他。等得实在受不了了，他要亲自出海去找蓬莱神仙，被群臣竭力劝阻。这时候唯一跟他登上泰山的霍子侯很神秘地突然发病，一天就死了。武帝这才返回长安。这一趟出去了大约半年，行程一万八千里。

第二年春天，公孙卿又报告武帝他在东海边看见神仙了，好像还听见神仙说"见天子。"武帝马上给公孙卿升官，又跋涉几千里，跑到海边公孙卿报告看见神仙的地方住下等；没等来，接着又上泰山，还是一无所获。公孙卿知道武帝的失望心情。维持武帝的信仰对他是性命攸关的事，他必须有个解释，就对武帝说："神仙是可以等来的，只是陛下每次去都太着急，所以没见着。陛下可以建观，放上贡品，这样神仙会来的。另外神仙喜欢住楼房。"于是武帝就在长安和甘泉宫建观，建通天台，扩建宫殿，安放祭品招请神仙。从四十六岁封禅后，二十二年间，武帝像这样在长安、泰山和东海之间一共往返十次。在六十八岁那年，他又来到东海边。这时离他死还有两年，可能他知道这是自己最后的机会了,非要亲自出海,群臣谁劝也不听。可是海上狂风大浪,天昏地暗,他在海边等了十几天还是上不了船,只得放弃;接着又去泰山,祭拜完天地,奇迹还是没有出现。他下令把替他找神仙和等神仙的方士们全都赶走,对群臣说:"我以前糊涂,被方士们骗了。天底下哪儿有神仙啊!都是妖言妄想。"他对神仙的态度忽然彻底改变了,但恐怕不是因为觉悟了,而是因为绝望了。这更符合他的性格。

抢劫商人

武帝打败匈奴以后,又对朝鲜、南越和西域用兵。连年的战争,建筑宫殿陵墓,加上求仙活动,很快就耗尽了国库里几代人积累下的财富。他开始搜刮民间的财富。汉朝经过文景之治,民间积累了大量财富。这些财富是怎样创造出来的呢?按照司马迁在《货殖列传》里的说法,世人主要从事四种行业,农民生产粮食,实业家开采自然资源,工匠制造用具,商人流通货物。每个人都尽自己的能力,实现自己的欲望。东西贱了就没有人生产,就会稀缺,稀缺就会贵起来,供应就会增加。反过来也是一样。市场上有物价调节,每个人以求利为动力,努力从事自己的行业,经济活动像水永远往下流一样,生生不息,不需要政府来计划指派、征发调度,物资会自然而然、源源不绝地被生产出来,满足社会的需要,就像被自然规律支配的自然过程一样。这四个行业是人民生活的来源。它们发达,物资就丰富;它们不发达,物资就贫乏。人有贫富差别也是自然的,并不是因为别人的剥夺或者给予,而是自己的经营能力造成的。善于经营的人就会富,不善于经营的人就会穷。求富是人的天性。从国王到大大小小的封君们都不愿意受穷,更何况普通百姓了。司马迁是汉武帝时的史官。这些市场经济的原理,国民财富的性质和原因,他在亚当·斯密之前两千年就已经讲得清清楚楚。它们是汉朝初年政府指导经济的"无为而治"方针的内涵。由于这个政策,汉朝初年,老百姓可以自由开矿,炼铁,铸币,煮盐。汉初的经济就是因此而繁荣起来的。

而武帝的做法正好相反。他最先想到的弄钱办法是利用政府特有的资源,让人民买官,买罪。但这样得来的收入远远不能满足他的需要。于是他下令禁止民间炼铁,煮盐,后来连酿酒也禁止,把这些行业都改由官营。政府生产出来的铁器,质量差,价钱贵,不合用,农民不愿意买,甚至情愿用木头农具种田,用手除草。官强迫老百姓买,徒然增加他们生产和生活的负担。可是政府却有钱了。武帝夺走了工商业者的生计,还要掠夺他们的财产。他命令商家向政府报告家产,要商人把所报家产的百分之六交给政府,手工业者交百分之三。此外还征商人拥有车船的税。这样的重税还是不能让他满足。他又发动民众告发商人隐瞒家产。只要官府确认举报属实,就没收商人的全部财产,用一半奖励告发的人。被告发的商人还要罚去边疆服役一年。这个法令一出,中等以上的人家大都被告,官府基本上是告一个,准一个,所以被告的商家都被抢劫一空。汉初以来繁荣的工商业也就此被毁灭。武帝搜刮到数以亿计的钱财、数以万计的奴仆、大量的土地和房屋。

虽然农业社会中最主要的财富是土地,掌握在地主手里,地主是兼并农民土地的主要势力,可是武帝却向商人开刀。中国古代社会中有很深的对工商业者的偏见。政府给他们另立户籍,叫市籍,对他们有种种歧视性的规定,比如刘邦曾经规定商人不能穿丝绸,不能乘车骑马,加重他们的租税。这都是些羞辱性的法规,刘邦死后就不执行了,但还是不许商人子弟做官。传统社会中政府认为农业是国计民生的根本,要鼓励农业;而商业是次要的,商人不劳而获,他们的投机行为造成物价波动,使农民破产,他们乘机兼并,导致社会两极分化,造成社会不安定。另外商人凡事利字当头。传统社会崇尚重义轻利的价值观念,对见利忘义的人极为鄙视。这些都是商人被歧视的原因。

皇帝和官僚们打击商人还有一个重要原因,那就是商人的财富给他们带来的社会地位和政治影响力。司马迁说:一个农户每年交给封君二百钱租税。一个千户侯一年可收入二十万钱。一个商人的资产每年平均可以给他带来百分之二十的利润,一个有百万钱家产的商人每年的收入也是二十万钱。他没有官爵和封地,可是生活一样富裕,号称"素封"。家里养五十匹马,另外牛、羊和猪各两三百头,或者拥有年产一千石鱼的鱼塘,或者在北方拥有一千棵枣树或栗子树,在南方有一千棵橘子树,在南方和北方之间的地带拥有一千亩桑麻、漆树、竹子,或者在有万户人家的都市郊外有千亩良田或者菜田,一年的收入都相当于一个千户侯。住在大都市里的商人,每年酿一千瓮酒、一千缸酱醋、卖一千钟粮食、一千车柴草,或者卖相当数量的不论什么商品,或者放一千贯钱高利贷,他们的财富都可以和公卿之家相比。做官做到丞相,也不过封千户侯。商人们不靠朝廷的俸禄和封地的租税,只靠在市场上运用自己的资本和才智,就可以享受和达官贵族一样奢华的生活,甚至获得和他们的财富相应的社会地位和影响力。皇帝和官僚们不能容忍这一类从事低贱行业的平民与自己平起平坐,更不能容忍商人们运用自己的财富对政治发生影响,使他们的权力受到制约。从历史发展的角度来看,工商业的发展建立起的是一个以经济活动中的金钱和能力为基础的社会等级,独立于以皇权为核心的封建和官僚等级之外。它在本性上与皇权和官僚专制不能相容,其最终的政治诉求是自治市与共和国,要把权力由社会的主人变为社会的公仆,改变它的暴力性质,和家天下时代特有的"打天下"的观念。这是传统社会中政府歧视和压迫商人的最深层原因。而武帝打击商人就是为了弄钱。

武帝朝在财经上真正造福于社会的建树是桑弘羊创立的货币制度、均输和平准制度。桑弘羊是中国古代社会最有成就的理财专家。他是洛阳的商家子弟,十三岁时成为武帝身边的侍从官,成年以后先是协助办理财经上的事务,后来成为武帝主要的财政大臣。

西汉初期朝廷允许民间和地方政府铸钱。铸钱的人为了谋利,铸出的钱币轻薄,与面值不符,或者掺杂贱金属,所以市场上流通的钱币重量和成色不一,钱币的质量越来越差,造成通货膨胀,妨碍经济活动。武帝以前也做过改革,但都不成功。桑弘羊的办法是禁止地方政府和民间铸钱。朝廷设立专门的铸币机构,铸造重量和面值一致的五铢钱。除了朝廷铸的钱,任何钱不准在市场上流通,都要上缴销毁。这个办法基本上制止了盗铸,建立起市场需要的标准而且统一的货币。

完成了货币改革以后,桑弘羊又建立起均输和平准制度。这个制度的实质也是由政府充当商人的角色。均输是由政府设立机构,统一调度各地上缴给朝廷的物资,把它们运送到有需求的地方去。平准是政府利用自己掌握的财物,在物价过低时买进,过高时卖出,用这个办法来稳定物价。这两个办法为国家节省了大量费用,增加了大量收入,也保护了生产者和消费者的利益。

虽然桑弘羊也是武帝掠夺商人的积极参与者,终生都在执行武帝的国有化经济政策,但这几项制度的创立对人民的经济生活和国家财政贡献极大,为历朝历代的政府沿用,成为中国古代国家基本的财经制度。桑弘羊主持武帝朝的财政二十多年。武帝临死的时候,把太子托付给他和另外三位大臣。后来其中两位大臣发生冲突,他被牵连,被以谋反罪名杀害。

酷吏

最早帮汉武帝想出抢劫商人办法的人是张汤。张汤的父亲是长安县丞,也就是县令的助理。他受家庭影响,从小就熟悉审讯办案的程序,后来子承父业,也在长安县当了一名小吏。他在下层工作很久,慢慢结交了一些高层人士,受到赏识,最后被推荐给武帝。他的发迹是从办陈皇后的案子开始的。陈皇后嫉恨卫子夫,找女巫诅咒她,施展法术让武帝回心转意。这样的事情,即使真有,参与和知情的可能也只有皇后和身边的个别亲信。而张汤办这个案子时,深挖同党,竟牵连进三百多人,给他们都定了罪杀掉了。武帝却认为他很能干,从此格外提拔重用他。

对武帝想杀的人,张汤能够挖空心思给安上罪名。管理财政的大臣颜异不同意张汤提出的发行货币办法,对武帝说了,引起武帝反感。颜异是凭着清廉正直从最底层的亭长逐渐升到朝廷里当大臣。这时有人告发他,说曾经有人对他说朝廷的某项法令不恰当,他没说话,但是嘴唇轻轻动了一下。武帝批准立案,让张汤去办。张汤给颜异定的罪名叫“腹诽”。古人认为思考是心的功能,心在肚子里。腹诽就是在心里诽谤。张汤上奏说:“颜异是当朝大臣,认为法令不恰当,不到朝廷上讲,却‘腹诽’,应该判死刑。”武帝批准,杀了颜异。武帝和张汤发明的这个腹诽罪是武帝的邪恶品格和恐怖统治的最好注脚。

除了善于揣测武帝的意图。挖空心思地歪曲法律来迎合武帝,张汤办案的另一个特点是凶残、大片的株连和滥杀。这也是武帝欣赏他的地方。办完陈皇后的案子,武帝又让他办淮南王刘安谋反的案子。

刘安是原来的淮南王刘长的儿子。刘长死后,汉文帝把原来的淮南国分为淮南、衡山和庐江三个王国,封给刘长的三个儿子。刘安是长子,被封为淮南王。刘安是武帝的堂叔。他爱好读书弹琴,不喜欢骑马玩狗打猎一类的事。他在学术上很有造诣,常请学者到淮南国来讨论学问。他主持编写了《淮南子》献给朝廷。这本书里有讨论炼丹的章节。据说他就是在炼丹的时候,意外地发明了豆腐。他还是第一个研究屈原的学者,写了一篇《离骚传》。他说屈原的作品兼有《诗经》里《国风》和《小雅》的优点,说屈原的情志高洁,所以文字芬芳,其高尚情操可以与日月争光。这样的评论是和屈原的诗歌一样不朽的文字,被司马迁引用在为屈原写的传记里。刘安能这样评价屈原,他自己的文采和做人的追求也可见一斑。加上他对老百姓关爱照顾,在天下有非常好的声誉。

刘安的太子爱好剑术,自以为天下无敌,听说侍卫官雷被剑术高明,非要和他比试。雷被不得已和太子比剑,一再躲闪退让,不小心还是刺伤了他。这时武帝正在和匈奴打仗,下诏让愿意从军的人到长安报名。雷被得罪了太子,想躲得远远的,就要求去长安从军。刘安不同意他去,他偷着跑了。到长安以后,他向武帝上书说明经过。武帝让张汤办案。张汤和共同办案的几位大臣讨论后做出裁决:“淮南王刘安阻拦要投军打匈奴的人,这是对抗皇帝的诏令。应该定死罪。”武帝说不能定死罪。于是大臣们改判撤销刘安的王位,武帝也不同意。大臣们又改判削掉淮南国五个县的封地,武帝只同意削掉两个,就这样结了案。

过了两年,淮南王的孙子刘建给武帝上书,说知道淮南国不法的事情。刘建的父亲是刘安的长子,因为是庶出,刘安也不喜欢,没有被立为太子,也没有封侯,所以刘建心怀怨恨。武帝让廷尉张汤办案。张汤审问后向武帝报告,说供词牵涉到淮南王太子。武帝派官员去逮捕淮南王太子。这时淮南王手下的一位官员伍被出来自首,说出他和淮南王策划造反时的对话。他说刘安几次找他商量造反,他都反对,说汉朝现在是治世,双方力量也极悬殊,造反必败无疑。刘安问难道不能侥幸成功吗?他见刘安执意要造反,这才献计,让刘安伪造丞相和御史大夫的文书,迁徙各郡国豪强去朔方郡,多派甲兵催逼;同时伪造皇帝诏书,逮捕诸侯的太子和亲信大臣;造成人民和诸侯的怨恨恐慌,然后煽动他们造反。刘安认为他的计谋很好,但因为自己可以直接出兵,所以没有采用,等等。这完全是胡说。一个小小的、偏僻的藩国怎么能冒充朝廷给全国发布命令,甚至调动朝廷的军队和执法机构去所有的诸侯国抓太子和重臣?就算刘安假传圣旨,朝廷怎么可能不立即发现?伍被在刘安招请来的天下英才中位列第一,他会不会设计出这样的谋反计划,他的供词是怎么得到的,都非常可疑。可是因为他的自首,这个案子顿时变成了针对淮南王本人的谋反大案。执法官员包围了王宫,逮捕太子、王后和所有参与谋反的官员和平民。张汤不但找到伍被作为淮南王谋反的人证,而且找到了物证:淮南王偷偷制作的皇帝玺和朝廷各级官员的印。刘安自杀了。他的王后、太子和所有参与谋反的人都被斩首、灭族。淮南国被撤销,改为九江郡。

淮南国的封地不大,只有一个郡。汉朝有一百来个郡。淮南国的实力不到七国叛乱时吴国和楚国实力的十分之一,而这时朝廷的力量比那时也不知强大了多少。当年吴国和楚国叛乱,派使者来淮南国联络,刘安站在朝廷一边,没有参加叛乱。不知这时为什么要造反,凭什么造反。他的谋反完全是伍被一个人的供词咬出来的。武帝说:伍被在和淮南王谋反时说的大都是拥护汉朝的好话,是不是可以不杀?这也是虚伪的君主最爱说的阴阳话。张汤也很会在这种时候坚持原则。他说:"伍被是帮助淮南王策划造反的主谋,这种罪不能赦免。"武帝于是批准杀了伍被。抓淮南王的同党时,又牵连进淮南王的弟弟衡山王。武帝派官员治罪,衡山王也自杀了。他的王后和王子们都被杀,牵连进谋反案的人都被灭族。衡山国也被撤销,改为衡山郡。张汤无中生有地造出两个谋反大案,灭掉两个王国,杀死好几万人。这是骇人听闻的惨案,是皇帝在行凶。但它们也像历史上多少同样的冤案、惨案一样,被御用史官们用"谋反"这样的含糊字眼浅浅地埋住。

　　武帝选拔了许多像张汤一样的酷吏来为他治理天下。有一个叫义纵的官员，年轻的时候是个打家劫舍的强盗。他的姐姐给武帝的母亲王太后看病。王太后喜欢她，问她家里有没有子弟做官。她说有个弟弟，品行不好，做不了官。王太后告诉武帝，武帝就找义纵来做郎官，然后派他出去当县令。义纵敢作敢为，办事情不拖拉，政绩考核得了第一名。武帝接着派他当长安县令。他不畏权贵，把王太后的外孙子给治了罪。武帝更欣赏他了，提拔他做郡一级的官员。义纵到了哪里就把当地的豪强人家灭族。后来武帝派他到最难治理的定襄郡当太守。他一到任就把关在监狱里的两百个重犯都杀掉，把两百多人监探视犯人的家人和朋友也抓起来定罪，诬告他们为死罪犯人脱罪，也全部杀掉，一天杀了四百多人。郡里的老百姓都吓得不寒而栗。他靠这种血腥的恐怖统治，把地方治理得很平静，没有人敢犯法，盗贼和豪强都躲得远远的。武帝认为这就是有能力，就是政绩。后来武帝发动民众告发商人。义纵认为这些告发者都是乱民，把他们统统抓起来治罪。没想到武帝却派人来治他的罪，说他妨碍国事，杀了他。这些告发者的确是民间的无赖，把他们抓起来治罪并不冤枉。也许义纵因为以前肆意枉法滥杀，让地方平静无事，一直受到武帝赏识、纵容，步步高升，所以这次抓人之前没多想一下。尽管这些人的确是趁火打劫的强盗，但这把火是武帝亲手点燃的，是武帝自己要抢劫。义纵没有文化，头脑也简单，自以为是武帝的得力打手，却不知道武帝其实是一个无法无天的人，所以再也想不到他会发动民间的无赖生事作乱，破坏王朝的秩序，甚至为了给他们扫清障碍而杀掉自己，所以"犯错误"了。

　　张汤不久也遭遇同样的下场。他禁止诸侯炼铁，得罪了境内有铁矿、靠炼铁赚钱的赵王。赵王就搜寻他的短处。这时有人偷了埋在文帝陵园里的钱，张汤认为这是丞相失职。丞相和相府的三位长史认为张汤要害丞相，想自己取而代之。这三个丞相府的助理都是能人，其中一个叫朱买臣，是武帝通过上书选拔的优秀人才。他们原来地位都在张汤之上，张汤在他们面前要跪着当差。后来张汤的地位超过了他们，故意羞辱他们，被他们痛恨。他们把张汤的朋友商人田信抓起来审问，然后向武帝检举说："张汤每次来请示皇帝，田信都知道，预先囤积货物谋利，赚的钱和张汤平分。"

　　武帝问张汤："我要做的事情，商人事先都知道，囤积货物，好像有人把我的决定透露给他们了。"张汤不知道武帝是在敲打自己，还以为又是要交代他办什么人的案子，不但没赶紧认罪，反而故意做出吃惊的样子，迎合着说："应该有这样的事情！"可给武帝的感觉却是他做贼心虚。这时候赵王的检举也报上来了。原来张汤属下的一个官员和他有私怨，搜集对他不利的证据。张汤的一个亲信匿名上书检举这个官员的不法事情。张汤办案,给这个官员定了死罪杀了。武帝曾经问过张汤是谁检举的,张汤心里知道,却说可能是这个官员过去的朋友怨恨他。这两份检举材料加在一起让武帝相信张汤不老实,竟敢当面欺骗他,于是派使者去问罪。使者去了八次,张汤都不服,坚持说没有那些事。武帝于是派另一个酷吏,张汤的同事和好朋友赵禹去开导他。赵禹对张汤说:"你办案的时候,株连杀死了多少人?怎么现在轮到自己了,你却不知道该怎么做了?别人告你都有证据,皇上不愿意送你进监狱,要你自裁。你还没完没了地对证个什么?"这话是把事情说透了。张汤办案什么时候把事实证据和公平量刑当过一回事?他就是靠把法律程序都变成走过场,伪造证据,罗织罪名,把人入罪去迎合武帝,所以才被武帝提拔重用。现在轮到给自己定罪了,他怎么反而对法律程序认真了呢?他认识到自己的"天真"以后,就自杀了。死前给武帝上书说:"阴谋陷害我的是丞相府的那三位长史。"

张汤留下的家产只有五百金,都是来自朝廷俸禄或者赏赐,此外没有产业。许多著名的酷吏,比如张汤和义纵,都是枉法却不贪赃,凶残却又清廉。这两者在他们身上的结合看起来像是奇观,其实并不矛盾,因为他们的清廉并不是什么道德操守,和他们的草菅人命、枉法滥杀一样,都是按照暴君的需要塑造出来的鹰犬品质。他们和贪官的区别只在于权力欲在他们身上压倒了物欲。张汤家族里的子弟们要厚葬他。他的母亲说:"他是天子的大臣,被人说坏话害死了,厚葬什么?"于是送葬只用牛车,棺外面也没有椁。武帝知道了,说:"没有这样的母亲,也生不出这样的儿子。"于是把丞相府的三位长史也治罪杀掉。丞相被抓进监狱后自杀。

武帝鼓励下面的官员滥杀。他自己对手下官员也是一样,不管错大错小,有没有可靠证据;也不管官阶高低,功劳大小,亲疏远近,稍不如意,说杀就杀,毫不留情。他自己就是最大的酷吏。武帝和他的酷吏们能够这样滥用刑法,肆意杀人,是因为法律只是权势的仆从和工具。这是专制时代法律的先天缺陷。

有一位法官路温舒在武帝死后不久给当朝的汉宣帝上书,批评当时的司法。他说人死了不能复活,肢体残了就不能接续。所以《夏书》说:'与其杀不辜,宁失不经。'意思是与其误杀一个无辜的人,还不如让一个真正有罪的人漏网。路温舒说现在办案的人却不是如此。他们把严苛当明察。能够挖空心思给犯人定罪的官员被认为是尽职。办案公平、实事求是的官员却给自己惹麻烦。所以办案的人都愿意让犯人死,并不是他们恨犯人,而是他们要保护自己。人的本性都是安逸就愿意活着,痛苦就情愿去死。严刑拷打之下,什么口供都可以得到。犯人忍受不了疼痛，就会乱供。办案的人利用这点，引诱犯人招供。因为怕案子报上去被驳回，就精心编造口供来配合法律条文。这样做成的文案报上去，就是让尧舜时最公正明察的法官皋陶看了也会认为犯人死有余辜。执法的官员互相攀比着都这样办案，所以每年被判死刑的犯人数以万计。在行刑的市场上等待处决的犯人成群结队，地上血流成河。这就是国家至今仍然不太平的主要原因。

按照《夏书》的这个说法，办案时最优先的考虑就不是给真凶定罪，而是不要制造冤狱，伤害无辜，更不要说把冤狱当作政治斗争的工具了，不然法律本身就成了社会的祸害。《夏书》是中国上古时代的政府文件。虽然中国在那样遥远的古代就有了这样了不起的法的精神，但它能不能被应用到法律实践中却要看法官，尤其是能够决定法官命运的权势人物的品质。遇到一个强势而又荒唐的君主，法律没有任何能力保持公平、公正。有权势的人要打击谁，走一个告发立案的过场是再容易不过的事。立不立案也由他们自己决定。所以被告的人有没有罪，有什么罪，全看权势人物想怎样处置他了。尽管有人会告诫君主玩弄法律会亡国，但他可以当耳旁风。即使遇到像汉文帝那样能律己的皇帝，这个先天缺陷也难以克服。汉文帝知道君主不应该让法律来迎合自己个人的喜怒好恶，所以他尊重廷尉张释之的依法判决。但这也只见于惊了他的车驾一类的事。遇到他认为对家天下关系重大的事情，他也把冤狱当作政治斗争的工具。在办淮南王刘长谋反案时，他的做法虽然不像武帝那样凶残邪恶，但本质上没有什么区别。

除了皇权给法律造成的先天缺陷，武帝的残暴和滥杀的另一个原因是他的个人品质和用人哲学。武帝一即位就要求自丞相以下的各级官员和地方政府推荐优秀人才和敢于直言的人。对推荐上来的人，他亲自提问题请他们答复，叫作对策。他还鼓励民间人士直接给自己上书。得到他赏识的人马上被授予官职。这些选拔人才的办法后来发展成为汉朝的制度。武帝借此发现了不少人才，也得到了许多有价值的建议。看起来他是一个求贤若渴，广开言路，善于发现人才的贤君。但实际上他是什么样，这要看他是怎么对待这些人才的。

主父偃是武帝通过直接上书的方式发现的人才。第一次接见他和另外两位人才时，武帝高兴地说："先生们，你们都在哪儿啊？怎么这么晚才见到你们？"一年之内他就给主父偃升了四次官。主父偃对武帝建议说："现在各王国的地盘太大，朝廷不容易控制。朝廷如果像当年晁错那样硬去削夺他们的土地，会招来怨恨，甚至战争。诸王子弟众多，多的有十个以上。陛下可以下令让诸王把他们的子弟都封侯。那些子弟受封人人高兴,自己就把国给分了,还感激陛下。这样不用削夺土地就把各王国削弱了。"这的确是一个非常高明的策略。它把贾谊最早提出的"众建诸侯而少其力"的思路变成可行的具体办法。武帝根据这个建议发布了著名的"推恩令",不付任何代价,用制度轻而易举地消除了诸侯叛乱这个自开国以来一直困扰汉朝的最严重内患。卫青攻占河南地以后,主父偃请武帝在那里设置朔方郡,移民,建筑要塞。这也是非常有战略眼光的建议。御史大夫公孙弘反对,说当年秦始皇派三十万人常年在那里经营,最终还是没守住。主父偃极力劝说武帝。武帝让朱买臣和公孙弘在朝廷上辩论这件事的利弊,说得公孙弘理屈词穷,转变态度。建立朔方郡成为后来汉朝战胜匈奴的重要战略措施。

　　主父偃还给武帝出主意说:"齐国首都有十万户人家,每年市场的租税就有千金,比长安还富。不是皇帝的儿子或者亲弟弟,不能在那里当王。现在的齐王和陛下的亲属关系已经很疏远,又听说他和姐姐有乱伦行为。请派我去处理这件事。"武帝任命主父偃为齐国的相国,派他去齐国。主父偃见到齐王,提出他乱伦的事。前不久燕国刚被撤销,燕王被处死,因为他和父亲的妃子通奸,抢弟弟的妃子。主父偃参与了办案。齐王不愿意像燕王那样被治罪处死,就自杀了。武帝听到报告很生气,认为是主父偃逼死了齐王,同时还有人告发主父偃接受诸侯献金,就把他抓起来治罪。主父偃承认接受献金,但是不承认逼齐王自杀。公孙弘对武帝说:"齐王自杀,没有后代,齐国被撤销了,土地归了朝廷。主父偃是首恶,不杀了他,陛下怎么对天下人解释?"公孙弘治国无能,却善于抓住这种机会害人。武帝为了向天下人"解释",杀了主父偃,灭了他的族。主父偃从被武帝发现提拔到被灭族,只不过两年时间。

　　庄助是会稽郡应武帝要求推荐上来的人才。在一百多个对策的人里,武帝只提拔他一个人当中大夫。武帝把最优秀的人才留在身边,国家有了大事,让他们和大臣们辩论决策的得失。庄助是这些人里表现最优秀的。南方越人的三个国家之间发生战争,向汉朝求救。庄助认为应该出兵,和不同意出兵的太尉辩论。武帝认为太尉没见识,派庄助去南方调兵平乱。三年后闽越国又攻打南越国。武帝出兵救南越国。闽越国投降后,武帝派庄助去安抚南越国。南越国王很感激,派太子跟他入朝。庄助回朝路过淮南国,因为淮南王刘安曾经上书建议武帝不要出兵,武帝让庄助代表自己答复淮南王,说明出兵的道理。庄助的辞令和才华让淮南王折服,两个人成为好朋友。武帝对庄助的这次使命非常满意。淮南王到长安朝见时,也给庄助带礼物,和他交往晤谈。后来张汤治淮南王的谋反罪时,把庄助也网罗进去。张汤说庄助是皇帝的近臣,出入宫廷重地,和外面的诸侯有这样的私交,不杀没法防止别人效法。武帝就杀了庄助。

主父偃、庄助、朱买臣和吾丘寿王都是被武帝发现提拔,在史书上有记载的天下最优秀的人才,他们都被武帝杀掉了。武帝在三十六岁到六十七岁的三十年间一共用了六个丞相,其中五个被他处死。唯一没杀的是一个最无能的人,也总被他斥责。《资治通鉴》上说:武帝生性严峻,臣下小有过失或者欺瞒蒙蔽,即使是他一向亲近喜欢的人,也一定治罪杀掉,决不宽贷。大臣汲黯对武帝说:"陛下寻找人才很花工夫,可是没有充分利用他们的才能就杀了。天下人才有限,这样没完没了地杀,就杀光了,那时陛下靠谁治理天下?"武帝说:"什么时代没有人才?就看你识不识人。识人,就不怕没有人才。有才能的人就像有用的东西一样。有才能但是不想再用了,就跟没有才能一样。不杀往哪儿放?"

独尊儒术

刘邦非常讨厌儒家。他以后的几个皇帝都信奉道家,把道家无为而治的思想当作治国方针。武帝是汉朝第一个推崇儒家的皇帝。董仲舒是研究儒家经典《春秋》的大师。他向武帝建议罢黜百家,独尊儒术,把儒家提升为唯一的官学,只有学习儒家经典的读书人才可以被朝廷录用当官,排斥所有其他学派,包括对历史进步起过重大推动作用的、帮助秦国统一中国的法家,以及帮助文帝和景帝实现文景之治的道家。武帝接受了董仲舒的建议。这是一个对中国历史有重大和深远影响的决策,它帮助儒家取得了在中国传统社会中的思想统治地位。从读书人中选拔官员的做法促成教育与政治进一步结合,这个趋势最终导致后世科举制度的建立。

孔子在世的时候只是一个因为博学多闻而受人尊敬的平民教师、学者。到了汉朝他被封为公爵,到唐朝被封为王爵,到明朝以后被封圣。儒家在先秦只是一个普通的学派,到汉朝以后成为一统至尊的国学。这种世俗的、夸张的荣誉是汉朝以后的俗儒们取得的成就。汉朝的儒家在专制制度下经历了脱胎换骨的改造,和先秦的儒家已经根本不同。董仲舒提出三纲五常论。三纲是指君臣、父子、夫妇的主从关系。五常指仁义礼智信,是人立身行事最根本的道德准则。就像周礼以嫡庶长幼的从属关系为基础,建立起以周天子为中心的尊卑贵贱有序的理想社会制度一样,董仲舒认为三纲是社会最根本、最重要的人际关系,就像是社会的基本框架,这三个关系摆正了,建立在它们之上的社会就能安定有序。如果这些关系颠倒了,比如吕后执政就是阴阳颠倒、阴盛阳衰,天下就要大乱。

这个理论来自孔子的思想,孔子对齐景公说过摆正君臣父子关系是为政的要点。可是孔子不认为君臣关系是绝对的。他说:君以礼待臣,臣就忠心为君服务。他以后的儒学大师孟子说得更激烈。他说:"君把臣看作手足,臣就把君看作腹心;君把臣看作狗马,臣就把君看作路人;君把臣看作泥土草芥,臣就把君看作寇贼仇敌。"他们都认为君怎么对待臣,臣就怎么对待君。二者关系是后天建立的,而不是先天决定的。而董仲舒认为三纲是宇宙间阴阳关系的体现。阳尊贵,阴卑贱,这是天道。君主、父亲、丈夫是阳,臣民、儿女、妻子是阴,所以前者尊贵,后者卑贱,臣对君的忠、子对父的孝,妻对夫的服从,就像天尊地卑一样,是先天的、绝对的、无条件的义务。这样的规定使君主的地位凌驾于是非善恶之上。它显然是为专制君主量身定做的理论。

董仲舒和同时代的儒家学者对儒家理论的另一个发展是天人感应论。《春秋》记录了许多地震、火灾、日食、月食、流星、彗星之类的怪异现象,但它只是当作史实来记载,没有说哪件事是上天对哪个君主的哪件失德举动的警告或者惩罚。孔子相信天意,也相信有些奇异的现象体现天意,但他治学的态度是"知之为知之,不知为不知"。讲话的原则是"多闻阙疑,慎言其余",对没有根据或者没有把握的事情不臆断妄言,所以他"不语怪力乱神"。战国时的儒家大师荀子更是完全否定这种迷信。他认为天地的变化有自己的规律,与人间的善恶完全无关。所谓怪异的现象只是自然变化,比较罕见而已,并没有什么天意在里面。但是汉代儒家的理论却向相反的方向发展,把这些灾异说成是上天对君主失德行为的反应,要建立起自然界的怪异现象和君主德行的具体因果关系。比如《春秋》里记载鲁庄公二十年夏天齐国发生大火灾。董仲舒解释说这是因为鲁桓公的夫人文姜与她哥哥齐襄公淫乱,齐桓公有七个姐妹没有出嫁,所以上天降灾。另一位儒家大师刘向则认为这是因为齐桓公好色,把妾当正妻,把嫡子和庶子的地位改来改去,所以上天降灾。这样做出的"学问"其实和学术没有关系。

有一年辽东的高祖庙和长陵的寝殿都发生了火灾,董仲舒在家里推算它们表达了什么天意。他认为这两个建筑选址都不合礼制,所以上天把它们烧掉了。上天这样做还有深意。高祖庙是最尊贵的地方,两个被烧的建筑一个在远方,另一个在长安。这是在告诉天子:地位再尊贵而行为不正的人,不管是近在眼前的大臣还是远在天边的诸侯,都要下决心杀掉。这就是他推测出来的天意。董仲舒研究阴阳灾异理论有用天意来约束帝王行为的意图。但是这一套对武帝却一点儿用也没有。对于武帝,世间的一切,从最亲的亲人到最神圣的理论,都只是他实现个人意志的工具。虽然祥瑞和灾异是他最感兴趣的问题,当初董仲舒等人被推荐上来对策时,他特别提出来请董仲舒解释,但是把这理论用到他头上是不行的。董仲舒论高庙火灾的文章草稿被来他家请教学问的主父偃发现偷走,交给武帝。武帝看了不以为然,把学者们招来讨论。董仲舒的学生吕步舒不知道是自己的老师写的,指责说内容极其荒谬,于是董仲舒被抓进监狱判了死罪。武帝赦免了他。从此以后他再也不敢说灾异的事了。可是后来武帝要除掉淮南王刘安时,想起了董仲舒说的要他杀远方诸侯的天意,特意派吕步舒去办案。

董仲舒和汉代儒家把儒学引向宗教,因为建立没有经验依据的因果关系,这是宗教的工作。宗教建立这种因果是为了劝善。《易经》说:"圣人以神道设教。"孔子不肯说的怪力乱神有劝善的作用。教化不管用时,就得用刑赏,所以有法家兴起。法律有管不到的地方,于是要用鬼神和来世吓唬,所以有宗教兴起。西方在这个时期哲学和科学衰落,宗教兴起,也是一个道理。儒家在中国古代社会中起着宗教的一部分作用,但它还不能算宗教,因为它侍奉的不是神,而是人间的君主。虽然汉代儒家讲灾异和后来佛教讲因果一样,但它们关注的对象不同。儒家关心的是执政者的德行和王朝的命运,而不是普通个人的命运。它也不谈来世及其与今生善恶的因果。它讲的因果都是今世的,落在本人、本朝,或者后代子孙身上。所以它虽然因为和世俗权力结合而成为统治的教派,却把广大民众的信仰留给了其他宗教,给后来传入中国的佛教留下了巨大的发展空间。这是后来佛教在中国能够大行其道的原因。

武帝独尊儒术并不是因为他信奉儒家,他根本就不是儒家。儒家主张天下为公,对人民施仁政。他是以天下奉一人,骄奢淫逸,挥霍无度,对人民重税盘剥,暴力掠夺,使民不聊生,死亡过半。儒家强调教化,尊重生命,办案时主张"与其杀不辜,宁失不经"。这是儒家的人文精神孕育出的法制思想的精华。武帝嘴上说要德治,实际上是用酷吏,草菅人命,滥杀无辜。儒家不迷信,孔子敬鬼神而远之,不语怪力乱神。儒家信仰天,认为天是最高的权威。但天却不是一个人格化的神,它没有形象,不像佛祖,或者上帝。人只能通过研究自然和人间现象来理解它的意志。所以儒家虽然崇拜天,但这种崇拜有很重的理性成分。儒家认为人间的一切都是天意决定的,但天意和民意是一致的,天永远站在有德的人一边。所以君主要得到天的护佑,唯一该做的就是改进自己的德行,造福人民。而武帝迷信,什么神都信,都祭,功夫都下在追求荒诞无稽的奇迹上。这与儒家的理性精神完全背道而驰。

　　武帝也不是道家,他接受的不是老子和庄子的智慧与文采和无为而治的方针,那才是道家思想的精华。他热衷的是方士们招摇撞骗的方术。他也不是法家。法家认为法律高于一切,他要把个人意志凌驾于法律之上,所以他才要提高儒家的地位。他需要儒家的忠孝观念来让臣民绝对服从他的意志。此外他独尊儒术的一个更直接的原因就是他需要用儒家的大道理来粉饰自己。他越是肆意妄为,破坏法制,就越需要这些大道理。他最喜欢让下面的官员说他的行事怎么符合儒家的经典和古代圣王的做法。他的丞相公孙弘就最擅长这一套。

　　公孙弘年轻的时候当过狱吏,犯罪丢了差事,家里穷,靠放猪生活,四十多岁才学《春秋》,六十岁时赶上武帝征召人才,被推荐上去。武帝派他出使匈奴,结果很不满意,认为他无能,他就称病回家了。过了几年武帝又让下面推荐人才,他的家乡又推荐他。在一百多名人才对策时,他本来排名靠后,只因为一句话对上了武帝的心思,说法律不能远离礼义,法律的赏罚应该和礼义的褒贬一致,就被武帝提升为第一名。公孙弘没有见识,在朝廷上讨论问题时也从来不坚持什么。他擅长的就是把法律的事情用儒家的词句包装起来,所以武帝喜欢,很快就被提拔到丞相的位子上。张汤知道武帝有这个癖好,也跟公孙弘学习儒学,还找懂儒学的人来写法律文书,为了这样奏报上去容易让武帝批准。汲黯说武帝"内多欲而外施仁义",一语道破他尊儒的实质。有人认为武帝罢黜百家、独尊儒术是他的伟大成就,是对以儒家为主体的中华文明的重大贡献。其实武帝独尊儒术只是独尊他自己,奴化了儒家,阉割了它的理性和人文精神。就像只有被阉割过的太监才能在后宫为他服务一样,国人,尤其是知识分子,也得经过精神阉割才能给专制君主作臣民。这就是他独尊儒术的实质。所以武帝独尊儒术并不是对文明的贡献,而是对文明的破坏,就像他在政治上实行的酷吏制度和在经济上实行的国家垄断制度一样。

对大宛的战争

　　武帝五十三岁那年,汉朝从西域回来的使者告诉他,大宛国的贰师城有宝马,不给汉朝使者看。武帝很爱马,于是派使者带千金和用黄金做的马去换。大宛国王和大臣们商量说:贰师马是大宛的国宝,不能给别人。汉朝离大宛很远,路途艰险,不可能派大军来,所以不用害怕,于是拒绝了汉朝使者。他们还通消息给东边道路上的属国郁成国。郁成国王偷袭,杀了汉朝使者,抢走了财物和金马。武帝大怒,派李广利带六千骑兵和几万犯了罪正在服苦役的少年去攻打大宛。因为出兵的目的是夺取贰师的宝马，他任命李广利为贰师将军。

李广利是武帝最宠爱的李夫人的哥哥。李夫人的另一个哥哥李延年是艺人。有一次他给武帝唱"北方有佳人"。歌词是："北方有一个美人，她的容貌举世无双，她向君主看上一眼就会让他的城池陷落，再看一眼就会让他的国家灭亡。难道不知道会城陷国亡吗？只是这样的美人错过就再也遇不到了。"武帝感叹说："天下真有这样的美人吗?"他的姐姐平阳公主说："李延年的妹妹就是这样的美人。"武帝招来一看，果然漂亮极了，而且唱歌跳舞也美妙无比，于是娶她做夫人。李夫人年纪轻轻就病死了。死之前武帝去看望她，她面对着墙壁躺着，不让武帝看见自己的脸。武帝几次让她转过脸来她都不肯。最后武帝心里很不痛快地走了。李夫人身边的人埋怨她说："你为什么不利用这最后的机会好好求求皇帝，让他将来照顾你的家人，反而惹他不高兴呢?"李夫人说："我这样做就是为了照顾我的家人。我是凭着美貌得到君王宠爱的。美貌没有了，宠爱也就没有了。如果让他看见我现在的病容，以后他想起我来会感到厌恶，怎么还会有心情照顾我的家人。我不让他看见我的脸，留在他记忆里的就永远是我最美丽的样子，这样他才会永远想念我。"李夫人死后，武帝果然总怀念她的美貌，所以方士少翁骗他，说可以用招魂的办法让他再见到李夫人。后来武帝死了，与他合葬的也是这位李夫人。据说这也是大臣们按他生前的意思办的。武帝让李广利当将军也是出于他对李夫人的怀念。不久前将军赵破奴只带七百个骑兵就把西域楼兰国王给抓来了，所以武帝认为西域各国没有什么战斗力。他想给李广利一个立功封侯的机会。

从长安到大宛大约有一万里路，道路险恶。沿途的小国都躲在堡寨里坚守，不供给汉军食物。原来自从张骞在西域立功以后，很多人给武帝上书，也要求出使西域。武帝都给以任命。这些人很多都是敢吹牛、品行不端的亡命徒，出去是为了发财，到了西域欺负当地的小国，偷盗抢劫，无所不为，很快败坏了汉朝的声誉。李广利的军队每遇到一个国家，攻下来就有吃的，几天攻不下来就继续前行。到了郁成国，只剩下几千人了，而且饥饿疲乏不堪，攻城的时候又伤亡了许多。李广利和部下商量说："郁成都攻不下来，何况大宛了!"于是退兵。这一来一回，用了两年时间，人员损失了十之八九。回到离长安还有三千里路的敦煌停下来，李广利给武帝上书说："道路太遥远，粮食缺乏，士兵们怕的不是打仗而是饥饿。到了地方剩下的兵力不够攻克大宛。希望撤军，以后增兵再去。"武帝大怒，派使者到玉门关，说："谁敢退进来就斩首。"李广利只好待在敦煌。

这时候武帝派去进攻匈奴的两万骑兵全军覆没。大臣们认为大宛弱小，离汉朝万里遥远,对汉朝没有任何威胁,匈奴才是汉朝最大的边患,都主张先停止对大宛用兵,全力对付匈奴。武帝竟然大怒,把主张最坚决的几个大臣治罪,非要先打大宛。他认为如果大宛这样的小国打不下来,会让西域各国笑话,好马也别想得到了。于是调集六万人、十万头牛、三万匹马,还有上万的驴和骆驼运粮,命令李广利再次出征。又增派十八万军队守卫后方基地和运输线,整个国家都被发动起来从事这场战争。他还派了两个懂马的人跟随李广利出征,准备攻破大宛后挑选好马。

这次李广利到达大宛后还剩下三万人。他攻打了四十多天,攻破了大宛都城的外城。大宛人恐慌了,杀了国王来和李广利谈判,说如果同意停战,就给汉军宝马、粮食;不同意停战,就把宝马杀光,而且邻国的救兵快到了,他们要内外夹攻,和汉军决一死战。李广利同意停战,和大宛签了和约,立了一个对汉朝友好的大宛贵族当国王。大宛送给汉朝几十匹上等马和三千多匹中下等马。李广利回国,进玉门关时只剩下一万来人和一千多匹马。这一次出兵不是没有粮食,战死的也不多,但是因为军官们贪婪,不爱惜士兵,侵吞物资,所以死了那么多人。李广利为将的品格和治军能力也由此可见一斑。但武帝认为这是万里征伐,可以不计过失,给李广利等将领封侯升官赏赐。这场战争耗时四年,死亡约十万士兵,耗费的物资和人力无法计算。汉军撤走以后,大宛人杀了汉朝立的国王。新国王答应每年向武帝进贡两匹宝马。这就是这场战争的收获。

武帝后期对匈奴的战争

武帝不停地对四方用兵,求神仙,兴建宫殿,耗费巨大,弄得国库空虚,民穷财尽;再加上难免的水旱天灾,老百姓饥饿贫困,死亡过半,纷纷起来造反。天下好像又回到了秦朝末年,到处是造反的流民,多则几千人,少则数百人,大股攻克郡县,杀死官员,小股在乡村里游荡劫掠。武帝调动军队花了几年时间镇压,常常在一个郡里就屠杀上万人。造反的流民们被打败溃散后又重新聚集,所以叛乱一直无法平息。武帝不知道检讨自己的政策,只会滥用刑罚,高压强制。他制定"沉命法",规定如果地方政府对发生盗贼报告不及时,镇压不彻底,自州级以下直到地方小吏,负责的官员一律处死。于是大批官员被杀,以后地方官员为了自保,有了盗贼,下级官员不敢报告,上级官员也不让他们报告,上下串通起来隐瞒实情。我们通过制定"沉命法"这类做法不但可以看到武帝的残暴,也可以看出他究竟有什么治国才能。

武帝只知道用重税、官营和直接抢劫这一类杀鸡取蛋的办法搜刮，不能养民，不能发展经济，所以自己没有能力创造财富，只会把前人的积蓄耗尽用光。同时任用酷吏，奴化学术，破坏法制，败坏了社会的风气和官员与人民的素质。这些做法使社会在一切方面退化，毁灭了国家的活力，自然也就毁灭了国家的战争能力。武帝后期发动的对匈奴的战争，几乎每一次都是全军覆没，主将投降——虽然这时的匈奴已经遭受过重创，大伤了元气。

匈奴经过卫青和霍去病的打击，已经远远地躲在离汉朝边境两千里以外的北方，派使者来请求与汉朝恢复和平。但是武帝不同意，继续对匈奴用兵。这时的战争已经不像当年是为了自卫，而是为了耀武扬威和掠夺，可能还有要彻底消灭匈奴的妄想。李广利第一次出征大宛的时候，武帝派将军赵破奴率领两万骑兵出境两千里攻打匈奴。汉军在撤回的路上被匈奴包围，赵破奴夜里出营找水时被匈奴俘虏，下面的军官们都不敢回国，于是全军投降。这应该是汉朝最精锐的军队，但它已经完全丧失了战斗意志，显然已经不是当年卫青和霍去病统帅的那支汉军了。那是武帝的前人留给他的军队。文帝和景帝加起来统治了三十八年。武帝这时也统治三十八年了，他应该为这支军队的素质和这时国家的战争能力负责。汉朝在经济和文化上远比匈奴先进，汉朝的公主嫁到野蛮荒凉的匈奴，这被世人认为是非常悲哀的事情。这些军人的家都在汉朝，并没有战败，却全体情愿留在匈奴，这清楚地表明了军队，也就是人民，和武帝的政权已经离心离德到了什么地步。

四年后武帝派李广利率领三万骑兵进攻匈奴，与匈奴右贤王在大山交战，几乎全军覆没。幸亏年轻军官赵充国带领一百多名勇士在前面拼命冲杀，李广利带全军在后面跟随，这才突围逃出来，仍损失十分之六七的人马。赵充国身上受伤二十多处。武帝把他招来，亲自验看他的伤口，感叹不已。武帝派出的另一支策应李广利的军队则全军覆没。率领这支军队的将军是名将李广的孙子李陵。武帝派他率领五千人深入匈奴，去分散匈奴对付李广利的兵力。这是一支深入敌境执行牵制任务的小部队，机动能力是必需的，可是武帝却没有战马给它。汉朝在对匈奴的战争中马匹消耗非常严重。二十年前卫青和霍去病各率领五万骑兵大败匈奴单于和左贤王那一次，出兵时的十四万匹马，回来剩下不到三万匹。武帝的掠夺性经济政策让国家也没有能力去补充。李陵率领五千步兵出塞一千里，遭遇匈奴单于率领的八万主力后只能被动挨打，一连八天，且战且退，杀伤上万敌军，退到离边塞只有一百多里的地方，伤亡惨重，箭射完了，没有粮食，也没有救兵，被匈奴军在狭窄的绝道上阻截歼灭，最后只有四百来个逃散的人回到汉朝，李陵的副将战死，他投降了。匈奴非常渴望得到汉朝的人才,对李陵的善战也很敬佩,单于把女儿嫁给他,封他为王。

两年后,武帝又派李广利率领六万骑兵、七万步兵深入匈奴求战,同时派三个将军率领七万军队在其他方向配合。李广利和单于的十万军队交战十几天,因无法取胜退兵。七年后,武帝六十七岁时,匈奴入侵。武帝派李广利率领七万军队出击,同时派两个将军率领七万军队在其他方向策应。正当李广利在前方的时候,武帝把他的妻子和家人抓了起来。起因是武帝把丞相刘屈氂抓起来治罪。刘屈氂和李广利是儿女亲家。有人揭发说他们在一起商量让李夫人的儿子做帝位继承人,所以李广利也被牵连入案。武帝抓刘屈氂是为他自己制造的一起冤案寻找替罪羊。如果他对这支军队的命运有最起码的关心,他也不应该在这个时候去抓李广利的家属。这样的做法充分体现出了他的躁狂性格和一意孤行、不考虑后果的行事风格。李广利的一个亲信对他说:"如果不能让皇上满意,你回去肯定也得进监狱。"李广利心慌,想深入求战,立大功讨好武帝来救自己和家人。可是军中长史,也就是他的幕僚长,和下面的军官们认为他这是为了个人私利,不顾军队的安危,会葬送全军,要把他抓起来,制止他冒险。李广利发现了他们的阴谋,杀掉长史,然后退兵。匈奴单于亲自率领五万骑兵追击。汉军大概自己内部已经乱了,被匈奴趁黑夜一打就垮了,七万人被全部消灭,李广利也投降了。这是武帝最后一次对外用兵,以后他再也没有折腾的本钱了。

司马迁

当李陵战败投降的消息传来,武帝心里非常不痛快,大臣们在朝廷上纷纷指责李陵。武帝让史官司马迁讲自己的看法。司马迁和李陵没有任何交情往来,但他看不惯那些只会顺着武帝心情说话的大臣们,同时也想让武帝宽心,就说:"李陵是一个品格高尚,被部下爱戴的将军。他带着不到五千步兵深入匈奴,抗击匈奴全国的兵力,大量杀伤敌人,箭射光了,等不到援兵,这样的失败是形势造成的,虽败犹荣,就是古代的良将在这种情况下能做到的也不过如此。李陵没有选择战死,但他心里一定不会背叛汉朝,将来会找机会回报汉朝的。"这些都是实话,而且说李陵在等待时机也是有根据的。被匈奴俘虏的将军赵破奴就是在匈奴待了三年以后逃回来的。出使西域的张骞曾经两次被匈奴俘虏,在那里娶妻生子,最后找到机会回国完成使命。可是武帝却认为司马迁是在为李陵开脱,暗贬李广利,甚至影射自己要为李陵的战败负责,大怒,把他关进监狱。司马迁家里穷,没钱赎罪,于是被处腐刑。

进监狱本身就是耻辱。犯人不管原来是什么身份,到了狱吏面前,跪地磕头,被剥光衣服,捆绑吊打,被狱吏肆意侮辱,甚至虐杀。周勃做过太尉、丞相,因为被文帝怀疑谋反而下狱。出狱后他感叹说:"我统率过百万大军,可哪里知道狱吏的尊贵?"多少官员被控有罪后宁可自杀,也不愿意落到狱吏手中,何况腐刑又是最耻辱的刑罚。司马迁也想过一死了之,反正人终归是要死的。但他却没有那样做,因为死是容易的,还可以保存体面,免受狱吏的凌辱和折磨。他想到人死要有价值。有的死重于泰山,有的死轻于鸿毛,就看你是为了什么。他正在写一部史书。自己生命的价值、学术上的抱负、父亲和祖先的期望,都寄托在这部书上,所以他坦然受刑,坚强地活了下来。

司马迁的祖上是周朝的史官,后来到秦国,担任过将军等职务。到了司马迁的父亲司马谈这一代,他家又做了汉朝的史官。司马迁十岁开始学习古文,二十岁时去东方游历,了解各地的风土人情,访问古代遗迹,搜集古代传说。后来他又被派出使西南,正好在父亲临终前回来。父亲拉着他的手,流着泪说:"我们家的祖先是周朝的太史。你做太史就可以继承祖先的事业。孔子以后,史学荒废了四五百年。这期间诸侯兼并,王朝兴替,发生了多少惊天动地的事件,涌现出多少轰轰烈烈的人物,遗留下多么丰富而珍贵的文献,都需要整理记载。我身为太史,没能做到,心里很不安。我死了,你一定会接任我的职务。不要忘记我想写的史书,要把它完成。你能扬名后世,给父母带来荣耀,这是最大的孝顺。"司马迁低头流着泪向父亲保证:一定把父亲要写的史书完成。

父亲去世后第三年,司马迁果然当上了太史。他开始利用国家的藏书和档案写作。又过了九年,公元前99年,遇到李陵的事情。从监狱里出来后,司马迁又被武帝任命为中书令,为武帝掌管文书。腐刑的摧残使他常常精神恍惚,一想到自己蒙受的耻辱,身上冒出的汗水会把衣服沾湿。就是在这样的精神折磨中,他的心和他敬慕的古代圣贤们的心相通了,他理解他们了。他知道了原来周文王、孔子、屈原,还有《诗经》里那些古代诗歌的无名作者们,他们创作出的不朽的篇章都是在苦难的人生际遇中精神升华的结晶。这种和先贤们在心灵上的接近对他的精神的鼓舞一定是非常巨大的。八年后巫蛊之祸发生,司马迁给关在监狱里的朋友任安写信,说到了自己写这部书的心路历程。在《太史公自序》里,他说自己把这部书藏在名山里,在京城里留了一个副本,寄希望于后世的圣人君子。可见他知道这部书不能见容于当世。从这以后,史上就没有了对他的记载。大约三十年后,他的外孙杨恽把这部书公布出来,从此流传于世。这部书后来被称为《史记》。

司马迁和汉武帝是格格不入的两种人。他富于理性、人情味和正义感,对人民、对弱者、对反抗压迫的事业充满了同情。他的学问渊博,对天文、地理、历法、民俗、政治、经济、法律制度、哲学、文学和宗教都有精深的研究,所以能够给形形色色的历史人物、最杰出的文人和学者、各种各样的流派学科做出完整、深刻、精当的叙述。他写的《史记》也因此不仅是真实、文字优美的历史,而且是那个时代的百科全书。史官地位卑微,在武帝眼中和弄臣差不多。他更因为苟活而被人鄙视,但他却是真正对中华文化和人类文明做出了巨大贡献的人。不要说在汉武帝的朝中无人可以与他比肩,在整个中国历史上他也是屈指可数的文化巨人。他在世的时候受尽了人间的屈辱,但他得到的是人类永远的尊敬。而那些因为权势富贵而显赫一时的人得到的,只不过是同类的羡慕。

巫蛊之祸

卫子夫在武帝二十九岁时给他生下长子刘据,当年被立为皇后。刘据七岁的时候被立为太子。卫子夫还生了卫长公主,就是被武帝嫁给骗子栾大的那个女儿,还有诸邑公主与阳石公主。卫子夫的弟弟是大将军卫青。卫子夫有两个姐姐,大姐叫卫君孺,嫁给后来当了丞相的公孙贺。二姐叫卫少儿,嫁给陈平的曾孙陈掌。霍去病是卫少儿的私生子。卫青不但是皇后的弟弟,后来还成为武帝的姐夫。武帝的姐姐平阳公主守寡。按照汉朝的惯例,公主要嫁给列侯。她问手下人列侯里那个最合适,手下人都推荐卫青。平阳公主一听笑了,说:"他是从我家出去的,原来是给我当跟班的,怎么好嫁他?"手下人都说:"现在人家可是尊贵无比。"于是平阳公主就去跟卫子夫说。卫子夫告诉武帝,武帝下诏把平阳公主嫁给卫青。凭着这样紧密的亲戚关系和卫青、霍去病的地位与军功,卫家在武帝朝中的权势和地位无与伦比。民间有歌谣说:"生男不必高兴,生女也别发愁,你没看见卫子夫称霸天下?"

有这样的家庭背景,刘据的太子地位是非常稳固的。可是霍去病在刘据十二岁时去世了。十一年后,卫青也去世了。太子和卫皇后失去了最强有力的外援。武帝认为太子才能不够,不像自己。太子为人宽厚,不赞成武帝的穷兵黩武和滥杀。卫皇后担心太子的地位,经常告诫太子要顺着皇上。武帝知道了却说太子没错,是皇后不对。他知道皇后和太子的不安,特意对卫青说:"汉朝的很多制度有待变更,四方也有待平定,我要完成这些事情,就只能让老百姓暂时多受些苦。但是如果以后的皇帝也像我一样,那就走到秦朝灭亡的道路上去了。太子稳重安静,是继承我的最好人选。听说皇后和太子心中不安,怎么会呢?你可以把我的意思转告他们。"卫青磕头谢恩。皇后知道了也除去头饰磕头谢罪。

武帝有一次路过河间,听说当地有个奇异女子,派使者接她来。这个女子姓赵,据说生下来两只手就是拳状,可是被武帝的手一拨就伸展开了。武帝于是娶了她,就叫她"拳夫人",很宠爱。拳夫人住在钩弋宫,所以也叫钩弋夫人。武帝六十四岁时,钩弋夫人给他生下儿子弗陵。据说这个孩子是怀孕十四个月才生下来的。武帝说:"听说尧帝就是母亲怀孕十四个月生的。"他把钩弋夫人生孩子时住房的门命名为"尧母门",这是把弗陵比作古代的圣王尧,而且常说弗陵像自己。当年刘邦认为太子懦弱,戚夫人生的小儿子像自己,要换太子,几次和大臣们商量,最后觉得做不到才不得不放弃。武帝现在遇到相同的情况,但他从来没有对任何人表示过要换太子,反而说的都是维护太子的话。

弗陵降生两年后,武帝在建章宫看见一个男子带剑进入中华龙门,下令抓住他。这个男子丢了剑逃跑,卫兵没抓到。武帝发怒,杀了守门官员,然后发动大搜捕,派骑兵搜查上林苑,长安城门被关闭了十一天。史书上记载的这件事很离奇。武帝住在深宫里,反而是他看见带剑男子走进宫门并下令逮捕,而门卫却没看见,也没抓到。这件事或者是门卫失职,但这几乎没有可能,或者是武帝出幻觉了。除此之外,如果还有可能,那就是武帝无中生有,为预谋中的大规模迫害制造紧张气氛。这件事发生在这一年的十一月。第二年一月,丞相公孙贺父子因为巫蛊罪死在狱中。

公孙贺是卫青和卫子夫的姐姐卫君孺的丈夫。他先当太仆,后来当丞相。武帝任命他当丞相的时候,他跪在地上磕头痛哭,不肯接受,因为在他前面武帝用的四个丞相三个被杀。武帝和周围人看见公孙贺这样悲伤,也感动得流泪。武帝命令:"扶起丞相。"公孙贺不肯起来,武帝转身就走了,公孙贺就这样当了丞相。他对身边的人说:"我完了。"他的儿子公孙敬声接任太仆。公孙敬声擅自动用北军军费一千九百万钱,事发后被治罪。那时候朝廷正在追捕在逃的侠客朱安世。公孙贺请求捉朱安世来赎儿子的罪,武帝同意了。朱安世被捉后,检举公孙敬声与阳石公主私通,还用巫蛊谋害武帝,在甘泉宫驰道埋木偶,诅咒皇帝。

巫蛊害人的办法是在小木偶身上写被诅咒的人的名字,对它发诅咒;或者用箭射针刺,把它埋在被诅咒的人附近,使那个人发病身亡。这是迷信,在文化落后的胡人里尤其盛行。但那个时代许多人相信它真能害人。汉代法律对搞巫蛊的人处以死刑。史书上说朱安世检举是因为他要报复公孙贺。但他是一名被办案官员控制的囚犯,所以他的口供究竟是怎么得到的也很可疑。武帝据此把公孙贺抓进监狱,任命侄子刘屈氂当丞相,让他和御史大夫办公孙贺的案子。直接负责办案的官员是江充。

江充原是赵国邯郸的平民。他把擅长歌舞弹琴的妹妹献给赵太子刘丹,因此成为赵王的上客。后来他与刘丹反目,刘丹派人抓他。他逃到长安举报刘丹后宫淫乱。武帝派人治罪,刘丹死在狱中。武帝让江充负责京城一带的治安。江充对皇亲国戚执法很严,不讲情面。他没收过武帝姑姑的车骑,惩办过太子家办事的人,太子亲自说情也没用。武帝知道了,说做人臣的就应该这样。

江充审出朱安世揭发的那些罪行。公孙贺父子死在狱中,家族被灭。接着卫皇后的亲生女儿诸邑公主、阳石公主,卫青的儿子长平侯卫伉也都因为牵连进此案被杀。这些人被牵连入案是很不寻常的。阳石公主被控和她的姨表兄弟公孙敬声通奸。按照当时的社会风气,这不是什么非杀不可的罪行。当时许多贵族妇女生活不大严谨,是武帝自己助长的这种风气。武帝完全可以对女儿和外甥的奸情睁一只眼闭一只眼。而且即使这件事真是一个囚犯在狱中供出来的,他也可以不予采信,立案还是不立案也完全由他决定。可是他却要把她们下狱处死,同时被杀的还有他和卫皇后生的另一个女儿诸邑公主和卫青的儿子,罪名都是那个办案人可以随意安赃的巫蛊。巫蛊固然是那个时代的迷信,人也很难不受迷信和偏见影响,但是会不会因为它去害人,这往往可以测试出一个人身上的人性。汉文帝曾经下诏说:老百姓诅咒皇帝,那是他们愚昧无知。让官员们不要治罪。巫蛊害人是没法证明的,很多获罪的人是被诬告,可是武帝却用这个罪名当借口大开杀戒。这些人被杀的真正原因其实是非常清楚的,他们有一个明显的共同点:他们都是卫家的人,而且是卫家除了卫皇后和卫太子之外最显贵的人。显然武帝是要通过杀他们,让下面办案的江充等人领会他的意图和决心。

接着武帝白天睡觉的时候梦见有几千木偶拿着棍棒来打他,惊醒后觉得身体不舒服,容易忘事。江充说这是有人在用巫蛊害他。史书上说这是江充为了陷害太子误导武帝。其实武帝说出那样的梦,当时任何人都会说是巫蛊作怪,所以很难说这不是武帝在给江充交代办案的方向。这些造成后来惨祸的事端其实都是从武帝那里发出的。

武帝任命江充为使者去办巫蛊案,自己离开长安,住在两三百里外的甘泉宫。于是更大规模的迫害开始了。江充先是带着胡人巫师在长安城到处挖木偶,栽赃陷害,滥抓平民百姓,抓了以后就用酷刑逼供,让犯人诬告,把更多的人入罪，按大逆不道罪处死，一共杀掉了几万人。江充知道这样大规模地抓巫蛊只是在制造声势，这场运动的真正目标是太子，所以接着他让胡人巫师报告武帝说："皇宫里蛊气很大，不除掉，皇上的病就好不了。"巫师不可能看见蛊气，事实上也没有蛊气这种东西，这个指控只能是诬陷。不知道武帝的意图，江充敢不敢诬陷皇后和太子？这也是再清楚不过的事情。史书上却说这又是江充在欺骗武帝。果然武帝命令江充进皇宫搜查，增派将军韩说、御史章赣、太监苏文协助办案。江充先搜查不大受武帝宠爱的夫人们，做做样子，接着就搜查到皇后和太子的宫中，到处挖地，让太子和皇后都没有地方放床了。然后江充宣布在太子宫里挖出的桐木人比别处都多，还有写在丝绸上的诅咒文字，都是大逆不道的，他要向皇上报告。

太子问师傅石德怎么办。石德说："丞相公孙贺一家、两位公主、长平侯卫伉都被这样害死了。我们没有办法让皇上明白桐木人是江充栽赃。皇上有病在外，皇后和咱们派人去问候都不能通达。咱们甚至都不知道皇上是不是还活着。奸臣这样猖狂害人，太子应该想想秦朝扶苏的教训，马上采取行动，不能坐以待毙。"于是太子派人冒充皇帝的使者去抓江充等办案的人，分发武器给侍卫，派人去未央宫报告卫皇后，调出守卫皇宫的部队和武器，向百官宣布江充谋反，把他抓起来杀了。丞相刘屈氂是武帝派在长安城里抓巫蛊的总负责人，他亲自去太子宫中挖木偶，所以太子认为他也是奸臣，派人去抓他。

班固写的《汉书》说，太子以为武帝那里出现了赵高那样的奸臣，切断了他和武帝之间的联系，假借武帝的名义来害他。他这样写是在为武帝开脱。事实是长安城中发生的一切都在武帝掌握之中。他和他的打手之间的联系从来没有中断过。另外当武帝离开长安，然后派江充进皇宫里搜查巫蛊罪证，并加派丞相等要员协助，他要毁灭太子的用心已经昭然若揭。卫太子和他的师傅也不会看不明白。按照三纲五常的大道理，在父要子死的情况下，卫太子应该学习晋献公的太子申生含冤负屈自杀，这才是在道德上完美无缺的做法，他也会像申生一样成为名垂青史的大孝子。可是他的师傅告诉他的却不是申生的榜样，而是扶苏的教训，帮助他选择了反抗。所以这场巫蛊之祸实际上是武帝父子之间心照不宣的一场内战。

太监苏文逃到武帝那里报告太子造反了。武帝说："太子是害怕，又愤恨江充，所以有这样的变故。"这听起来是很理解，想缓和的口气，其实它也是武帝惯于说的阴阳话。由此可以看出他心里很明白太子对搜查皇宫会有什么反应。可是《汉书》上说这时武帝又一次被欺骗了。他派使者去叫太子。使者害怕，没敢去见太子，却假报说："太子真造反了，要杀我，我是逃回来的。"武帝于是大怒,动了杀心。刘屈氂仓皇出逃,把相印都丢了。他派长史乘最快的邮传车赶到甘泉宫向武帝报告。武帝问丞相在干什么。长史说:"丞相想压住这件事,不让人知道,没敢发兵。"武帝发怒说:"事情都闹到这样了,还有什么秘密可言?丞相没有周公的风范。周公不是讨伐管蔡吗?"他给刘屈氂下令,要他"捕斩反者。"我们已经看到以前每一次被骗都是让武帝进一步采取行动的契机。这一次被使者欺骗让他明令丞相去杀太子。

按照《汉书》的叙述,使者向武帝谎报太子造反发生在武帝见到丞相长史之前。这个时间顺序也是有问题的。刘屈氂和苏文同时出逃,他的长史和苏文应该是同时从长安赶往甘泉宫。武帝听了苏文的报告才派使者去召太子。即使真有使者欺骗武帝的事,他也要假装去长安联系过太子了才能向武帝撒谎。甘泉宫离长安两百多里地,刘屈氂的长史不大可能在苏文从长安赶到甘泉宫,武帝的使者接着又在甘泉宫和长安之间跑了一个来回以后才赶到。所以史书上说的武帝在见到丞相长史之前先接到使者谎报的说法是很可疑的。它让人以为武帝是被使者欺骗,相信太子要杀他的使者,才命令丞相杀太子,为武帝下令杀太子提供了理由。其实武帝从一开始就知道派江充等人去搜查皇宫会发生什么后果,就像江充等人知道武帝让他们去搜查皇宫是让他们对谁下手一样。武帝早已经为太子准备好了两个下场,或者坐以待毙,死于巫蛊的罪名;或者被迫自卫,死于谋反的罪名。现在武帝明令丞相去杀太子,还要用周公讨伐两个叛乱的弟弟管蔡来比附,这既是他心虚,也是他用圣人的故事粉饰自己的一贯做法。

武帝命令刘屈氂出兵平乱,他自己也赶回长安城郊的建章宫亲自督战。这样太子就失去了号召力,因为他是用奸臣蒙蔽了武帝为理由起兵的。太子去调北军。北军将领任安保持中立,关上营门不出来。太子没有军队,只能临时武装囚徒和老百姓。因为有流言说他谋反,所以支持者不多。他带领支持他的人和丞相的军队激战五天,死了几万人,失败后逃跑了。守卫长安城门的官员田仁违背丞相的命令,放太子出城。丞相要杀田仁,御史大夫说田仁是二千石级的官员,按制度要请示皇上才能杀。武帝大怒,把御史大夫抓起来问罪,说:"田仁放跑造反的人,丞相杀他是依法行事,你为什么阻止?"御史大夫就自杀了。武帝派人收卫皇后的印。卫子夫也自杀了。任安率领的北军是守卫京城的主力。当年周勃就是靠控制了北军才政变成功,推翻吕氏。任安选择中立是太子失败的直接因素。但是武帝认为任安谁都不帮是想投机,把他和田仁一起腰斩。他们俩原来都是卫青的家臣。太子家的门客一律处死。帮助太子的官员和百姓都被流放。

这时候，有一个壶关三老令孤茂给武帝上书说："太子是汉朝的储君，皇上的嫡长子。江充本是一个无赖平民。陛下重用他，让他挟皇帝的威势来陷害太子。太子见不到你，有冤没处伸，又被奸臣逼迫，所以动兵杀江充。那是他情急之下为了自保，我认为他不是谋反。江充以前就诬告害死过赵太子，天下无人不知。今天陛下不察明真相就发怒，归罪太子，发兵讨伐他，这实在让人痛心。希望陛下放宽心胸，不要计较太子的过失，停止追捕，不要让太子长期逃亡。"如果武帝真的是被欺骗蒙蔽，这封信足以让他清醒了。《汉书》上也说这封信让武帝"感悟"了，但他却没有停止追杀太子。

太子逃到民间一个老百姓家里藏起来。这家人很穷，靠卖草鞋供养太子。藏了二十多天后，太子派人去找当地一位有钱的朋友，暴露了自己。县里派兵来抓他，他知道逃不掉了，上吊自杀。一个叫张富昌的人踹开门，县令史李寿赶过去抱住太子，把他解下来。这两个人都因此封侯。跟着太子逃亡的两个儿子和收留他们一家的房主人都当场被杀。卫太子死时只有三十八岁。他有三个儿子，一个女儿，都在这次动乱中被害。从一月公孙贺死在狱中到八月太子自杀，除了太子的一个刚出生不久的孙子，卫家的人都被杀光了。

一年后，一个给高祖守陵的小官田千秋上书说："'儿子擅自动用父亲的兵器，应该打板子。天子的儿子误杀人，能受什么处罚？'这是一个白发老人在梦里教我说的。"这话的意思是说儿子太子至亲至贵，有了过失也不必治罪。武帝召见田千秋，说："父子之间，一般人认为是很难关说的，只有你知道不是这样。这是高祖的神灵让你来教我。你应该辅佐我。"于是封田千秋做大官，几个月后就让他做了宰相。这个人既没有才能学问，也没有行政历练，只因为装神弄鬼说出一句武帝需要的话，就一步登天。这在整个汉朝是绝无仅有的事。田千秋的话是在太子被杀以后说的。而那位在还可以救太子性命的时候，最先冒着杀头危险把情理讲得那样清楚，而且让武帝有所"感悟"的三老令孤茂，史书上既没有说他受赏，也再没提起过。武帝悔悟的时机和他对这两个人的不同对待也让人怀疑他是真心痛悔还是在做样子。

当年晋国的史官董狐记录赵盾弑君。这个写法赢得史家一片称赞。可是后世史家甚至没有人按同样的原则来确定武帝的责任。任安在监狱里等死的时候，司马迁给他写过一封信。所以司马迁应该是在武帝身边亲睹了巫蛊事件的整个经过，但是历史也没有留下他的记述。《史记》里有《武帝本纪》，但记述的不是本纪的内容，显然不是原文。司马迁本人也从此在历史上忽然消失了。一百多年后班固写《司马迁传》，不提他是什么时候，怎么死的。和班固同时代的学者卫宏在著作里提到司马迁是"下狱死"。司马迁很可能是为了自己对汉武帝所作所为的"实录"付出了生命的代价。他是在进入专制时代以后依然保持着春秋战国时期的自由学术精神,因而被专制君主消灭了的历史学家,所以他的书是"史家之绝唱"。

武帝需要田千秋的话是因为他在消灭了卫氏以后需要转身变脸,因此需要借助神意。达到目的以后消灭打手,这是虚伪暴君干坏事的惯用手法。武帝把江充灭族,把苏文烧死。一个当初因为捕杀卫太子而当上太守的人也被灭族。他的罪名是把兵刃加于太子。这是《汉书》里没说清楚的地方。它先说太子上吊自杀,被县令史抱住解下来。这里却有这样的罪名。这说明太子和两位皇孙可能都是被当场处决的。没有武帝"捕斩"的明令,县里的小吏敢不敢杀太子和皇孙,这可以让读史的人自己判断。丞相刘屈氂在巫蛊事件之后不到一年也被杀了,罪名竟然也是巫蛊。据说他的妻子因为丈夫受到武帝谴责而诅咒武帝,于是全家被杀。巫蛊事件的主要打手都被武帝除掉了。但是史书上没见提到那个欺骗了武帝的使者受到什么惩罚。他是让武帝下令"捕斩"太子的关键人物。如果这场内战真是一连串的奸臣欺骗造成的,他的罪过不比江充小。如果不是,他做替罪羊的价值也不低于江充。这是御用史家叙述中的一个大漏洞,因为很可能本来就没有这样一个使者。

武帝让人在太子死的地方建了一座宫殿,叫思子宫;一座高台,叫归来望思之台。天下人知道了,都感到悲伤,都把太子的死归罪于江充等奸臣,是他们要害死太子,武帝年老有病,糊涂,一次又一次地被欺骗。太子死了以后他也醒悟了,心里很痛苦,严惩了欺骗他的奸臣。这样的虚伪表演可以帮助我们看清楚他邪恶到了什么程度。这样一个用迷信当借口,为了世人无法理解的动机,把妻子儿女一门老小几代人和亲戚全部杀光,连带害死了十万无辜百姓的凶残冷血无比的独夫,在天下人眼中反而成了悲剧的主角。他被奸臣欺骗也成了史书记述巫蛊之祸的基调。

《汉书》对巫蛊事件的记述看起来就像是一篇帮人圆谎的文字,其动机就是要"为尊者讳",遵循的就是孔子说的"子为父隐"的原则。御用史家们最优先考虑的不是怎样记录史实,而是怎样隐瞒史实。班固之所以一而再,再而三地把责任强安到奸臣头上,硬把武帝和卫太子的冲突说成是奸臣挑拨造成的误会,这是因为汉代儒家已经把君父的地位抬高到形成了崇拜,让御用史家们无法面对他们的大奸大恶,自觉或不自觉地要为他们开脱,宁可自欺欺人,也要维持不会破坏这种崇拜的说法,所以他们写不出司马迁那样的信史。他们反而会对司马迁不以为然。班固指责司马迁,说他的是非标准与圣人大有偏差。

武帝在巫蛊之祸后的第四年去世。死前一年，他让画工画了一幅周公背着幼小的成王接受诸侯朝见的图画，赐给他最信任的近臣，霍去病的同父异母弟弟霍光，明白表示了他要立钩弋夫人的儿子弗陵为太子的意图。过了几天，他忽然无端怒骂钩弋夫人。钩弋夫人吓得摘掉头饰，披头散发跪在地上磕头谢罪。武帝命令把她送到皇宫的监狱里去。钩弋夫人被带走时，不住回头看着武帝，完全不明白这是为了什么，还指望他饶恕自己。武帝对她喊："快走，你不能活。"钩弋夫人于是被处死。过了些天，武帝问身边的侍臣，外边的人对这件事有什么说法。侍臣们说："大家都不明白，要立儿子当太子了，为什么要杀死母亲。"武帝说："对，就是这样。但这不是你们这样的蠢人能懂的。以往国家发生祸乱，都是因为君主幼小，他的母亲年轻寡居，骄傲任性，生活淫乱，没人管得了。你们没听说过吕后的事吗？所以我不得不先除掉她。"武帝做的这件事也被后代御用史家们称赞不已，认为这是圣明，能够为国家深谋远虑。这固然是时代的偏见，但至少表明武帝到死也不糊涂，也没有失去偏执冷酷和喜欢用大道理粉饰自己的行事风格。

霍光辅政

武帝把八岁的刘弗陵委托给霍光、金日磾、上官桀和桑弘羊四位大臣；封霍光为大司马大将军，金日磾为车骑将军，这是军队最高的两个职位。把军权交给他们以后，第二天他就去世了。小皇帝继位，朝政由霍光主持。霍光是霍去病的同父异母弟弟。霍去病长大以后知道了自己的身世，在一次出征的路上去看望生身父亲，给他买了大量的田地、房屋和奴仆，回军时把霍光带到长安。霍光那时才十来岁，以后三十多年一直在武帝身边服务，小心谨慎，从来没有过失，是武帝最亲信的人。

金日磾是匈奴休屠王的太子，十四岁时被汉军俘虏，分派给皇家养马。几年后有一次武帝带妃子宫女们来赏马。别的马夫牵马走过时都偷看。只有金日磾目不旁视，而且身材高大，气度不凡，马也养得又肥又壮。武帝很诧异，叫过来一问身世，对他更是另眼看待，马上封他当马监，以后不断提拔他，成为贴身的亲信。

金日磾救过武帝的命。武帝身边发生过一次暗杀事件。就像吴起当年对魏武侯说的，如果君主失德，身边的人也都是敌人。莽合罗是武帝的近臣，和江充是好朋友。他的弟弟在剿灭卫太子时立功受封。后来武帝变脸，杀了江充，追查同党。莽何罗兄弟害怕了，要杀武帝以自保。他们趁武帝住在避暑的行宫时发动,夜里假传圣旨出宫,杀掉使者,调兵。莽何罗把刀藏在衣袖里,清晨进宫行刺。他走到武帝卧室门前,一眼看到正坐在那里的金日磾,马上往卧室里冲,撞到陈设的瑟,被金日磾赶上,抱住擒拿。原来金日磾早已经怀疑他了,一直在暗中监视提防。这天金日磾本来卧病,可是早上去厕所时心里感觉异样,马上来到武帝卧室前守卫,一会儿就看见莽合罗来了。

金日磾有两个儿子,武帝很喜爱,常放在身边,和他们玩耍。这两个孩子有时候玩儿疯了,从武帝身后扑上去搂住他的脖子。金日磾就怒目而视。两个孩子被吓哭了,抹着眼泪边走开边说:"阿爸生气了。"武帝就责怪金日磾:"你为什么对孩子发火?"金日磾的大儿子长大了,和宫女随便玩笑。金日磾看见,把他杀了。武帝听说后大怒。金日磾磕头谢罪,说明自己这样做的理由。武帝虽然伤心流泪,但心里更赏识金日磾了。金日磾在武帝身边几十年,从来目不斜视。武帝赐给他的宫女他不敢接近。武帝要他的女儿进宫,他也不同意,几十年如一日谦卑地严守为臣的本分,从不因为武帝宠信就忘了自己的身份,让武帝又惊奇又敬重。从后来的事情看,这正是霍光不如他的地方。金日磾在武帝死后一年多也去世了。

上官桀和霍光是儿女亲家。他们俩的孙女当了小皇帝昭帝的皇后。霍光休假的时候,朝政就由上官桀主持。后来上官桀和霍光争权,密谋要杀霍光,因为阴谋泄漏,反而被霍光杀掉。桑弘羊也同时被杀。他与霍光政见不合,据说也参与了上官桀的阴谋,但很可能是霍光借这个机会株连除掉他。此后霍光独揽朝政。昭帝年龄虽小,但是很聪明。他尊重、信任霍光。霍光虽然权势无比,但为人谨慎、稳重,对刘氏忠心耿耿,所以朝政稳定。武帝留下了一个经济衰败、人民贫困、社会动乱、边境不宁的国家。他自己也知道再瞎折腾就要亡国了,在去世前两年下罪己诏,说自己即位以来的所作所为疯狂悖理,使天下人愁苦,可后悔也没用了。今后伤害百姓、耗费天下的事都要停止。昭帝和霍光拨乱反正,恢复了开国时期的减轻人民负担、让人民休养生息的政策,国家在慢慢地恢复元气。

昭帝在位十四年后去世,没有儿女。他八岁继位,十二岁时立霍光和上官桀六岁的孙女当皇后,去世时皇后只有十五岁。霍光为了让自己的外孙女先跟昭帝生孩子,想办法限制昭帝,让他难以接近后宫的其他女人。这和昭帝没有留下子嗣很有关系。这时武帝还有一个儿子广陵王刘胥在世,按照正常继承顺序应该由他来继位。大臣们也都这样认为。可是霍光不同意,说他品行不好,当年武帝就没选他。霍光这样说其实与他的身份不合,因为只有皇帝对自己的儿子才可以这样说。霍光派人去接武帝和李夫人的孙子昌邑王刘贺来继位。他这样做也有说得过去的理由。武帝的两位皇后，陈阿娇和卫子夫都有罪被废掉了。李夫人最受武帝宠爱，当初武帝死时，霍光也是把李夫人与他合葬。可是刘贺继位后才二十几天，霍光对他的表现很失望，就废了他，理由也是品行不好，又从民间把卫太子的孙子刘病已找来继承昭帝。他就是汉宣帝。这一年是公元前74年。

宣帝的身世

巫蛊之祸发生的时候，刘病已才出生几个月。他的父母都被害，他也被关进办皇帝专案的监狱里。狱长邴吉可怜他，挑选一个可靠的女犯人来当奶妈，把他安置在清净干燥的房间里，经常亲自来看望。刘病已几次得重病，生命垂危，靠邴吉设法请医救治才得以保全。因为上面没有养育刘病已的诏令，邴吉拿出自己的收入供养他。几年后奶妈刑满要走了，刘病已依恋她，邴吉又自己出钱把奶妈雇下来，请她和接班的女犯人一起带刘病已几个月，等孩子感情上适应了再让她离去。武帝临死前听一个望气方士说长安监狱里有天子气，就派使者去把关在皇帝专案监狱里的犯人不论轻重一律杀掉。使者半夜赶到邴吉的监狱，邴吉关上门不许他进来，说："别的人无辜都不能随便杀，何况是皇帝的亲曾孙。"使者回去告邴吉抗旨。不料武帝说："是上天让他这样做的。"没有追究。接着遇到大赦，刘病已从监狱里出来。那时他只有五岁。他的母亲王夫人是穷人家的孩子，从小被送去学艺，后来又被送进宫，和母家失散了，互相不知道下落。于是他被送到祖母史良娣的母亲家里，由他的外曾祖母抚养。武帝有遗诏承认他的皇曾孙身份，所以他后来又由管理皇宫内务的掖庭收养。

掖庭令张贺是张汤的儿子。武帝杀了张汤以后，有意栽培他的儿子张安世。张贺是张安世的哥哥，在卫太子手下服务。巫蛊之祸中，卫太子的家臣都被杀了。他因为有弟弟上书求情，受了腐刑，出狱后在皇宫里服务。他本来是卫太子的旧臣，为太子的遭遇痛心，所以对刘病已像对自己的孩子一样关爱，不仅好好照顾他的生活，还自己拿钱让他跟着名学者学习诗书。等他长到十六岁了，又张罗要给他成亲。开始张贺想把孙女嫁给他，和弟弟张安世商量。张安世那时已经是朝廷重臣，和霍光一起辅佐昭帝。他担心有昭帝在上，张家和卫太子的孙子走得太近不合适，就对张贺发怒说："卫太子是罪人，曾孙是他的后代，有幸能当个平民，受官府供养，够好的啦！再不要提嫁孙女给他的事。"张贺只好另想办法。掖庭里有一个和刘病已住在一起的人叫许广汉。他也是犯了罪受腐刑后在掖庭服务，后来当染坊的头目。他有个女儿叫许平君，比刘病已小一岁。张贺请许广汉喝酒,趁喝的高兴时向他提亲,许广汉答应了。第二天许广汉的妻子知道了很生气。她带平君去看过相,相面的说平君命里大贵。可因为是上司亲自提亲,许广汉还是坚持把女儿嫁了。许平君一年后生了一个男孩,又过了几个月,刘病已就当了皇帝。平君生的男孩就是后来的汉元帝。

宣帝的恩仇

宣帝即位以后,霍光要把大权交给他。他很知道霍光的势力,而自己不久前还是个平民,所以很明智地推让了,请霍光还像以前一样主政,什么事情都先报告霍光,再报告自己。可是他也有自己的坚持。他当了皇帝应该立皇后。大臣们想让他娶霍光的小女儿,立为皇后。宣帝和许平君是少年贫贱夫妻,有相依为命的真情。他想立发妻许平君,但是因为朝廷里的形势不便明说,于是下诏要人帮他找贫贱时佩戴过的一把旧剑。大臣们听出了他的意思,就上奏请立许平君当皇后。

霍光在这件事上倒无所谓。可是他的妻子一心想让心爱的小女儿当皇后,很不甘心。三年后正怀孕的许皇后病了,和霍家关系很好的女医师淳于衍被召进宫去看护。淳于衍的丈夫是掖庭门卫。他让妻子先去跟霍夫人辞行,借机替他谋安池监的职位。淳于衍对霍夫人一说,霍夫人就动心了。她让周围的人都走开,很亲切地对淳于衍说:"你有事求我,这很好。我也有事求你,你看行不行啊?"淳于衍说:"夫人说的事,有什么不行的!"霍夫人说:"将军很爱我们的小女儿成君,想让她大贵,这就要靠你了。"淳于衍问:"这是什么意思呢?"霍夫人说:"皇后就要分娩了,这对女人来说是九死一生的时候,是下毒的最好时机。除掉她,我的成君就会当皇后。事情办成了,我们同享富贵。"淳于衍说:"药是医生们一起做,给皇后吃的时候要有人先尝,这怎么可能有机会下手呢?"霍夫人说:"那就在你了。天下都掌握在将军手里,没有人敢说三道四。万一有紧急状况,自会有人保护你,就怕你不肯。"

淳于衍沉思很久,答应了。许皇后分娩后,淳于衍把带进宫的一味产妇不能承受的猛药合在其他药里给她服用,当场害死了她,然后出宫去见霍夫人。霍夫人又是感谢又是慰劳,但还不敢当时就赏。接着有人上书,告给许皇后治病的医生们失职,于是他们都被抓起来审问。霍夫人着急了,怕淳于衍顶不住刑讯,就把自己和淳于衍做的事告诉霍光,让他关照审案官员,不要对淳于衍逼供太凶。霍光非常震惊,犹豫再三,最后还是决定要把这件事遮掩过去,找了个借口把淳于衍开脱了。不仅如此，第二年他照样把女儿送进宫当了皇后。

霍光在宣帝继位后第七年去世。宣帝和皇太后亲自参加他的丧礼。过了一年，宣帝立许平君的儿子为太子，封她的父亲许广汉为昌成侯。按照惯例皇后的父亲应该封侯。当年立许皇后的时候宣帝也有这个意思，却被霍光拦下来，说受过腐刑的人不宜封侯。从这些事情上可以看出霍光对宣帝意志的压抑。霍夫人让女儿当了皇后，显然还梦想着将来让外孙当皇帝，所以非常气愤，说："怎么能立在民间的时候生的孩子当太子？难道将来皇后生了儿子，反倒只能封王吗？"霍家骄横惯了，到现在还不知道已经要大祸临头了。宣帝是中国历史上唯一的从监狱里走出来的皇帝。他在社会底层和逆境中的生活经历让他懂得隐忍。他一边不露声色，甚至制造假象，一边积蓄力量，等待时机。许皇后横死，民间盛传对霍家不利的流言，宣帝对霍家也不可能没有怀疑。但霍光活着的时候，他立霍光的女儿当皇后，还表现得对她很宠爱；等到霍光死了，他就动手回收应该属于自己的权力了。

霍光在世的时候，保卫皇宫和京城的军队都由霍家的子侄和女婿们掌握。宣帝先着手解除霍家的兵权。他把霍光的儿子霍禹从右将军升为只有虚名的大司马，把霍光的两个负责守卫长乐宫和未央宫的女婿调开，调霍家担任皇帝禁卫军官的另外三个女婿到外地去当太守，把他们占据的守卫京城和皇宫的要害位置都换上自己的外祖母史家和皇后许平君家的子弟。

霍家的另外两个重要人物是霍去病家的霍山和霍云。霍去病唯一的儿子霍子侯跟着武帝登泰山后神秘暴死。霍山和霍云可能是霍光的孙子，过继给了霍子侯，奉承绝后的霍去病。霍光临死的时候分出自己的三千户封邑，请宣帝封霍山侯爵。宣帝照办了，并且任命霍山领尚书事。在这个位置上，下面送上来的报告都要先经过他，由他决定是否请皇帝过目，交给朝廷议决。霍光当年就是靠这个权力主导朝政。宣帝在时机成熟以后下令让官员和百姓直接向皇帝奏事，绕过霍山，依靠魏相、许广汉等自己信任的人办事，把政权也抓在自己手里。《汉书》上说，霍夫人和霍禹、霍云、霍山眼看着霍家的权力都被宣帝削夺，知道霍家前途不妙，却束手无策，常聚在一起哭泣、埋怨。下面是《汉书》记载的霍家覆灭的经过。

石夏是霍光的女婿赵平的门客。他对星象颇有研究，告诉赵平此时的星象对霍山不利。张赦是霍云的舅舅李竟的朋友。他看到霍家的困境，对李竟建议先杀掉丞相魏相与平恩侯许广汉，再由太后下诏废掉宣帝。这件事被长安男子张章告发。廷尉办案，要抓张赦和石夏。这时宣帝不知是出于什么考虑，忽然下诏不让抓他们。就在这时李竟犯了与诸侯王交通的罪，涉及霍家。

于是宣帝说霍山和霍云不适宜在皇宫中值班,让他们回家里待着。霍家恐慌了,密谋让太后设宴招待宣帝最近刚找到的外祖母博平君,请魏相、许广汉来作陪,在宴会上让范明友、邓广汉这两个霍家女婿用太后的命令杀掉他们,然后就势废掉宣帝,立霍禹当皇帝。他们还没发动,宣帝便调霍云到外地当太守。同时霍山也被发现触犯了文件档案保密规定的罪。霍夫人上书请求献出城西的房产和一千匹马赎霍山的罪。就在这时霍家的谋反阴谋也被发觉,霍云、霍山、范明友畏罪自杀,霍禹被腰斩,霍夫人和女儿们都被杀了在市场上示众,只有霍皇后被废,没有被杀。

从《汉书》叙述的经过来看,霍家除了被毫不相干的"长安男子"告发有阴谋,什么行动也没有。宣帝事后自己在诏书里也说是发现霍家有阴谋,自己先发制人,惩治了霍家。而所谓霍家的阴谋也是很可疑的。史书上记载的谋反罪大都很值得推敲。且不要说霍家已经没有搞政变的实力,就是有,他们也只能立一个姓刘的诸侯王才名正言顺,才有成功的可能,绝不可能提出立霍禹当皇帝。霍家的政变方法听起来同样荒唐。护卫京城与皇宫的武力都掌握在宣帝和他的亲信手中。霍家已经没有兵权。不先发制人暗算宣帝,只靠两个女婿诱杀魏相和许广汉,再请太后下诏废宣帝。不知道这一纸诏书能起什么作用,发给谁? 怎么能发出来? 霍家会不会制定这样完全没有可行性的政变计划,这也请读史的人自己判断。

《汉书》评论霍光,说他"不学亡术,暗于大理",就是说他不学习儒家的经术,不懂三纲五常的大道理。他是臣,再有功劳,也不能让君主感到受压迫,甚至利用威势挟制君主,以谋私利。宣帝在他面前谦恭到了谦卑的地步,刚继位的时候和他同车去高祖庙祭告,感觉就像有芒刺在背一样不自在。这种君臣关系显然很不正常,潜伏着重大危机。他却心安理得,不能谦退自贬,把权力交给宣帝;甚至自己走了,还让无能的家人待在那些最能威胁皇帝的位置上,维持着那个挟制皇帝的权力布局;既不懂得自处,谨守为臣的本分,也不知道约束家人,为他们做长远打算。所以尽管对汉朝有那样大的功劳,而且一手把宣帝从平民扶上帝位,却被宣帝衔恨,死后才两年,家族就遭到了毁灭性的报复。不过宣帝并没有一笔抹杀霍光的功劳。十五年后,宣帝为了表彰辅佐自己治理天下功劳最大的大臣,选出十一个人,画出他们的图像,注明官爵和姓名,安放在麒麟阁上。霍光在其中名列第一,而且是唯一不称名的,只写"大司马,大将军,博陆侯,姓霍氏"。这是表示格外敬重。

宣帝继位时张贺已经去世了。宣帝对张安世说:"当年你不让掖庭令到处称扬我,你做得对。"张贺在世时,唯一的儿子早死,他过继了弟弟张安世的小儿子。这个小儿子当年和宣帝是同学。宣帝要封张贺家侯爵，安置两百户人家为张贺守护坟墓。这是过高的规格。霍光在世时几乎是摄政王，死后有三百户守冢。当年刘邦平定天下后曾经下诏，说秦始皇，陈胜，魏国、齐国和赵国的几位国王都绝后，给秦始皇安置二十户守冢，其他各十户，信陵君五户。张安世代小儿子辞谢，将守冢的户数减到三十户，还要减。宣帝说："我是为掖庭令，不是为了将军你。"张安世就不敢再说了。

宣帝完全不知道自己刚生下来的那几年是怎么活下来的。直到皇宫里有一个女仆上书邀功，说当年自己在监狱里带过宣帝。宣帝派使者调查，女仆说邴吉可以证明，于是使者带她去见邴吉。邴吉后来给霍光做过长史，很受器重，这时已经做到御史大夫。他记得这个女仆，说："你有什么功劳？当年带皇上的是另外两个人。为了你工作不尽心我还处罚过你呢！"于是邴吉上书把当年那两个女犯人照顾宣帝的经过报告宣帝。宣帝请他去找那两个人。她们都已经去世了，宣帝厚赏她们的家人。对邀功的女仆，宣帝也解脱了她的奴婢身份，赐给十万钱。宣帝亲自问她，才知道了邴吉当年对自己的大恩。其实邴吉不只在宣帝还是婴儿时救过他的命。后来昌邑王刘贺被废，霍光和大臣们在诸侯王里寻找皇位继承人，看着哪个都不合适。是邴吉给霍光上书，说流落在民间的武帝曾孙人品才学极好，霍光才把宣帝接来。可是邴吉绝口不提自己当年做过的事，所以朝中也没有人知道。宣帝要重重报答邴吉，赐他一千三百户，封侯。这时候邴吉得了重病，宣帝心里很难过，担心来不及报恩了。太子的老师夏侯胜说邴吉不会死，因为他有阴德，上天不会让这样的善人没得到善报就死。后来邴吉的病果然好了。

这位夏侯胜是研究《尚书》的博士。当年昌邑王刘贺刚当上皇帝，经常到处游玩。夏侯胜拦在他车前说："天总阴着不下雨，大臣里有人在对您搞阴谋，您还上哪儿玩去啊？"刘贺以为他是妖言惑众，把他抓起来治罪。办案官员报告霍光，霍光大惊，因为他正和车骑将军张安世密谋废掉刘贺，这事再没有第三个人知道。霍光找张安世来，问他怎么把这么重要的机密给泄露出去了。张安世说自己绝对没跟任何人讲过。于是他们找夏侯胜来，问他根据什么这样说。夏侯胜说："这是经书上说的，天总阴着不下雨，这是下面有人要犯上作乱的征兆，所以我说有大臣在搞阴谋。"这两个阴谋家都愣住了，被夏侯胜的学问精深折服，以后对他格外敬重。

还有一位叫眭弘的儒生在这之前做出过更加惊人的预言。昭帝在位的第十年，泰山上有一块大石头自己立起来，上林苑里有一棵断了倒在地上的枯柳也复活直立起来。它的叶子被虫子咬成文字："公孙病已立。"眭弘推演说：石头和柳树都属阴性,象征下民。泰山是帝王向上天报告接受天命的地方,上林苑是皇家的园林,这种地方的石头和柳树自己立起来,预兆有一个民间的人要当天子。枯树复活和虫咬文字是说这个平民出自一个过去被废的显贵公孙家。这个预言五年后几乎分毫不差地被验证了。但是眭弘不知道他预言要当皇帝的这个平民是谁。他按照儒家的理论继续推论说:既然上天用这些迹象表示有圣人要出现了,汉朝的皇帝就应该去把他找来,把帝位让给他,以顺应天命。自己按照古时候的规矩去做一个有百里封地的诸侯。

眭弘这样说并没有反对当今皇上或者造反的意思。儒家理论认为天命转移是天道。禅让不仅是顺应天意,而且是道德的最高境界,是与尧舜那样的古代圣王相匹配的盛典。可是到了以位传子的家天下时代,谈这个理论就有问题了。曾经有两个儒生在汉景帝面前争论汤武革命的对错。一个说商汤和周武推翻夏桀和商纣是弑君,不是接受天命。另一个说桀纣暴虐,倒行逆施,天下人都反对他们,拥护汤武,取代他们不是天命是什么?前者又说:帽子再破旧也得戴在头上,鞋子再新也只能穿在脚下。夏桀和商纣是君,商汤和周武是臣。君再不好也是君,臣用武力推翻他们就是犯上,就是叛逆。后者问:照这么说,高祖取代秦朝当了皇帝是弑君造反还是接受天命?景帝连忙打断他们,说:"吃肉不吃马肝,不算不会品味。做学问不讨论汤武受命,也没人说你笨。"古人以为马肝有毒,不能吃,所以景帝用它比喻自己不爱听的话题。

这段对话有深刻的含义。证明自己取代别人合理的理论自然蕴含着自己被取代的合理性。但这是专制心态不能接受的。专制心态的特点是绝不能容许对自己的否定,即便只是理论上的可能性也犯忌,于是就有了理论禁区。这位眭弘大概是位极单纯的学者,思想中完全没有禁区。他觉得自己的理论太精妙,自己的发现意义太重大了,不能不发表出来,竟托朝里做官的朋友把自己的预言和请皇帝让贤的建议给昭帝呈报上去。昭帝虽然已经成年,但国家大事都是霍光做主。霍光看了眭弘的上书,认为大逆不道,把他和帮他上书的人都杀了。直到五年后宣帝继位,人们才明白了原来公孙病已就是皇曾孙刘病已,这才意识到眭弘做出的是一个多么准确,多么神奇,而且多么有政治价值的预言,于是宣帝把他的儿子找来做郎官。

接纳匈奴

宣帝灭了霍家以后亲自主持朝政。他任用的几个丞相都做出了政绩,都在任上寿终正寝,没有一个被贬,被杀。宣帝是汉朝最能干,治理最有成就的皇帝。他不但把内政治理得很好,对外也取得了巨大成功。这一方面是因为决策正确,另一方面也是因为幸运。武帝后期不停地对匈奴用兵,接连惨败。匈奴又嚣张起来,单于派使者给武帝送信,说匈奴是天之骄子。汉朝和匈奴一南一北,分庭抗礼。他愿意和汉朝通关互市,娶汉朝的公主。要求汉朝在以前的和亲条约之外,每年再向匈奴进贡酒一万石,粟米五千石,各种颜色的丝织品一万匹,匈奴就不来抢劫。匈奴二十多年来被汉军穷追猛打,不停地逃窜,损失惨重,人民生活困苦,普遍希望与汉朝恢复和亲。但武帝要匈奴俯首称臣,而单于宁可死也不会向汉朝称臣。双方不能讲和,匈奴还是不断来入侵。昭帝专心搞好内政,恢复国力,对匈奴采取守势,反而在战略上占了上风,匈奴每次入侵都占不到便宜。

在宣帝继位后的第三年,匈奴转而进攻西域的乌孙国。汉朝嫁到乌孙国的公主上书求救。宣帝和霍光调集十五万大军,分五路进攻匈奴。匈奴听说汉朝大军来了,都逃得远远的,所以每一路汉军只歼敌几十到几百人。倒是乌孙国的军队从西方攻入匈奴,杀死和俘虏共四万人,俘获牲畜七十多万头。匈奴虽然躲过了汉军的打击,但在逃亡中也损失了大量的人民,牲畜和财产。到了冬天匈奴单于亲自率领几万骑兵报复乌孙国,俘获不少人口。在回来的路上却遇到大雪,一天地上积雪一丈多深,人畜大都冻死,生还的不到十分之一。匈奴这下元气大伤,东西北三面的邻国趁机都来攻打它,又杀掉它几万人。再加上饥荒,匈奴损失了三分之一的人口、一半的牲畜。原来臣服于它的小国都背叛了,谁来打它,它也无力应付。三年后,就是霍光去世那年,匈奴又发生大饥荒,人民牲畜死亡三分之二,国势彻底衰落了。但是匈奴更大的灾难还在后面。八年后匈奴发生内乱,最多时五个头领自立为单于,率部互相攻杀,打到最后匈奴分裂为南北两部,北边是郅支单于,南边是他的弟弟呼韩邪单于。

呼韩邪单于被郅支单于打败后南逃,一位大臣劝他向汉朝称臣,做汉朝的属国,说有了汉朝支持,他就安全了。可是其他大臣都反对,他们说匈奴崇尚武力,靠骑在马上作战立国,所以让各国低头臣服。现在匈奴是兄弟争国,不是哥哥赢就是弟弟赢。再说战死是壮士的本分,就是打败战死也不丢人。匈奴人的国家还在,国格还在。汉朝虽大虽强,也消灭不了匈奴,为什么要去向汉朝称臣?自己蒙受屈辱,丢祖宗的脸,让别的国家看不起。就算是安全了,怎么让邻国臣服?劝称臣的大臣说:现在汉朝正强,匈奴越来越弱,归附汉朝就安全,生存,不然就危险,灭亡。生死存亡之外,还有什么值得考虑的?争论了很久,最后呼韩邪单于同意向汉朝称臣,和汉朝约定亲自来长安朝见宣帝。

当初汉朝听说匈奴五个单于争立,互相攻杀,大臣们都认为匈奴为害中原多年,应该趁这个机会出兵消灭它。御史大夫萧望之是个有名望的儒家学者,他说:"春秋的时候晋国出兵攻打齐国。在半路上听说齐国的国君去世,就撤军了。不在别人有丧事的时候去打人家,这样做很为君子称道。匈奴单于死前一直向汉朝表示友好,称弟,请求和亲。我们趁人家的天灾人祸去打人家,这是不义的。不义之师恐怕不会有收获。我们应该派使者去吊唁问候,在它有难的时候去救助它。四方的蛮夷听说了,都会被中国的仁义感动。匈奴依靠汉朝的恩德渡过难关,一定会称臣服从汉朝。"宣帝接受了他的建议。

这件事很能表明儒家对中国人思维方式的塑造和对国家政策的影响。萧望之的说法是典型的儒家道德空谈。汉朝开国后的一百多年中,儒家学者在朝廷里的地位逐渐上升到了最高层,开始用他们的一套理论指导国家,把他们从家庭关系中发展出来的追求人和的理论在弱肉强食的世界里生搬硬套。儒家理论最重要的观念是仁,就是爱心和善意。人应该以善意待人,乘人之危、落井下石都是可鄙的。由此而来的治国理念是用仁义道德去感化邻国,而不是用武力去征服它们。当它们处于弱势的时候,儒家不但不会趁机用武力让它们屈服而谋取利益,反而认为这是输送利益用恩德感化它们的机会。孔子说:"远方的人不服,就改进自己的德行去吸引他。"而不是用武力去征服他。这样做才能让别人心悦诚服。自己的道德越完善,就越让人向往,对别人的感召力就越强。君主树立了最崇高的德行,国家就进入了盛世,四方的蛮夷就会来朝拜,归附。儒家的这个理论造成了君主的盛世情结,君主们往往因为虚荣心得到满足而厚赏来朝的远方蛮夷。

儒家还相信天道盛极而衰,所以人应该保持谦冲,做事切忌过分,待人不可以盛气凌人,即使自己地位优越。要避免总待在鼎盛的位置上,因为高处的树枝最容易折断。在高位上不知戒惧,不想着急流勇退,反而洋洋自得、作威作福,以富贵权势骄人,这是最愚蠢的,霍光家族就是榜样。有智慧的人会待人谦恭,甚至自贬,保持低姿态,这样才能长保富贵。君主称呼自己孤家寡人,一般人自称不才不肖,都是出于这种心理。所以当呼韩邪单于要来朝见,朝廷里商议迎接招待的礼仪规格时,丞相和御史大夫认为按惯例应该用接待诸侯王的礼仪,但因为是蛮夷,地位比诸侯王还应该低一些。萧望之认为匈奴是对等国家,对待单于不应该像对待臣下一样,应该让他的地位在诸侯王之上。蛮族来归附,汉朝谦让,不把它当臣属对待,这样做可以得到《易经》上说的,天道赐给有谦让品德的人的福分。汉朝能把信义和谦让施加到远方蛮夷身上,这就更了不起了,定能收获无穷的福报。这才是造福千秋万代的决策。于是宣帝决定用待客人的礼节接待呼韩邪单于,让他朝拜时称臣不称名,地位在诸侯王之上。

儒家主张用善意和尊重待人固然没错，但是制定国家政策的依据应该是现实的国家利益，应该建立在对客观形势的判断和对利害关系的认识之上。萧望之这样的儒家学者对现实无知，不了解匈奴，也不顾汉朝和匈奴打交道的历史事实，只是按照儒家的教条，一味主张仁义、谦让，相信这样做会得到天道的福报。相信道德行动的回报自然比相信求神拜佛更现实，但是不问对象、形势，以为只要这样做就会对自己有利，这也是一厢情愿的迷信。道德行动是直接使对方受惠的行动，对方会不会投桃报李，这取决于受惠者的品格。即使换得了对方的感恩心理，在自己有力量的时候用不着它，在自己没有力量的时候它也靠不住。汉朝和匈奴能不能化敌为友，和平相处，这显然不是汉朝的善良愿望和谦卑姿态能决定的。宣帝高规格接纳呼韩邪单于是正确的决策，但这并不是因为它符合儒家教义，而是因为客观的形势，因为和平对双方都有利。匈奴因为衰落不能来侵犯中原，汉朝也没有必要趁机去消灭它。当年武帝穷兵黩武，不懂得调整政策，所以在重创匈奴以后，反而接连惨败。中原是农业社会，塞北是广袤的草原和沙漠地带，天气寒冷，不利于农业生产，只适宜游牧。农业民族不能居住，也就不能防守。即使赶走或者消灭了匈奴，还会有别的游牧部落进入。所以在那里保持一个弱势的，需要依靠汉朝保护而生存的匈奴作为自己北方的屏障，这是汉朝消除北方边患的最好办法。但这个办法也是有条件的，那就是汉朝要保持强大，内部安定。确定了和平是对国家最有利的选择以后，接待时更谦恭，避免伤害对方的自尊，才有意义，才不是迂腐的空谈。

呼韩邪单于在长安住了一个多月，受到宣帝的厚待和重赏。告辞时，宣帝派一万六千骑兵护送他，并把军队留下来保护他，还同意他的请求，让他率领部众住在靠近汉朝边境的地方，送去大量粮食帮助他度过饥荒。郅支单于看到汉朝用军队和粮食支持呼韩邪单于，知道自己无力对抗，只得逃向西域，远远地离开了匈奴故地。困扰了汉朝一百五十多年的北部边患到此彻底被消除了。

儒生治国

呼韩邪单于来朝的时候，宣帝已经在位二十四年了。这是汉朝最繁荣、最强大、治理得最好的时期，既不用担心内部的叛乱，也不用担心外族的侵略。但宣帝还是有他的隐忧，这就是他的继承人问题。宣帝亲政后任用的丞相都是从基层逐级提升上来的、有治理经验的能臣，没有一个是儒家学者出身。他驾驭官员也是恩威并用,赏罚分明。可是他的太子对他的做法不以为然。太子偏爱儒生,这大概和宣帝请萧望之给他当老师,让他从小受儒家教育有关系。有一次父子俩闲谈,太子说:"陛下过于依靠刑法,应该用儒生治国。"宣帝一听就生气了,说:"汉家一向有自己的治理方针,是把儒家和法家的办法结合起来使用。怎么能和周朝一样,只用儒家教化的方法?而且俗儒不懂实际,总说古时候怎么好,今天怎么不对,让人的思想脱离实际,弄不清是非。怎么能用他们呢?"宣帝年轻的时候也是跟着儒家名师学习儒家经典,但是他在社会底层的经历和亲自治理国家的实践让他对社会和人性有清楚的认识,所以对儒家和法家的长处与问题也看得很清楚,能说出"汉家自有制度,本以霸王道杂之"这样有见识的治国名言。

儒家的方法和法家的方法对治理国家都是不可缺少、相辅相成的。当年荀子说秦国"无儒",就是指它治国片面地依靠法家的外在强制的办法。儒家和法家关心的问题都是社会控制。社会控制的目的是让人的行动有益于而不是为害社会与他人。它或者是自律的,或者是他律的。自律的控制依靠人心中的道德观念,他律的控制依靠外在的国家强制。儒家主张前者,法家主张后者。法家认为人的本性是趋利避害,必须用法律明确告诉人民什么是可以做的,什么是不可以做的,同时用奖励和惩罚来让人民服从法律,这样才能造成有秩序的社会。靠说教,靠人自觉,既无法防止人作恶,也不能鼓励人向善,只能使社会失去控制。但是儒家说:如果人的心中有道德观念,没有严密的法网他也不做坏事;如果人的心中没有道德观念,法网再严密,惩罚再严厉,也是防不胜防。因为人没有了良知,法网就形同虚设。而越是这样就越要严刑重罚,就越要用酷吏。所以法家走到极端就是酷吏政治,社会实际上进入内战。这就是秦朝末年的情况和秦朝失败的原因。所以治理社会最根本的办法是教化,是培养人的良知。国家治理被教育好的人民,就像农夫在沃土上耕种,自然事半功倍。所以法家的刑赏只是治标,儒家的教化才是治本。不治本,治标只是徒劳。

儒家这个说法并没有错。它的问题是它能培养出有文化,有品德的人,却让这些人去墨守繁琐的成规,而且这些规矩往往是从传说中的古代传下来的。孔子认为为政首先要正名,然后循名责实。但这是只适用于静止社会的方法。时代在变化,社会在进步,就像人身上穿的衣服要随着人的成长更换,道德和法律规范是人行动的准则,也要发展演进,不然就会束缚人的行动,阻碍社会发展。所以当名与实脱节时,需要纠正的往往不是实,而是名。这时去循名责实就是削足适履。儒家取得主导地位固然是因为它建立了中国传统社会的核心价值观念体系,树立起理想的人格让人完善自己。但是因为它的理想社会是在远古而不是在未来,所以它追求法古,复古。变化发展中的现实是它的盲点。它主导的古代教育让人越读书,越糊涂,"知识越多越反动",其原因就在于此。儒家致力于培养有文化、有品德的人才,但是这些人才长于修身,短于治国,没有能力应付现实,尤其是在社会变革的时代。更糟糕的是,他们越是努力去实现他们的社会理想,就越把社会拖向停滞和倒退。

儒家说法家是治标而不治本。道家说儒家治的也不是根本。道家认为儒家和法家就像两个医生,一个要从灵魂着手,一个要从肉体着手。其实人健康就不需要医生,不需要治疗。人没有坏心,就不需要道德教化,更不要说法律强制。法官再公正明察,也不如社会上根本就没有讼争。如果一个社会需要道德和法律控制,这说明人心已经坏了。人已经有病了,再怎么治也是徒劳,因为"治"本身就是一种病态,所以最理想的社会是根本就不需要"治"的社会,最理想的治是不治。

怎样才能造成这样的理想社会呢? 人没有作恶的欲望,社会就不需要治。法家和儒家的问题在于它们只是控制人作恶的欲望,不管依靠的手段是法制还是教化,而不是去挖掉它的根源。人作恶的根本原因是受到物质的诱惑。人有了物欲就会堕落,就会争夺杀害。所以治的关键是消灭人心中的物欲。要让人没有物欲,最彻底的办法是让人没有可欲之物。漂亮的衣服,精美的食物,舒适的房屋、器具,更不要说音乐、艺术和科学,都要毁灭掉。所以道家的学说里随处可见反文化、反对物质生活进步的主张。

道家和儒家这两个古代中国最主要的思想流派提出的社会理想都是虚无或者复古的幻想。它们是中国人最沉重的精神负担。每当社会发生危机,人民的心灵脆弱,精神狂乱的时候,它们会像幽灵一样在人的头脑中徘徊,被人民当作心理寄托,使人民更容易被骗子或者狂人的煽动言语打动,幻想去建立没有任何弊病,能让他们立即彻底摆脱现实痛苦的人间天国。其结果只能是把社会带进无底的苦难深渊之中。

宣帝在呼韩邪单于第一次来朝的两年后去世。他和许平君的儿子继位,这就是汉元帝。宣帝临死时也像武帝一样托孤,把元帝托付给他的祖母史良娣的侄子史高、太子的老师萧望之和周堪三个人。

萧望之是儒家学者出身。霍光死后他向宣帝建议清除霍家的势力,由此得到信任,升官很快。他对事情的利弊常有独到的见解,就像在讨论接待匈奴单于的规格时那样,常常引经据典,力排众议。宣帝也很重视他的建议。当初宣帝曾想培养他当丞相。因为觉得他对儒学的经义掌握的很到家,但缺少实际治理经验,就派他去当地方官。他以为是贬他,装病不去。直到宣帝告诉他,国家用人都要先考察其实际治理的绩效,不是对他有什么负面看法了,他才去上任。后来宣帝任命他做御史大夫。这通常是接丞相缺的职位。他看不起狱吏出身的丞相邴吉,上奏说如果三公不称职,日月星光就不明亮。今年年初天上的日月不够明亮,原因在我们主政的大臣身上。这是在影射丞相邴吉不称职。上朝时,他的位置应该在丞相之后,他非要和丞相等列。丞相病了,御史大夫应该第二天就去问候。邴吉几次生病,他都不去问候。他经常违反规定用手下官员给自己家办私事。这些官员为他家采买东西要自己贴钱。就是因为他的这些表现,宣帝认为他不是做丞相的材料,调他去给太子当老师。最后把元帝托付给他,主要是因为他已经给元帝当了八年老师,和元帝的关系非常密切,大概和宣帝对儒家大道理的尊重也有关系。

当初宣帝亲政不久时,国家在西北边境平乱。大臣张敞考虑到当地本来贫穷缺粮,难以负担军粮;战乱之后,一定还会发生严重粮荒,应该及早想办法筹粮。他建议让罪犯交粮食赎罪,说这样做可以解决军粮,也减轻当地老百姓的负担。萧望之反对。他说尧和桀的区别就在于尧让老百姓重义轻利,而桀正相反。要是罪犯的家属知道可以用粮食救他们的亲人出狱,会不顾死活,不择手段地去谋求财利,这会破坏社会的道德风气。至于让当地老百姓负担军粮,这本来就是他们对国家应尽的义务,他们不会有怨言。如今陛下的德教都已经成功了,就是尧舜也不能超过,如果被这个鼓励人求利的办法损害,实在太让人痛心了。

宣帝让丞相魏相和御史大夫邴吉去问张敞的意见。张敞说:“小过可以赦免,轻罪可以赎,这种做法由来已久,我自己也穿了二十多年官服了,没听说过这种做法会破坏教化,鼓励老百姓做强盗。当地严重缺粮,应该想解救的办法,不应该引经据典来责难。再说就是经书上的大道理也是允许灵活掌握的。”魏相和邴吉认为战争眼看要结束了,粮食运输还可以应付,就没有采纳张敞的建议。

负责财政的官员耿寿昌要改变以往从关东向关中运粮的办法,他认为这样可以节省大量运输的人力和费用。萧望之反对。他说人做什么,天地都会有反应。比如武帝的时候渔业官办,海鱼就游到大海深处藏起来了。后来政策改了,又让老百姓打鱼了,海鱼才又游出来。耿寿昌要办的这件事工程巨大,又要盖仓库,又要治船,兴师动众,天地也会有反应的,恐怕会招来旱灾,所以应该继续用原来的办法。而且耿寿昌长于商人的那一套算计,国家不应该用这样的人。这一次宣帝没听他的。耿寿昌的办法果然产生了巨大的经济效益。宣帝又按照他的建议在边境地区建设粮仓,叫常平仓。粮价低的时候买进,高的时候卖出,维持粮价稳定,使农民、消费者和国家都受益。宣帝嘉奖他,赐给他侯爵。

有一次宣帝要选拔出使西域的人才,护送大宛等国的使者回国。将军韩增推荐了出身将相世家的冯奉世。冯奉世进入西域后得知莎车国发生叛乱,有汉朝皇室血统的莎车国王和汉朝的使者被杀害。莎车新国王联合匈奴,切断了汉朝通西方的道路。汉朝在当地没有军队,无法平乱。冯奉世通告西域诸国,调它们的军队来攻打莎车,平定了叛乱,继续西进到大宛。大宛国已经知道了他平定莎车叛乱的消息,对他格外敬重,送给汉朝叫作象龙的宝马。宣帝非常高兴,召见韩增,祝贺他推举了称职的人才,请大臣们为冯奉世论功。大臣们都认为这样的大功应该封侯。虽然他不是奉朝廷命令调兵征伐,但是按照《春秋》经义,大夫在境外遇到对国家有利的事,可以自己做决定。只有萧望之不同意。他说冯奉世有自己的使命,本来没让他管莎车的事。他是越权,不请示朝廷,自作主张,假借朝廷的名义去征调各国的军队。虽然成功了,但是不能让别人学他的榜样。如果给他封侯,以后的使者为了立功,会争着自作主张在境外用兵,给国家惹事。宣帝觉得有道理,就没给冯奉世封侯。一个人立了大功,担心奖励他会让别人因为立功心切而惹是生非,于是有功也不赏。宣帝在历史上是以赏罚分明著称的皇帝,在这件事上却一反常态,接受俗儒的见识,这是意味深长的。

儒家被专制皇权推崇是因为它的学说致力于建立人和。这对统治者来说意味着政权的稳定和安全。比如儒家教育人孝顺,说人孝顺就不会犯上作乱,所以历朝历代都说要"以孝治天下"。专制皇权和儒家的合拍还在于俗儒治国的方法。这就是体现在萧望之建议中的那种思想方法。冯奉世自主调兵是平乱,但是别人也可以借此去挑衅邻国,制造事端。为了杜绝这个弊端,就不能允许任何人自作主张,不管是什么具体情况,也不管对国家是有利还是有害。这才是国家的大利益,认识到这个大利益才是大智慧。这就是萧望之的"高瞻远瞩"和"深谋远虑"。遇到需要权衡,需要兴利除弊的情况,俗儒的典型办法就是一律禁止。例如土地自由买卖给经济带来活力,但它也带来土地兼并,造成社会两极分化,于是儒家要复古,恢复井田制,废除土地市场。后来明朝为了防海盗就"片板不准下海",清朝为了禁鸦片烟就断绝通商。这些都是对中国的国运影响极深远,极重大的决策。它们都是这个思想方法的产物。这种治国思路的毁灭性是显而易见的。世间一切为人造福的东西在人手里都可以被滥用。最显著的就是权力,还有武器,酒和食色,甚至科学艺术,文字言语。

为了防止它们被滥用为害,就完全禁止,其结果就是使社会停止自己的发展,使人民牺牲自己的生活。这种方法的实质就是毁灭性的简化,和酷吏把滥杀当作治安与办案的手段一样。所以在俗儒治下和在酷吏治下一样,社会是没有活力的,甚至是没有声息的。专制制度本能地把权力的安全当作最高目的,用削弱和阉割社会的办法来保护专制权力不受挑战。俗儒和酷吏于是成为它维持统治的两大支柱。

儒家的大道理并不是没有大智慧,也不是对治国没有用处。宣帝起用的丞相都是长于管理的官员。这些人也都努力学习儒家理论。丞相邴吉是监狱小吏出身,后来学习了诗和礼。接替邴吉做丞相的黄霸曾经受夏侯胜牵连,和他一起被关进监狱。他要夏侯胜教他儒学。夏侯胜说:"学什么?还不知道哪天死呢!"黄霸借用孔子的话回答他:"朝闻道,夕死可也。"一句话让夏侯胜激赏,于是在狱中给他讲授《尚书》。这些官员都因为学习儒家理论而把国家治理得更好。

义与利的关系被儒家当作治国理论的核心。《大学》说:"国不以利为利,以义为利也。""财聚则民散,财散则民聚。"这是说政府不要为自己敛财,它的施政要让人民受益得利。国家的义就是让人民得利,国家得到的是民心,所以权力更稳固。这就是大智慧,和道家的无为思想是一个意思。无为是让人民无不为,去追求利益,带来经济的繁荣。而政府无为是不用权力干预去束缚窒息社会,不用奢侈浪费去加重人民的负担,更不要说利用权力去搞贪污腐败、敲诈勒索。所以儒家关于义与利的理论不是像俗儒理解的那样,把义和利对立起来去反利,尽可能地束缚人民的手脚以保护皇帝和官僚们的权力,结果是使人民束手束脚,无法有作为,而皇帝和官吏们无法无天,肆意妄为。

俗儒的这种做法依据的也是他们所谓的大智慧。他们认为人与人发生冲突都是因为争夺利益。而避免内斗才是最大的利益。为此就要从根本上遏制人求利的倾向。儒家的理论追求人和,但这样做就走到了其追求的反面。孟子说:"天时不如地利,地利不如人和。"这是说人和能使国家更强大,而不是更虚弱,人和并不是目的本身。儒家的治国理论的确有大智慧,但掌握它也是需要大智慧的。不是谁会背经书谁就懂道理,就会治国。这就像对兵法的掌握和运用一样,也有纸上谈兵的问题。但是因为专制皇权的狭隘利益,俗儒的方法最终占了上风,俗儒们也因此爬上了高位。

元帝很聪明,书念得好,在音乐上也颇有天分,鼓琴、吹箫、作曲,都达到精妙的程度。他从小就喜欢儒家,对宣帝的许多做法不以为然。宣帝曾经说过:"将来搞乱国家的人就是太子。"他考虑过换太子,可是一想到许平君就不忍心了。元帝继位以后大力提拔儒家学者,把国家交给他们治理。法家主张"宰相必起于州部,猛将必发于卒伍"。一个官员必须在下层的实际工作中证明自己的能力才能被提拔,有治理地方的经验才能治理国家。宣帝就是这样用人的。可是元帝和他以后的几个皇帝用的丞相大都是学究出身。他们因为有学问而被选拔给太子当老师,然后就担任御史大夫和丞相一类的政府最高职务,没有实际治理的经验。这些人不懂得为国家兴利除弊,而且对利弊的认识和做实际工作的官员们正好相反。他们治国最拿手的,是根据自己对古礼的知识去指责今天的做法怎么不对。他们反对别人为国家兴利除弊的理由或者是迷信,或者是根据儒家经义虚构出来的大利益,用它们去抵制国家和老百姓的现实利益,对治国起不了一点儿正面作用。

元帝继位以后,几次宴请萧望之和周堪,和他们商讨国家大事、治理的得失和古代圣王的做法。这两位老师劝元帝采用古代的制度。他们对宣帝留下来的许多制度和政策都看不惯,决心要纠正它们。元帝非常赞成。可是这时管理国家的还是宣帝时代的旧人,他们有自己一贯的治国理念,不听萧望之的那一套。为首的是外戚史高,还有和他思想一致的中书令弘恭和助手石显。弘恭和石显都是少年时因为犯法受腐刑而当了太监。他们担任的中书令职位是权力中枢,上奏皇帝的文件都由他们处理,拟定处置办法,请示皇帝后下达。要是皇帝懒得管事,他们的权力可以大到无边。萧望之首先把矛头指向他们和他们把持的中书令职位。他向元帝提议说:中书令的职位是朝政的根本,应该选用贤明的人。用太监担任这个职务不合国家旧制,也违背君主不应该接近受过刑的人的古礼,应该换人。其实自古以来君主最接近的人就是太监。如果真有这样的古礼,萧望之就应该建议元帝把太监们都赶出宫去,而不是只罢免他们的中书令职位。大臣们争论很久,最后也不能决定,于是不了了之。但是萧望之和弘恭、石显从此结了仇。

有一个人叫郑朋,原来想走萧望之的门路往上爬,吹捧萧望之,揭发外戚许家和史家的过失。萧望之看不起他的为人,和他绝交,他又投到许家和史家一边,说他的揭发是萧望之的同党周堪和刘向教给他的。许家的人带他去见元帝。他出来以后到处扬言,说自己向皇上揭发了萧望之的五件小错、一条大罪。弘恭和石显都是办案老手,非常熟悉法律程序,看到萧望之和外戚家起了冲突,就让郑朋告萧望之和周堪等人阴谋罢免史高,要贬退许家和史家的人。这大概就是郑朋向元帝揭发的萧望之的那一条大罪。他们让郑朋在萧望之的休假日告状,这样案子就落到弘恭手里。弘恭问萧望之郑朋告的是不是事实。萧望之竟说外戚在位往往奢侈放荡,所以要贬退他们。这是为了让国家走正道,并不是在做坏事。他这样一说就等于自己承认打击外戚的犯罪事实了。于是弘恭和石显向元帝上奏说:"萧望之和周堪,刘向等人结党,互相吹捧抬举,多次诬告大臣,离间皇帝和亲戚们的关系,目的是要把权力都抓在自己手里。他们欺骗皇上,往邪路上引导皇上。这是对上不忠,违背伦理,请治他们的罪。"这个罪案至少在形式上定得清楚明白。元帝虽然想保护萧望之,但也只能做到赦他的罪,不加惩处,不得不把他和同党都罢官,让他们回家去当平民百姓。

过了几个月,元帝以尊师为理由,重新起用萧望之,赐他侯爵。就在元帝准备更进一步让萧望之当丞相的时候,萧望之让儿子上书为上次被判有罪的事告状喊冤。司法部门审理的结论是:"萧望之前次犯罪事实清楚,没有冤枉。他却让儿子上书,自称无辜,有失大臣身份,对皇上不敬。请逮捕他治罪。"弘恭和石显向元帝奏报说:"萧望之上次要排挤许家和史家,独揽大权,没被治罪够幸运了。皇上后来又赐给他爵位,让他参与政事。可是他却不思悔过,反而心怀怨恨,让儿子上书翻案,让皇上承担制造冤案错案的恶名。他以为自己是皇上的老师,有罪也不会受罚。不把他抓到监狱里,刹一刹他这种不恭的心态,朝廷也就没法再对人施恩了。"元帝说:"萧太傅性子刚强,怎么肯让官吏抓他?"石显说:"人命比什么都重,萧望之犯的是言语轻罪,他自己会权衡,一定不会出问题。"元帝犹豫着批准了。石显马上派兵包围萧望之的家,要抓他进监狱。萧望之不愿意进监狱,觉得自杀更体面些,就喝毒药自杀了。元帝听说了,难过得痛哭,饭也不吃了。本来萧望之是有罪而死,按照法律应该剥夺爵位。元帝特意下诏让萧望之的长子继承爵位,每年派使者去萧望之坟上祭祀。

萧望之在元帝继位后连连向宦官和外戚发难。他的理由是外戚和宦官掌权对国家不利。这个理由只是儒家的教条。他要罢免的宦官弘恭和石显长期在宣帝身边协助处理政务,熟悉法律,工作称职,是宣帝的得力助手,所以也是宣帝中兴事业的有功之臣。外戚史高帮助宣帝铲除霍家的势力,是宣帝非常信任依靠的人。萧望之只凭着他们的宦官和外戚身份就要罢免他们,只能说他是完全被傲慢与偏见支配了。而使他傲慢的倒不是他的皇帝老师的身份,而是儒家和儒家的理论已经取得的地位。秦朝设博士官,用通今博古的人给皇帝当顾问,参与议政。汉朝继承了这个制度。汉朝初年,儒家完全被排斥在权力之外。武帝独尊儒术,立儒学为国学。他的丞相公孙弘向他建议为博士官设弟子五十人,选拔其中学习优异的做郎官,从此打开了儒生读书做官的大门。昭帝把博士弟子的名额增加到一百人,宣帝时又增加一倍到二百人,元帝时增加到一千人,元帝的儿子成帝时增加到三千人。学习儒家经典成为做官的捷径。宣帝时的儒家大师夏侯胜总对自己的学生们说:只要学好经术,取官职就像弯腰拾起一根草棍一样容易。加上董仲舒的天人感应论的流行让人相信不遵奉儒家的教条会受到上天惩罚,所以儒家的理论除了能给人带来现实利益,还获得了迷信的力量。它甚至让儒生们有了神圣的感觉。于是他们在政坛的态度也从汉高祖刘邦时叔孙通的谦卑迎合,变成了汉元帝时萧望之的傲慢好斗。而汉朝的国运也开始走上下坡路。

　　家天下王朝的致命问题是皇室自身的退化,这是无法避免的。家天下王朝不是选贤与能,而是以位传子,在嫡子里也是以长不以贤。任何物种经过这样的人工选择都会退化,皇帝的能力自然也会一代不如一代,连皇帝们的寿命和繁衍后代的能力也在退化。不仅能力退化,由于深宫的环境和俗儒的教育,皇帝们也失去了现实感,这比无能还要糟糕,使他们和他们重用的俗儒一样,完全不适合治国。大权也就随之旁落了,不是落在宦官或者外戚手里,就是落在以丞相为首的朝臣手里。在能干的君主手下,这几部分人会协作,制衡,使皇权稳固。在无能的君主手下,他们就会争夺朝政的主导权,从而引起内斗。哪一方独大都会削弱皇权。

　　宣帝来自民间,知道人民的疾苦,也知道官吏的问题。他继位的时候,因为霍光主政,自己大权旁落,为了收回权力,所以任用外戚和宦官。但宣帝是用他们做助手,制衡朝官,并不放纵他们。他在位的时候,中朝和外朝互相配合,把国家治理得很好。而元帝没有这个能力,他刚上台,这几部分人就公然内斗起来。元帝虽然敬重师傅,但也离不开弘恭和石显。皇帝们通常认为宦官对自己威胁最小,因为他们是自己身边的奴才,在朝廷中和社会上没有一点儿地位,而且没有后代可以传承,不可能篡夺天下,所以对他们最放心。尤其是皇帝们自己沉溺于享乐,更要依靠他们办事,甚至连决定都由他们去做,自己撒手不管了。这种依赖随着皇帝们的退化愈益加深,皇帝们越来越变成傀儡。而皇帝越弱,就越需要削弱社会,就越倚重儒家的绝对忠孝观念和俗儒弱民的治国方法。这时家天下的利益和社会的利益是对立的。皇室的利益是维持一家的权位,社会的利益是得到最有效率的治理。这个对立扭曲了权力,使它成为固权的工具。权力可以被用来固权,这是权力对社会危害最大的弊病。可是在家天下时代,这个弊病却成为权力的首要功能。当皇帝们关注的中心开始从民生国力转向家天下权力的安全,儒家就取代了道家,俗儒就取代了有实际治理能力的官员。宣帝不肯重用的儒生,比如萧望之和匡衡,都被元帝往丞相的位置上提拔。

匡衡和萧望之一样,也是农家出身,少年时家里穷,当雇工维持生活。他勤奋好学,在历史上留下凿壁偷光的好学故事,后来成为著名学者,参加政府的考试后进入仕途。他当博士的时候发生了日食和地震,元帝向他咨询,问朝政有什么缺失。他上书说:"如今天下人重利轻义,好奢侈享乐,这是一切问题的根源。所以必须彻底移风易俗,让人懂得礼让。治理天下的关键就在于在上面的人推崇什么。所以皇上应该带头节俭,任用正派的人,远离奢侈浪费和不健康的爱好,让天下人都清楚地看到朝廷推崇什么。首都成为道德教化的首善之区,整个天下的教化就可以成功了。"这都是没有一点儿用处的废话,而且其治国的思路是有害的。司马迁早就在《货殖列传》里说过,人对物欲的追求是用任何说教都无法改变的倾向,治国只能因势利导。反其道而行之就像违背自然规律一样,只能是徒劳,而且会受到惩罚。可是元帝喜欢听这样的空论,给匡衡升官,请他做太子的老师,后来让他做丞相。史书上说匡衡十年之间,没出长安城门就当上了丞相,岂不是运命两济。

和俗儒们一起繁荣的,是儒家的那些繁文缛节。当年文帝在遗诏里要求丧事从简。他的指示成为汉朝的定制。以后儒家势力兴起,要纠正汉初的制度,恢复古代的制度。儒家制定的三年之丧成为俗儒们复古的重要诉求。

三年之丧是中国古代社会的重要礼制。按照《周礼》,父母下葬后,孝子要住在坟墓旁边搭的草棚子里,睡在草垫子上,头枕土块,一年后住在条件恶劣的屋子里,可以铺席子。两年后住条件好一点儿的屋子,到了第二十七个月除去丧服后才可以回原来的屋子里睡床,恢复正常生活。父母死后要绝食三天,以后喝粥,过一百天后才吃粗疏的食物,喝水,但不能吃菜果。一年后可以吃菜果,但不能放酱醋等调料,两年后可以放调料,除去丧服以后才可以喝酒吃肉,要先喝甜酒,先吃干肉,等等。丧礼对哭也有详细具体的规定。给死者穿寿衣,入棺时,要捶胸跳脚痛哭;出殡前,每天早晚在停枢的地方哭一次。下葬时,要不计其数地跳脚痛哭;一百天以内,可以随时随地哭,一百天后,士就不必哭了,大夫要五个月以后,诸侯要七个月以后才能止哭。丧服和服丧的时间也按身份和关系的亲疏分为五个等级。

人因为极度悲哀,吃饭睡觉都会减损,无心快乐,甚至会折磨毁伤自己。因为心情悲痛,行动会与平时不同,所以形成丧期的行为方式。这些发自性情的举止都是自然的。但是《周礼》中的这些规矩既夸张又繁琐,显然不是从感情中自然发生的举止,而是从概念出发制作出来的行为规范。而制作这些规范的思路是显而易见的,就是用禁欲和自我毁伤来表现悲哀,用夸张的悲哀来强调对父母的孝顺,用繁琐的区别来强调身份和等级的差别。儒家说礼发自人的性情,其实它制礼是别有用心。它考虑的并不是怎样表达感情,而是怎样实施教化。这就是为什么当初孔子没有用感情来解释丧期应该是三年。因为三年丧期本来就不是根据感情制定的,儒家反而是要用它来规范感情。儒家制作丧礼是要把人民的丧葬变成它的教化活动,为它的政治目的服务。秦朝的法家帮助专制君主建立起了对人民行动的外在控制。汉朝的儒家在此基础上更上层楼,要把这种控制伸展到人民的灵魂深处,于是祭起这种操纵人民感情的教化方法。

人悲伤时会有悲伤的举动,儒家把这些举动变成行为规范,以为让人机械地、夸张地重复这些外在动作就能在人心中培养悲哀,进而忠孝观念。这和下雨时人戴草帽,于是祈雨的人以为戴上草帽就可以让天下雨一样,都属于原始的思维方式。这样的教化活动其实和祈雨是一样的巫术。不过儒家的这个方法却比祈雨有效。因为祈雨的仪式对自然界不会发生作用,但是人非草木,规定的情境可以让他产生规定的感情。这就是儒家方法的依据。这个方法其实是表演学使演员进入角色的方法。用它获得的不是自然流露的真实感情,而是被角色规定的、被导演出来的感情。和它配合的外在动作是表现,而不是表达。它是被表现的需要造作出来的感情。繁文缛节就是表现它的形式。老百姓爱自己的生活,就会爱自己的国家,乃至君主。这种爱可以用仪式来表达,却不能用仪式来培养。这就像要求一个士兵每天对长官行多少次礼也培养不出他对长官的敬和爱一样。君主们不靠尽心竭力为人民谋福利来赢得人民的爱戴,而是去操纵人民的感情,制造对自己的热爱,灌输对自己的忠诚,这思路本身就是可耻的。而越是不能让老百姓爱自己生活的君主,就越需要这样做。儒家把人民的日常生活变成培养对尊亲属的感情,乃至对专制君主的忠诚的社会工程,就是迎合了君主们的这个可耻需要。

因为儒家赋予三年之丧这样的政治含义,到了家天下专制时代,它成为王朝的政治需要和儒家理论的一个结合点。汉朝以后,历朝历代都主张以孝治天下,因为君主们都接受了儒家说的孝对于忠,忠对于家天下安全的关系。三年之丧开始得到国家的支持,被推行到越来越广的范围,也越来越具有强制性。这时人民的丧事已经超越了个人和家庭感情的范围,成为关系到王朝长治久安的大事。君主们越感到需要臣下尽忠,就越强调要老百姓尽孝。老百姓在丧事中越表现得悲哀,君主们就越有安全感。在这样的仪式中,人民是为了维护等级社会的秩序,为了家天下专制王朝的安全去悲哀。他们的悲哀不是感情的自然流露,而是被权力规范和导演出来的对忠孝的表现。当丧礼变成了表现的仪式,它就有了自己的逻辑,开始了它在专制制度下的畸形发展。这个给人民的生活带来极大伤害和破坏的制度,不但没有被逐步改革,反而越来越强势,被俗儒们越来越发狂地鼓吹,被国家用越来越严厉的法规强制,一直延续到帝制时代结束。

从三年之丧我们也可以清楚地看到儒家治国的思路和它的弊端。厚葬让老百姓破家,重服让老百姓伤身。父母的丧期加起来有六年,妻子还要加上丈夫的丧期。一个人在一生精力最旺盛的时期,六年不能做任何事情,包括工作和生育,只能表现悲哀。这样的丧礼使大量的财富被埋葬地下,使大量的人力和物力被浪费在表现悲哀上,是对民生国力的极大破坏。但是儒家认为这对于培养人的孝心和忠心,使风俗淳厚,使社会稳定是必要的。实际上这样做不但达不到教化的目的,而且只能适得其反,因为脱离了真实感情的表现只能培养虚伪,败坏社会风气。其实家天下专制王朝需要儒家的这套方法也不是因为它真能使风俗淳厚,而是因为它能弱民,因为它用夸张变态的方式表现愚忠,让自己有安全感。儒家不会为国家和人民谋福利,只会用让人民放弃、牺牲和毁伤自己的办法来表现忠孝。他们认为放弃越难,牺牲越大,毁伤越重,道德教化就越有成就,家天下就越安全。因为他们只会用徒然伤害民生国力的弱民方法来治国,国家自然被他们越治越弱。

陈汤立功

就在匡衡当丞相的那一年,陈汤被派出使西域。陈汤少年时爱读书,因为家里穷,常告借于人,所以虽然有才能,但地方上对他评价不高。后来他到长安找出路。张安世的孙子富平侯张勃很看重他的才能,元帝让诸侯推荐人才时,把他推荐上去。陈汤的父亲在他等待任命的时候去世了,他不回家奔丧,被告发品行不端,抓进监狱。张勃因为推荐的人才名实不符,被削掉两百户。他又刚好在这时去世,还得到了一个不好听的谥号缪侯,意思就是名实不符。后来陈汤又被推荐当了郎官。他一心想建功立业,多次要求出使外国,多年后终于得到了机会,被任命为西域都护府的副校尉,也就是汉朝在西域驻军的副司令。

这时候匈奴郅支单于已经逃窜到西域。最初他也想争取汉朝的支持,送儿子来汉朝服务。汉朝对他也以礼相待。可是后来呼韩邪单于亲自称臣来朝，汉朝又发兵送他回国。郅支单于知道自己无力对抗，就向西域迁移，想远远地躲开汉朝和呼韩邪单于，同时请求汉朝让他的儿子回国。汉朝派使者护送他的儿子回国。郅支单于恨汉朝支持呼韩邪单于，又以为逃到西域汉朝就拿他没办法了，竟杀了汉朝的使团泄愤。西域的国家都比较弱小，原来臣属于匈奴，汉朝打败匈奴后又依附汉朝。郅支单于来了以后，打败了乌孙国，让大宛等国年年给他进贡，这些国家不敢不服从。

陈汤对他的上级、都护府校尉甘延寿说："郅支单于凶悍好战，让他这样发展下去，用不了几年西域就要成为他的天下了。他的驻地虽然遥远，但是西域没有坚固的城墙和威力大的守城武器，咱们不需要向朝廷请求调兵，只用在西域屯田的士兵和当地诸国的军队就可以对付他。"甘延寿同意陈汤的见解，但要先向皇帝请示。陈汤很知道充斥朝廷的都是些什么样的人，他说："皇上会让公卿们讨论。这是国家大计，凡夫俗子们没有这个见识，肯定不会同意的。"甘延寿不同意擅自发兵，这件事就搁置了。不久甘延寿生病休长假，军务由陈汤主持。陈汤自作主张，调集屯田和当地诸国的军队。大军集结后要出发了甘延寿才发现，这时想拦也拦不住了，只好按陈汤的意思办。两个人向朝廷上奏，说明自己的行动，并为擅自出兵请罪。经过三千里路的长途奔袭与激战，他们全歼了郅支单于的部众，杀死一千五百多人，俘虏一千多人。向元帝报捷时，他们请求把郅支单于的头悬挂在长安各国官邸所在地槁街示众，让天涯海角的人都知道："犯强汉者，虽远必诛。"

元帝让大臣们讨论。丞相匡衡反对，他说陈汤他们回军路经各国，蛮夷们也都看见了。而且按照周礼，春天是掩埋的季节，所以不应该悬首示众。可是两位当将军的外戚也在儒家经书里找到了依据，反驳说：孔子在齐鲁两国会盟时杀了对国君无礼的艺人，那时正是盛夏，也不是杀人的季节。元帝也乐于让国家扬威，于是支持两位外戚的意见，将郅支单于悬首示众十天。

弘恭死后，石显接替他做中书令，很受元帝信任。他曾经想把姐姐嫁给甘延寿，被拒绝了，怀恨在心。匡衡比萧望之滑头。他不敢得罪石显，做什么事情顺着石显的意思。但他又和萧望之见识相同，认为决不能容忍将领在境外擅自兴兵的做法，于是和石显联起手来打击甘延寿和陈汤。他们说陈汤一向贪婪。儒家惯于指责别人贪婪。其实他们所谓的贪婪只是真正做事情的人建功立业的企图心。匡衡和石显说，陈汤和部下带回来的缴获财物大都是非法盗窃的。这个指责也没有道理。将军们让部下分享战利品，甚至允许他们在战胜后劫掠屠城，这是古代鼓励士兵作战常用的方法。而甘延寿和陈汤的部队纪律严明,并没有侵扰沿途和战地的居民。他们只是在战后认可了在战场上缴获匈奴战利品的军人们的权利,把战俘分给当地帮助出兵的诸国。这些做法也没有什么可以指责的。可是监察官员下令在半路上拦截陈汤一行,搜查他们。陈汤给皇帝上书说:"我们消灭了郅支单于,万里归来,朝廷应该派使者欢迎才对,怎么反而把我们抓起来搜查呢?这不是为郅支单于报仇吗?"元帝马上下令释放他们,让沿途官员为他们提供酒食,好好招待。

回到朝廷论功的时候,匡衡和石显说:"甘延寿和陈汤假借皇帝的名义擅自出兵,不治死罪够幸运了。如果再奖赏他们爵位土地,以后的使者都会怀着侥幸心理去冒险,给国家生事。这个头可不能开。"元帝心里很高兴甘延寿和陈汤在西域为国家立功,但又不能不考虑石显和匡衡这两位重臣的意见,所以拖了两年做不出决定。这时因为反对弘恭和石显而与萧望之一起被罢官在家的皇族刘向给元帝上书。他说甘延寿和陈汤立的是千载之功,群臣里没有人的功劳可以与之相比。《司马法》说赏赐军功不应超过一个月,却拖了这么长时间不赏;不但不奖赏他们的大功,反而揪住小过失非要治罪。这样做怎么能鼓励人,尤其是在疆场上的军人们,为国家尽忠效力,实在让人痛心。这样元帝才下诏赦免两个人擅自出兵的罪,让公卿们讨论封赏。

评议的官员们都认为应该按照军法的捕斩单于条例来奖赏。匡衡和石显又反对,他们说:"郅支单于亡了国逃到绝远的地方,不能算真单于。"这也是极其迂腐的胡搅蛮缠。当年楚霸王项羽战败后逃到乌江边,身边只剩下二十几个部下,被五千骑兵包围。他自杀后尸体被五个人抢到。刘邦给这五个人都封了侯。他并没有说他们斩获的不是真楚霸王,或者只是楚霸王的五分之一。其实陈汤和甘延寿的胜利有多了不起,只要和李广利远征大宛的战役一对比就可以看得清清楚楚。李广利两次远征大宛,死了十万人,耗费人力和物资不计其数,最后也没有攻克大宛。郅支单于的战斗力远强于大宛,隐然已经是西域的霸主。元帝一直想惩罚郅支单于,就是因为他逃到绝域才无能为力。汉朝和匈奴交战一百六七十年,从来没有捕杀过匈奴单于。而陈汤和甘延寿不费朝廷一个兵,一斗粮,就完成了朝廷以为不可能的功业,却被主持朝政的大臣们拿这样荒唐的理由来污蔑和贬低。

元帝只好再妥协,说那就按照他们的前任郑吉的前例,封他们千户侯吧。郑吉是宣帝时派驻西域屯田护路的军官。那时汉朝正在和匈奴争夺西域。郑吉曾调集当地诸国的军队攻破依附匈奴的车师国。后来匈奴内乱,匈奴控制西域的日逐王请求投降汉朝。郑吉成功办理了受降，护送日逐王的部众到长安。从此西域成为汉朝的势力范围。郑吉也是汉朝驻西域的第一任都护，负责保护汉朝通西域的道路。这些功劳显然不能与陈汤和甘延寿的相比。匡衡和石显还是不同意，最后给每个人只封了三百户。陈汤的爵位还是个低一等的，没有封地的关内侯。一个月后元帝去世，成帝继位，大赦天下。匡衡又上书，说陈汤盗窃在西域作战缴获的财物，对部下说什么在境外这么遥远的地方发生的事，朝廷不会查对。虽然事情发生在大赦之前，但是这样的人不应该在位。于是陈汤被罢了官。

　　几年后匡衡也被罢了官，罪名竟然也是盗窃，动机竟然也是贪婪。他的封地所在的郡政府把地界标错了，多划给他四百顷土地。四年后郡里发现了错误，改划地界，并通知丞相府，从下一年起这四百顷土地和上面的租谷就不再归他了。他问亲信丞相府里负责这件事的官员打算怎么办。亲信告诉他主事官员想去和郡政府对改划地界提异议，但是担心郡里不会答应，建议丞相府的主管直接上书。匡衡说："只考虑该得不该得，哪至于去上书！"这话说得模棱两可，但意思实际上很清楚。接到郡政府的通知以后，"该得不该得"对他竟然还是一个问题，还要属下考虑，这很清楚地表明了他对郡政府决定的态度。于是相府里负责这件事的官员去找郡里，质问怎么把地界改了。郡里的官员不敢得罪丞相府，马上把这四百顷地退还给匡衡，同时退还了这块地上的一千多石租谷。匡衡这时候却没有先问问"该得不该得"，派丞相府的人把郡里退还的租谷从国库运回家里。这件事被监察官员告发。成帝没有治匡衡利用权势盗窃国家财物的罪，只把他罢免为平民。

　　这很难让人相信是一个把义与利的大道理当作治国原则的儒家大学者做出来的事情。如果匡衡真的相信他大力鼓吹的儒家大道理，在收到郡里的通知后，他马上应该意识到这是关系到义与利、自己的名节，乃至社会的风气教化的大事。他应该做的是马上把以前几年多收的租谷全部退回，明确告诉属下服从郡政府的决定，向皇帝上书为自己的失察误占谢罪。即便有疑问，也应该先采取这些措施，决不能保留有疑点的财物，然后再请郡政府复核地界改划对不对；而不是故意含糊其辞，让属下出面去争，在郡里屈服于他的权势后公然侵吞国家财物。他的做法清楚地表明了他的见识和品格的低俗。像这样的俗儒在朝廷里竟然接二连三地爬升到最高位置。这是独尊儒术和通过考儒家的死知识来选拔人才的方法结出的恶果。不但朝政被一些向往复古，不懂现实，没有治理能力，只会用窒息社会活力的方法来治国的官员控制，而且这些官员，尤其是爬上高位的，也都是些品格低下的

人。当儒学成为做官求富贵的捷径以后,以此为目的走上读书做官道路的
人只是把儒学当作工具,真正支配他们的是个人的私利,而不是儒家教导的
社会公益。而这样的人在官场中却更有生命力。但是造成他们的地位上升
的主要原因还不是他们自己的钻营,而是退化中的皇室和家天下王朝日益
加剧的不安全感。

第九章

王莽篡汉的故事

王家的兴起

元帝不到四十岁头发和牙齿就都脱落了，四十二岁时去世，在位十六年。他的长子继位，这就是汉成帝。

成帝的母亲叫王政君。她的祖上是齐国的王族，姓田。齐国被灭以后，齐国人称她家"王家"，所以就姓王了。王政君的父亲王禁在长安学法律，后来在廷尉手下做事。他贪酒好色，娶了好多妾。原配夫人不高兴，生下王政君和两个男孩以后就改嫁了。王禁有四个女儿，八个儿子。王政君是二女儿，品貌出众，曾经两次被许配给人，都是还没过门男人就死了。王禁有点儿好奇，请算命先生来给她相面。算命先生说她将来"贵不可言"。王禁本来就往这方面动心了，听了深信不疑，于是教王政君念书，鼓琴，十八岁时送她进宫做了宫女。

一年后，太子，就是后来的元帝，最宠爱的妃子病死了。临死前她对太子说："我死不是因为寿命到了，是其他妃子嫉妒，诅咒我，把我害死的。"太子也相信是这么回事，悲愤得生了病。他恨自己的妃子们，一个也不见。宣帝知道了，让皇后另选几个好女孩送给太子。皇后在后宫选出五个人，王政君也在其中，等太子来的时候带来让他过目，让手下官员问他看中哪一个了。太子本来没有这个心情，可是不能不敷衍皇后，就勉强说："其中的某人可以。"他也没说清楚是哪一个。因为见面时王政君坐的地方离太子最近，又刚好穿了一件和别人都不同的、镶红边的外衣，很显眼，那位官员以为太子指的是她，就这样报告皇后。皇后派人把王政君送到太子宫中。

王政君一到太子身边就怀孕了，给太子生下一个男孩。太子这年二十五岁。此前他也有十几个妃子，有的跟了他七八年，却没有一个生孩子。这一年宣帝四十二岁，这个孩子是他的第一个，也是他唯一一见到的孙子，非常喜欢，亲自给起名叫骜，是千里马的意思，经常带在身边。太子即皇帝位以后，立刘骜为皇太子,立王政君为皇后。王政君当上皇后是很偶然的事,就是因为一个误会。元帝当初并不爱她,后来也很少见她。只是因为立了她的儿子为太子,母以子贵,所以立她当皇后。但这个偶然事件却对汉朝的国运发生了极其深远的影响。

成帝小的时候还爱读书学习,大一点儿了就开始沉迷于酒色,年轻的时候就出名的好色。元帝认为他当太子不够格,直到躺在病床上快要死了,还想换掉他。只是因为当年宣帝很喜爱他,他当太子也有十几年了,还有一些有影响力的朝臣拥护,这才死了心。成帝继位后,王政君成了皇太后。她的同父同母的哥哥王凤被成帝任命为大司马大将军,这是当年霍光的职位。另一个同父同母的弟弟也被封为万户侯。过了五年,成帝把太后的五个同父异母兄弟在同一天也都封了侯,每家三千户。

封侯是朝廷授予功臣的最高荣誉和奖赏。刘邦曾经和群臣立过盟约:没有功劳不能封侯。当年李广是那样勇猛的将军,从年轻时就和匈奴作战,出生入死,一辈子都没封上侯,成为流传千古的遗憾。金日磾有两个儿子和昭帝年龄相仿,一起长大,晚上在一起睡觉,白天在一起玩儿,非常亲密。金日磾死后,大儿子继承了他的侯爵。昭帝想给小儿子也封侯,霍光不同意。昭帝笑着说:"封侯不就是我和将军两个人说了算吗?"霍光说:"先帝有规定,没有功不能封侯。"昭帝就不再说话了。按照惯例,行政官员做到最高一级,当了丞相要封侯,也不过一千户。宣帝报答邴吉的大恩,封他一千三百户。甘延寿和陈汤立了那样的大功,朝廷里争议了两年,最后勉强封侯,每人只有三百户。而到了成帝和王政君这里,封侯成了他们送给亲戚的好处。祖宗的遗训,国家的重要制度,社会的公平正义和直接受它影响的天下人心,他们都不当一回事。没有见识,也没有自律,凭借权势,随心所欲,肆意妄为,不知道是在自我毁灭。朝廷对他们也没有了制约。汉朝已经进入了末世也由此可见一斑。

成帝什么政事都不管,全交给王凤,自己去享乐,在皇宫里吃喝玩乐还不开心,常常化装成平民到皇宫外面去玩儿。富平侯张勃的孙子张放是他的酒肉朋友。张放的母亲是成帝的姑姑敬武公主。他自己娶了成帝的许皇后的妹妹。结婚时,成帝给他办喜筵,号称皇帝家娶亲,皇后家嫁女。成帝和张放既是姑表兄弟,又是连襟,感情极好,睡觉都在一起。两个人常带着十几个随从,或乘一辆小车,或者骑马,出宫到处游玩。成帝对外说自己是张家的人,别人都叫他张公子。有一次他们跑到阳阿公主家,阳阿公主设宴招待。成帝看见阳阿公主家养的舞女赵飞燕,被迷住了,带她回宫,非常宠爱,后来又把赵飞燕的妹妹赵合德也召进宫,更爱得不得了,把赵飞燕也冷落了。传说成帝说赵合德是他的"温柔乡",说自己情愿在温柔乡里快乐到老,不羡慕想当神仙的武帝寻找了一辈子的"白云乡"。

成帝去朝见太后。太后看见他就哭了,说:"皇帝又黑又瘦。这都是因为跟着张放胡闹,伤了身体。一定得把张放赶走。"成帝的舅舅们听说了,让丞相和御史大夫找张放的过失告他。丞相和御史大夫向成帝上奏,说张放骄奢放纵,横行霸道。他要某个人家的女孩没要来,就派奴仆去那家打伤人。他不知因为什么事情和乐府的一个官员结怨,派出四十多个奴仆带着兵器大白天攻进乐府。那里是政府机关,他们又绑人,又砸东西,在那里工作的人都奔逃躲藏。得罪他的那个官员剃了光头,光着脚,脖子套上铁圈,穿罪犯的红色衣服,和其他官员一起来给张放磕头,张放才饶了他。张放家的奴仆也在外面仗势欺人。有一个家仆想强占某官员的妻子不成,就把那个官员杀了。还有一个家仆杀了仇人的亲属,躲在张放家里,官府没法抓。有一次官府的人奉命到张放家抓罪犯。他在家,他的家仆们用弓箭射官府的人,不许他们进门。张放做的这些无法无天的事在长安城里大概无人不知,但是从来没人敢管。只是因为现在太后讨厌他了,成帝的舅舅们授意,丞相和御史大夫才向皇帝打报告。他们说像这样的人不能在皇帝身边服务,请罢他的官。成帝只好派张放去外地,才过几个月,又把他调回身边。太后问:"以前说的还没改呢,怎么他又回来了?"成帝只好再把他派出去。告别的时候流泪,看不见他就想念,经常写信慰问。不过成帝也有点儿玩腻了,又读起儒家的经书来,太后也高兴了。

当年元帝虽然把政事都交给下面人办,但办事的弘恭和石显还把他当主子,还要揣摩迎合他的心思。王凤把成帝就当一个不成器的晚辈,而他自己也是平庸狭隘的人。有一次成帝的左右向他推荐一个少年天才,刘邦的弟弟楚元王的后代刘歆。成帝召见他,听他读自己做的诗和文章,很欣赏,当场要任命他当侍从官。把官服都取来了,要拜封的时候,左右说:"还没告诉大将军呢!"成帝说:"这点儿小事,有什么必要告诉大将军?"左右磕头劝阻,成帝只得去告诉王凤。王凤说不行,于是就没任命。王凤不同意是因为皇帝的同姓本家和外戚通常是对立的,他不愿意成帝身边有个得力的本家当助手,以免影响自己对成帝的控制。

成帝没有孩子,身体也经常不适。他有两个异母弟弟,一个是定陶王,另一个是中山王。当年元帝最喜欢定陶王,总带在身边,几乎要立他当太子取代成帝。定陶王来朝见,成帝对他说:"我没有儿子,一旦去世,就再也见不到你了。你就留在我身边吧。"这是有意要立定陶王做自己的继承人。成帝是王政君唯一的儿子,是王家权势的唯一来源。王家的利益就在于把皇位传给成帝的后代。如果传给元帝其他妃子生的孩子,王家的权势就转到别的外戚家去了,所以王凤不愿意定陶王留在京城。刚好这时发生了日食,王凤上书,说这是上天为了定陶王留在京城发出警告,成帝只好让定陶王回封国。

大臣王章上书,说日食是因为王凤下夺上权。成帝也讨厌王凤干涉自己太过分,召王章来密谈。王章说:"陛下没有继承人,留定陶王在京城是为祖宗和社稷着想,怎么会招来日食?如今政事无论大小都由王凤一个人做主,臣下侵夺君主的权力,这才是日食的原因。另外王凤的小妾的妹妹已经出嫁了,他说这个女人生育力特强,把她献给陛下。蛮夷都知道把婚后生的第一胎杀掉以杜绝野种,他怎么能把已经嫁人的女子献给至尊?应该让他退休回家。"成帝也愿意,可是他只想玩乐。赶走王凤,他需要一个人替他主持朝政,就请王章推荐。王章推荐冯奉世的儿子冯野王。冯奉世的长女是元帝的妃子,也给元帝生了一个儿子,被封为中山王。冯野王是中山王的舅舅。成帝当太子的时候就听说他很贤能,觉得可以用他取代王凤。

成帝每次和王章谈话时都让左右的人走开。可是王凤的堂兄弟王音是皇宫里的侍从官。他都偷听到了,报告给王凤。王凤很害怕,他的助手给他出主意,让他以退为进,主动上书请求退休,把话说得尽量悲哀。成帝的母亲,太后王政君听说后哭了,不吃饭了。成帝从小和王凤这个舅舅也很亲,这时又不忍心了,只得说好话请王凤回来,让他继续主持朝政。为了安抚王凤,成帝还让人控告王章,说王章推荐冯野王是要让他在朝中袒护诸侯,对已经侍奉了皇帝的宫人说了很不得体的话,王章竟死在狱中。从此以后,朝廷里的官员都不敢正眼看王凤了。王凤不肯放过冯野王,强加了一个罪名把他也罢了官。

王章当年是在长安求学的穷学生。有一次得了病,家里没有被子,盖着牛衣躺着。牛衣可能就是盖在牛身上的草垫子。他以为自己要死了,流着泪和妻子诀别。妻子生气地说:"京城里的显贵谁有你这样的才能?现在贫病交加的时候,不振作起来,反而哭泣,多没出息!"后来王章果然凭着学问和才能当了官,在朝廷里以敢于直言著名。他不畏权贵,曾经因为批评石显被罢官,成帝继位后复职,后来又当上了京城的行政长官京兆尹,提拔他的人就是王凤。如果他去给王凤当死党,有望做到宰相。可是他不赞成王凤侵夺皇帝的权力,反而去和王凤做斗争。王章和全家人被关进监狱。有一天他的十二岁的小女儿夜里起来大哭,对母亲说:"平日监狱里点犯人都数到九,今天只听见数到八。我父亲性格刚强,第一个死的一定是他。"第二天一问,果然是王章死了。王章的家人被流放,直到王凤死后才被释放回家乡。像王章这样学生出身的人,少年时代发奋学习,培养正义感和刚直不阿的品格,立志要为国家效力,为皇帝尽忠，做到了贫贱不能移，富贵不能淫，威武不能屈，却遇到成帝这样的皇帝，他受到的教育刚好把他送上死路。道德教育变成了杀人教育，这是中国古代教育的一个大悖论。

绝后的成帝

成帝不但在朝堂上驾驭不了大臣，反而被大臣们左右，在后宫也受后妃们挟制。他当太子的时候，元帝为他娶自己母亲许家的女孩做妃子。元帝听说太子和许妃很亲爱，高兴得让人给自己敬酒祝贺。这位许妃给太子生过一儿一女，都没保住。成帝继位后立她当皇后。可是有了赵家姐妹以后，从许皇后以下，所有妃子一概失宠。许皇后的姐姐暗中诅咒怀孕的妃子和王凤，被发现后，赵飞燕出头告状，许皇后被废。成帝想立赵飞燕当皇后，太后王政君嫌赵飞燕出身太微贱，经过太后的外甥淳于长往来劝说，一年后才答应。

赵飞燕当了皇后，赵合德被封为昭仪。昭仪是地位仅次于皇后的妃子，级别相当于丞相和诸侯王。姐妹俩专宠十多年都没能怀孕。她们自己生不了孩子，也不许成帝跟别的妃子和宫女生孩子。后宫有谁生了孩子就被害死，怀孕的就用药打掉。史书上详细记载了这样两件事。给皇后伴读的女官曹宫怀孕，在成帝四十岁那年给他生下一个男孩。几天后太监田客拿着成帝的手令，命令管理掖廷监狱的官员籍武把曹宫母子和六个服侍她们的女仆都关进监狱。过了三天，田客又拿着成帝的手令来问籍武那个婴儿死了没有，让他亲笔在手令的背面写答复。籍武写道："婴儿在，没死。"田客回去报告，一会儿又出来对籍武说：皇上和昭仪大怒，问你为什么不杀。籍武磕头哭着说："我知道不杀是死，杀了也是死。"他写了一封信让田客交给成帝，说："陛下还没有继承人。儿子是没有贵贱的，希望您好好再想想。"田客回去报告后，又拿着成帝的手令来了，让籍武当晚于某时某地把婴儿交给太监王舜。籍武问田客皇上看了他的信有什么表示，田客说皇上发呆了。这时候婴儿才生下来八九天。成帝让太监王舜给婴儿找奶妈，在宫中好好抚养，办得好有赏。又过了三天，田客又拿着成帝的手令和毒药来，让籍武亲自监督曹宫自杀。那六个服侍的女仆也被赵合德逼迫自杀。婴儿在王舜那里抚养了十一天后，又被成帝派人取走，以后就不知下落了。

《汉书》上说一年后，成帝的一个姓许的妃子也给他生了一个儿子。成帝派太监带医生和药物去照顾。不知是出于什么心理他告诉了赵合德。赵合德大闹，对成帝说："原来你一直在骗我，不在我这儿的时候，你说你在我姐姐那儿。那许美人怎么生的孩子？你还是要立许家的人啊?"一边说,一边打自己,用头撞墙和门柱,从床上滚到地上,不吃饭,哭着说:"你先打发我吧！我要回家。"成帝说:"我特意告诉你,你发什么火？真不懂事！"自己也陪着不吃饭了。赵合德说:"你觉得自己没错,为什么不吃饭？你总说:'决不会做对不起你的事。'现在许美人有儿子了,你说话不算话,怎么解释?"成帝说:"我说的是立赵家,不立许家。决不让天下任何人家地位在赵家之上。这你根本不需要担心。"说完他派太监拿着他的手令去许妃那里,把孩子装在一个匣子里带来。孩子送来后,他让所有伺候的人都出去,关上门,只有他和赵合德在屋里。过了一会儿又打开门,叫太监进来,让把匣子拿去交给籍武,告诉他匣子里有死婴,让他埋掉,不要让任何人知道。赵合德为了嫉妒,逼成帝杀子。而成帝被她挟制,竟亲手杀死儿子,让自己绝后。

　　从赵合德跟成帝大闹时说的那些话推测,可能这位许美人就是七年前被废的许皇后。成帝把曹宫生的儿子偷偷送到她那里抚养。这个男孩是成帝唯一的儿子。他将来继位,抚养他的许美人就是皇太后,地位自然尊贵无比,所以赵合德这样大闹。成帝当年和许皇后感情很好。她被废是受家人牵连。成帝被赵家姐妹迷住了,但对她并没有恶感。许皇后的父亲许嘉在元帝时是大司马车骑将军。成帝让他退休,把权力都交给舅舅王凤。许皇后被废和王家对许家的排挤打击很有关系。许皇后的姐姐和淳于长私通。淳于长通过她传话骗许皇后,说能帮她恢复皇后位。许皇后就通过姐姐给他送礼,写信表示感谢。淳于长给她回信,有轻薄的言语。后来王政君的侄子王莽为了斗倒淳于长,揭发了这件事,成帝就逼许皇后自杀了。

　　又过了两年,成帝四十四岁了,觉得自己不会有儿子了。他把大臣们请到宫里来,一起商量立后的事。他的异母弟弟定陶王已经去世了。另一个异母弟弟中山王和他的侄子,现任的定陶王在继承顺序上最近。成帝问大臣们应该立谁为太子。大家都说应该立侄子定陶王。只有御史大夫孔光反对,他认为中山王是成帝的弟弟,元帝的儿子;而定陶王是成帝的侄子,元帝的孙子,从与这两位皇帝的关系来论,中山王都更亲更近。比照《尚书》所说的商朝的原则和前例,应该立中山王。成帝认为按照礼制兄弟不能互相继承,另外定陶王的祖母傅太后给赵飞燕姐妹送礼行贿,她们姐妹愿意立定陶王,于是定陶王被立为皇太子。孔光建议不当,被降级去做廷尉。

　　商朝时兄终弟及是惯例。周朝建立嫡长继承制度,排除的就是兄弟继承的做法。家长没有子嗣时可以过继兄弟的儿子来继承。这是周礼和商礼最重要的区别。儒家遵奉的是更加晚近的周礼,孔子对此有明确的说法,所以自然应该过继侄子定陶王继统。孔光是孔子的后人,当代儒家大师,在讨论继承问题时援引商礼,可以说是糊涂到家。其实成帝对礼制究竟有多在意也是个问题。当年他让弟弟定陶王留在长安,准备立为太子时,定陶王的儿子已经四岁了。他并没有考虑兄弟不能互相继承的规定。他的决定可能更多是受了赵飞燕姐妹的影响。

　　一年后成帝突然去世。他平时没有大病,头一天晚上也好好的,第二天早上起床,穿上裤子袜子,要站起身穿上衣时,衣服从手里掉落,也说不出话来了,当天上午就死了。他的病症很像中风。但那时的人不懂。因为他总在赵合德的宫里住宿,人们纷纷议论,都说是赵合德让成帝纵欲过度,伤了他的身体。于是太后下诏让她的侄子大司马王莽和丞相等官员调查成帝的生活和发病情况。赵合德不肯面对调查受辱,就自杀了。张放在外地听到成帝去世的消息,悲伤过度也死了。他和成帝是感情深厚的好朋友,虽然是一对纨绔,在一起不务正业。成帝的侄子定陶王继位,他就是汉哀帝。

荒唐的哀帝

　　哀帝很聪明,小的时候,成帝考他《诗经》,他都会,十八岁被立为皇太子,十九岁登基。他是个想有作为的皇帝,不愿意像成帝那样把政务都交给外戚和大臣们管。他有祖母和母亲两家外戚。王家从王凤开始一直占据大司马这个权力最大的职位。这时王家在朝中执政的是王莽。他是王政君的侄子,当政才一年多。王政君让他退休,给哀帝的外戚让位。哀帝本来也看不惯王家过盛的权势,但不好意思刚上台就打发王家的人走路,向王政君请求挽留他,于是王政君让王莽继续工作。

　　哀帝在宫中设宴。因为傅太后是哀帝的亲祖母,安排宴会的太监为她布置带帷幄的帝后座位,设在太皇太后王政君的座位旁边。王莽看见了,说:“定陶太后是藩妾,怎么能和至尊并列?”让撤掉另设。傅太后非常气愤,拒绝出席宴会。王莽知道得罪了哀帝和傅太后,请求退休。哀帝赐给他五百斤黄金,让他回家了。

　　虽然这是外戚之间的名分和地位之争,但王莽确实站在礼上。王政君是元帝的皇后,虽然从来不受宠,但她是正妻。傅太后当年最受元帝宠爱,但她是昭仪,是妾的身份,另外她也是定陶王的太后,这就是王莽称她藩妾的依据。虽然现在哀帝当皇帝了,但他继承的是成帝。按照礼制,为人后者为之子。他在名分上是成帝的儿子,只能尊成帝为父亲。他的亲生父母在名分上就不再是他的父母,他们的地位也不应该因为他当了皇帝而改变。他们甚至不应该再见他。成帝立定陶王为太子以后,曾经和大臣们讨论过太子的亲祖母和生母该不该再去见他。主事的官员认为不应该。太后王政君建议让她们十天去一次太子家见面,成帝不同意。王政君说:"太子从小是傅太后抚养的。让她去见面是因为她对太子有'乳母恩',这样做不会有问题。"这是王政君为了照顾太子的亲情而想出的绕过名分的办法。太子的生母丁姬甚至还没有这个资格,因为太子从小不是她抚养的,她对太子没有这个"乳母恩"。

虽然哀帝和亲生父母与祖母在名分上已经没有关系,可是他出于亲情总想抬高他们的名分和待遇。他一登基就请王政君下诏把他父亲的名号由定陶恭王改为定陶恭皇,然后顺理成章地把祖母和生母的名号改为恭皇太后和恭皇后。一年后又把定陶两个字去掉,称生母帝太后,称祖母帝太太后,待遇排场都和太皇太后王政君一样。哀帝的理由是《春秋》经上有母以子贵的道理。他的地位尊贵了,他的祖母和生母的地位自然应该水涨船高。两个月后丁太后去世,哀帝把她的灵柩送回定陶与父亲合葬。过了三年傅太后去世,哀帝以孝元皇后的名分把她与元帝合葬。这都是不合礼制的僭越做法。傅太后是元帝的妃子,丁姬是定陶王的妃子。她们都是妾的身份,葬礼却按正妻和后的名分来办。这和成帝一天给五个舅舅封侯一样,都是为了私情破坏制度。克己复礼是儒家教育人的第一个大道理。这些皇帝们尊儒,好儒,受儒家教育长大,可是行使起权力来却随心所欲,肆无忌惮。这可以说是儒家教育的最大失败。

哀帝在位时做的最重要的事是按照大臣们的建议,发布了一个限制占有土地和奴婢的诏令。自从商鞅变法开放土地自由买卖以后,土地兼并和它带来的社会两极分化成为传统农业社会的不治之症。董仲舒在武帝的时候就已经指出它造成的恶果。他说土地兼并使富人占有无边的田地,穷人却连立锥之地也没有,只能给富人当佃户;收获的一半要交地租,穿牛马的衣服,吃猪狗的食物,最后逃亡到山林里当强盗,被官府捕杀。他认为即使不能马上恢复井田制,也应该先限制土地占有以遏制兼并。但是武帝没有采取行动。这是关系王朝命运的大事。家天下王朝的威胁一个是权臣篡夺,另一个是农民造反。每一个朝代都是在这两股力量的夹击下灭亡的。土地兼并使豪强的势力越来越强大,使农民的生活越来越贫困。豪强越强越难控制,农民越穷越要造反。王朝就像坐在一座不断蓄积能量的火山上。到了哀帝的时候,不采取行动显然已经不行了。

哀帝下诏说:"王侯官吏和民间的富人占有越来越多的土地房屋和奴婢,

让老百姓失去生计,生活困苦,要想办法限制。"大臣们研究后提出办法:上到诸侯王,下到平民,任何人占地不许超过三千亩,拥有奴婢的上限是:诸侯王二百名,列侯一百名,官员和平民三十名,超过的都由官府没收。但这个法令只是一纸空文,没法执行。因为占地多的都是有权势的人,皇帝要依靠他们统治天下。让他们自动放弃财产是与虎谋皮,皇帝也不能去没收他们的财产,因为这是逼他们一起造反。所以任何一个王朝都解决不了土地兼并的问题,只能眼看着两极分化使社会分裂,陷入内战。

哀帝刚继位就废除乐府。史书上说他不喜欢声色,但其实他只是不喜欢女色。后人认为他可能是个同性恋,因为他非常宠爱一个男孩子,那宠爱比成帝对赵家姐妹的宠爱有过之而无不及。这个男孩子叫董贤。他的父亲是个御史,他从小进太子家当舍人,也就是家臣,后来跟哀帝进皇宫做了郎官。两年后,他十九岁了,长得非常漂亮动人。他的工作是在殿下报时,有一天哀帝远远地看见了,问:"是舍人董贤吧?"从这一声对旧人的亲热称呼就可以知道哀帝一直把他放在心上。哀帝叫他过来说话,从此和他好起来,相亲相爱,形影不离。有一次两个人一起睡午觉,哀帝醒了要起床,但衣袖压在董贤身下。他怕惊醒董贤,就把袖子剪断了再悄悄起身。从此男人对同性的偏好被称为"断袖之癖"。董贤性情特别温柔,对哀帝也很有感情,休假日也不出宫,就陪在哀帝身边。于是哀帝让董贤的妻子也进宫,安排房子给他们夫妻住。他又娶了董贤的妹妹,封她为昭仪,白天黑夜和他们三个人相伴。哀帝和董贤活着分不开,死后也要在一起。他在皇宫近旁给董贤建造豪宅,又在自己的陵墓旁给董贤修墓,赏赐给董贤的财物不计其数,包括宫中珍宝、车马、兵器、葬器,都是御用品中的极品。他曾经一次赏给董贤二十万亩地,从此限田的法令就等于自动作废了。

哀帝让董贤富了,还要让他贵。有两个小官通过皇帝的近臣宋弘告发东平王谋反,诅咒哀帝。东平王的封国内一座山上的土自己翻起来把草压在下面,看去像驰道一样,另一座山上有石头翻转,自己立了起来。他和王后亲自去祭拜,还做了石头的模型,和草一起供在家里。石头自己站立是当年宣帝从民间登上皇位的征兆,驰道也可以看作要上路进京的象征。于是那两个小官看出了问题,告发东平王有野心。诅咒哀帝大概是他们想当然,但是也被审问出来了。东平王夫妇招供说他们让某个巫师和某个奴婢诅咒哀帝了。于是东平王自杀,王后被杀,东平国被废除。东平王被定罪后,这两个小官一步登天,提升到郡守一级。哀帝让他们改口说他们是通过董贤告发的,这样董贤就有功了,哀帝要给他们三个人封侯。丞相王嘉不同意,说这件事人们议论纷纷,多有疑问,应该把董贤当时告发的记录公布出来,经过大臣们讨论再封,这样才能让天下人信服。哀帝有些顾忌,但搁置了几个月,还是一意孤行,下了封侯的诏令。为了堵大臣们的嘴,他在诏书里先指责他们,说如果朝廷里有能臣,下面就没有人敢谋反。你们这些大臣无能,不能防患于未然。幸亏祖宗保佑,董贤等人发现了。《尚书》里不是说吗?做了好事就要表彰。于是他给三个人封侯,每人一千户。接着马上又给董贤一个人加封两千户。第二年傅太后死,哀帝借口傅太后有遗诏,用太皇太后王政君的名义给丞相和御史大夫下诏,又要加封董贤两千户。丞相王嘉封还诏书,拒绝执行。

王嘉最初是通过经学考试被选拔为郎官,后来因为政绩优异逐级升上来,做到丞相。他为人正直,有威严。哀帝刚继位时很敬重他,但为了他一再妨碍自己对董贤的宠爱,对他越来越反感。几个月前,掌管刑狱的廷尉梁相怀疑东平王的案子有冤情,要把案子调到长安来复核。这时离冬季结束还有二十天,按照惯例,出了冬季就不能执行死刑了。哀帝指责梁相和另外两位支持他的官员办案故意拖延,暗中帮助东平王,是对皇帝不忠,罢了他们的官。几个月后遇到大赦的机会,王嘉上书说这三个人的品格、才能和专业知识都非常优秀,希望朝廷爱惜人才。这让哀帝听了很不痛快。正好二十几天以后王嘉又阻止他加封董贤,于是哀帝借梁相的事发难,要治王嘉的罪。他说:"梁相在职的时候依附诸侯,对皇帝有二心。他的罪恶王嘉不是不知道,当初自己也检讨过作为丞相失察,现在又反过来称赞他。一个大臣,说话反反复复,欺蒙皇帝和国人,该当何罪?"

哀帝派使者去抓王嘉进监狱。按照惯例,皇帝要治罪,使者到了门前,大臣应该自杀,表示服罪,接受皇帝赐给的体面,也避免落到狱吏手里受辱。相府的官员流着泪给王嘉准备好毒药,对他说将相有冤也不去对狱吏申诉,请他自杀。王嘉把杯子摔在地上,说:"我当丞相,对不起国家,就应该在市场受刑,让天下人都看到我有罪受罚。为什么要躲在家里喝毒药?"他出门见使者接诏,让使者把自己捆绑带走。哀帝听说王嘉活着去见官,大怒,派人办案。办案的狱吏要王嘉认罪。王嘉说:"梁相等人只是办案慎重,没有要开脱东平王的意思。我借大赦的机会为他们说话,是为国家爱惜人才,没有私心。"狱吏说:"如果是这样,那你为什么进监狱?进监狱一定是因为做了对不起国家的事情,就得认罪。"于是用侮辱的手段逼他认罪。王嘉在狱中绝食,二十多天后吐血而死。哀帝的舅舅大司马丁明同情王嘉。哀帝罢了他的官,让董贤当大司马,卫将军,领朝政,百官都通过董贤上奏。这年董贤只有二十二岁,国家大事什么都不懂。

哀帝把什么都给了董贤,让他富到了极点,贵到了极点,而对他的爱却没有止境,最后就想把天下也送给他。有一次哀帝宴请董贤父子和亲属。他喝着酒,笑着对董贤说:"我要学尧把天下禅让给舜,你看怎么样?"王政君的一个侄子王闳在场,上前说:"天下是高皇帝的天下,不是陛下的天下。陛下只应传位给子孙。继统是天下第一重要的事,天子不能拿它开玩笑。"哀帝很不高兴,让王闳出去,以后有宴会再也不让他陪侍。

东平王是宣帝的孙子,是姓刘的皇族,有资格继承皇位。他被人告发谋反只是因为迷信让他有了自己要当皇帝的预感。哀帝公然说要把天下让给自己的男宠,这才是真正的大逆不道。哀帝和成帝不是没有聪明才智,也受过最好的教育,但是养尊处优,居高临下,被人绝对服从的生活环境把他们变成只会纵情享乐,肆意妄为,与社会现实和人民生活完全脱节的怪物。他们掌握着最高权力,却不但对自己的人民没有责任感,对自己的家天下也没有了责任感。

哀帝在位七年,二十五岁病死。他和成帝一样,也没有后代。这也是家天下王朝到了末世的一个特点。皇帝登基的年龄越来越小,寿命越来越短,子嗣越来越稀少,对处理政事越来越无心,行事也越来越荒唐,大权自然也就旁落了。哀帝临死前把皇帝玺交给董贤。王政君当天赶到未央宫把玉玺夺过去。她问董贤哀帝的丧事怎么办。董贤什么都不懂,只好谢罪。王政君说:"王莽以前当大司马的时候,主持过成帝的丧礼,我叫他来帮助你吧!"董贤像得到救星一样,马上磕头感谢。王政君派使者召王莽来,把兵权、政权都交给他。王莽七年前被哀帝排斥回家,可是他的声誉却更高了,因为社会上总有人称颂他,为他抱不平,哀帝在死前一年已经召他进京。这次他复出掌权,马上借太后的名义禁止董贤进宫,收缴了他的大司马官印,让他回家。王政君任命王莽当大司马。董贤回到家就和妻子一起自杀了,死时只有二十三岁。他的家人们很害怕,趁夜把他埋葬了。王莽怀疑有诈,把他的棺材挖出来验尸,又指使人告董贤有各种罪过,没收了他的全部家产。官府把没收董贤的家产变卖了四十三亿钱,这是哀帝在四年之间赏给他的。当年王嘉劝哀帝不能滥赏董贤的时候给他算过账,说元帝时国库和皇室的钱加起来一共有八十三亿。朝廷每年发给全国官员的薪俸总数是二十亿。因为皇上不滥赏,外戚的家产少有超过千万的。

王莽上台

王政君让王莽当大司马。她和王莽接成帝的另一个侄子中山王来继位,他就是汉平帝。平帝登基时只有九岁。王政君亲自在朝廷坐镇,政务都交给王莽主持。

王莽是王政君的侄子。王政君有八个兄弟,除了王莽的父亲早死,其他的都封了侯。他们生活奢侈,纵情享乐,每人娶几十个妻妾,仆人成百上千;在家里大兴土木,建造豪宅。楼台建得像皇帝的宫殿。为了在府第里造湖行船,他们竟敢挖穿长安城墙引河水进宅,甚至凭着舅舅的身份向成帝借宫殿避暑。想做官的人都要走他们的门路,向他们行贿。王家的子弟们也都沉迷于声色犬马,吃喝玩乐,互相比着豪华奢侈。王莽家穷,他为人行事跟他的叔伯和兄弟们截然不同:待人谦恭有礼,生活俭朴,勤奋好学,穿戴和儒生一样,在家里侍奉母亲和寡嫂,抚养哥哥的遗孤;在外面交往的都是社会贤达,对父辈们也都侍候得周到尽礼。王凤病死前,他一连几个月在床前照顾,蓬头垢面,衣服都没脱,非常尽心。王凤请王政君和成帝照顾他,于是他当上郎官,步入仕途,接着被提拔为校尉。六年后,他三十岁那年,被封为新都侯,任职光禄大夫。他的地位高了,对人更谦恭,生活更俭朴,有了财物都帮助人,家里什么都没剩下。于是人们更敬佩他了,交口称赞他的品德。他一生行事的最显著特点这时已经清楚地表现出来,就是当着人面做出让人敬佩和赞叹的高尚举动时,态度非常坦然。

王家自从王凤以后一直把持朝政。王莽三十八岁这年,王莽的叔叔、担任大司马的王根,因为久病要退休了。最有可能接替他的位置的是王莽的表兄弟、王政君姐姐的儿子淳于长。淳于长和成帝很亲近,也是陪成帝偷着到民间玩乐的人。赵飞燕当上皇后也是他的功劳。他从政早,地位在王莽之上,是王莽通向权力道路上的主要竞争者。王莽暗中搜集淳于长的罪状。他对王根说:"淳于长看见您久病,心里暗暗高兴,以为不久就要取代您了。"接着他告发淳于长和被废的许皇后的姐姐私通,接受许皇后的贿赂。王根很生气,说:"那你怎么不去告发?"王莽说:"我不知道您的意思,没敢说。"王根说:"你马上去报告太后。"王政君听了也很生气,让王莽去向成帝报告。于是淳于长被罢了官,死在狱中。王莽接替王根当了大司马,成为王家在朝廷里的头面人物。哀帝在位的时候他被排挤出朝廷。哀帝一死,靠着王政君支持,他重新掌握了权力,马上开始清算旧账。

　　王莽把丁家，傅家和董贤家的人都罢官流放，把傅太后的名号贬为定陶共王母，丁太后为丁姬。过了几年，又说她们都是按皇后的名分埋葬的，不合礼制，要把她们的坟挖开，把随葬的标志皇太后身份的玺绶取出来销毁，把遗体迁回封国定陶埋葬。王政君想过去的事情就让它过去，觉得挖坟惊动死人太过分。但是王莽坚持，她就同意了，只要求不要动棺材。王莽派人去挖傅太后的坟，坟塌了，压死几百人。挖丁姬的坟时，墓中燃起大火，把棺材外面随葬的器物都烧了。这些灾难完全是他挖坟造成的，他却说这是因为定陶共王母和丁姬的埋葬不合礼制，上天发怒了，降灾警告，所以必须彻底纠正才行。不仅她们的皇太后玺绶要销毁，她们用的棺材和身上穿的珠玉衣服也与她们的身份不符，都应该纠正，要换成木棺材，扒掉珠玉衣服。丁姬也要改葬在埋葬妃子的地方，不能和定陶王合葬。王政君都批准照办。朝廷里的高官们为了讨好王莽，都出钱出力，纠集了十多万人，带着工具去把傅太后和丁姬的坟平掉。

　　王家的人都恨赵飞燕，认为是她和赵合德姐妹俩让成帝绝后。王莽捡起她当年专宠，害怀孕的宫人使成帝无后的罪名，同时指责哀帝的傅皇后骄傲任性，不守本分，让太皇太后王政君废掉她们的皇后位。两个人都被逼自杀。大司徒孔光是三朝元老，受太后敬重。王莽想打击谁，就让他出面上奏。孔光不敢不顺从照办，然后王莽就建议太后准奏。就这样他把哀帝的外戚和大臣中与他不和的人都罢官，流放到远方。王莽的叔叔王立是太后的亲弟弟。王莽怕他在太后跟前说话妨碍自己，指使孔光告他当年接受淳于长贿赂，代为说情，请太后赶他回封地。王政君不同意。王莽说如果太后顾私情，不听大臣的意见，国家就要乱了。王政君只好批准。

王莽的谦让

　　王莽一边排挤不肯迎合自己的人，一边培植亲信爪牙，把官员们都变成他的应声虫，吹鼓手。他担任的已经是朝廷的最高职位。他的亲信爪牙们要讨好他，发明出更高的称号和官位来，请王政君授给他。王莽暗中布置让塞外的蛮夷来献白色的野鸡。这是周公摄政时发生的祥瑞。群臣上书说："上天千年后再次降下同样的祥瑞，这表明王莽的功德和周公一样高，应该赐给他安汉公的称号，加封他，这样才能上应天意。"王政君批准照办。王莽上书说："我是和其他四位大臣一起辅助平帝登基的，希望只奖赏他们四个人，我就免了。"他的爪牙甄邯向太后王政君建议，请她下诏说："你有定宗庙的功劳，不能因为是亲戚就不表彰，你就不要推辞啦！"王莽不接受，称病不上朝办公了。王政君手下的人说:"那就按他的意思办吧,这样他就来上朝了。"王政君于是下诏只奖赏那四位大臣。没想到王莽继续装病,于是大臣们又说:"王莽虽然谦让,但该奖赏还是要奖赏。"王政君头脑简单,不知道王莽究竟是什么意思,就下诏任命他为太傅,赐给安汉公的称号,加封两万八千户。王莽这才上朝谢恩,但是只接受太傅和安汉公的称号,说等到老百姓都生活富足了,自己再受封赏。

当了安汉公以后,王莽让爪牙们上奏,请太后多休息,少管事。以后除了封爵的事要在王政君那里走个过场,其他朝政都由他一手包办,他已经取得了和皇帝一样的权力。为了强化自己的权力,他要把女儿嫁给平帝当皇后。他说平帝继位三年了,该娶亲了,让负责官员在长安挑选合适的女孩子备选。名单报上来以后,他看到里面有许多王家的女孩。他认为这些女孩是自己女儿最直接的竞争者,就对太后王政君说自己无德,女儿材质低下,请不要备选。王政君还没看明白他总是以退为进,又以为他是严于律己,真心谦让,就下诏说王家的女孩都是自己的亲戚,一律不要备选。可是老百姓、儒生和官员们都不答应了,每天有上千人来请愿,说:"安汉公功德这样崇高,怎么偏偏不让他的女儿备选?我们都愿意安汉公的女儿做国母。"王莽派手下人去劝说,没想到越劝越劝不住,请愿的人更多,情绪更强烈,太后只好同意大臣们只选王莽的女儿。王莽谦让说应该让其他女孩子一起备选,大臣们不答应,于是王莽同意开始相亲。

太后派去的官员们回来报告,说安汉公的女儿德貌双全,适宜当皇后。大臣们又说按照古代的规矩,皇后的父亲应该封百里,请加封王莽两万五千六百顷地,与原有的封地凑成百里。王莽说:"我的女儿不足以匹配至尊,但愿她能好好侍奉圣德。我的封地收入够了,不要加封。"王政君同意了。负责官员又上奏说:"按照成规,聘娶皇后的彩礼是黄金两万斤,折合两万万钱。"王莽又极力推辞,只接受四千万钱,还把其中的三千三百万分给十一个陪嫁的人家。群臣又有意见了,说这样皇后收到的聘礼比妾们没多多少,显示不出皇后的身份。王政君就给王莽加了两千三百万钱,凑成三千万。王莽又从中拿出一千万分送给贫穷的族人。他让女儿当上了皇后,也让天下人又一次看到他谦恭爱人和无私的美德。

立平帝以后,王莽不许平帝母亲家的人来京城。他的长子王宇认为他这样做不对,担心他隔绝平帝母子,平帝长大后会怀恨。王宇和老师吴章、妻兄吕宽商量。吴章说:"王莽这个人,直接给他讲道理是没用的。但是他对鬼神的事特别在意。可以先用怪异的事吓吓他,然后再进言说服他把权力交给卫家。"吕宽夜里把血洒在王莽的宅门上,没想到被守门的官员看见了。事情败露以后，王莽处死了吴章和吕宽，把王宇抓起来，逼他自杀。王宇的妻子正在怀孕，生下孩子以后也被杀。这是王莽自己家里出了问题，如果他认为这事情很严重，他本应该向太后谢罪，自责家教和管束不严。他却上奏说王宇"与管蔡同罪。"如果他不是以周公自居，管蔡叛乱和王宇往自己家门上洒狗血这两件事是怎么也联系不到一起的。这样给王宇定罪，他不但不需要承担责任，反而给自己树立起大义灭亲的崇高形象。他的爪牙替他宣传，说人最爱的是儿女，王莽为了忠于皇室，连儿子犯法也要严惩。这表明了他对皇帝和国家是多么爱和忠诚。给自己树立起这样一个大义凛然的崇高形象以后，他就可以放开手杀人了，于是他利用这个案子大做文章，肆意行凶，发动了又一波清洗的浪潮。

他把和这件事毫无关系的外戚卫家牵连入案，把全族人杀光，只留下平帝母亲卫姬一个人。张放的母亲敬武公主是元帝的妹妹，王政君的小姑。她说过对王莽当安汉公不满的话。她的继子薛况和吕宽是朋友。王莽用吕宽的案子株连薛况，杀了他；再借口他和继母敬武公主私通，把敬武公主牵连进来，假借太后王政君的名义派使者送毒药给敬武公主，逼她自杀，却告诉王政君说敬武公主是突然得暴病死的。王政君要去参加丧礼，被他拦住。王莽的叔叔王立和叔伯兄弟王仁也被他派使者逼迫自杀。王莽害死这几个人是为了加强对王政君的控制。他虽然已经控制了朝政，但王政君是四朝的皇后和皇太后，在名义上和人心中是最高权威。王莽要做什么事，需要她下诏才名正言顺。被害的这几个人都是王政君的近亲，在王政君那里可以说得上话。虽然他们都已经被王莽排挤出朝廷，除了敬武公主以外，都不在长安，但王莽为了牢牢控制住王政君，非要害死他们才放心。当初因为不同意王莽当大司马已经被罢官在家的大臣何武这次也被株连进来，在被押解的途中自杀。王莽利用王宇的案子害死上百他要排除的人。

王莽刚当上安汉公，又有一个大臣请有文采的人写了长长的一篇奏折吹捧他，说他不但不利用权位聚敛财物，连应受的赏赐和荣誉，比如最尊贵的安汉公称号，和女儿的皇后位都要推让。地位那样高，自己和家人却过着像平民一样的俭朴生活，财物都用于帮助别人。从政以来为了维护礼法，和淳于长、董贤，还有哀帝的两家外戚斗争，迎立平帝。这样的品德和功劳是古往今来人世罕见的，比得上周公和大禹。如果听任他谦让，不让他得到和他的功德相称的奖赏，既不利于国家，也没顺应天意民心。

王政君看后请大臣们讨论。王莽的亲信爪牙王舜带头，还有八千民众上书请愿，要求朝廷加赏王莽。伊尹和周公是古代功德最高的两位辅政大臣。伊尹叫阿衡，周公是太宰。王舜他们编造出宰衡的称号，建议朝廷授给王莽；

还要赏给以前被他推让掉的土地和金钱,让他出行时使用皇帝的卫队和随员,三公对他说话都要用下属的口气,官员们不能和他同名;还要求封王莽的母亲和两个儿子。王政君批准,召王莽来,亲自授给他封赏。王莽在前,他的两个儿子在后,和史书记载的当年封周公的仪式一模一样。王莽说他只接受对母亲的封赏,又称病不上朝了。

王政君很为难,问大臣们:"每次赏他,他都跪在地上磕头流泪,再三推让。现在他又说有病不上朝了。究竟是答应不赏他,让他回来工作,还是赏他,让他回家里待着呢?"大臣们比王政君明白,他们说:"王莽推让封地是为了给老百姓树立一个谦让的榜样,这是为了推广道德教化,可以答应他,其他的还是要给他。补给他的三千七百万钱是为了皇后的身份,也不是为了他。此外的封赏虽然太少,但是忠臣为国家委屈自己也是应该的。请太后下诏叫他马上回来工作。他如果还要推让,不答应他就是了。"于是王莽又上朝了,他给太后上书说:"朝廷对我恩宠太过,给我新都侯的爵位、安汉公的称号,还有太傅、大司马、宰衡的官职。我实在没有才能兼任这么多职务。既蒙朝廷错用,宰衡的工作是治理百官,不能没有印信。请朝廷给我制作一个印,上面刻'宰衡太傅大司马印',发给我以后,我把太傅和大司马印上缴。"

这是王莽掌权后的第六年。得到最高权力以后,他兴办太学,征召各方面的学者数千人,让他们做官,给他们盖房子;还大肆封赏诸侯王,宗室,和功臣的后代。有了水旱灾害他就吃素,带头捐钱献地救助灾民。他当了最有权势的大司马,待人还是同样谦恭,生活还是同样简朴。他的母亲病了,公卿们派妻子来看望慰问。王莽的妻子迎接,衣着简陋得让客人们以为是家里的仆人,等知道了以后都非常吃惊。所以上到王侯官吏,下到普通读书人和平民百姓,都对他交口称赞。在做这些事的同时,他系统地消灭异己,培植亲信爪牙,很快把朝臣都变成自己的奴才,使自己成为权力的真正主人。然后他指使朝臣们吹捧自己,发动一波又一波的请愿浪潮,要求朝廷授予自己越来越高的权位和名分;自己则痛哭流涕地推让,好像迫不得已才接受。开始的时候,王政君和群臣没看明白,两头为难,为赏还是不赏拿不定主意。做的决定不合他的心意,他就装病不上朝。后来群臣才看明白,原来他的推让就是演戏,让党羽出面争、请愿,自己推让,表现自己的美德和无私,但最后推让掉的只是一部分金钱和土地,用它们给自己制造名誉,而对权力和地位则是志在必得。这以后群臣就和他配合默契了。王莽当上了宰衡,地位已经超越了诸侯王。他也不再是朝廷里职位最高的官员,而是凌驾于百官之上的准帝王了。他的下一个目标就是要为自己正名,做名副其实的皇帝。

王莽篡位

一年后,平帝去世,只有十四岁。王莽命令六百石级以上的官员为平帝服三年的丧期。平帝是元帝的孙子,宣帝的曾孙。他死后,元帝的一支就死绝了。宣帝的曾孙辈当王侯的还有五十三人。王莽不愿意立一个成年的皇帝,就用兄弟不能互相继承为理由,要在更下一辈里找,于是在宣帝的二十三个玄孙里找了一个年龄最小,只有两岁的刘婴来继承皇位,理由是这个孩子占卜的结果最吉。就在这时,地方上报告说有人淘井的时候发现了一块白色石头,上圆下方,上面写着红字:"告安汉公莽为皇帝。"王莽让群臣报告太后。王政君一听就说:"这是骗人的,不可以。"王舜是王莽的堂弟,也是他的主要帮手,现在已经被王莽提拔到高位。他劝王政君说:"这个事情现在想拦也拦不住了。王莽就是想要一个摄政的名义,为了加重自己的权威,让天下人服从。他不敢有别的意思。"王政君很不情愿,下诏说:"经过深思,我理解石头上写的'为皇帝'是摄政的意思。就让安汉公像周公那样摄政吧。"可是王莽的爪牙们还是有办法钻她的空子,他们上奏说:"太皇太后深解天意。当年周公穿天子的衣服,面向南接受群臣朝拜,发布政令用王的名义。我们请示您让安汉公也像周公那样,穿皇帝的衣服,南向接受群臣朝拜,官员百姓对他称臣,称呼他摄皇帝。他发布的政令也像皇帝的诏令一样称制。但朝见太皇太后和孝平皇后还按臣礼。"王政君只得批准,于是王莽又进一步,当上了代理皇帝,改年号为居摄,立刘婴为皇太子。

这时王莽要篡夺汉家天下的意图已经是路人皆知。拥护刘家的人开始起兵反抗。一个月后,安众侯刘崇进攻宛城。他手下只有一百多人,但他以为自己一带头,天下就会响应,结果没攻进城就失败了。一年后,东郡太守翟义立一个刘家的侯爵为天子,指控王莽谋杀了平帝,起兵十多万讨伐他。王莽派军队去镇压。这时长安附近的民众看见京城空虚,也起兵造反,聚集了也有大约十万人。但他们都被王莽的军队打败了。后来皇宫卫队的六名军官密谋要抓王莽,被发觉后处死。王莽的爪牙们对太后说:"刘崇等人敢造反,就是因为王莽的权位还是太轻。"于是王政君下诏让王莽以后朝见自己的时候自称"假皇帝",也就是代理皇帝。

就在这时王莽的母亲去世了。按照礼制,他应该辞职回家为母亲服丧三年。可是这时汉朝的天下几乎已经被他篡夺到手了,要他离开权力是绝对不可能的。他用的还是惯技,让别人把自己的意思说出来。他请太后下诏,让官员们讨论他应该怎样为母亲服丧。他的爪牙们说:"代皇帝肩负着伟大的事业,要把汉朝建成可以和唐尧、虞舜、夏、商、周媲美的圣朝,马上就要大功告成了,怎么能离得开!按照礼制,庶子做了继承人,跟父亲和嫡母成为一体,应该为生母服三个月的丧期。代皇帝已经和汉室成为一体,承担事奉天地、治理国家的重任,为百姓操劳、还要主持宗庙的祭礼,供奉赡养太皇太后,所以他也不应该给生母服母丧了。按照《周礼》,代皇帝应当为生母穿如同天子吊唁诸侯的丧服。"于是王莽照办,让自己的孙子,刚继承了新都侯爵的王宗,替自己给母亲服三年之丧。

王莽镇压了几次起义以后,信心大增,认为自己当真皇帝的时机到了。投机的人也都看到了机会,各种符命接二连三从天而降。一个亭长报告说夜里梦见一个人,称自己是上天的使者,上天派他来宣告摄皇帝应该做真皇帝。为了证明自己真是天使,他说亭里会出现一口新井。第二天早上亭长果然发现一口百尺深井。接着又有地方报告发现了带文字的石牛和石头。王莽把它们迎接到皇宫的前殿。他向太后报告自己和王舜察看它们的经过:"当我们走近时,天上起了风,灰尘使空间晦暗。风停以后,石头前面出现了有字符的铜片和有图画的丝帛。文字是:'上天告知皇帝的符命,把它献给朝廷的人封侯。接受天命,服从神意。'孔子说要敬畏天命,我怎么敢不服从。以后我上奏太皇太后和孝平皇后都自称"假皇帝"。发号施令,下面的人上奏,都要把'摄皇帝'里的那个'摄'字去掉。居摄三年改为初始元年,以顺应天命。将来皇太子长大了,我按周公当年的做法,把政权还给他。"

当初王政君听到刘崇和翟义起兵的消息时就说:"人心里想的都相去不远。我虽然是个女人,可也知道王莽搞这一套没有好结果。"现在王莽向她报告要当真皇帝,她非常震惊,但也只能照准。

现在王莽在名义上也是皇帝了,有了自己的年号。但他还是个不伦不类的汉朝皇帝,还没有自己的王朝。这时候又有一个会钻营的投机分子冒出来。这个人叫哀章,是从四川来长安求学的一个书生。他做了一个铜柜,在里面放了两份文件,一份标明是天帝的图,另一份标明是赤皇帝汉高皇帝刘邦给黄皇帝的信,信上说王莽是真天子,要太皇太后顺应天命。图上开列出十一个按照天意要辅佐王莽的大臣的姓名和官职。其中八个是现在朝中王莽的亲信和爪牙。两个是哀章自己瞎编出来的,一个叫王兴,一个叫王盛;还有一个就是他自己。他听说王莽向王政君报告新井和石牛的事情后,当晚穿上道士和神话里神仙穿的黄色衣服,抱着铜柜到高皇帝庙,把它交给守庙的官员。王莽听到报告后亲自去迎接铜柜,回来戴上王冠去拜见太后,然后下诏说:"我是黄帝和舜帝的后代，太皇太后的亲属，皇天上帝用图书符命宣告，把天下和人民托付给我，赤帝汉高皇帝的神灵依照天命把国家传给我。我敬畏天命，怎么敢不接受。我即日起登帝位，改国号为新，改日历，以十二月为正月，年号改为建国元年，衣服尚黄色。"他立正妻为皇后。王莽和她有四个儿子，大的两个被他杀了，老三有点儿傻，于是立最小的儿子王临为太子。显然他没有考虑把天下再禅让给别人，或者恢复禅让制度。这再清楚不过地表明了他搞复古是为了实现崇高理想，还是把理想当幌子，只是要把权力"禅让"到自己手里。当然把权力再"禅让"出去那样的考虑对他可能也没有意义，因为像他以为自己也是的那种圣人，至少一千年才出现一个，他怎么敢奢望自己会有幸遇到。

　　刘婴这时才六岁。王莽先向他宣读让位文件。这文件也是模仿古代文献的口气和措辞写的。他说："啊，刘婴，从前上天保佑你的太祖，传位十二世，享国二百一十年。现在天命转到我身上了。《诗经》里对商朝的子孙不是这样说吗：'做周朝顺服的诸侯，天命不是不变的。'我封你为安定公。你要怀着对上天赐福的敬意，前去就任。不要废弃我的命令。"读完公文，他走过去拉着刘婴的手，悲伤地边哭边说："从前周公摄政，最终能把政权交还给成王。可是我被上天威严的命令约束，竟不能如愿了。"说完难过地叹息个不停。有官员上前把刘婴带到殿下向王莽下拜称臣。站在旁边的百官们眼看着已经延续了两百一十年的汉朝就这样到此结束了，个个心潮起伏。接着王莽按铜柜里的图封官。哀章和王兴、王盛都被封为公爵。王兴是看城门的小官，王盛就是个卖饼的小贩。王莽找到了十儿个王兴和王盛，这两个相面的结果最好，于是一步登天。其他没当上公爵的王兴和王盛们也都被封为郎官。

　　王莽废除了汉朝，当上了新朝皇帝。他向王政君要汉朝皇帝的印。这块皇帝印原是秦始皇称帝时用和氏璧制作的。刘邦攻进咸阳，受降时得到它，以后代代相传，就叫汉传国玺。因为刘婴还没有继位，被王政君保管着。王政君不给，王莽就派王舜去要，因为王政君平时对王舜的印象还不错。王政君骂王舜说："你们整个家族靠着汉家，一代接一代地富贵。人家把孤弱托付给你们，你们反而趁机夺人家的天下，忘恩负义，这样的为人行事，猪狗不如。天底下哪有像你们兄弟这样的？王莽自以为接受天命，当了新朝皇帝，不是把汉家的衣服制度都改了吗？什么都是新的，为什么皇帝印不做一个新的？要这个亡国不祥的东西干什么？我是汉家的老寡妇，说不定哪天就死了，想用它殉葬也不行了。"她一边骂，一边哭，在场的侍从们也哭。王舜也悲伤得久久说不出话来，最后仰面含泪对太后说："我没有什么可说的了。不过王莽一定要得到，太后能永远不给吗？"王政君听得出这话里的威胁。她知道如果王莽想要，自己就是带进坟墓也没用,只得把玺拿出来,扔到地上,说:"我反正要死了,你们兄弟们等着灭族吧。"

王莽得到了传国玺,非常高兴,大事庆祝。现在全国上下都焕然一"新"了,唯有太后的名号,官印和绶带还是汉朝的旧物。这让王莽的心里还是不平衡,因为他的天下是偷来的,做贼心虚,不愿意让人看到一点儿旧主人的痕迹。他的一个远亲王谏要讨好他,上书说:"上天废了汉朝,立了新朝,太皇太后也应该废了汉朝的名号,顺应天命。"王莽亲自把上书拿给王政君看。王政君说:"这话说得有理。"王莽说:"说这话的人太没有道德,该杀。"这时又冒出一个会投机的人。这个人叫张永,他献上自己发现的一块上天降下来的铜璧,上面刻着:"太皇太后应当作新朝的文母太皇太后。"王莽下诏说:"我把铜璧给公卿们看了,大家都说:'多美好啊!上面的文字既不是刻的,也不是画的,是自然天成的。'上天命令我做它的儿子,又命令太皇太后做新朝的文母太皇太后。我敬畏天命,怎么敢不接受。所以恭敬地选定吉祥的日子,亲自率领公卿诸侯,向太皇太后献上新朝的玉玺绶带。"王政君只得接受,大概是不想像傅太后和丁姬那样进了坟墓以后再被"纠正"。

王莽封张永为贡献天命符字的子爵,却杀了王谏。王谏说出的是天意,而且是被张永的"发现"证明的,被王莽亲自执行的天意。最起码他是无罪的。如果王莽真的敬畏天意,他怎么能去杀死一个说出天意的人?张永和王谏提出的是同样的建议,只不过一个是骗子,装神弄鬼说出来,而王莽需要的就是神意这个幌子。在恶的名义之下,人是做不出太大的坏事来的。最大的邪恶一定要在最神圣的名义之下才做得出来。王莽懂这个道理,也知道自己做的是冒天下之大不韪的事,所以要杀王谏给太后和天下人看,让她们相信自己对这样不道德的事情是怎样地深恶痛绝,自己不得不这样做完全是为了服从天意,完全是为了实现最崇高的理想,完全是出于最纯洁的动机,完全是被迫的,没有一点儿私心。这就是王莽一贯使用的那种非常卑鄙,非常虚伪,也非常低级,掩耳盗铃一样的伎俩。他的过人之处就在于他做得出来,而且做得坦然,不管自己的演技多么拙劣。

王莽篡汉得到了儒家学者的一致拥护。许多著名学者成为他的帮凶。其中有刘歆和扬雄。这两个人是中国古代学术地位极高的优秀学者。扬雄是优秀的文学家、哲学家。他一生贫困,专心做学问,写的东西也不合时宜。刘歆看了他模仿《易经》写的《太玄》后对他说:"你这是白费苦心。今天的学者有利禄激励,学《易经》还学不明白。你写这么玄之又玄的东西,怎么会有人看,恐怕后人会拿它去盖酱缸。"

刘歆和父亲刘向对中华文化有巨大的贡献。秦朝的暴政和秦末的战争给春秋战国时期蓬勃发展的文化和学术造成极大破坏,大量的古籍损毁或者遗失。汉朝建立后,朝廷大力向民间搜购图书,一百多年后皇家图书室里已经堆积了大量的古籍。刘向和刘歆在成帝的时候被派去整理这些图书。他们父子花了二十多年时间,几乎把中国当时存世的图书都整理了一遍,纠正错误,确定正本,并编出了中国第一本图书分类目录《七略》。他们通过校对确定了《易经》和《诗经》的最接近原貌的版本,公布了世人不知道的古文《尚书》和《周礼》,大力推荐古文的《左传》,使这些古籍得以流传。刘向和刘歆父子在整理儒家经典的同时也整理了诸子百家的著作。虽然汉朝已经确立了罢黜百家,独尊儒术的国策,而且他们是儒家的大学者,但是刘歆说诸子百家的著作与儒家经典虽然观点如水火不同,却是相反相成的。人们不但要学习儒家的六艺,也要看诸子百家,这样才能"通万方之略"。这是真正的学术精神,非常了不起。学者往往有门派,但党同伐异却是和学术精神背道而驰的。刘向和刘歆整理出来的诸子百家的著作包括《战国策》、《管子》、《晏子春秋》、《韩非子》、《楚辞》、《墨子》、《山海经》,等等。只看看这些书名就可以知道他们的工作有多么重要。没有他们的工作,中国的古代文化会远远逊色于我们今天看到的样子。

扬雄写《剧秦美新论》颂扬新朝。刘歆是汉朝的宗室,他的父亲刘向一辈子和专权的外戚斗争。他自己却站到王莽一边,帮助王莽篡夺汉家天下。他们对做官、政务都没有兴趣。王莽让他们做的也是学术性的工作。他们依附王莽,不能说是因为品质差或者有个人企图。他们那一代知识分子的思想中有两个情结:一个是对秦朝暴政的痛恨,另一个是对儒家理想社会的向往。他们以为儒家从孔孟以来五百年的复古梦想终于要成真了,而禅让又是复古大业的登峰造极之举,所以积极投身其中,大力为王莽塑造形象,树立权威。儒家的理论让他们把大恶当成了至善,让他们错把理想和热情寄托在王莽这样凶残、品格卑劣的人身上,给国家带来了灾难,给自己也带来污名和悲惨的结局。刘歆后来因为反对王莽,阴谋泄露,被迫自杀。扬雄被无端牵连进甄丰和甄寻父子的案子里,跳楼自杀,幸运地没有摔死,王莽知道他是书呆子,也没有再难为他。

甄丰也是大学问家。他和儿子甄寻都是王莽的心腹爪牙。他们帮助王莽篡汉,自己也得到了好处。甄寻担任首都的行政长官京兆尹。据说他生下来手上就有纹路,是"天子"两个字。他想娶王莽的女儿,正在守寡的汉平帝皇后,可能是为了实现更大的野心。和王宇的老师一样,他也以为王莽迷信符命,就制作符命,说黄皇室主是甄寻的妻子。黄皇室主是王莽给女儿改的名号,让她也和汉朝"划清界限"。王莽并不是不迷信,但他迷信是有原则的,从来不越过一条底线,就是要为他的利益服务,不然他是不信的。再加上他是靠搞这一套篡夺皇位的,决不能让别人对他来这一套。他发怒说:"黄皇室主是国母,说是甄寻的妻子,这是什么话?"下令抓甄寻治罪。甄丰自杀,甄寻逃进华山,一年后被捉到处死。王莽叫人割下他的胳膊送到皇宫里,亲自查看他手上的纹路,然后宣布说:"这哪儿是'天子'啊?是'一大子'。"

王莽改名

　　王莽建立新朝以后,按照《周礼》中记载的周朝的官制更改汉朝官职的名称,把大司农改叫羲和,大理改叫士,太守改叫太尹,县长改叫宰,等等。还把皇太后住的长乐宫改叫常乐室,皇帝住的未央宫改叫寿成室,把首都长安也改叫常安。他还乱改各地的地名和行政区划,而且经常变。政府下公文时要把以前的一串名字都写上人们才明白。有一个郡改名五次,最后改回原名。王莽这样做说是为了复古,其实是为了抹去汉朝的痕迹。复古的迂腐和卑鄙现实动机的结合是理解他的一切政治活动的钥匙。

　　这样胡改一气给政府的管理和人民的生活造成了无穷的麻烦和混乱。他又说:"天上没有两个太阳,地上也不能有两个王。这是自古不变的大道理。如今有汉朝的诸侯和边疆的蛮夷称王。这不合古制,也违背天下一统的大道理。诸侯王要改称公,蛮夷称王的要改称侯。"这个说法也是完全没有道理。夏商周三代的确只有一统天下的君主称王,王以下有公侯伯子男五等爵位。但是到了战国的时候,原来周朝的诸侯都自己称王了。从秦始皇以后,统一天下的君主称帝而不再称王,王降为诸侯的名号。这是历史演变的结果。如果要复古,王莽就应该自己先取去帝号,改为称王,再让别人改称公侯。他自己不改,却要改别人。我们由此也可以看出复古对他是理想还是幌子。他以为做做这些表面文章就可以保住赃物,强化自己的权势,这也表明了他的愚蠢和对治理国家一窍不通。

　　王莽派使者到各地去收缴汉朝的旧印,授予新朝的新印。原来汉朝授予匈奴单于的印上刻"匈奴单于玺",王莽改成"新匈奴单于章"。使者们知道单于不会愿意接受,就骗单于先交出旧印,再把新章授给他,给的时候不开封,不让单于看到印文,接着马上就开宴会。他们知道单于看到印文后肯定会来要旧印,当晚把旧印砸坏了。第二天单于果然派人来质问,说:"汉朝授给的印叫玺,不叫章。也没有'汉'字。王以下的印上才刻'汉'字,才叫章。新印让匈奴和臣下没有区别了。你们还是把旧印还回来吧!"使者们给匈奴官员看砸坏的旧印,说单于应该顺应天命,遵守新朝的制度。单于愤怒,但也无可奈何。王莽也知道单于不会愿意接受新印,派使者的时候就让他们带去大量财物,让他们大把送钱,来平息单于的愤怒。单于贪得钱财,所以也不硬争,随便王莽叫他什么,但他不再承担维护和平的义务,最初是派兵到边境示威,接着又违反和汉朝的协议,公然接纳背叛新朝的西域国家和新朝军人。

王莽看到匈奴不听话,想对它用分而治之的办法。他派使者带着黄金珍宝去引诱单于手下的头领,要他们接受单于的封号。他以为授出十五个单于封号就可以把匈奴分裂为十五个国家。这也是异想天开、愚不可及的迂腐做法,其结果只能是浪掷国家的财物给国家制造敌人。单于知道了非常气愤,说:"匈奴不能辜负宣帝对前单于的恩德。现在的天子不是宣帝的子孙,凭什么在位?"他通告匈奴各部全面入侵新朝的边郡,杀死地方官员,掠夺人民和财物。汉朝和匈奴维持了半个多世纪的和平就此被破坏。

匈奴虽然臣服于汉朝,但并不受汉朝管辖,实际上是个半独立的友邦。匈奴单于接受汉朝的册封,汉宣帝制作印文时尽量避免让匈奴感到屈辱,以利和平共处。这种做法既体现了儒家宽以待人的心胸,又富于善与人交的智慧。而王莽却没有意义,也没有必要地去羞辱匈奴,后来甚至把匈奴的名称改为"恭奴",单于改称"善于"。这是纯粹的傲慢和歧视,与复古已经毫无关系。西北方向的西域诸国,西南方的少数民族,也都因为名号被贬低而背叛。王莽要东北边境的高句丽出兵进攻匈奴。高句丽因为不肯服从逃跑。当地太守去追时被杀。王莽诱杀了高句丽国王,把高句丽国名改为下句丽,于是高句丽也反了。新朝的边境地区几乎都陷入战火之中。

王莽决定对匈奴发动战争。他把匈奴单于的称呼改为降奴服于,任命了十二个将军,下令从全国征集三十万军队,携带三百天的军粮,分十路同时出兵攻打匈奴。平白无故和匈奴进入战争已经是战略上的大失败,这个作战方案又完全是纸上谈兵。将军严尤上书说:三十万军队每人携带三百天的粮食,这是根本做不到的事情。士兵不可能背这么多粮食。运输需要用大量的牛。牛也要吃饲料,所以运输消耗掉的粮食比运输的粮食还要多。匈奴住的地方秋天和冬天非常寒冷,还要多带取暖的设备和柴炭。辎重带多了军队就不会有机动性,就抓不住战机。而且携带这样多的辎重也是不可能做到的事情。塞外生存条件恶劣,根据以往作战的经验,出塞后一百天内牛就几乎死光了,所以以往对匈奴作战从来没有拖过一百天的。另外全国各地的军队一年也到不齐,非要同时出兵,先到边境的军队闲置就会涣散,骚扰地方。严尤请求让自己带领已经到达边境的军队率先出击。

王莽不听严尤的建议,非要实行自己的宏伟作战方案。这个方案完全没有可行性,真正实行带来了毁灭性的灾难。因为王莽规定要同时出兵,先到的军队就在边境闲置,虚耗钱粮。军人们胡作非为,骚扰当地的政府和民众。征调这样庞大的人力物力加重了老百姓的负担,老百姓无法忍受只能逃亡。各地盗贼蜂起,整个国家陷入动荡之中。

王莽改制

王莽完全不懂治国。他以为手里抓住权力,拿神圣装幌子,再用些儒家的大道理和迷信制造借口,就可以为所欲为了。当他用这些低级愚蠢的手段在宫廷里搞权力斗争,残害异己时,报应来的还不是那样明显。一旦用到治理国家上,他的倒行逆施马上给他带来彻底的自我毁灭。他胡乱改名已经搞得天下大乱,接着他又去改革货币制度和财产制度。

汉朝建立以后,经过长期摸索,终于在武帝朝由桑弘羊通过国家发行五铢钱建立了稳定的货币制度。王莽摄政时发行新货币,与五铢钱一起流通。废掉汉朝以后,他下令说:"如今老百姓都说皇天废了汉朝刘家,立新朝王家。刘字(古体)的部首里有金和刀,金和刀代表钱币,所以废刘应该包括停止使用汉朝的钱币。"可是五铢钱是品质优良的货币,已经成为正常经济秩序的基础。老百姓在经济活动中离不开它,所以仍然偷偷使用。王莽又下令说:"凡是私藏五铢钱,或者非议新朝钱币的人,都要流放到边远地方去。"这样一来贸易停顿,经济就瘫痪了。失业的农工商业者在市场上,道路边伤心流泪。为了禁止民间铸钱,王莽下令不准私人拥有铜和木炭。私人铸钱禁而不止,他就加重刑罚,一家铸钱,五家连坐。大量的无辜百姓因此陷入法网,沦为官府的奴婢,被用铁链锁着脖子,男人坐囚车,儿童和妇女步行,押解到服苦役的地方,家庭被拆散,夫妻关系被改变,十有六七死于非命。

王莽下令说:古时候实行井田制。一对夫妻分一百亩地,交十分之一的税,政府和老百姓都富足。秦朝破坏了古代圣王的制度,所以土地兼并兴起。富人占有无边的田地,穷人连立脚的地方都没有,又设立奴婢市场,使穷人妻离子散。这都是违背天心和人伦的。政府的赋税和富豪的掠夺拿走了农民一半的收获。所以农民全家终年辛苦耕作,所得也维持不了生活。有钱人家里的牲畜有吃不完的粮食,穷人连糟糠都吃不饱。活不下去,就干坏事,于是受法律制裁。我现在下令把天下的田地都改称"王田",奴婢都叫"私属",禁止买卖。家里男人少于八口,占地却超过九百亩的人家,要把多出来的田分给族人和邻居。没有土地的人按井田制度分给田地。反对圣王制度的人要流放到边远地方。

王莽的土地改革和商鞅变法正好相反。商鞅废除井田制,允许土地买卖,而王莽恢复井田制,禁止土地买卖。他要用这个法令解决土地兼并造成的越来越严重的社会两极分化问题。他的办法也是来自儒家经典。儒家主张用复古的方法来解决社会危机。复古方法的核心就是废除土地私有制度。私有财产权保护人对财产的占有和使用。它一方面是权利,另一方面是责任。它为生产者提供经济活动的动力和保护,所以是社会经济效率的根本。对于没有财产的人,它也不是一个空头的权利。因为人没有财产只是穷人,而没有财产权利,他就是奴隶。废除私有财产一方面使生产者失去了动力和责任心,使经济陷入停滞,走向崩溃,另一方面使人民失去了法律保护。与民众丧失财产权相应的是官僚权力的恶性扩张。经济资源都落入官僚手中,失去了它们掌握在私人手中时的效率,同时也导致官僚的集体堕落和吏治败坏。当民众的一切生存条件都由权力控制,他们的一切行动就被他人的意志支配,他们也就失去了包括人身在内的一切自由。所以建立没有私有财产的乌托邦注定会造成社会灾难,事实上也做不到,只能使民众的境遇更加悲惨。

王莽篡夺汉朝天下以后搞的这些"改革"造成天下大乱。上自诸侯、官员,下到平民百姓,因为盗铸钱,买卖田宅和奴婢,犯法受罚的不计其数。政府这样做是在用国家暴力破坏国计民生,把人民逼上绝路,于是国内盗贼蜂起。所谓盗贼就是因为饥饿或者被官府欺压,走投无路而结伙去抢劫的老百姓。改制的法令实施三年以后,社会动荡越来越剧烈,再也无法执行下去。一个侍从官劝王莽说:"井田制虽然是古代圣王的制度,但它被废弃很久了,因为人民不接受它。秦朝懂得顺应民心,废除井田制,于是统一了天下。如今要违背民心,恢复已经绝迹的上千年以前的制度,就是尧舜再生,也需要经过上百年的逐步努力才能做到。现在新朝刚建立,老百姓刚臣服,的确不是做这件事的时候。"王莽也知道人民痛恨他的"改革",这些法令推行不下去,便下令说:"所有私人占有的土地都准许出卖。买卖人口的暂时也一律不要治罪了。"过了一年,他把禁止私藏铜炭的法令也废除了。

王莽的覆灭

这时候老百姓的造反已成燎原之势。各地常常发生几万人聚集起来攻打城市、杀死州县官员的事件。起初各地的老百姓由于饥寒贫苦才当强盗，不敢攻占城市，也无意杀害官员。家里有收成了就要散伙回家。他们造反只是为了糊口活命，没有夺取政权的意图。有些和农民军打过交道的官员告诉王莽，因为租税负担太重，农民努力耕作仍然免不了受冻挨饿；加上苛刻繁多的禁令断了老百姓的生计，而且让人动不动就陷入法网，就是安分守己在家里待着，也会被邻居犯法连累入狱，真是走投无路了，只好做强盗。这些官员是反映实情，想让王莽知道问题所在，从根本上解决把老百姓逼上梁山的制度问题。王莽听了却非常生气，说："贫穷饥寒只会让人偷盗抢劫。这些盗贼聚众成千上万，攻陷城市，杀害官员，这能用贫穷饥寒解释吗？这是叛乱。"他认为这些官员同情盗贼，为叛乱辩护，罢了他们的官，有的被关进监狱。王莽的这个说法很能表明他的理解能力的局限在哪里。他知道老百姓因为活不下去才当强盗。但是造反的规模大了，威胁到他的权力了，问题的性质就变了。在他的头脑中，事情的性质都是这样决定的。

王莽要镇压起义的农民军，也是先搞仿古的老一套。他发布文告说："我的伟大祖先黄帝平定天下，亲自担任上将军，下设大司马五人，大将军二十五人……"然后他也照样布置，任命前后左右中五个大司马，授给各州的长官大将军称号，等等。

起义的农民军最大的有两股，一股是山东的赤眉军，另一股是湖北的绿林军。赤眉军是纯粹的农民军队。首领们只用三老、从事、祭酒这一类地方乡村领袖的称呼。后来聚众达到几十万人了，也没有正规军队应该有的建制、官号、文书、服饰和旗帜。法律就是众人的简单口头约定：杀人要偿命，伤人要赔偿。他们和政府军作战时，把眉毛都染成红色，用这个最简单的办法在战场上识别敌我，所以得到赤眉军的称呼。绿林军是由它占据的绿林山得名，后来它从湖北北上进入河南，和南阳的汉朝宗室刘縯刘秀兄弟的起义军联合。起初王莽用主力进攻山东的赤眉军。后来刘縯率领的联军打败了南阳太守的军队，包围了战略重镇宛城，直接威胁到洛阳。联军又立了一个汉朝皇族刘玄当皇帝，恢复汉朝，自称汉军。这是真正让王莽害怕的，于是他把主力调来攻打绿林军。这一年他已经六十八岁了。他的原配两年前去世。为了向天下人表现自己很镇定，他把头发和胡子染黑，迎娶新皇后，大办婚礼。

王莽派去攻打汉军的这支军队有四十二万人。带兵的将领是他的堂弟王邑和大司徒王寻。他们在洛阳集结后，向宛城进军。路上经过已被汉军占领的小城昆阳。王邑手下有经验的将军严尤建议他继续向宛城进军，因为汉军的主力正在那里攻城，腹背受敌会很被动。而且他们立的皇帝也在那里。打败了他们，其他地方可以不战自定。王邑既轻敌又虚荣，认为自己统率百万大军，遇到一个弹丸小城怎么能绕过去？攻下昆阳，把守城的人杀光，践踏着敌人的血迹进军才威武雄壮，于是把昆阳城包围了几十层。新朝军队架起云车，站在上面往城里射箭。箭像雨点一样落下来，守城的汉军行走要背着门板。新军还用攻城器械撞城，挖地道。城里守军请求投降。王邑不答应，也不肯网开一面，非要屠城全歼来立威。城里的人走投无路，只得拼命死守。昆阳城虽小，但是很坚固，王邑一时也攻不下来。

刘秀出城求救，从邻近几个县召集援军。他亲自率领三千精兵去攻打王邑大军的中坚。王邑和王寻带领一万人迎战，命令其他部队不得擅自出动，结果被打败了，王寻被杀。昆阳城里的守军冲出来夹攻。王邑逃走，新朝大军没有了统帅，马上溃散，士兵四散奔逃，跑回自己的家乡。王邑只带几千人逃回洛阳。这一战打垮了王莽的主力军。消息传到长安所在的关中地区，人民纷纷起义。领军的有的是原来汉朝和新朝的官员，有的是民间的老百姓，都自称汉朝的将军，汇合起来向长安进军。

昆阳一败，王莽自己也知道末日到了。他每天看军情报告，一筹莫展，心里焦虑得饭也吃不下去，也无心上床睡觉，只喝酒吃鲍鱼，困了就趴在几案上打盹。一位大臣向他建议："《周礼》上说，国家有了大灾难，要用哭去压制。"王莽就率领大臣们到郊外去哭天。他仰面对天说："上天既然把天下托付给我，为什么不消灭那些盗贼呢？假如是我有错，就请降下雷霆杀死我吧！"说完捶胸大哭，直哭到喘不上气来，趴在地上不住磕头。他给上天写了一篇报告，陈述自己的功劳，让儒生和老百姓每天早晚来哭，给他们准备稀饭，哭得特别悲哀和能背诵他的报告的，就封为郎官。

这时起义军的主力赤眉军和绿林军还都远在关东，逼近长安的只是当地揭竿而起的民众。而王莽还掌握着几万守卫京城的北军，这支军队历来是朝廷直接掌握的最精锐的部队。王莽任命九个将军，都用"虎"字作将军称号。他派这"九虎"率军迎敌，把军人们的妻子儿女接到皇宫里作人质。这时皇家和政府各处储藏的金银珠宝丝绸和钱币很多，仅皇宫一处储存一万斤一柜的黄金就有六十柜。一斤黄金折合一万钱。他只赏给每个军人四千钱，相当于只拿出不到两个柜的黄金。士兵们非常不满，没人愿意作战，出长安布防，没认真交战就败逃了。起义民众包围了长安。王莽又把关在监狱里的犯人释放出来,发给他们武器,先让他们对社鬼发誓,要为新朝效力,谁违背誓言,社鬼不会饶他,然后派一个将军率领他们去作战。这些人一出城门就逃散了。起义军没遇到像样的抵抗就攻进长安城,很快来到皇宫前。这时起义军的人数并不多,奋力攻打皇宫的只有七百多人。王邑带兵在皇宫门前抵挡了两天后,皇宫也被攻破。王莽带着皇帝玺逃到一个建在水池中的楼台上。起义军攻上楼台,把跟随保卫他的人都杀死。起义军中的一个商人在一间屋子里发现了王莽,把他砍死。他死时六十八岁,当了十五年皇帝。王政君已经在十年前去世了。她活了八十四岁,幸运地没有亲眼看到自己预言过的王家的结局。

从王莽一生的行事来看,他是一个智力平庸、品格低下,同时具有一定程度妄想狂的人。复古可以说是他一生的事业。孔子说:"克己复礼为仁。"可是纵观王莽的一生,却看不到他身上有仁的品质,因为他从来都是害人复礼,利己复礼。他能够篡夺汉家天下,主要是因为与王政君的裙带关系使他直接获得了最高权力。但这也是他失败的重要原因,因为这样的从政经历使他没有实际治理的经验,不了解现实,也不懂得行使权力一定要有民意基础,一定要顺应客观形势,而且一定要懂得把握分寸,不是靠着滥用权力加上迷信欺骗就可以为所欲为的。所以他把权力抓到手里以后,会用暴力把完全没有可行性的儒家理论强加给社会,破坏了民生,造成天下大乱,也加速了他的自我毁灭。他的浅陋骗术在从政初期能为他赢得民意,这是因为汉朝皇帝和权贵们的荒唐、放荡和奢侈的行为让人民太失望了。加上儒家的理论已经被神圣化,可以被他利用来蒙骗国人,掩盖自己滥用权力甚至窃国的行为。自从元帝大力提拔儒生参政以后,儒家复古的声势越来越浩大。这个运动的深层原因是社会危机在加强着乌托邦的影响力,使人民信巫不信医,而且事实上也没有医,只有一场毁灭才能使社会重生。于是上演了王莽的闹剧,一个小丑扮演了圣人的角色。

从孔子和孟子提出复古的主张到王莽改制,儒家和法家在这五百年间一直在为了用义的原则还是用利的原则治国而斗争。义和利都是抽象名词,就像争和让、进和退一样。人用这些抽象名词争论的其实是在具体情况下应该争还是让,应该进还是退,应该义还是利。实际生活中既不能没有义,也不能没有利。但是一变成抽象原则的争论,就成了"原则问题"。双方成势不两立、你死我活之势。争论的焦点不再是"实事求是",而成为"放之四海而皆准"。其实各种学派的理论都有它的道理。但它们的"有理"并不是来自它们的抽象原则及这些原则的神圣性或者逻辑性,而是来自它们对具体现实环境的适用性。儒家和法家都要建立从自己的理论原则中演绎出来的理想社会,这是他们掌握权力以后都走极端的一个重要原因。理想社会是一个人人为他人付出的社会,但是人付出需要有动力。这动力儒家认为是爱心,法家认为是利益。春秋战国时期,随着私有财产的发展,社会更多的活动需要用功利去推动,用法律来控制,所以法家的法治主张被社会广泛接受。但是法家获得了权力这个巨大杠杆以后,要把自己的抽象原则强加给社会,要把功利的原则扩张到一切人际关系中去,远远超出他们应该改造的财产关系的范围,从而走向疯狂、暴虐,却自以为是在坚持已经被证明为普遍真理的原则。儒家也是一样。当法家用功利的原则破坏人伦、道德和文化,割裂社会纽带,用权力奴役人民,造成对社会的压迫时,儒家理论在社会上的影响力开始增强。但是儒家掌握了权力这个巨大杠杆以后,要把非功利的原则扩展到一切人际关系中去,也远远超出社会需要的调整范围,从而走上了复辟倒退的道路,它也自以为是在向理想社会迈进。它们都是用自己的原则的"有理"赢得民心,进而获取权力,一获得权力就去做无理的事情。社会需要的是调整,而派别却用获得的权力走极端,从而变成毁灭社会的力量。

　　从这些反复中我们可以看到老子的深刻。事物相反相成,祸福相因转化,月盈则亏,物极必反。不论是儒家还是法家,当他们得到社会拥护,获得权力的时候,他们最需要做的并不是坚持自己的原则,而是看到自己的局限;不是进一步去打击反对派,甚至为了防止对方"复辟"而去斩草除根,而是保护反对派以使自己受约束。这样才能避免走上自我毁灭的道路,避免给社会带来被不受限制的权力杠杆无限放大的灾难。然而在实际的历史过程中,我们却完全看不到这样的智慧。财产关系的调整变成了义与利的抽象原则的斗争,一方要彻底贯彻利的原则,另一方要彻底贯彻义的原则,互相彻底地否定对方;一方焚书坑儒,另一方复古改制。它们都被自己的意识形态变成了毁灭社会,也毁灭自己的怪兽。社会在需要转型进步的历史关头,被义和利这两个抽象原则引导,在内斗中沉沦,从一个极端走到另一个极端,颠倒反复,形成了一个近五百年的大历史漩涡。

第十章

东汉开国的故事

刘秀的崛起

刘秀是东汉王朝的创建者。他是刘邦的第九代孙子。他的家族的始祖是汉景帝的儿子长沙王刘发。就像王莽篡汉要从王政君偶然到了汉元帝身边说起一样，东汉王朝的兴起也可以追溯到一个类似的偶然事件。汉景帝有十四个儿子，其中三个出自他的宠妃程姬。有一天轮到程姬侍寝，她身上不方便，不想去，就把自己的侍女唐儿打扮了，晚上送去。景帝喝醉了，以为是和程姬行房，醒来才发觉。这位宫女就这样怀孕了，生下刘发。因为母亲地位卑贱，刘发被分封到气候潮湿的穷乡僻壤长沙。刘秀是刘发的第六代孙子。他这一支族人因为一直是庶出，地位一代不如一代，从王到侯，再降到太守。刘秀的父亲做过县令。到了刘秀这一代，他和两个哥哥只是在乡间务农的平民了。

刘秀的父亲在他九岁的时候去世，他被叔叔刘良抚养长大。大哥刘縯喜欢结交天下豪杰，行侠仗义。而他好像胸无大志，勤于耕种，所以常被哥哥取笑，把他比作高祖刘邦的二哥，只知道在家种地的刘仲。刘秀二十岁上在长安上太学，曾经因为手头拮据，和同学合伙买了一头驴，让仆人拉脚挣钱补贴生活。他学习了《尚书》，了解大义，但读书做官并不是他要走的道路。他曾经跟着哥哥和姐夫去家乡三百里外的宛城。那时天下已经出现乱象，民间兴起流言，说新朝要灭亡，刘家要复兴。他们和当地的一些朋友宴会，议论起天下大事来，在座的术士蔡少公研究图谶，他推算出有一个叫刘秀的人要当天子了。座中马上有人说："是国师公刘秀吧？"他说的这位刘秀就是大学者刘歆，是当朝的大官。十几年前汉哀帝刘欣继位时，他为了避讳改名刘秀。于是大家猜测会不会就是他。他们议论得正热闹，忽然听到就坐在身边的刘秀说："怎么知道不是在下呢？"逗得众人大笑。

刘秀也喜欢斗鸡走马，游侠，收留犯罪的亡命徒，也被官府拘捕过。后来他因为躲避官府,离家在外。在宛城卖粮食的时候,当地人李通用图谶劝他造反,说刘家要复兴,李家要辅助刘家,这是天意。这一年刘秀二十八岁,他已经看清楚王莽一定会灭亡,而且知道哥哥一定会起义,就同意了,买了兵器回家乡。他哥哥刘缤已经在家乡起兵了。同族的子弟都害怕,说这下要被连累灭族了,纷纷逃避。后来看见刘秀也穿上了汉军的红衣服,惊奇地说:"这么小心老实的人也造反啦!"于是安心了。

就在这时,起义比较早的绿林军从湖北来到刘秀的家乡南阳。几年前南方闹饥荒,许多饥民跑到荒湖野泽里挖荸荠充饥。有时候发生争执,新市人王匡和王凤为他们主持公道,得到大家信服,被推举为首领。后来又有王常、成丹等亡命江湖的人来入伙。他们聚集了七八千部众,占据了湖北北部的绿林山,由此得到绿林军的称呼。一年前他们打败了州政府派来讨伐他们的一支两万人的军队,顺势攻占附近的城市,劫掠了许多妇女,又退回绿林山,部众达到五万多人,附近州郡已经拿他们没办法了。可是不久当地发生大疾疫,绿林军死亡过半,于是分为两支,离开了绿林山。一支由王常和成丹率领,向西进入南郡;另一支由王匡王凤率领,北上来到南阳。

刘缤刘秀兄弟的汉军与王匡王凤的绿林军联合,凑成一支有七八千人的武装,四出攻击新朝的官府。刚起兵的时候,刘秀骑牛,后来攻杀了一个新朝的县尉,才有了战马。他们攻打附近县城时还顺利。可是当他们去进攻郡治宛城的时候,和新朝南阳太守的军队交战,打了一个大败仗。刘秀的二哥、二姐和二个外甥女,叔叔刘良的妻子和两个儿子,还有几十个族人都死在乱军之中。这时王常和成丹率领的五千多绿林军也来到南阳。他们是被新朝将军严尤打败后转移过来的。刘缤、刘秀和李通去找他们谈判,给他们讲起义军联合才有前途的道理,把几支起义军联合起来。他们整编军队以后,先夜袭新朝军队的后方,夺取了敌人的粮食辎重,然后进攻敌军主力,杀死南阳太守以下两万多人。接着他们又打败了严尤的军队,开始围攻宛城。这时候他们的部众已经达到十几万人,绿林军的将军们觉得需要有个领袖统一指挥,又相信立姓刘的有利于号召天下,于是立刘玄当皇帝。

刘玄也是皇族。他是刘秀的族兄,当年也是在家乡和官府有了麻烦,逃到外地,参加绿林军后做过安抚百姓、募兵的官员,后来当了将军。他的能力,地位,和功劳都远远不能和刘缤相比。可是刘缤治军严明,绿林军是流民武装,没有纪律,抢劫成性。将领们散漫放纵惯了,不愿意受约束,所以想立一个管不了他们的人当头儿。刘缤是刘氏起义军的领袖,也是联军主将,他自然不愿意,找借口阻拦说:"赤眉军有几十万人,他们听说我们立了皇帝,恐怕也要立。

那样一来,王莽还没消灭,姓刘的自己先打起来了。而且这样早出头,成为众矢之的,对我们也不利。我建议我们先立王,王的身份足以号令诸将。如果赤眉军立的皇帝贤明,我们就去投奔他。如果他们不立皇帝,我们等消灭了王莽,降服了赤眉军,再立皇帝也不迟。"将军们听了大都说好。将军张卬拔出剑来往地上一砍,厉声说:"怀疑就做不成事情。今天的事不准有二话。"大家就听他的,把立刘玄当皇帝的事情决定下来。

本来王莽是用主力攻打山东的赤眉军,现在看到绿林军杀了南阳太守,围攻宛城,而且立了皇帝,要恢复汉朝,他非常恐惧,从全国征集了一支四十二万人的大军来攻打绿林军。刘縯率领联军主力围攻宛城的时候,刘秀和一些绿林将军们北上攻打附近的县城,缴获了大批牛马粮食和财物,都运去支援攻打宛城的军队。他们的这支小部队首先遭遇到王莽派来救宛城的大军。绿林将军们非常惊慌害怕,都跑进昆阳城里,又担心家里,接着就要四散奔逃。刘秀对他们说:"敌人这样强大,我们齐心合力才能抵抗。各自逃散回家一定谁都不能保全。宛城现在还没打下来。昆阳一失,攻宛城的主力腹背受敌,一天之内就会全军溃灭。这种时候,不齐心立功,还想回家去守着老婆孩子和家产吗?"刘秀是偏将军,在将军里地位最低,而且平时一贯低调,斯文,没有人认为他会打仗,所以将军们一听都火了,说:"刘将军你怎么敢这样说话?"刘秀淡然一笑就走开了。这时候侦察的骑兵回来报告,说新朝大军已经到达城北,后队在路上绵延几百里还看不到队尾。将军们更慌了,不知道该怎么办,纷纷说:"再请刘将军来拿主意吧!"刘秀为他们讲解策划,他们只会连连点头称是。最后决定由统帅王凤和大将军王常带领其他人守城,刘秀去召集救兵。刘秀带着十三个人连夜出城,刚好在新朝军队合围之前跑了出去。

刘秀用同样的道理说服了攻占附近城镇的绿林将军们,带着他们来救昆阳。刘秀率领一支一千来人的部队做前锋。为了鼓舞士气,动摇敌人的军心,他散布谣言说汉军已经攻下了宛城,其实他并不知道宛城的战况。新朝大军的主将是大司空王邑和大司徒王寻。他们先派出一支几千人的小部队来拦截。刘秀奋勇冲锋,斩杀了几十个敌人。跟在后面的绿林将军们看见了,都惊奇地说:"刘将军平常遇到小敌害怕,今天遇到大敌却勇敢,真是可怪。请你还是在前队,我们帮助你。"于是大家跟着刘秀冲杀,消灭了近千敌军。初战胜利后,大家胆子也壮了。刘秀又率领三千敢死队直接去冲击新朝大军的中坚。他的打算是要不顾一切地给敌人的要害以致命一击。汉军在数量上处于绝对劣势,这样做就像是去送死一样,但却是唯一有可能取胜的策略。王邑和王寻亲自率领一万军队迎战,下令不准其他部队擅自行动。这两个人显然不会用兵,自恃兵多,却不会利用兵多的优势,看见敌人兵少就轻敌,对来拼命的敌人的意图和战斗力也心中无数,所以作战部署就像在配合敌人,用了几倍的兵力反而被打败。而且统帅一败,新军被汉军内外夹攻,几十万大军溃散奔逃,一败涂地。

刘秀在昆阳作战的时候,刘縯也率军攻下了宛城。但是不久他就被刘玄杀害了。刘縯是联军里能力最强、威望最高的将领,而且是皇族,其实最有资格当皇帝。绿林军的将领们一立刘玄当皇帝,他的处境就非常危险了。刘秀也提醒过他,可是他没当回事。刘氏的族人只承认刘縯是领袖。他部下的勇将刘稷不接受刘玄授给的将军衔。刘玄和绿林将军们出动几千士兵把刘稷抓起来,要处死他。刘縯不答应,来和他们争辩。刘玄和绿林将军们本来就认为刘縯是对皇位的最大威胁,已经有心要除掉他,就把他也抓起来,当天处死。

刘秀急忙赶回宛城。他向刘玄谢罪,不提自己昆阳之战的功劳,不和哥哥的部属私下谈话,也不为哥哥服丧,像平常一样饮食说笑,看不出一点儿悲痛的样子。这样解除了刘玄的戒心,甚至让刘玄感到了惭愧,因为杀害刘縯到底是他在阴暗心理驱使下做出的可耻的事情。刘玄封刘秀为大将军武信侯。昆阳之战三个月后,王莽被长安地区的起义民众杀死,人头被送到宛城。接着刘玄迁都洛阳。一个月后,他派刘秀去巡视黄河以北的州县。

新朝灭亡以后,地方政府都脱离了中央,被当地的强人控制。这些人或者是原来的政府官员,或者是起义军的首领。刘玄给刘秀的工作就是让他去和这些地方政权打交道,把它们纳入自己在洛阳建立的朝廷。这是个敌对势力丛生的地区。当地的强人们手中都有武力,有的和刘玄一样想当皇帝,有的只想割据一方,不愿意受人管辖。还有许多没有政治目的,只顾到处抢劫的流民武装。除了一个作为象征的使节以外,刘玄什么都没给刘秀,让他只带着自己的随员上路。

这是一个危险的使命,但却是刘秀命运的转机。他和哥哥是打败新朝的真正功臣,天下却成了别人的。在刘玄的朝廷里,他只有一个空头的官职,被刘玄暗中防范控制。哥哥死后,他心里悲痛,但是不敢流露出来。绿林军的将军们是一群心胸狭隘,见识短浅,做事鲁莽灭裂的庸人,非常容易闹内讧。他们不配做他的上级,甚至不配做他的部下。他要小心地隐藏自己的内心、自己的能力和见识,才能避免像哥哥一样被他们猜疑杀害。即使这个巡视河北的使命也得来不易。绿林军策动杀害他哥哥的将军们都反对派他出去。但是刘玄身边也有人帮他说话,刘玄自己对绿林将军们也要提防,搞平衡,所以最终做出了这个决定。这也是刘秀平时小心谨慎,用心和这些人周旋的结果。刘秀为人行事的特点是含蓄低调,看起来谨慎厚道,其实内心沉着,头脑清楚,细密,而且善于欺骗敌人。这时他虽然赤手空拳,但是已经脱出了可以随时毁灭他的刘玄和绿林将军们的掌控。

刘秀到了河北,会见地方上的官员和有影响的人物,平反释放囚徒,废除王莽的破坏民生的政策法令,恢复汉朝的官名。这些做法很得人心。可是正当他巡行到河北北部时,有一个名叫王郎的方士自称是汉成帝的儿子,在河北南部的邯郸起兵,自立为天子。当年王莽篡汉的时候,有一个人在长安街头自称是汉成帝的儿子刘子舆,要求王莽把政权还给刘家,被王莽杀了。这是当时轰动天下的事件。王郎借题发挥,说被杀的那个是假刘子舆,自己才是真的。他还给自己编出一段离奇的身世,说自己的母亲是汉成帝的歌女,有一天下殿后身体僵直倒地,一会儿有黄气降临,笼罩在她身上,就这样受孕。他出生后,皇后赵飞燕要害他,被用偷梁换柱的办法骗过,于是活了下来。他用这样浅陋离奇的谎言竟然骗到了前赵王的儿子和当地豪强的支持,在邯郸建立起朝廷。王郎向各地发文告,派遣使者,要求地方政府都向他效忠。河北的州县望风响应。河北很快就变成了他的天下。王郎说自己才是汉朝的正统,最有资格当皇帝,要刘玄的政权向他投降。因为刘秀是刘玄政权在河北的代表,王郎悬赏十万户购买刘秀的人头。刘秀的处境顿时变得非常凶险。

这时候北方边境上谷郡太守耿况的儿子耿弇来见刘秀。耿弇只有二十一岁,他原来是要代表父亲去长安和刘玄的朝廷建立联系的,走到半路听到王郎起兵的消息,又知道了刘秀的驻地,就回头来找刘秀。他建议刘秀北上去联络他父亲和渔阳郡太守彭宠,说从这两个郡可以调集上万天下最精锐的突骑,根本不用担心王郎。刘秀接受他的建议,跟着他北上。他们到达蓟中时,正赶上城里起兵归顺王郎。刘秀和随从们赶紧攻破城南门逃跑,和耿弇也失散了。他们一行人向南逃跑,一路上经过城市也不敢进,饥寒交迫,既担心后面有追兵,又不知道哪里可以投靠,处境很狼狈。正在这时路边有一个穿白衣服的老人告诉他们,八十里外的信都郡仍然忠于长安。他们赶到那里,才算有了立足之地。附近和成郡的太守邳彤也来和他们会合。

刘秀和部下商量下一步的行动。众人都建议他用信都郡的兵力护送回长安,脱离险境,因为河北的郡县大都归顺了王郎,他们留在信都一座孤城里不安全。邳彤反对说:"王郎是个骗子,纠集了一群乌合之众,并没有根基。你率领我们两个郡的兵力,怎么会消灭不了他?你要是退回长安,那王郎在河北就成势了。那样你连信都一个郡的军队也掌握不住。这里有一个已经羽翼丰满的皇帝主子,难道人们不去投效他,反而会跟着你去逃亡吗?"刘秀于是决定不走了。

以刘秀的胆识和他与刘玄的宿怨，即使没有邳彤的劝告，他也绝不会选择回长安的。王郎起兵固然让他处境危险，但这个危机其实是他的又一个重大转机。以前他只是刘玄派出来巡视地方的使者，现在他可以建立自己的武装了。他争天下的事业就是由此开始的。信都郡太守任光在附近各县征集到四千精兵。刘秀拜任光和邳彤为大将军，发布讨伐王郎的文告，攻占周围的郡县，许多地方武装来投奔他，很快他就有了几万人马。

耿弇在蓟中和刘秀失散了以后，回到父亲耿况那里，劝他发兵攻打王郎。耿况认为自己一个郡力量不足，派部下寇恂去联系渔阳郡太守彭宠一起出兵。这时彭宠也在部下吴汉的劝诱下，决定支持刘秀。两个郡各派出一千步兵，两千突骑，一起南下。他们一路上扫荡王郎的势力，平定了二十二个县，然后和刘秀的军队会合。这时刘秀的军队正在围攻邯郸北面的巨鹿，一个多月打不下来，反而被王郎的军队攻占了信都。王郎又派出一支几万人的军队来救巨鹿。刘秀和它交战不利。耿弇和吴汉带来的渔阳和上谷郡突骑出击，大败敌军。刘秀高兴地说："我听说突骑是天下最精锐的部队，今天亲眼看见它作战，高兴得无话可以形容。"他放下巨鹿，直接去攻打王郎的都城邯郸。王郎接连打败仗后派使者来谈判投降。使者对刘秀说王郎的确是汉成帝的儿子。刘秀说："今天就是成帝复生，也得不到天下。何况是个假冒的刘子舆！"使者为王郎请求投降后封万户侯。刘秀说："一户也不给，只保证他活命。"使者发怒说："我们还能坚守一年。总不能投降只得到活命吧！"谈判破裂后，刘秀继续攻打了二十几天，攻下邯郸，杀了王郎。

平定王郎以后，刘秀有了自己的地盘和军队。这时候刘玄派使者来，命令刘秀停止一切作战行动，封他为萧王，调他回长安。同时派亲信去幽州和它下辖的渔阳和上谷郡担任州牧和太守。这些都是他防范刘秀的措施。他想用一个空名骗刘秀放弃已经到手的实力，而且知道要釜底抽薪，把幽州的精锐军队抓在自己手里，迫使刘秀就范。但这只是庸人的心机，在真正的较量中是没有用的。刘秀说河北还没有平定，他不能离开。虽然是用借口推辞，实际上是和刘玄决裂了。他派吴汉和耿弇回幽州，杀了刘玄派去的幽州牧和渔阳上谷郡太守，带回幽州属下十个郡的突骑。刘秀的军队因此更加强盛。

当初刘玄也派尚书谢躬带一支军队来河北讨伐王郎。刘秀和谢躬一起打败王郎后，又分头去攻打当地的流寇。两个人名义上是同僚，两军是友军，刘秀又极口称赞谢躬是真正称职的官员，所以谢躬对刘秀毫无戒心。他的妻子要他提防刘秀，他也没当回事。刘秀趁谢躬在外面作战时，派吴汉和岑彭偷袭占领了谢躬的驻地邺城。谢躬不知道，和流寇作战失利，带着少量骑兵撤回邺城,一进城就被抓起来杀掉。这样刘玄在河北的势力就都被消灭了。

刘秀经营河北,一方面要让地方州县政府归顺,这在消灭王郎以后基本上做到了,另一方面要消灭境内的流寇。天下大乱以后兴起的武装大致可以分为两类,一类是割据势力,另一类就是流寇。流寇是下层民众的武装,因为饥寒交迫而聚集起来抢劫。他们抢来东西就大伙分享,因此可以迅速聚集起大量的部众。流寇的首领们大都是些草莽英雄,没有文化,也没有政治诉求。他们到处流窜也是他们的抢劫特性决定的。一是因为他们到了哪里,当地民众或者逃避,或者聚集起来武装自保,所以他们在任何地方都立足不稳。另外还因为他们靠抢劫维持,抢光了一个地方,只能换一个地方再抢。当时河北一带有十几支流寇,聚众上百万人,其中最大的铜马军有几十万人。刘秀先攻打铜马军。他不交战,只派游击骑兵在野外截击铜马军的四出搜掠粮食的小部队。流寇人多势众却没有稳定的后方支持,这是对付它的最好办法。相持一个多月后,铜马军断粮,半夜逃跑,被刘秀轻易打败。刘秀让他们投降,给头领封侯。他知道这些投降的人心中还疑虑不安,就让他们各回本部,自己轻装简从,依次去他们的兵营里巡视。铜马军的将士们都很感动,说:"萧王推心置腹相待,我们怎能不死心塌地追随他!"刘秀把铜马军的部众编入自己的军队,使自己的兵力一下达到几十万人,威震天下。他也得到了一个"铜马帝"的绰号。他在扫荡河北的流寇时,顺势攻占了河内郡,和刘玄政权的重镇洛阳隔黄河相望。这时离他初到河北只不过一年。

绿林军的覆灭

当初刘秀在河北逃窜的时候,刘玄又从洛阳迁都长安。这时的长安城除了皇帝住的未央宫被烧,其他宫殿、官府、仓库、市场、民居都完好如旧。刘玄住进了皇宫。绿林军的十几位主要将领都封了王。他们的造反事业看起来大功告成了,可是天下却没有走向统一安定。刘玄是绿林将军们立的傀儡皇帝。他既没有能力,也没有实力统一国家,甚至在自己的朝廷里也建立不起有效的统治。绿林将军们名义上是他的臣下,但赏罚任用都是自作主张,随心所欲,不依制度,也改不了抢劫的恶习。他们掌权造成的乱象很快就让天下人失望了。

最初天下人都把刘玄的政权看作汉朝正统,赤眉军也向他臣服。刘玄从宛城迁都洛阳的时候,赤眉军的二十多个首领把部众留在原地,亲自到洛阳来朝见他。刘玄给他们一律封侯,但是没有封地。不久留在原地的赤眉军因为没有首领出现混乱，他们就又逃回本部。赤眉军是最大的流寇，它在和新朝作战时从山东向西攻入河南。新朝灭亡了，部众都想回家。可是首领们认为向东退回家乡部队肯定会散伙，于是决定继续西进，去攻打刘玄占据的关中。他们接连打败刘玄派来阻击的军队，到达离长安只有两百里地的华阴。这时候刘秀也派邓禹带领一支军队西进，打败了绿林军的守将王匡和张卬，攻占了河东郡，隔着黄河跟在赤眉军的侧后，也在等待机会夺取关中。

张卬等绿林将军们看到赤眉军马上就要打到长安了，一起去向刘玄建议抢劫长安，然后退回南阳。如果在南阳还是待不住，就退回荒湖里当强盗去。刘玄听了非常气愤，不理他们。张卬他们也不敢再说，接着双方就开始阴谋策划。将军们要劫持刘玄，刘玄要除掉他们。刘玄知道了将军们的密谋，假称有病，召张卬和申屠建等四位封王的将军进宫。张卬和另外两位将军在皇宫里等待的时候起了疑心逃跑了。申屠建没跑，被刘玄杀死。申屠建是当初促使刘玄杀害刘縯的重要人物。

张卬等人逃脱后就带兵攻进皇宫。刘玄打败了，逃到当初他派去防御赤眉军的部队里。他担心在那里领军的王匡、成丹和陈牧与张卬是一伙的，又要杀他们。这三个人是绿林军最资深的将领。王匡和成丹是绿林军在荒湖中聚众起义的首领。陈牧是绿林军的分支平林兵的主将，刘玄当初投奔绿林军时参加的就是他的部队。刘玄还是用召见的名义骗他们来。成丹和陈牧先来被杀。王匡晚到一步，逃掉了，逃到张卬那里。

刘玄好像没看见马上就要打过来的几十万赤眉军，带着他的岳父赵萌和丞相李松去和王匡张卬争夺长安。打了一个多月，把王匡和张卬打跑了，他又回到皇宫里住下。这时赤眉军也来到长安城下。王匡和张卬向赤眉军投降，然后一起攻城。李松出战被俘。他弟弟是守城门的军官，见状献城门投降了。赤眉军进城，刘玄只身骑马逃走，他手下的文武官员全体投降。赤眉军发文告，限令刘玄二十天内来投降，封他为长沙王，过期无效。刘玄就依照惯例，脱光上衣，捆绑自己，带着皇帝玺来投降，当上了长沙王。可是绿林军的将军们不肯放过他。张卬对收容刘玄的赤眉军首领谢禄说："许多绿林兵营的头领想劫持刘玄。你收留他，那些人会合力来攻打你。你这是自取灭亡。"谢禄就派部下和刘玄一起去牧马，在郊外把他勒死。

刘玄是一个品格和才能都很低下的人。因为皇族的出身和绿林流寇将军们的私心，他被推到了皇帝的位子上。历史上有许多像这样被偶然机遇和逆向选择造成的领袖。他们是庸才，也因为自己的平庸而中选，坐在与自己的品格和才能不相称的位子上。他们没有治国平天下的才能，却有庸人害人的心机和狠毒，一坐到权位上就舞智弄权，用肮脏手段铲除能力比自己强的人。刘玄是他们的典型代表。他能够害人，只因为被害的人对他并没有戒心或者敌意，承认他的地位，所以会被他骗到宫廷里杀害。那就是他的才智能够施展的范围。超出这个范围，他拿谁都没有办法。如果不是身逢沧海横流的乱世，他用这样低级的手段或许也能"削平群雄"，在权位上坐稳。可是他没有那样幸运。

刘玄迁都长安后，派大司马朱鲔率领三十万重兵镇守洛阳。刘秀的军队包围了洛阳，几个月打不下来。刘秀派岑彭去劝朱鲔投降。朱鲔说自己是杀刘縯的主谋，不敢投降。刘秀让岑彭传话，说做大事业的人，不计较小怨。他对黄河发誓，不但不处罚，还保证朱鲔的官爵。于是朱鲔献城投降。

绿林军的王匡等将领脱离赤眉军，去向刘秀派来关中的使者宗广投降。他们跟着宗广去洛阳见刘秀，从陕北的枸邑走到山西南部的安邑，过了黄河就到洛阳了，突然全体被杀，罪名是"想逃跑"。王匡是绿林军排位第一的主将。史书上没有提到这些被杀的将领中有没有王凤和张卬，这两个人以后在历史上也没有了下落。绿林军的主要将领到此几乎被刘玄和刘秀斩尽杀绝了。

赤眉军的困惑

当赤眉军进军到离首都长安还有两百里地的华阴时，它的首领们开始被一个问题困扰，用他们自己的话说，就是"做县官"还是"做贼"？县官就是官府的意思。赤眉军从一开始造反就背着贼的名声。这一方面是因为反抗官府的人都是贼，另外也是因为它的抢劫行为和它的组织方式。赤眉军是一支非常朴素的农民军队，首领们基本上没有文化，头脑也简单。刘縯和刘秀兄弟一起兵就去攻城略地，建立政权。赤眉军完全没有这样的意识，他们刚起兵时有意避开城市，捉住政府官员也好好放回去。当年陈胜吴广用"王侯将相"来号召起义。赤眉军的首领们也没有这样的愿望。他们不用将校称号，也没有等级制度。军队的最高首领就叫三老，其次叫从事，大众互相的称呼都是巨人。三老是乡官，从事就是办事的。在华阴时赤眉军分为三十个营，每个营一万人，也只设一个三老和一个从事做营官。整个军队和下面的部队单位都是以村庄为模型来编制和管理。这样的组织方式并没有妨碍他们横扫天下。可是现在要进京了，他们开始怀疑自己了，觉得自己不像官府，怎么去"坐天下"？

赤眉军最早是在山东沿海一带起义的。当地流行祀鬼的迷信，祭祀汉初封在那里的城阳景王刘章。军中有做法降神的巫师，这时候在他身上附体的景王鬼魂开始发怒，口出狂言："应该做县官，为什么要做贼？"嘲笑巫师说胡话的人马上就生病，引起军中惊动。赤眉军的首领们商议说："现在马上要进长安了，鬼神又是这样说……"于是决定也立一个姓刘的做皇帝。他们在军中寻找城阳景王的后代，从三十万部众里找到了七十多个，又从中筛选出三个血缘最近的。他们听说古时候天子做军队统帅时用上将军称号，就在一个签上写"上将军"，把它和两个白签一起放在竹箱里。然后设立坛场，赤眉军的首领们围在坛下，让三位候选人站在中央，按照年龄长幼顺序抽签。年龄最小的刘盆子最后抽中，于是大家都向他跪拜称臣。

刘盆子这年十五岁。当初赤眉军经过他的家乡时，他被裹挟到军中，干放牛的差事，叫牛吏，就是牛倌。抽签的时候他还是一身牛吏的打扮，披头散发，穿着破旧的衣服，光着脚，惶恐得脸上发红，头上冒汗。看见首领们都向他跪拜，害怕得要哭，抽完签就回到自己的老长官属下，还像以前一样去和放牛娃们玩耍。

要做"县官"，光立皇帝还不行，下面人的称呼也得跟着改。樊崇是赤眉军公认的第一号首领，起义最早，作战最勇猛，大概为人也最质朴厚道，因为赤眉军从始至终没有发生过首领们闹分裂内讧，为争权夺利自相残杀的事情。可是他不识字，于是大家推举以前在县监狱里做过狱吏的徐宣当丞相，让樊崇当比丞相低半级的御史大夫。两位战将逄安和谢禄当左右大司马。再下面的首领都是列卿。就这样照猫画虎，有样学样地建国以后，赤眉军继续向长安进军，火掉了刘玄的政权。

赤眉军消灭了绿林军，可是它做起"县官"来还不如绿林军。军人们随意抢劫，奴役老百姓和地方官员。城里的老百姓逃离长安。周围郡县的老百姓躲到堡寨里固守，不接受赤眉军的政权。到了年底赤眉军首领们在皇宫里举办宴会。酒还没上，一个人拿出刀笔刻写新年贺词。周围不识字的首领们看到了喜欢，都围上来请他捉刀代笔。朝廷上东一群，西一伙，乱哄哄的。赤眉军的第五位首领杨音大骂他们没规矩，都该杀，于是争吵起来。这时在街上游荡的士兵们闯进宫来，砍开门禁争抢酒肉，争夺中互相杀伤。警卫军官带卫兵进宫，杀死了上百人才制止住骚乱。

刘盆子有两个哥哥和他一起被赤眉军裹挟到军中。年龄最大的刘恭学习过《尚书》，懂些道理。他当初跟随樊崇归附刘玄，留在刘玄那里当官，后来又跟着刘玄投降赤眉军。他们兄弟看到赤眉军这样乱，知道它早晚要失败，当这个皇帝太危险。到了年初赤眉军首领们开大会的时候，刘恭对大家说："诸位立我弟弟当皇帝，这是莫大的恩德。可是我弟弟在位快一年了，治下越来越乱。这是因为他的能力实在不够,他愿意退位当平民百姓。请大家另选能人吧!"樊崇等人一听都不同意,说:"这都是我们的过错。"刘恭还要推辞,有人打断他,说:"这是你的事情吗?"刘恭不敢再说话。刘盆子从御床上下来,解下身上佩戴的皇帝玺绶,跪在地上给首领们磕头,说:"现在立官府了,还像盗贼一样抢劫,坏名声传遍四方,老百姓都怨恨,不拥护我们了。这都是因为立的人不当。我愿意让贤,就是杀了我向天下人谢罪也可以。请诸位可怜吧!"这都是刘恭教给他的话,他说完了不住地哭泣。在场的几百位头领被感动了,也都下跪磕头,道歉说:"是臣子们不像话,对不起陛下,从今以后,再也不敢放纵了。"他们把刘盆子连抱带扶,送回御床上,给他佩戴上玺绶。回到各自的营地后,都关上营门不出来了。

长安地区的老百姓高兴了,都夸奖皇帝聪明,争着回长安,市场和居民区又热闹起来。可是赤眉军人看着长安城里的财物眼红,憋了二十多天,再也不想担"县官"这个虚名了,从军营里出来,放开手大肆抢劫。长安城被抢光了,城里的粮食不久也吃光了,他们本来要首都也没用,就又要流动了。他们装载上抢来的财物,大肆放火,烧毁皇宫、街市和民居,然后继续西进。可是从长安向西,越走地理和气候条件就越恶劣。走出几百里地,遇到大雪,许多人被冻死,又被陇西的割据势力隗嚣打败,于是折回长安。地面上的东西都被他们抢光了,他们就去挖皇陵,抢劫随葬的珍宝,污辱了吕后和一些后妃的尸体。他们对让老百姓过上了好日子的汉文帝和汉宣帝心存敬意,没有动他们的陵墓。

这时汉中的割据势力延岑和绿林将军李宝的几万联军占据了长安附近的杜陵。逢安率领十几万赤眉军去攻打他们。开始打胜了,李宝投降了。可是接着和延岑交战时,被赤眉军留在后方的李宝给延岑做内应,把赤眉军营的旗帜都拔掉,换上自己一方的白旗。赤眉军收兵回营时看见了,以为营盘被敌人攻占了,立时四散奔逃,自己投入山谷,死了十多万人。逢安只带几千人逃回长安。

这一年长安地区闹大饥荒,城镇都空了,白骨遍野,没饿死的人聚集在堡寨里固守,赤眉军再也抢不到什么了,又打了那样一个大败仗,损失惨重,就离开长安回东方了。走在半路上又被刘秀的将军冯异打败。

两年前刘秀派邓禹去争夺关中。邓禹认为自己的兵力和物资供给都不如刚占领长安的赤眉军,不应该进攻长安,于是先去攻占周围地区,壮大自己,等待赤眉军的变化。刘秀嫌邓禹迟迟不进兵,下诏催他。邓禹坚持自己的方略,等到赤眉军西去,他才进军长安。不久赤眉军又退回长安,打败了他。于是刘秀调他回洛阳,派将军冯异去接替他,告诉他:"赤眉军没粮食了,自然要退回东方。那时由我来教训它。你们就不要再妄自交战了。"邓禹没有完成使命，不甘心无功而返，反而非要去和赤眉军交战，结果连战连败，最后硬拉着冯异一起和赤眉军决战，被打得全军覆没，只带着二十四个人逃回洛阳。冯异也丢掉战马，只带了几个随从徒步逃回军营。再次交战时，冯异先派一支部队穿上赤眉军的衣服，埋伏在路边，等到汉军和赤眉军交战到太阳偏西时突然出击。赤眉军不辨真假，顿时阵营大乱，被汉军追击，又折损了近十万人。赤眉军人多，勇猛，很少打败仗。这两次惨败都不是因为战斗失利，而是因为敌人使用了诡计。但这诡计打中了赤眉军组织方式原始和缺乏制度的弱点。

经过这两次惨败，赤眉军只剩下三分之一的人马，而且饥饿，疲惫不堪；刚出关中，迎头被刘秀亲自率领的大军拦住去路。赤眉军已经没有斗志了，就不战而降了。他们把从刘玄那里缴获的皇帝传国玺交给刘秀。十多万人缴出的武器装备堆在宜阳城西，据说和附近的熊耳山一样高。刘秀给他们提供食物，让他们都吃了饱饭。

第二天早上，刘秀陈列大军让赤眉军的首领们参观。他问刘盆子："自己知道该死吗？"刘盆子说："知道是死罪，还希望皇上可怜赦免。"刘秀笑了，说："这孩子可真滑头，咱们宗室里没有笨人。"又问樊崇："投降后悔不后悔？我可以放你回营，咱们堂堂正正地打一仗来决定胜负。我不愿意勉强你投降。"徐宣下跪磕头，说："我们一出长安就商量好了要向皇上投降。今天就像脱离了虎口，来到慈母身边。真心高兴，没有什么可后悔或者不服的。"刘秀说："你们这些人可以算是铁中铮铮，庸中佼佼（意思是下等里的上品）。你们的所作所为大逆不道，所到之处屠灭老弱，玷污社稷，毁灭民生，但是还有三个优点。你们攻城拔寨，转战天下，却没有喜新厌旧，遗弃原配妻子，这是第一个优点。你们立皇帝知道立宗室的人，这是第二个优点。别的贼伙被逼急了，都杀掉自己立的头领，带着首级来邀功，只有你们没这样做，这是第三个优点。"他把赤眉军的首领们和他们的妻子安置在首都洛阳，赐给每家一片宅院，两顷地。可是当年夏天樊崇和逢安就被以谋反罪名杀掉了。刘恭杀了谢禄为刘玄报仇，刘秀也不追究。赤眉军的五大首领，只有徐宣和杨音后来回到家乡，老死家中。杨音在赤眉军占领长安时关照过刘秀的叔叔刘良。刘秀对刘盆子赏赐丰厚。后来刘盆子双目失明，刘秀赐给他一块官地，开辟为市场，用收的税供养他终身。

赤眉军是中国历史上第一支，也是最本色的一支农民军队。在它之前的陈胜吴广起义军其实只是反抗秦朝暴政的各种社会势力的杂烩，并不是农民军队，土地问题也不是他们造反的原因。赤眉军的士兵是失去了土地，饥寒交迫，走投无路的农民。这样的农民是西汉两百年间的土地兼并造成的。哪个王朝制造出了这样的下层阶级,它就制造了自身的毁灭。农民军队就像飓风和蝗灾一样,一旦形成,就开始漫无目的地流动。赤眉军从东海之滨打到西北高原,横扫了中国大地,又掉过头来倒流,把经过的地方都变成废墟。

农民造反是为了反抗剥削和压迫,争求生存权利和社会公正。他们奉行的劫富济贫的原则和朴实平等的作风在两极分化严重、上层阶级腐朽糜烂的社会中也很有感召力。这些都为他们赢得社会的同情。一些领袖人物因此成为文艺作品中反抗压迫的传奇式英雄。但是他们的"造反有理"和社会的同情往往掩盖了他们的愚昧和凶残,以及他们对文明的破坏。这种破坏的后果远远超过了他们自己在一个不公正的社会中受到的伤害。从本质上说,农民起义军是毁灭文明的力量,这是他们的造反不可能成功的根本原因。"做县官"还是"做贼"?这并不是一个简单的、能不能约束抢劫和自己内部滥打滥杀的问题。农民军队的首领们没有文化,不懂得建立保护民生,使社会安定,使经济正常运行的政治、法律、经济制度和与之相应的文化事业,而且这些制度也不能建立在劫富济贫和农民的平等观念之上,和造反农民的价值观念是根本冲突的。所以尽管他们也想"坐天下",也知道"做县官"和"做贼"二者不可兼得,但最终还是褪不掉能让他们随心所欲的"革命本色"。即便有样学样地建立起国家,也只是沐猴而冠,最终受不了约束,甚至连个装幌子的国家也嫌它碍手碍脚,要回过头去"打碎"和"破除"它,所以最终还是做不成"县官"。

赤眉军是最纯粹的农民军队。它以最天然的方式提出了造反农民的根本问题。它也凭着自己的本色演绎出了最典型的答案。这是困扰了历史上所有农民军队的问题,我们可以把它叫作造反农民的"刘盆子困惑"。

平定割据势力

赤眉军立刘盆子当皇帝的时候,刘秀已经消灭了王郎和铜马军,在河北站稳了脚跟。那时刘玄政权的首都长安眼看就要陷落,另一座重镇洛阳也已经成为刘秀兵锋下的一座孤城。刘秀部下的将军们开始酝酿请他称帝。他们说:"现在天下无主,人心思汉。刘玄凭借大王兄弟的战功占据帝位。他没有那个能力,反而破坏纲纪,让天下盗贼越来越多,民生危难。大王先在昆阳打败王莽,又攻克邯郸,平定北方,已经拥有天下的三分之二,武力天下无敌,文德举世无匹。希望大王考虑社稷和民心。天下不能总没有帝王,天命也不能谦让。"可是几次建议都被刘秀拒绝了。将军耿纯又劝他说:"众人抛家舍业,跟随大王在战场上流血拼命,为的是攀龙附凤,挣个人前程。如果大王总是违背众人的心愿，恐怕人心就散了。"刘秀听了，也只是答应考虑。

刘秀当然也想称帝。他迟迟不行动自然有他的考虑。他把驻守在黄河边监视洛阳的将军冯异召回来，先让他讲天下的形势。冯异原来是新朝的下级官员，在刘玄的朝廷迁都洛阳的时候开始追随刘秀，一直给他当主簿，也就是幕僚长，是他的重要亲信。冯异说："刘玄一定会失败，为了社稷和百姓，您应该接受众人的建议。"刘秀对冯异透露说："我昨天夜里梦见乘赤龙上天，醒来心里悸动。"冯异离开座席再拜，说："这是天命的显示。"其实刘秀把冯异从五六百里地以外的孟津招来谈话，就是为了向他放这个风。而这个梦就在召回冯异的"昨夜"发生，这个时间上的巧合也让人怀疑他是不是真的做了这样的梦。刘秀曾经在昆阳之战中散布假消息打击敌人的士气，他应该也做得出这种装神弄鬼的事情。这番谈话也揭示出了他一直不肯称帝的原因。虽然称帝归根到底是由实力决定的，他也有了这个实力，但他不愿意让人以为他的这个皇帝是自封的，或者像刘玄和刘盆子那样是被将军们立的。他要让天下人，包括自己的将军们，相信他做皇帝是天意。这对他争取人心，建立权威，在精神上解除敌人的武装都至关重要。他的将军们也相信他是真命天子。他们只是缺乏占领这个意识形态制高点的意识，也不懂得意识形态层面的运作。

谈话以后，冯异就去和将军们商议布置请刘秀称帝的事情。但刘秀还是不肯行动，大概是觉得天意由自己嘴里说出来，成色还嫌不足。就在这时，当年他在长安求学时的同学强华带着《赤伏符》来投奔他。《赤伏符》就是王莽为了篡汉编造的宣示天意的那一类符命。上面写的是："刘秀发兵捕不道，四夷云集龙斗野，四七之际火为主。"符命往往就是这样的文字浅陋，甚至文理不通的顺口溜，让老百姓既喜闻乐见又似懂非懂。但越是这样就越容易让他们相信这是天书。有了天书，天意就昭然了。刘秀就是上天属意的真命天子。现在也不会有人去乱猜是哪个刘秀了。强华是个儒生，可能也是哀章一类的骗子。但那是相信神意的时代，无中生有的工作也得有人来做。强生带来的这个符命就是刘秀一直在等待的东西。部下们借机再次劝进，他就名正言顺地登基了。四个月后，率领重兵为刘玄镇守洛阳的朱鲔投降。刘秀取得洛阳后，在那里定都。这一年是公元 25 年，他三十一岁。

赤眉军和绿林军等流寇武装都被消灭以后，刘秀已经占有了河北、河南、山西和陕西。这时候他已经无敌于天下，但是离统一和平定天下还差得远。接着他要对付的是几乎遍布全国的割据势力。他的策略是联合西北的隗嚣，控制住已经在四川称帝的公孙述，先攻打离他最近的山东和江淮一带的敌人，经过三年征战，平定了关东，这时再来对付隗嚣和公孙述这两个最大的割据势力。

　　隗嚣是甘肃天水一带的人,新朝的时候曾经做过刘歆的属官。刘歆死后,他回到家乡。王莽快要失败的时候,各地群雄并起,隗嚣的叔叔们联合当地豪强起兵,杀了郡守。因为隗嚣在地方上名望最高,又爱好经书,大家推举他做首领。隗嚣打起拥护汉朝的旗号,平定了西北各郡。刘玄定都长安以后,征召隗嚣和他的两个叔叔进京。不久隗嚣的两个叔叔想逃回家乡。隗嚣怕连累自己,向刘玄告密。刘玄杀了他的两个叔叔,为了奖励他的忠诚,封他为御史大夫。后来绿林将领张卬等人要劫持刘玄,隗嚣也参与了他们的阴谋。刘玄也要杀他,派使者召他进宫,他称病不去。刘玄派兵去抓他,他在住处坚守到天黑后冲出长安城。逃回天水后,他召集老部下,占据地方,自称西州上将军,后来又接受了刘秀给他的西州大将军封号。

　　刘秀在平定关东的时候,需要隗嚣帮他牵制住已经在西南称帝的公孙述,使公孙述不能向关中进兵。公孙述也拉拢隗嚣,赐给他王爵和大司空的职位。公孙述原来也是新朝的官员,天下大乱时起兵,占据了四川,后来打败了刘玄派来占领四川的军队,先自立为蜀王,接着称帝。据说称帝前他做了一个梦,有人告诉他能做十二年皇帝。醒来他问妻子:"能做皇帝,可是时间不长,你看呢?"妻子引经据典说:"朝闻道,夕死可也,何况十二年!"于是他决意称帝。公孙述和刘秀一样,也知道意识形态的重要,做了许多这方面的工作。他引用图谶,证明刘氏运数已尽,一姓不能两次受命,这一次应该是公孙氏受命。民间流行的图谶有公孙皇帝的说法,他自己手上有"公孙帝"的字纹。那字纹其实是他自己刻的。西方是金的方位,主色是白色。按照五德运行的顺序,土生金,白色接续黄色。王莽的新朝崇尚黄色。公孙述在西方,以白色为主色。所以新朝火亡了,正应该他的王朝当运,等等。公孙述几次向全国发文告做宣传,争取天下人心,让刘秀很担心,不得不和他打宣传战。刘秀给公孙述发诏书,说图谶上讲的公孙皇帝就是宣帝,不是你公孙述,王莽制作符命篡汉的那一套把戏,值得仿效吗? 等等。

　　隗嚣在决定倒向哪一边之前,先派部下马援到公孙述和刘秀那里去考察。马援是赵国名将赵奢的后人,和公孙述是同乡,少年时代的好朋友。他到了成都,以为和公孙述老友相见,会握手言欢,畅叙平生。没想到公孙述跟他摆皇帝谱,在宫殿上陈列执戟的卫兵,威风凛凛,然后由官员引导他进宫拜见,行礼如仪,礼毕就送去宾馆。汉哀帝在位时,公孙述在宫廷里当过郎官,懂得皇帝的那一套礼仪,现在全都用到自己身上,以为这样做就能让自己看起来有帝王气象。他对马援很器重,封他侯爵和大将军职位。马援认为公孙述就是个井底之蛙,虚荣浅薄。正当用人之际,他不学周公那样殷勤接待天下人才,共商国家大计,心思都用在表面的威风和排场上。这样的人怎么能成事? 怎么能共事? 他不接受公孙述授给他的官爵,回去后就建议隗嚣不要再考虑和公孙述结盟了。

接着隗嚣派马援去洛阳见刘秀。马援被引进宫,看见刘秀没有穿戴皇帝的衣冠,只戴着头巾,在殿外廊庑下坐着。刘秀看见马援来了,像看见老熟人一样,笑着说:"你在两个皇帝之间遨游,今天见到你,让人大为惭愧。"这话听起来是初见面的谦辞,其实是话中有话。隗嚣在名义上是刘秀的臣子,和公孙述交往于身份不合。马援磕头感谢刘秀用这样平易的方式接待自己。他回答说:"当今之世,非独君择臣也,臣亦择君矣。"这话是解释为什么自己"在两个皇帝之间遨游",抓住了刘秀的话锋,回答得坦诚得体,也很精辟,是流传千古的名言,体现出马援不同凡响的品格和见识。马援接着说:"我和公孙述是同乡,少年时代的好友,他却在殿上盛陈卫士,戒备森严。我远道而来,陛下这样简易地接见我,怎么就知道我不是刺客?"刘秀笑着说:"你不是刺客,是说客。"马援说:"现在天下到处是冒牌的帝王将相。今天见到陛下气度恢宏,有高祖之风,让我知道了世上是有真帝王的。"刘秀对马援的见识谈吐也很欣赏。

马援在刘秀身边待了一段时间,对他有了足够了解以后,回去见隗嚣。隗嚣对士人非常恭敬,对马援也格外亲信,坐卧都在一起。他让马援给他讲出使东方的见闻。马援说:"我这次到朝廷,皇上和我会面谈话几十次,每次从晚上谈到天明。皇上的文韬武略过人,英明无比,待人又极其诚恳;在豁达大度上,和高帝相似;经学和政事的明白练达远超前人。"隗嚣问:"那你说他和高帝比怎么样?"马援说:"不如也。高帝无可无不可。今上好吏事,动如节度,又不喜饮酒。"意思是刘秀不如高帝。高帝行事放得开。现在的皇上喜欢插手官员的具体工作,总要亲自掌控。隗嚣说:"照你这么说,那不是比高帝强吗?"隗嚣和马援对刘邦和刘秀的比较是一个在历史上一直让人感兴趣的话题。它好像有定论,却又争论不休。其中一个重要的原因是人的见识高低不同,就像马援和隗嚣一样,所以对同样的事评价正好相反。

隗嚣决定加强和刘秀的关系,派长子去刘秀那里做人质。马援也随着一起去了洛阳。倒向刘秀其实是隗嚣的错误决策。他虽然不想当皇帝,但是想割据一方,那他和公孙述就是唇齿相依的关系。至少他也应该坐山观虎斗,绝不应该去帮助最有可能统一天下的刘秀。不过当时天下归一的大势已成,他的决定能影响的只是这个过程的难易快慢而已。当刘秀忙于平定关东的割据势力时,隗嚣给他帮了很大的忙。公孙述曾经几次进攻关中,都因为隗嚣出兵帮助刘秀而失败。假如隗嚣和公孙述联手,那关中恐怕就不是刘秀的了。隗嚣读儒家的经书读糊涂了，脑子里装进了一些不现实的榜样，比如在西土兴起的周文王，或者春秋时期尊王攘夷、割据一方的诸侯，失去了审时度势的能力。而刘秀很知道怎样利用隗嚣的糊涂。他和隗嚣是君臣关系，却破格用对等的礼仪交往。有一次隗嚣出兵帮助刘秀派驻关中的大将冯异，打败了公孙述的军队。刘秀亲笔给他写信，奉承他，把他比作周文王，说周文王拥有天下的三分之二了，还保持对殷朝臣服。就像好马一经伯乐赏识就身价百倍一样，自己数次得到隗嚣这样的光顾。苍蝇靠自己只能飞几步远，附在骏马尾巴上才能前程远大。自己得到隗嚣的帮助，就像苍蝇附在骏马的尾巴上。如果不是隗嚣帮助，关中已经落入别人手中了。自己被关东的寇贼牵制，顾不上对付公孙述。如果公孙述出兵侵扰汉中和长安地区，就要借助隗嚣的军队抵挡了。如果隗嚣肯帮助，这对自己是天赐之福，也是有智慧的人建功立业，割据地盘的机会。管仲说："生我的是父母，帮助我成功的是鲍叔牙。"隗嚣就是自己的鲍叔牙。并说以后你我只用亲笔信联络，不要听任何人的传言或者闲话。

这封信听起来亲切，谦卑，其实并没有诚意，是一篇欺骗的文字。刘秀不但把隗嚣说得像是自己仰赖的圣人，救主，甚至欺骗隗嚣，让隗嚣以为自己不介意，甚至鼓励他割据地盘。这对争取隗嚣最重要。因为隗嚣的底线就是用向刘秀称臣，协助他防御公孙述，来换取刘秀同意他割据一方。这封信很能表明刘秀为人行事的特点。他心机很深，惯于用低姿态，示弱来麻痹敌人。这封信也表明了他在需要的时候能把身段放低到什么程度。

过了两年，刘秀平定关东的战争刚接近尾声，他就开始考虑要收拾隗嚣和公孙述了。他先派隗嚣出兵攻打公孙述。隗嚣上书推辞，说现在不宜出兵。刘秀就停止用对等的礼仪，改以君臣的礼仪对待他。第二年，关东的战争完全结束。隗嚣派使者去洛阳朝见刘秀。使者在路上先到冯异的军营，被仇家杀死。接着刘秀赐给隗嚣珍宝，使者在路上被盗。刘秀听到后叹气说："我和隗嚣的事恐怕不行了，来使被杀，赐物在路上遗失。"这两件事都是在刘秀的地盘上发生的，刘秀却把它们说成是不祥之兆。这叹气流露出的其实不是遗憾而是杀机。

刘秀的目的是要隗嚣交出他的地盘，召隗嚣来洛阳朝见是和平解决的上策。可是隗嚣的将军王元劝他说："天水地方没有遭受战争破坏，完整富庶，军力最强。如果再把关中拿到手，封塞函谷关，进可攻，退可守，就像当年的秦国一样。如果做不到，就据守陇西，也足以称霸一方。最重要的是你不能离开自己的地盘。鱼不能离开深潭，神龙失势，就和蚯蚓一样了。"所以隗嚣说什么也不肯应召去洛阳。刘秀的中策是派隗嚣攻打公孙述，让他们两败俱伤。这也不可能,因为现在这两个人已经是相依为命了,所以他只能直接出兵消灭隗嚣。在关东战争结束的当年,刘秀亲自到长安坐镇,派七个将军去攻打隗嚣,结果大败而归。但是隗嚣想趁势夺取关中也没有成功。隗嚣给刘秀上书道歉,说:"我的部下见到大军突然来临,惊恐自卫,我也阻止不了。虽然作战获得大利,但我不敢忘记为臣的本分,所以亲自把部下追回。舜对父亲孝顺,父亲用大棒打,他就逃开,用小棒打,他就承受。我怎么敢忘记这个大道理。对我怎么处置都由朝廷决定。如果能得到恩赦,让我有机会悔过自新,死后尸骨也可以不朽了。"这封信也只是口气谦卑,实质是要刘秀容忍他割据,不然就兵来将挡。刘秀给他回信说:"你投降,保证既往不咎,爵禄都可以保全。不然就不必回信了。我快四十岁了,在军中十年,讨厌虚语浮辞。"隗嚣知道没有希望了,就派使者去向公孙述称臣。

两年后,刘秀的将军来歙从山路偷袭,攻占了隗嚣的战略要地略阳。刘秀率领将军们再次出征。隗嚣部下十三个大将、十几万部众被刘秀招降。隗嚣陷于绝境,但是死守孤城,拒绝刘秀的一再招降。刘秀杀了他的做人质的长子。几个月后,隗嚣的将军们带来公孙述的救兵,打败了刘秀的军队,收复了失地。一年后隗嚣病死,他的部下立他的小儿子隗纯当主子。刘秀的军队又来进攻,隗纯战败投降。

消灭了隗嚣的割据势力以后,刘秀紧接着派兵从南北两路进入四川攻打公孙述。公孙述比刘秀早两个月称帝,这时已经当了十一年皇帝,但一直在四川盘踞。当初他的部下中也有人劝他必须趁刘秀在关东腾不出手来的时候出兵去和刘秀争天下,不能像隗嚣那样不作为,还以周文王自居,让刘秀放心平定关东。公孙述被说动了,要征调全部兵力出川作战。可是又有大臣坚决反对,说不能把所有家底都拿到千里之外去孤注一掷,他就放弃了,只是派兵在由长江进入四川的要地荆门建立要塞,封锁长江。

南路汉军的主将是岑彭。他率军攻克荆门要塞后,绕开公孙述的防线,沿着长江和岷江长驱直入,兵锋很快就到达离成都只有几十里的广都。刘秀给公孙述写信,要他投降。公孙述看后叹气,把信给亲信们看。亲信劝他投降。他说:"成败都是命,世上哪有投降的天子啊!"他派刺客把北路和南路汉军的主将来歙和岑彭都暗杀了,暂时缓解了汉军的攻势。

吴汉接替岑彭担任伐蜀的主将,向成都进军,一路上打败公孙述阻击的军队。公孙述的弟弟和女婿都战死了,军人恐慌,叛逃。刘秀又下诏书要他投降,说不必担心杀害岑彭和来歙的事,只要投降,保证他全家安全,绝不食言。公孙述一点儿也没有投降的意思。

吴汉率领两万汉军乘胜进抵离成都十几里的地方,架设浮桥,和副将刘尚分兵相去二十里隔江扎营。刘秀得到报告大惊,指责吴汉,说跟你讲了千条万条,你临阵还是胡来,既轻敌深入又分兵,这样会被敌人分隔,各个击破。他要吴汉马上退回广都。刘秀的指示还没到,仗已经打完了。敌人的确分兵进攻,却没有发生汉军被各个击破的事情。吴汉偷偷运兵和刘尚会合,大败敌军,杀死敌军主将,然后进围成都。

公孙述问大将延岑怎么办。延岑说:"男子汉应当死里求生,怎能坐以待毙?财物容易聚积,不要舍不得。"公孙述就把财物都拿出来,招募了五千人的敢死队,交给延岑率领,从汉军背后偷袭,打败了汉军。汉军主将吴汉掉到江里,拽着马尾巴逃生。这样又相持了两个月。臧宫率领的另一支汉军也攻到成都城下。公孙述看到占卜书上说"敌人死在城下",非常高兴,以为要应在吴汉和臧宫身上。他亲自带兵出城决战,却在交战时被敌人刺穿胸膛,当夜去世。死前他把军队交给延岑。延岑天一亮就打开城门投降了。吴汉杀光了公孙述的妻子儿女和族人,把延岑也灭了族,因为延岑善战,在交战时让他吃过苦头。吴汉在刘秀部下总是率领五千突骑做全军的军锋,是个冲锋陷阵的武夫。他带兵一贯烧杀抢劫。成都战役是全国结束战乱的最后一战。人民期盼已久的和平终于降临。他却把这当作自己烧杀抢劫的最后机会,受降三天后,他竟率领军队屠城,大概是为了灭迹,把公孙述的宫殿也放火烧了,知道刘秀不高兴也不能把他怎么样。当初刘秀派冯异去经营关中的时候,告诫说征伐的目的不是要屠城占地,而是要让老百姓恢复正常安定的生活。诸将好抢劫,冯异能约束将士,所以派他去。史书上却没有提到他对吴汉说过这样的话,大概是因为知道说了也没用。听到吴汉在成都屠城的消息,他很气愤,但也只能空口谴责几句。

刘秀二十八岁起兵,三十一岁称帝,打了十五年仗,到四十二岁时,终于平定了天下。这时社会已经经历了近半个世纪的政乱和战乱,亟须一个和平安定的环境休养生息。刘秀在征战的同时就着手恢复民生,建立秩序。以前因为战争需要,税率是十分之一。在关东的战争结束当年,他恢复了汉朝三十税一的旧制。王莽破坏了汉朝的货币制度以后,民间的经济活动退化到用布匹、丝绸、粮食和黄金等实物交易。刘秀接受马援的建议恢复了五铢钱。他学汉初刘邦的做法,让各地官员对斩首以下的罪都不要治,把在押的犯人都开释。这是为了让更多的人去从事生产。因为战乱人口减少,官府和官吏过剩,他裁并了四百多个县,十分之九的官职,同时也裁减了一部分军队。刘秀对自己的后宫也务求简省。汉朝从武帝开始,后宫越来越庞大,宫人达到三千,妃嫔有十四个等级。刘秀只设皇后和贵人这两个名号,供给是粟几十斛,也就是几千斤小米。因为他的这些努力,战争还没有结束,全国的荒芜土地已经开始减少,耕种面积开始增加。

天下全部平定以后,刘秀让打天下的功臣武将都靠边站,厚赐他们爵位封地,让他们享受富贵尊荣,但是不让他们参政,把政务都交给文官。武将们也接受了汉初刘邦和吕后杀功臣的教训,自动交出将印。刘秀认为天下刚刚脱离战乱,要尽力避免用兵,让人民休养生息。西域各国来请求汉朝保护,他不接受,让他们向匈奴臣服。这时的匈奴是呼韩邪单于的后代,又分裂为南北两部,互相争战。将军们认为匈奴不堪一击,请求出兵灭掉它,刘秀也不同意。这些做法使国家顺利地结束战乱,平稳地转入和平建设时期。那时天下初定,百废待兴,刘秀勤于政事,每天早起临朝,处理朝政到日落,晚上又和学者们讨论学问和治国的道理到半夜。太子说他休息不够,不利于养生。他说治理国家是我的乐趣,不觉得疲倦。

刘秀平定天下后做的一件大事是换掉了皇后和太子。刘秀的发妻阴丽华是管仲的后代,比刘秀小九岁,家也在南阳,是当地有名的美人。刘秀曾说:"做官要作执金吾,娶妻应得阴丽华。"执金吾是京城的卫戍司令,刘秀在长安学习时看见过他的排场。这两个愿望就是刘秀年轻时的人生理想。昆阳之战后,他成了大英雄,当月在宛城如愿娶到十九岁的阴丽华。不久刘玄要迁都洛阳,派他打前站,去修整宫殿和官府。他只得先送阴丽华回母家,接着就去了河北,过了两年称帝后,才把阴丽华接来洛阳团圆。这时他已经又娶了一位妻子,而且有了儿子。原来一年前刘秀在河北信都起兵时,为了对付王郎,需要争取河北的地方势力,拥兵十几万的真定王刘扬支持,于是娶了刘扬的外甥女郭圣通。阴丽华来了,和郭圣通一样被封为贵人。

一年后,刘秀派将军耿纯以慰问王侯的名义去巡视河北,密令他杀刘扬,理由是刘扬相信图谶,有称帝的野心,以及派使者征召他入朝,他关闭城门拒绝使者。派耿纯去是因为他的母亲出自真定王族,刘扬对他没有疑心。耿纯把刘扬骗到自己驻节的地方处死。刘秀和郭圣通的婚姻是政治婚姻,阴丽华才是他的发妻和真爱。出了这样的事情,他立阴丽华为皇后似乎是理所当然的事。可是几个月后,他却立郭圣通为皇后,立她的儿子为太子,同时立刘扬的儿子为真定王。刘扬被以谋反罪名杀死,他的儿子却可以继承王位,这也是很不合常理的做法。史书上说刘秀这样做是因为刘扬造反还没有行动。刘扬被杀的真正原因是他虽然归顺了刘秀,却依然是一个割据势力,让刘秀不放心。但是需要的时候就结亲,不需要了,马上用欺骗手段杀害,这样的做法很伤害他的名声信誉。刘秀立郭圣通为皇后就是为了抵消杀刘扬造成的负面影响。刘秀等了十五年才废掉郭圣通,立阴丽华为皇后。他内心真正想立的继承人是阴丽华的儿子,其实他废掉郭皇后已经造成了这样的形势。但他又忍了近两年,等太子自己一再请求,才装作很不得已的样子废掉他。这些做法很能表明刘秀的心机和隐忍的能力。

换掉皇后三天以后,刘秀回到家乡修缮祖庙,款待乡亲。这年他四十七岁,距离他起兵刚好要到二十年了。他设酒宴招待族人。族里那些看着他长大的老妈妈们喝得高兴了,聊起往事,说:"文叔(刘秀的字)小时候谨慎守信,不和人搞交情往来,就是为人端正,行事柔和,所以有今天。"刘秀听到了开心大笑,说:"我治理天下也要用柔道。"

刘秀废掉了郭皇后和太子,却没有伤害她们,既没有打入冷宫幽禁,也没有斩尽杀绝。他立郭皇后的二儿子为中山王,让郭皇后去做中山王太后,封废太子为东海王;对郭家一如既往,待遇处处和阴丽华家一样。郭皇后被废十年后母亲去世,刘秀亲自参加丧礼,亲自送葬。废长立幼是高祖刘邦和武帝刘彻都想做的事情。刘邦没有做到,他固然是服从了大臣们坚持的大道理,却没有保住最爱的妻儿。刘彻做到了,却做得极其丑恶凶残。而刘秀却做得很圆满,既实现了自己的私心真爱,也没有因为违反礼制而造成所谓危害社稷的恶果。在他生前和身后都没有发生杀害功臣和皇子的事情,也没有因此引起动乱和战争。这就是他用"柔道"执政取得的成功。在对待功臣和安排继承人这两件大事上,他都比刘邦做得好。

刘秀和刘邦

对刘秀和刘邦的比较在历史上一直是一个让人感兴趣的话题。它出自隗嚣和马援的谈话。隗嚣在见识上远不能和马援相比,所以这个问题的答案其实是很清楚的。但在历史上人们对此一直有不同看法,这也有它的道理。刘邦和刘秀都是开国君主。刘邦打天下的过程狼狈不堪,对项羽每战必败,几次死里逃生。而刘秀是历史上著名的昆阳之战的英雄,除了刚起兵时有点儿紧张,取天下几乎没有悬念。刘邦是老粗,言谈举止粗俗,还带有无赖气,私生活也不检点。刘秀是太学生,有文采,说的话许多成为成语,像"得陇望蜀","乐此不疲","有志者,事竟成",等等,是名副其实的文武全才。他为人温和谨厚,在个人感情生活中有情有义有节制,不像高帝刘邦和武帝刘彻只是肤浅好色之徒。刘邦在历史上被一些知名人物说成是草包、竖子,认为他得天下是侥幸。而刘秀从来没有被人这样评价过。刘邦滥杀功臣,死时留下的是一个乱局和危局。刘秀厚待功臣,死后权力平安过渡。他看起来在一切方面都比刘邦强,甚至被许多研究历史的人评为中国历史上最优秀的皇帝。三国时的大文学家曹植专门写了一篇文章比较两个人的优劣,认为刘秀比刘邦优秀,只是他的谋臣武将比不上张良和韩信等人。诸葛亮更甚,说刘秀的部下也不比刘邦用的人差,只是因为刘邦低能,所以险象环生,让张良和韩信等人有机会大放异彩。其实他们立的只是"焦头烂额"的功劳。而刘秀深谋远虑,指挥高明,部下跟着他,只需要执行命令,打的都是必胜的仗,绝对不会出现险情,也就没有表现的机会,所以看起来平庸。可是马援的评语却把刘邦置于刘秀之上,这就使这个比较更让人感兴趣,更值得探讨了。

刘邦打天下的过程的确更凶险,但这是因为他和刘秀面对的形势与对手不同。刘邦开始争天下的时候,面对的是军力远比他强大,英勇善战,所向无敌的楚霸王项羽。刘秀几乎从刚起兵时就拥有天下最精良的军队。天下群雄不是流寇,就是割据势力,没有人比他兵强,也没有什么能成大气候的英雄豪杰。他从来没有被敌人消灭的危险。基本上没有人主动来攻打他,都是他去消灭别人。所以用打天下时刘邦的狼狈和刘秀的从容来评判他们的高下并不恰当。

马援比较的是两个人作为领袖的格局和能力。领袖可以多才多艺,但用人和决策才是领袖的才能,是领袖作为领袖的才能。就像乐队的指挥不是要比乐手更会演奏乐器,能指点乐手们怎样操作。那样的指挥就是"好吏事,动如节度。"领袖的才能是在每一个位置上用最称职的人,比自己强的人,让他们各司其职,充分发挥,造成最大的合力。在这点上刘秀远不如刘邦。刘邦重用的都是在专业上比自己强的人,其实他对自己用的人也很不放心,担心到病态,但他还是能够放手使用他们。韩信说他只能指挥十万军队,他听了心里不舒服,可见他在军事上也自视不低。可是他从来不管韩信怎样行军作战。在垓下围歼项羽的战役中,指挥全局的是韩信,他被部署在韩信部队的后面,周勃的位置还在他后面,大概都是预备队,没起什么作用。

刘邦在决策的时候,处处显露出自己无知,总问别人自己该怎么办。争执起来,让部下说得哑口无言是经常的事。这大概就是让人认为他无能的主要原因,其实这正是他的最大优点。他的最大优点就是能听别人的意见。人都爱面子,愿意比别人正确,比别人强,尤其是身居高位的人,被人纠正会让人觉得不如别人,难堪,甚至觉得自己的位子也坐不稳了。领袖最喜欢让人以为自己英明。英明心态是领袖杀手,因为它会造成许多心理障碍,不利于让人讲话,讲真话,也不利于自己做判断和决定。刘邦没有这种心态,他的格局就大在这里,所以什么人都能用,什么话都能听,自己不是非得怎么想,别人也不是非得怎么做,尤其不是自己非要比别人高明,用马援的话说是"无可无不可",所以能形成最有效率的决策过程,能最大限度地让正确建议被提出和采纳。

刘邦的有些决策是被部下逼出来的。一般人以为胸有成竹,指挥若定是领袖的形象。其实拿不定主意,下不了决心,对于决策的人才是最正常,最自然不过的心态,尤其是风险很大的决策。刘邦不关心自己的形象,只关心怎么把事情做成功,认为对就去做,发现错了马上就改,没有任何滞碍。部下觉得不对就可以说他,着急了就去跟他争,都很正常。这就是他的格局。另外他的决策也不是靠碰运气做出来的。对所提的建议,所用的人,他必须能理解。没有把握,也要能做出相应的决断。这需要有见识,有信任,也需要有勇气。这种格局和理解判断的能力,张良说是上天赐给刘邦的,不是学来的,可能也是学不来的。

有些给刘邦提出过重要战略建议的人是地位卑微的小人物,但历史也记录下了他们的姓名和功绩。我们由此也可以看到刘邦的心胸和公正。心胸狭隘就不能公正,不公正就不能用人。所以公正对于领袖是比什么都重要的品质。其实刘邦的能用人也有天赐的因素。项羽不能用人,一方面是因为他不识人才,另一方面是因为他有家族观念。刘邦出身平民,没有家族势力,只能靠公平地分配利益来组织队伍。他用的人里几乎没有姓刘的,却网罗了天下最优秀的人才。刘邦的确是老粗,的确无知。但是哲学家说过无知是求知的最佳前提。因为他有这样的心胸和品格,他的无知也变成了一种天赐,让他完全没有先入之见。他在其他事情上或许小气,但是在决策用人上大气。我们看刘邦决策的过程,没有人会觉得他英明。但是也没有人能否认他的决策英明。这就是他作为领袖了不起的地方。他的这个才能和格局在以后历代帝王中可以说是无人能及。

刘秀和刘邦刚好相反。他看起来比他的所有谋臣武将都更有见识和才能,像鹤立鸡群一样。他的手下也没有什么很杰出的人才。在为他打天下的功臣将领里,排名第一的邓禹和排名第二的吴汉都算不上良将。邓禹在关中时,认为自己的军力和供给都不如赤眉军,不能进攻长安。刘秀下诏催他进攻。诏书说:"司徒你是尧,流贼是桀。长安的官民们无所归依,惶惶不安,你应该及时进攻。"这种从儒家学来的理直气壮的空话都是汉武帝和王莽那种脱离现实,倒行逆施的人最爱说的。我们在刘邦那里从来没听到过。吴汉攻打成都时,刘秀远在洛阳。从洛阳到成都,北路经过蜀道,南路经过三峡,几千里遥远,而且道路极其险阻。他却要告诉吴汉在哪里驻军,怎样配置兵力,进攻还是防守。遥制前线作战本身就是兵家大忌,他的指示也未见高明。他要吴汉守广都,等公孙述来攻。那时公孙述只剩下一座孤城,只能靠死守拖垮远道而来的汉军。而吴汉的作战目标是攻克成都,刘秀却非要他待在成都几十里外,等公孙述不来才可以去进攻。而公孙述会不会来攻,要等多久才可以确认他不会来,这些都不确定。所以这个指示只是一厢情愿,徒然把军队放在被动的地位上,与战场上强弱攻守的态势相违,而且包含不确定的因素,实际上没法执行,也没有被执行。通过这些事例我们可以知道为什么马援说刘秀"好吏事,动如节度"是缺点,和刘秀在决策用人上与刘邦的差距。

刘秀迷信谶纬,甚至用它决定大司空和大司马一类重要职位的任命。他问学者郑兴:"我要用谶纬决定郊祀的事,你看怎么样?"郑兴说:"我不做谶纬。"刘秀发怒说:"你不做,是反对它吗?"郑兴惶恐地解释说:"我没学过,没有反对的意思。"刘秀这才不说什么。学者桓谭上书说谶纬不是正经学问,不可信。刘秀看了不高兴。后来讨论设置灵台的地点,他问桓谭:"我想用谶纬来决定,你看怎么样?"桓谭沉默很久,回答说:"我不读谶纬。"刘秀追问为什么。桓谭于是极力给他讲谶纬不是正经学问的道理。刘秀大怒,说桓谭非议圣人,无法无天,叫人把他拉下去斩了。桓谭磕头流血不止才幸免。他是七十多岁的人,被贬到外地,病死在路上。刘邦讨厌儒生,看不起他们,羞辱他们,也经常发脾气,但从来没见他像这样,用威胁的口气逼人讲违心的话,因为别人直言异议就生出仇恨心,这就是心胸不同。

史家认为厚待功臣是刘秀的一个大优点。可是他对降将却说不上厚道。赤眉军主将樊崇和逄安投降,被安置在洛阳,几个月后被杀,罪名是谋反。绿林军主将王匡等人来投奔他,被以想逃跑的罪名全体杀害。割据山东的张步和原来绿林军的将军苏茂联军抵抗刘秀,刘秀告诉他们,谁杀了另一个来投降可以立功封侯,于是张步杀了苏茂来投降。三年后张步带着妻子和两个弟弟乘船逃到海上,被追杀。隗嚣的儿子隗纯投降八年后在逃往匈奴的路上被捕杀。史书上没有记载他们要逃跑的原因。其他的如邓奉战败投降被杀。董宪庞萌战败投降后被吴汉的部下杀死。秦丰城破投降,被押解到洛阳处死。田戎城破被杀。延岑献城投降后被吴汉灭族。当初劝隗嚣坚持割据的王元,在隗嚣失败后给公孙述当将军,战败后投降刘秀,后来因为"垦田不实"死在狱中。这些刘秀平定天下时的主要敌手,几乎都被杀掉了。战败投降的当时就杀,已经受降的过后用别的罪名杀。只有一个率领重兵为刘玄镇守洛阳的朱鲔,他说自己是杀刘缤的主谋,不敢投降。刘秀保证不计前嫌,于是他献城投降。这样的标杆人物，刘秀不管找到多么像样的借口，杀了也会毁掉自己的名声和信誉，尤其是自己刻意要表现的气度和心胸，必须留着做样子，才得以善终。和朱鲔一起守洛阳的李轶早有心投降。他是最早和刘秀一块儿起义的，可是后来却投靠了刘玄和绿林将军们，和他们一起害死刘縯。刘秀不要这样的人投降，故意把李轶给冯异的回信泄露出去。朱鲔看到后杀了李轶。投降后受到刘秀厚待的绿林军高级将领只有王常一人。他当年带动绿林军和刘縯刘秀兄弟联合，也是唯一主张立刘縯为皇帝的绿林将军。刘秀其实心里恩怨分明，但是不表露出来，报怨复仇也力求不露痕迹，采用的办法往往是放长线，做一些模糊焦点的动作，做得让人看不出来，至少是说不出来。在这点上刘邦和他比就显得太简单了，但这并不是优点。刘邦忌讳杀降，刘秀好像没有这个顾忌，只是在手法上处处用心。这其实正表明他的格局不大。王匡等人本来也可以去投奔隗嚣和公孙述，或者逃回荒湖里藏身。他们却选择投奔刘秀，可能觉得刘秀到底是故人，厚道，又看到刘秀原谅了朱鲔，以为自己更没事了。他们的头脑还是简单。隗嚣和公孙述战败后，只剩下死路一条了，不管刘秀怎样一再招降，保证，他们宁愿战斗到死，决不考虑投降。他们都是士人出身，有士人的骄傲，另外看清楚刘秀的心机对他们来说也不是件难事。

刘秀在六十二岁时去世，他和阴丽华的儿子继位。在遗诏里他要求自己的丧葬一切依照文帝的制度，务必简单节省。当年刘向给汉成帝上书总结过，说自古以来，越是有道德有见识的人，他的丧葬就越简薄；越是无德无识的人，他的丧葬就越重厚。刘秀在人生最后这一件事上也不愧为一代英主。他在位三十一年，使国家由战争转入和平，由乱世进入治世，也实现了权力的平稳过渡。这些都是作为帝王很值得称道的成就。同样值得称道的是他取得这些成就的平和方式。但是再好的皇帝也不能解决家天下专制王朝的两个致命问题，一个是土地兼并造成的社会两极分化，另一个是皇室的退化。皇室的退化使小皇帝成为常态。小皇帝需要依靠亲戚帮助掌权。可是他的依靠也越来越少。进入春秋时期以后，父系的旁支被认为是对君权的最大威胁，那时家天下制度建设的重点是将它们远远地排除在权力圈子之外。小皇帝不能依靠父亲家，就依靠母亲家的舅舅们来掌权，于是形成西汉时期的外戚权力。可是有了王莽的教训以后，母亲的家族也需要防范了。小皇帝只剩下母亲一个人可以依靠，于是形成了中国家天下帝制时代最典型的孤儿寡母的统治。而年轻的太后不便和朝臣们在一起办公，只能依靠太监，太监们因此登上了政治舞台。这就是东汉时期故事的内容了。

图书在版编目（CIP）数据

家天下的故事：从三皇五帝到东汉开国 / 滕晨著.
—杭州：浙江大学出版社，2015.12
ISBN 978-7-308-14836-8

Ⅰ.①家… Ⅱ.①滕… Ⅲ.①中国历史－古代史－通
俗读物 Ⅳ.K220.9

中国版本图书馆 CIP 数据核字（2015）第 149361 号

家天下的故事
——从三皇五帝到东汉开国

滕　晨　著

责任编辑　李玲如
责任校对　杨利军　　陈晓璐
封面设计　雷建军
出版发行　浙江大学出版社
　　　　　（杭州市天目山路 148 号　邮政编码 310007）
　　　　　（网址：http://www.zjupress.com）

排　　版　杭州中大图文设计有限公司
印　　刷　杭州杭新印务有限公司
开　　本　710mm×1000mm　1/16
印　　张　21.75
字　　数　390 千
版 印 次　2015 年 12 月第 1 版　2015 年 12 月第 1 次印刷
书　　号　ISBN 978-7-308-14836-8
定　　价　58.00 元